EDUCATION POLICY FOR
DISADVANTAGED LEARNERS

사회적 약자를 위한
교육정책론

이종재 · 김성기 · 김왕준
정제영 · 박주형 · 김영식 공저

학지사

머리말

인공지능 기술을 중심으로 ICT의 융합적 기술이 사회의 여러 부문에서 활용되는 제4차 산업혁명의 물결이 현실로 다가오고 있다. 인공지능을 비롯한 혁신적 기술이 건강, 교통, 환경, 형사정책 등 다양한 분야에서 활용되고 있으며, 교육 분야에서도 '인공지능의 교육적 활용(Artificial Intelligence in Education: AIED)'이 세계적인 화두로 등장하고 있다. 혁신적 기술의 개발과 도입은 인간 생활을 편리하게 하지만, 한편으로는 여러 가지 사회적 문제를 초래할 것으로 예상된다. 이에 OECD 등 국제기구와 많은 나라가 인공지능 기술 활용에 대한 정책을 통하여 합리적 규제(rational regulation)로 사람들을 사회적 위험으로부터 보호하고, 경쟁에 있어서 공정성을 확보하기 위한 노력을 기울이고 있다.

인공지능 등 혁신적 기술의 등장이 초래할 가장 중요한 경제적인 효과는 단기적으로 자동화(automation)의 심화라고 할 수 있다. 고도의 자동화는 생산성 향상과 경제적 부의 창출이라는 긍정적인 효과를 가져올 수 있지만 저학력 노동자(less-educated workers)와 고학력 노동자(more-educated workers) 간의 임금 격차를 증가시킴으로써 불평등을 심화시킬 수 있는 위험이 있다. 이러한 기술의 발전으로 사회적 양극화가 심화되는 상황을 '승자독식의 사회(winner-takes-all society 또는 winner-takes-most society)'라고 표현하고 있다. 교육을 포함한 공공정책(public policy)은 이러한 위험에 대처해야 하는데, 노동자들이 자동화와 경쟁하거나 거부하는 것보다는 자동화에 상호보완적인 역할을 수행하도록 하는 것이 필요하다.

우리 사회에서 경제 · 사회 양극화 현상은 점점 심화되고 있고, 교육 분야의 양극화 문제도 심각하다. 최근 사회적으로 회자되고 있는 '수저론'은 부모의 사회경제적 지위가 자녀에게 이어진다는 것인데, 이는 우리 사회에서 계층적 상향이동 가능성에 대한 비관적 인식이 확산되고 있음을 보여 준다. 통계청의 「2019년 사회조사 결과」에 따르면 자녀 세대의 계층 이동 가능성이 높다고 본 비율은 28.9%로 10년 전인 2009년(48.3%)보다 19.4%p 하락했다. 본인의 계층 상승 가능성을 묻는 질문에서도 긍정 대답이 2009년 37.6%에서 2019년에는 22.7%로 떨어졌다. 사회적 계층이 고착화되고 있음을 보여 주는 국민적 인식이라고 할 수 있다.

20세기에는 교육을 통해 사회적 계층 이동이 가능하다는 것에 대해 국민적 공감대가 있었다. 이러한 현상을 잘 설명하는 표현이 '개천에서 용 난다.'이다. 우리나라는 「헌법」에서 모든 국민이 능력에 따라 균등하게 교육받을 권리를 천명하고 있고, 이를 위해 국가는 부모의 사회경제적 지위에 따라 교육격차가 발생하는 것을 최소화할 책무성이 있다. 교육격차를 최소화하기 위한 교육복지는 유아교육에서 시작하여, 초등학교의 방과후 돌봄과 교육지원, 중등학교에서의 사교육비 격차 해소, 대학에서의 학비지원 등 생애 전 과정에 걸쳐서 이루어지고 있으나 아직까지 충분한 상황은 아니다. 또한 대학을 졸업한 이후에도 직업능력 개발을 위한 평생교육 지원이 지속적으로 이루어져야 한다.

교육 분야에서 나타나는 양극화 현상들은 다양한 통계를 통해 확인해 볼 수 있다. 유아교육은 생애 첫 교육이자 전 생애에 걸쳐 커다란 영향력을 미친다는 점에서 중요함에도 불구하고 교육격차가 매우 심각하다. 국 · 공립 어린이집은 학부모 부담금이 거의 없는 데 반해, 사립 유치원의 학부모 부담금은 높은 수준이며, 특히 원어민이 교육을 진행하는 유아 대상 영어학원의 연간 교육비는 1천만 원을 넘는다. 소득수준에 따른 교육비 투자 격차는 10배를 넘는 것으로 나타나며, 특히 사교육비 투자 격차는 교육격차를 높이는 요인으로 작용하고 있다. 유아기부터 시작된 교육격차는 교육투자의 격차를 통해 지속적으로 누적되어 결과적으로 학업성취도 격차로 나타나는데, 이는 학년이 올라갈수록 심화되고 있다. 대학에 입학해서도 저소득층 학생은 학비의 부담으로 근로하는 시간이 상대적으로 많고, 학업에 충실하기 어려운 상황이 발생하고 있다. 교육이 경제적 · 사회적 양극화를 심화시키는 요인으로 작용하는 악순환의 고리를 끊고, 교육이 국민적 희망이 될 수 있는 선순환의 구조를 만들어야 하는 상황에서 사회적 약자에 대한 교육적 지원은 우리 사회의 지속가능성을 높이기 위한 최소한의 안전판이 되는 정책이라고 할 수 있다.

이 책의 집필은 교육학, 특히 교육 행정과 정책을 공부하는 사람들이 우리 사회의 문제를 적극적으로 해소하기 위한 노력을 해 보자는 마음에서 시작되었다. 서울대학교 교육학과에서 이종재 교수님과 함께 공부했던 교수들이 2016년부터 사회적 약자를 위한 교육정책에 대한 스터디를 시작하였다. 이 책은 짧지 않은 시간의 토론과 집단적 고민의 결과물이기는 하지만 여전히 부족함이 느껴진다. 더 치열한 토론과 열정이 필요함을 느끼면서 현재까지의 결과물을 책으로 세상에 내놓고자 한다. 함께 고민하는 선후배 학자, 정책담당자, 일반 독자들의 많은 조언을 기대한다.

2020년 12월

저자를 대표하여 정제영

차례

제2부 | 사회적 약자를 위한 맞춤형 교육복지정책

제1부 사회적 약자와 교육복지

제 1 장

사회적 약자를 위한 교육복지의 개념과 이념적 지평

1. 사회적 약자와 교육 약자

'사회적 약자'는 사회적으로 생존하고 활동하는 데 어려움이 있는 사람이나 계층을 의미한다. 사회적으로 생존하고 활동하는 데 어려움을 발생시키는 요인을 크게 신체적 요인, 경제적 요인, 문화적 요인으로 나누어 볼 수 있다. 신체적 요인은 신체의 미성장, 쇠퇴, 장애와 관련된 요인으로 신체적 요인으로 인한 사회적 약자는 영유아, 청소년, 노인, 장애인 등이 해당된다. 경제적 요인은 음식, 의복, 주거와 같이 사회생활에 필요한 기본적인 재화의 획득과 관련된 요인으로 경제적 요인에 의한 사회적 약자에는 저소득층이 해당된다. 문화적 요인은 자신이 속한 조직의 주류 문화와의 차이에서 오는 어려움 또는 조직에서의 부당한 차별 대우 등으로 발생하는 소외와 관련된 요인으로 이방인, 이주민, 특정 지역 주민 등이 문화적 요인에 의한 사회적 약자이다.

사회적 약자의 요인은 서로 독립적인 경우도 있으며, 서로 중복될 수 있다. 예를 들어, 어떤 다문화가정의 경우에 육체적인 요인이나 경제적 요인의 측면에서 전혀 사회적 약자로 볼 수 없으나, 문화적인 측면에서만 사회적 약자가 될 수 있다. 반면, 어떤 다문화가정은 신체적인 장애, 경제적 빈곤, 문화적 소외 등 여러 가지 측면에서 사회적 약자인 경우가 있다.

사회에서 모든 사람은 사회적 약자였거나 잠재적인 사회적 약자일 수 있다. 사람은 누구나 신체적인 사회적 약자의 시기인 영유아 · 청소년기를 거치고, 나이가 들어서는 노인으로서 사회적 약자가 되거나 불의의 사고로 사회적 약자가 될 수 있다. 성인이 되어 독립적인 생활을 하는 경우에도 경제의 부침에 따라 사회적 약자가 될 수 있다. 또한 삶 속에서 여러 조직에 소속되면서 조직 속에서 소외를 당하는 문화적인 요인에 의해 사회적 약자가 될 수 있다. 개인이 모종의 이유로 사회적 약자가 되었을 때, 그 개인이 이를 극복할 수 있는 역량(회복력)이 있거나 사회적인 지원 체제가 잘 구축되었다면 사회적 약자의 상태는 지속되지 않을 것이다.

개인적인 측면에서 불리한 상황에 처해 있을 때 이를 극복하고 정상적인 상황으로 회복할 수 있는 역량은 교육을 통해 함양할 수 있다. 개인의 회복력의 수준은 교육의 결과라고 할 수 있다. 그러나 사회적인 관심과 국가적인 차원의 제도적인 지원이 없다면 사회적 약자들이 제대로 된 교육을 받기 어렵게 된다. 따라서 사회적 약자에 대한 교육의 기회 제공과 실질적인 교육여건을 조성하는 것은 매우 중요한 과제이다.

'교육 약자'는 외부의 도움 없이 혼자 힘으로 학업성취를 이루는 데 제약을 받는 사람으로 정의할 수 있다. 사회적 약자가 모두 교육 약자가 되는 것은 아니나, 여러 가지 제약 요건을 극복하지 못하고 교육 약자가 될 가능성이 높다. 또한 사회적 약자가 아닌 경우에도 교육 약자가 될 수 있다. 사회적 약자가 아닌 교육 약자가 제대로 된 교육을 받지 못한 경우, 불리한 상황으로부터의 회복력이 떨어져 결국 사회적 약자가 될 가능성이 높다. 사회적 약자를 위한 교육정책의 중점 대상은 바로 교육 약자이다. 사회적 약자를 위한 교육정책은 여러 가지 이유와 요인으로 학업성취에 어려움을 겪거나 학교를 벗어나 교육소외 상황에 처한 교육 약자를 예방하거나 회복하는 것을 목표로 한다.

2. 복지와 교육복지

사람이 사회생활을 하는 데 어려움을 겪는다고 판단할 때 그 기준은 인간의 복지이다. 사회적 약자는 인간의 복지가 실현되지 않는 상태에 있는 사람을 의미하며, 따라서 사회적 약자를 위한 제도를 통칭하여 복지제도라고 한다. 교육복지는 교육과 복지가 결합된 용어로 교육과 복지의 의미 그리고 상호 관계에 대한 이해가 선행되어야 정책의 혼동을 피하고 효율적인 정책을 수립하고 집행할 수 있다.

1) 복지와 복지제도

우리나라 사전에서 정의하는 복지의 의미는 '행복한 삶'이다. 복지(福祉, welfare)는 좋은 건강, 윤택한 생활, 안락한 환경들이 어우러져 행복을 누릴 수 있는 상태를 말한다(국립국어원, 표준국어대사전). 따라서 국가의 복지제도 또는 정책은 '행복한 삶'을 위한 제도 또는 정책이다. 복지 또는 행복한 삶은 국가의 목표이고, 복지제도 또는 정책은 복지실현을 위한 수단이다.

제도는 넓은 의미로는 관습이나 도덕, 법률 따위의 규범이나 사회 구조의 체계를 말하고, 좁은 의미로는 정책을 법제화한 것을 말한다. 정책은 "바람직한 사회 상태를 이룩하려는 정책목표와 이를 달성하기 위해 필요한 정책수단에 대하여 권위 있는 정부기관이 공식적으로 결정할 기본 방침"(정정길, 2010; 35)으로 정의할 수 있다. 정책은 흔히 시책, 대책, 정부방침, 정부지침 등과 혼용되어 사용되며, 법률, 규칙, 기획, 계획 등과도 혼용되고 있다. 이 책에서 복지제도 또는 복지정책은 국민의 복지와 관련한 국가의 법령 또는 정책을 의미한다.

국가의 복지제도 또는 정책을 설계할 때 우선 복지의 사전적 개념인 '행복한 삶'이 무엇인지를 명확히 해야 복지제도 또는 정책의 대상과 제공서비스의 내용을 결정할 수 있게 된다. '행복한 삶'을 위해 국가가 국민의 양질의 삶을 보장할 것인지, 기본적인 삶을 보장할 것인지, 또는 최소한의 삶을 보장할 것인지 결정해야 한다.

국가가 국민의 기본적인 생활수준을 보장하기 위해 만든 여러 제도를 사회보장제도라고 한다. 대표적인 사회보장제도에는 건강보험제도와 같은 사회보험과 국민기초생활보장제도와 같은 공공부조가 있다(이명남, 2008). 사회보험과 국민기초생활보장제도는 최소한의 삶을 보장하는 제도로 볼 수 있다.

국민의 양질의 삶을 위해 어떤 영역에 어느 정도 수준의 복지서비스를 제공할지는 정치적 과정을 통한 국민의 합의와 국가의 재정적 한계 내에서 이루어진다. 대통령 선거나 국회의원 선거에서 새로운 복지서비스의 제공이나 현재 제공 중인 복지서비스의 내용과 수준을 변경하는 공약을 제시하고, 국회에서 복지제도에 관한 입법을 하고 행정부의 집행을 감시하는 것은 정치적 과정의 일부이다. 또한 국민들이 이익집단을 형성하여 국가에 새로운 복지제도의 도입이나 현재의 복지제도를 개선하는 주장 역시 정치적 과정의 예이다.

2) 교육과 교육복지의 관계

교육복지는 우선적으로 교육과 복지가 결합된 것이라는 것을 알 수 있다. 그러나 교육복지가 무엇을 의미하는지에 대해서는 논의의 맥락에 따라 달라질 수 있다. 교육복지의 의미를 탐색하기 위해서는 먼저 교육과 복지의 관계를 살펴볼 필요가 있다. 교육과 교육복지의 관계는 크게 두 가지 관점으로 구분하여 볼 수 있다.

첫째, 교육과 교육복지를 동일하게 보는 관점이다. 이 관점은 교육정책과 교육복지정책이 과연 다른 것인가라는 질문에 대한 답으로 볼 수 있다. 교육에 대한 여러 정의가 있지만, 보편적으로 받아들이는 정의 중의 하나는 교육은 인간을 전인적으로 성장시키는 것이다. 전인적 성장은 지적 · 정의적(도덕적) · 신체적으로 균형 있는 성장을 의미한다. 전인적 성장은 곧 복지의 실현상태라고 할 수 있다. 따라서 전인적 성장을 위한 여러 교육정책은 모두 복지정책이라고 할 수 있다. 따라서 교육정책과 교육복지정책은 본질적으로 동일한 것이다. 교육과 교육복지를 동일시할 경우에 복지에서 중요한 대상인 사회적 약자에 대한 특별한 지원의 중요성이 간과될 수 있다.

둘째, 교육이 성공적으로 이루어지기 위해서는 복지가 선결되어야 한다는 관점이다. 학생들의 전인적 성장을 위해서는 기본적인 삶의 조건인 의식주가 해결되어야 한다. Maslow(1954)의 욕구체계론에 근거하여 볼 때, 학교교육의 목적은 인간의 최상위 욕구인 자아실현의 욕구와 관련되며, 다음으로는 존경의 욕구, 사회적 욕구 등과 관련되어 있다. 따라서 보다 근본적인 욕구인 생존의 욕구와 안전의 욕구를 충족시켜 줄 필요가 있다. 이 관점에서 복지는 생존의 욕구와 안전의 욕구를 강조한다. 교육복지를 교육의 선결요건으로 볼 경우에 교육복지의 대상과 내용이 협소해질 가능성이 있다. 즉, 교육의 내용보다는 인간의 생존과 안전에 초점을 둘 수 있다. 예를 들어, 결식아동에 대한 지원이나 방치되는 아동의 보호 등이 중요한 교육복지의 과제로 부각된다.

교육과 교육복지의 관계에 대한 두 가지 관점은 서로 상충하는 관점이라기보다는 서로 보완하는 관점이고 모두 타당하고 중요하다. 두 관점 중에 하나의 관점을 취할 이유도 없다. 두 가지 관점이 등장하게 된 것은 특정 정책의 필요성을 강조하기 위한 논리로 볼 수 있다. 예를 들어, 무상급식이나 아동보호 정책의 필요성을 주장하기 위해서는 두 번째 관점이 중요한 논거로 제시되고, 학습결손이나 부진아 등을 위한 복지정책의 중요성을 강조할 때는 첫 번째 관점이 중요한 논거로 제시된다.

교육과 교육복지에 대한 두 가지 관점이 서로 경쟁하는 상황은 한정된 예산을 배분할 때 어디에 우선적으로 또는 더 많은 자원을 배분할지를 결정할 때이다. 그러나 이 문제를 해결하기 위해서 미리 어느 관점을 우선적으로 해야 한다고 결정해야 할 필요는 없다. 문제의 심각성이나 상황적 조건에 따라 두 가지 관점 중 하나를 선택적으로 활용할 수 있다.

3) 교육복지와 사회복지

국가의 행정적 분업체제에서 복지를 전문적으로 담당하는 부서는 보건복지부이다. 복지는 보건복지부의 주요 업무이고 통상 복지업무를 사회복지업무라고 할 수 있다. 국가 행정부는 정부 부처별로 상호 협력적이기도 하지만 상당한 경쟁관계에 있으며, 사안에 따라 자기 부서의 업무라고 주장할 때도 있고 자기 부서의 업무가 아니라고 주장할 때도 있다. 이러한 일이 생기는 근본적인 이유는 부처 간 할거주의,

조직의 권력, 성과에 따른 보상체제 등이다. 국가의 일에 대한 책무성을 확보하기 위해서는 복지업무의 관할을 명확히 할 필요가 있다.

교육복지와 사회복지는 개념상 부분과 전체의 관계로 볼 수 있다. 인간의 복지 정도는 경제, 사회, 문화, 교통, 교육 등과 관련된 삶의 조건과 관련이 된다. 복지를 위해 각 부분의 삶의 조건을 형성해 주는 것이 국가의 책무이다. 국가의 책무를 규정하는 것이 복지제도 또는 정책이다. 이러한 일을 국가는 분업을 통해서 수행한다. 예를 들어, 교육과 관련된 업무는 교육부에서 담당하고 교통과 관련된 일은 국토교통부에서 수행한다. 복지라는 이름이 붙었다고 해서 모두 보건복지부에서 수행하고 교육이라는 이름이 붙었다고 모두 교육부에서 담당할 필요는 없다. 각 사안별로 보다 효율적으로 일을 수행할 수 있는 부서에 분담할 문제이다.

교육복지서비스의 경우에도 사안에 따라 교육부에서 수행할 때 효율성이 높은 업무가 있고, 보건복지부에서 수행할 때 효율성이 높은 업무가 있을 수 있다. 따라서 특정 정책 영역별 업무의 관할권은 구체적으로 검토하여 결정할 필요가 있다.

3. 국가와 복지

최근 우리나라의 대통령 선거나 국회의원 선거에서 노령 수당, 영유아 무상 보육 또는 교육, 무상급식 등이 주요 쟁점으로 제기되어 복지에 대한 국가의 역할이 최근에서야 정립된 것으로 오해될 수 있다. 그러나 국가의 정당성은 국민의 복지 실현에 있기 때문에 국가의 기원과 복지제도의 기원은 동일하다고 할 수 있다. 복지와 관련한 국가의 제도는 동서양의 고전에서도 찾아볼 수 있다.

1) 복지제도의 기원

국가는 국민들이 만든 인위물이며, 국가는 국민에게 도움이 될 때 존립의 정당성이 있다. 국가가 국민을 위해 존재하여야 한다는 당위성은 현대의 민주주의 국가에서만 인정되는 것이 아니다. 왕정, 군주정, 공화정, 민주정 등 여러 정치체제와 상관 없이 국가가 국민을 위해 존재해야 한다는 것은 역사적으로 인정되고 있으며, 국정 수행에 대한 평가의 가장 중요한 기준이 된다. 국민을 위한다는 것은 개념상으로 국민의 복지를 실현한다는 것이다. 따라서 당위적으로 볼 때, 복지국가를 지향하지 않는 나라는 없다.

복지와 관련한 국가의 역할(정치)에 대한 규정과 실제로 행한 정책은 동양과 서양의 고전 모두에서 찾아볼 수 있다. 복지와 관련한 국가의 역할을 설명하기 위해 동서양의 고전까지 인용하는 이유는 복지와 관련한 국가의 역할이 최근에 생겨난 것이 아니라는 것을 분명히 하기 위함이다.

중국 5,000년의 역사에서 최고의 정치가이자 정치사상가 중 하나인 관자에 의하면, 정치가 제대로 되기 위해서는 민심이 원하는 네 가지를 채워 주어야 한다. 첫째, 백성은 근심과 노고를 싫어하므로 군주는 그들을 편안하고 즐겁게 해 주어야 한다. 둘째, 백성은 가난하고 천한 것을 싫어하므로 군주는 그들을 부유하고 귀하게 해 줘야 한다. 셋째, 백성은 위험에 빠지는 것을 싫어하므로 군주는 그들을 보호하고 안전하게 해 줘야 한다. 넷째, 백성은 후사가 끊기는 것을 싫어하므로 군주는 그들이 잘 살도록 해 줘야 한다(김필수, 고대혁, 장승구, 신창호 공역, 2006). 이러한 내용들은 모두 현대적 의미에서 국민의 복지를 의미한다.

실제로 관자가 실행한 주요 정책은 노인을 어른으로 모시는 일, 어린이를 사랑하는 일, 고아들을 구휼하는 일, 장애가 있는 사람들을 돌보는 일, 홀로 된 사람들을 결혼시키는 일, 병든 사람들을 위문하는 일, 곤궁한 사람들을 살피는 일, 흉년 때 피고용인들을 보살펴 도와주는 일, 유공자들에 대한 보훈 등이다.

어린이를 위한 구체적인 정책을 보면 다음과 같다. "자녀가 있는 백성이 그 자식이 어리고 나약한데도 기르는 데 힘이 부쳐 누가 되는 사람이면, 세 아이가 있는 사람에게는 부인의 세금을 면제하고, 네 아이가 있는 사람에게는 집안 전체의 세금을 면제하며, 다섯 아이가 있는 사람에게는 보모를 붙여 주고 두 사람 분의 음식을 주며, 다 자라면 이를 멈춘다."(김필수 외 공역, 2006)

조선시대에도 여러 복지정책이 있었다. 지방의 행정관이 해야 할 일을 정리한 정약용은 사회적 약자를 위한 주요 정책을 애민육조(愛民六條)로 정리하였다[정약용(다산연구회 역주), 1979]. 첫째, 양로(養老)이다. 양로는 원래 노인을 존경하고 우대한다는 뜻으로, 구체적으로 수령이 노인들을 초청하여 경로잔치를 베푸는 것을 의미한다. 둘째, 자유(慈幼)이다. 자유는 어린아이들을 돌보아 양육하는 방법이다. 셋째, 진궁(振窮)이다. 진궁은 홀아비, 과부, 고아, 늙어 자식이 없는 빈궁한 사람들을 살아갈 수 있도록 구제하는 것이다. 넷째, 애상(哀喪)이다. 애상은 상을 당한 사람을 동정해서 보살펴 주는 것이다. 다섯째, 관질(寬疾)이다. 관질은 불구자와 중환자 등 질환이 있는 사람에 대해서 신역(身役)을 면제하여 주는 것이다. 여섯째, 구재(救災)이다. 구재는 홍수, 화재, 가뭄 등과 같은 재해가 있을 경우에 피해자들을 지원하는 것이다. 어린아이들을 양육하는 것과 관련하여 정약용은 수령은 버려진 아이들을 거두어 길러 주어 부모 노릇을 해야 한다고 하였다.

> "흉년 든 해에는 자식 내버리기를 물건 버리듯 하니, 거두어 주고 길러 주어 백성의 부모 노릇을 해야 할 것이다."[정약용(다산연구회 역주), 1979: 25]

플라톤(platon)의 『국가론』에도 국가의 목적이 국민의 행복임을 분명히 하고 있다. "국가를 창건하는 데 있어 우리들의 목적은 어떤 한 계급의 조화가 잡히지 않은 행복이 아니라 전체의 최대의 행복이네. …… (중략) …… 현재 우리는 행복한 국가를 꾸미고 있으며, 그것도 단편적으로 또는 소수의 행복한 국민을 안중에 두고 하는 것이 아니라 전체로서 생각하는 것이며"(이병길, 1975: 151) "수호자들의 소생이 열등할 때 이들의 지위를 낮추고 또한 하층계급의 소생이라 할지라도 천성이 우월하면 수호자들의 계위를 높인다는 의무를 말하는 것인데, 그 의도는 국민 전체에 걸쳐 각자 천성이 적합한 것에 따라 소용되어야 하며 일인일사(一人一事)해서 각자 자신의 일에 종사할 것이며 일은 하나이며 많아서는 안 된다는 것이네. 그래야만 국가는 하나일 것이고 여럿이 아닐 것이네."(이병길, 1975: 156)

아리스토텔레스(Aristoteles) 역시 국가는 국민의 최선의 삶을 위해 존재하고, 최선의 삶은 행복에 있음을 분명히 하고 있다. "국가는 동등한 자들의 공동체이고, 그 목적은 가능한 최선의 삶이다. 그런데 최선의 삶은 행복이고, 행복은 탁월함(arte)의 구현과 완전한 실천에 있다. 하지만 어떤 사람들은 행복에 참여하지만, 다른 사람들은 부분적으로 참여하거나 전혀 참여하지 못한다. 그래서 이런 이유에서 여러 유형의 국가와 정체가 있을 수밖에 없는 것이다. 여러 부류의 사람이 여러 가지 수단 방법으로 행복을 추구하며 자신들을 위해 여러 가지 생활 방식과 정체를 만들어 내기 때문이다."(천병희 역, 2009: 387).

플라톤과 아리스토텔레스 모두 노예를 제외한 자유인의 행복을 언급하였지만, 노예제도가 폐지되고 모든 국민의 평등을 강조하는 시대에는 결국 모든 국민을 행복하게 하는 것이 국가의 의무이며, 또한 국민 전체가 아니라 개개인의 행복을 강조하고 있다.

2) 복지에 대한 국가의 법적 책무

우리나라에서도 국민의 권리와 이와 불가분의 관계가 있는 복지에 대한 국가의 의무를 「헌법」과 법령에서 규정하고 있다. 국민의 복지와 관련된 가장 포괄적인 「헌법」적 보장은 인간의 존엄과 행복추구권이다. 대한민국 「헌법」은 제10조에서 다음과 같이 규정하고 있다. "모든 국민은 인간으로서의 존엄과 가치를 가지며, 행복을 추구할 권리를 가진다. 국가는 개인이 가지는 불가침의 기본적 인권을 확인하고 이를 보장할 의무를 진다."

국가의 복지서비스 제공의 의무는 「헌법」에 명확히 규정되어 있다. 우리나라는 1980년에 「헌법」을 개정하면서 민주복지국가건설의 과제를 천명하고 이에 따라 제32조 제2항에서 국가의 사회보장 · 사회복지 의무를 명확히 규정하였다. 1988년 「헌법」 개정에서는 국가의 사회보장 · 사회복지의 증진 노력뿐만 아니라 좀 더 구체적으로 여자, 노인과 청소년, 신체장애자 및 질병 · 노령 기타의 사유로 생활능력이 없는 국민을 위한 국가의 의무를 규정하였다(「헌법」 제34조).

「헌법」의 이념을 실현하기 위해 국가에서는 「긴급복지지원법」「청소년복지 지원법」「장애인복지법」「장애아동 복지지원법」「예술인 복지법」「근로복지기본법」「한부모가족지원법」「국민연금법」 등의 법률을 제정하고 관련 대상자들에게 복지서비스를 제공하고 있다.

2010년 전국동시지방선거를 계기로 무상급식이 선거공약으로 제시되면서 복지서비스의 대상에 대한 이념 논쟁이 있었다. 복지제도의 수혜 대상과 관련하여 보편적 복지를 추구할지 선택적 복지를 추구할지에 대한 논쟁이었다.

보편적 복지는 소득수준에 관계없이 특정한 요건을 갖춘 경우에 복지서비스를 제공하는 것이다. 보편적 복지제도를 시행할 경우에 선별적 복지제도보다는 서비스의 대상이 많아지기 때문에 그만큼 재정 부담이 크게 된다. 예를 들어, 초등학생 전체를 대상으로 무상급식을 하기 위해 소요되는 예산은 하위소득 20% 이내의 학생들만을 대상으로 할 때의 예산보다 크다.

선별적 복지는 다른 사람의 도움이 필요한 사람을 대상으로 복지서비스를 제공하는 것이다. 일정한 자격요건을 설정하고 이에 적합한 사람에게만 복지서비스를 제공하는 것이다. 이때 중요한 자격 요건은 소득수준이다.

보편적 복지제도 시행에 따른 재정부담과 관련하여 좀 더 검토할 필요가 있는 것은 행정비용과 계층 간의 갈등에 따른 사회적 비용이다. 하위소득 20% 이내의 학생들에게만 무상급식을 제공하기 위해서는 먼저 이들 학생이 누구인지를 선별하여야 하며, 이들에게 통보하여야 하며, 이들의 관리하는 시스템이 구축되어야 한다. 또한 가정의 소득은 변할 수 있기 때문에 수혜 대상자를 정기적으로 재선별해야 한다. 이러한 일들은 모두 비용을 수반하는 것들이다.

논의에서 유의할 점은 인간의 복지를 위한 제도는 그 내용에 있어서 매우 다양하기 때문에 특정 복지제도(예를 들어, 학생에 대한 무상급식)를 상정하고 논의할 필요가 있다는 것이다. 또한 특정 복지제도와 관련된 비용과 효과를 종합적으로 검토할 수 있어야 한다.

4. 복지제도의 이념적 기초

사회적 약자의 보호나 지원은 인간의 삶에 있어서 당연한 것으로 받아들여지고 있으나, 구체적으로 사회적 약자를 결정하는 기준이나 사회적 약자에 대한 보호 또는 지원의 방법과 수준 등에 대해서는 사회의 구성원 간에 이견이 있을 수 있다. 이러한 이견은 인간 존엄의 의미와 조건, 공동체의 의미와 조건, 분배의 정의에 대한 가치관의 차이에서 발생한다.

1) 인간의 존엄 유지

사회제도의 하나로서 복지제도의 정당성은 국가 또는 사회는 인간의 존엄성을 유지하고 존중해야 할 책무가 있고 복지제도는 인간의 존엄성을 보장하기 위한 수단이라는 점에 있다. 복지제도를 설계하기 위해서는 인간의 존엄성의 의미와 그것을 실현하는 방안에 대한 좀 더 구체적인 이해가 필요하다. 도덕적 존재로서의 인간에 대한 Kant(1956)의 논의는 인간의 존엄성을 보장하기 위해 인간을 어떻게 상정하고 대우하여야 하는가를 제시한다. 첫째, 사람을 수단이 아니라 목적으로 대하여야 한다. 이것은 자신의 목적을 달성하기 위해서 다른 사람을 수단으로 취급해서는 안 된다는 의미로, 다른 사람의 가치가 나의 목적 달성에 어느 정도 도움이 되는가로 평가되어서는 안 된다는 것이다.

둘째, 사람을 자유롭고, 이성적이며, 책임의식이 있는 도덕적인 존재로 보아야 한다. 이것은 나 또는 특정 계층은 자유롭고, 이성적이며, 책임의식이 있는 반면에 다른 사람 또는 어떤 계층은 그렇지 못하다고 보면 안 된다는 것이다. 도덕적인 존재로서의 인간은 다른 사람의 결정에 의해 삶을 영위하는 것이 아니라 자신의 판단에 따라 행동하고 그 결과에 책임을 지는 것이다. 따라서 자신과 관련된 문제에 대해서 자유로운 판단의 기회를 제공하지 않는 것은 도덕적 존재로서의 인간을 부인하는 것과 같은 것이다. 인간이 도덕적인 존재로 성장하기 위해서는 이에 적합한 교육을 받아야 하며, 이러한 측면에서 교육제도는 사회복지제도의 하나로 볼 수 있다.

셋째, 사람은 도덕적 존재로서 동등한 가치를 가지고 있다. 이것은 사람들을 대할 때 합리적인 이유 없이 누군가에게 특혜를 주거나 불리하게 대우해서는 안 된다는 것을 의미한다. 예를 들어, 특정 지역에 산다는 이유로 또는 다른 나라에서 이주했다는 이유로, 다른 취향의 문화를 향유한다는 이유로 차별받아서는 안 된다는 것이다. 사람들을 동등하게 대우한다는 것이 모든 것을 모든 사람에게 동일하게 배분하여야 한다는 의미는 아니다. 도덕적인 존재로서 사람이 평등하다는 것은 각자의 이해관계가 동일한 가치를 갖는다는 것이다. 국가적인 측면에서 국가의 주요 결정에 대해서 모든 사람은 각자 한 표를 가지고 있으며, 그 표의 가치는 동일하여야 한다는 것을 의미한다.

2) 공동체의 유지와 발전

Sandel은 정의를 “미덕을 키우고 공동선을 고민하는 것”이라고 정의한다(Sandel, 2009: 360). 사회가 유지 · 존속하기 위해서는 강한 공동체 의식이 필요하고, 사회는 구성원들이 사회 전체를 걱정하고 공동선에 헌신하는 태도를 키울 수 있도록 해야 한다. 인간의 존엄을 존중하기 위한 복지제도가 한 인간의 생존에 관한 관심이 우선이라면, 공동선의 추구를 위한 복지제도는 한 인간을 넘어 사회의 유지와 발전에 초점을 두고 있다.

현재의 시장제도와 이를 바탕으로 한 분배제도는 사회의 유지와 발전을 어렵게 하는 여러 가지 사회문제를 가져온다. 시장제도는 재화나 서비스의 생산과 교환에 유용한 제도이다. 그러나 개인들이 삶에서 직면하는 문제와 공동체로서의 사회가 직면하는 문제를 개인 또는 집단 간의 선택과 교환의 문제로 전환하여 해결할 수 없다.

시장에서 생산과 교환의 결과로 사회의 불평등이 나타난다. 사회의 불평등은 완전경쟁의 요건인 시장 주체들의 자유로운 시장 진입과 탈퇴 그리고 거래 대상에 대한 완전한 정보의 요건이 충족되지 않기 때문에 나타난다. 시장규범을 통해서 완전경쟁의 요건이 충족되면 사회의 불평등이 해소될 수 있지만, 현실 세계에서 완전 경쟁의 요건이 실현된 사례는 없으며, 앞으로도 그렇게 될 가능성은 거의 없다고 할 수 있다.

사회의 불평등은 사회의 존속을 어렵게 만들기 때문에 이에 대한 사회적인 관심과 대책을 필요로 한다. 불평등이 심한 사회에서는 부유한 사람과 가난한 사람의 거주 지역이 분리되고, 부유한 사람들은 개인의 삶과 사회의 유지 존속에 필수적인 주거, 교육, 의료 등의 공공 서비스를 사적으로 구매하여 이용하게 된다. 이러한 현상이 지속되게 되면 부유한 사람들에게 '공공' 서비스라는 관념이 없어지고, 공공 서비스 확대를 위한 정부의 세금 지출을 반대하게 된다.

주거, 교육, 의료 등에 대한 공공 서비스가 취약하여 사회 계층별로 이들이 이용하는 서비스의 수준이 달라지면, 사회의 불평등은 한 세대를 넘어 다음 세대로 세습되는 심각한 문제가 발생한다. 성장기에 주거, 교육, 의료 등에서 보다 좋은 서비스를 받은 사람들이 성인이 되어 보다 경쟁에서 유리한 위치를 차지할 가능성이 커지기 때문이다. 세대 간 불평등이 세습되면 결국 과거의 신분제 사회와 다름없게 된다.

시장규범에 의해 생긴 사회의 불평등 문제는 공공 서비스의 공급을 확대하고 질을 높이는 복지제도를 통해 극복할 필요가 있다. 부유한 사람이나 그렇지 못한 사람이나 모두 만족할 정도의 교육, 의료, 교통 등의 공공 복지서비스를 제공할 때 사회의 모든 구성원이 공간과 시간을 공유하고 공동체 의식을 함양할 수 있다.

3) 분배의 정의

정의는 모든 제도, 적어도 모든 형식적 제도의 기본적인 규범이다(이돈희, 1994: 13). 모든 국가의 제도나 정책은 근본적으로 자원의 배분을 수반한다. 따라서 국가가 어떻게 자원을 배분하는 것이 정의로운지를 검토할 필요가 있다. 국가의 자원배분과 관련하여 자유주의자들은 국가의 최소한의 개입을 주장하며, Rawls는 개인이 처할 수 있는 최악의 입장에서의 정당화될 수 있는 분배를 주장한다. 공리주의는 개인이 아닌 집단적 관점에서 최대의 행복을 가져오는 분배를 주장한다. 최근의 공동체주의는 개인과 공동체의 관점을 반영하는 자원분배를 주장한다. 분배의 정의에 대한 서로 다른 입장은 국가가 복지서비스를 제공해야 하는가와 제공한다면 어느 정도 제공해야 할 것인가에 대해 서로 다른 주장을 한다.

(1) 자유지상주의

자유지상주의자들은 부자에게 세금을 부과하여 가난한 사람을 돕는 행위를 기본권 침해로 부당하다고 본다(Sandel, 2009). 부자들이 동의하지 않는 상태에서 그들의 돈을 가져가는 행위, 즉 부의 재분배는 명분이 무엇이든 강압행위로 본다. 자유지상주의자들이 규제 없는 시장을 옹호하고 정부의 규제에 반대하는 명분은 경제의 효율성이 아니라 인간의 자유이다. 우리들 개인에게는 자유라는 기본권이 있다는 것이다. 다른 사람의 권리도 똑같이 존중한다면 우리 소유물은 우리 마음대로 쓸 수 있다는 것이다.

자유지상론자들에게 국가는 최소국가이어야 한다. 최소국가는 계약을 보호하고 개인의 재산을 보호하며 평화를 유지하는 국가이다. 국가가 그 이상의 역할을 수행한다면 부당하다고 본다. 최소국가론을 주장하는 자유지상주의자들은 다음과 같은 정책과 법을 반대한다. 첫째, 온정주의에 근거하여 사람들을 다치지 않게 보호하는 법을 반대한다. 예를 들어, 자동차 안전벨트 착용이나 오토바이의 헬멧 착용 의무 등을 반대한다. 이러한 법들은 개인들이 어떤 위험을 감수할지를 결정하는 개인의 권리를 침해한다고 본다. 둘째, 미덕을 권장하거나 다수의 도덕적 신념을 표현하는 도덕에 근거한 법을 반대한다. 예를 들어, 성매매나 낙태 등을 금지하는 것은 개인의 권리를 침해하는 것으로 본다. 셋째, 과세 제도를 이용하여 부를 재분배하는 것에 대해 반대한다. 부자가 저소득층을 지원하는 것은 바람직하지만, 전적으로 개인의 선택으로 남겨야지 정부가 할 일은 아닌 것으로 본다. 자유지상론자들은 분배를 위한 과세는 강압 행위이며, 심지어 절도로 본다.

자유지상주의자와 최소국가론자들은 정부의 복지정책에 반대한다. 예를 들어, 경제학자이자 철학자인 Hayek(1960)는 경제평등을 실현하려는 시도는 하나같이 강압적이고 자유 사회를 파괴한다고 주장한다. 미국 경제학자 Friedman(1962) 역시 국가가 할 일이라고 널리 인식된 행위 가운데 상당수가 개인의 자유를 침해하는 위법 행위라고 주장한다.

Nozick(1974)은 오직 계약을 집행하고, 사람들을 무력과 절도와 사기에서 보호하는 기능을 수행하는 최소국가만이 정당화될 수 있다고 말한다. 거기서 더 나아가면, 어떤 일도 강요받지 말아야 하는 개인의 권리를 침해하게 되고, 그런 국가는 정당화될 수 없다고 주장한다.

(2) Rawls의 최소극대화(자유주의적 평등주의)

철학자인 Rawls의 사상을 적용하는 방법이 있다. Rawls는 정의로운 사회에서 용인될 수 있는 차등에 대한 질문에 대한 대답으로 차등의 원칙을 제시하였다. 정의로운 분배는 약자에게 이익이 되는 것이다. 용인될 수 있는 차등은 가장 적게 받는 사람의 관점에서 판단되어야 한다. 차등배분이 가장 적게 받는 사람에게 이익이 된다면, 이러한 배분 방식은 허용될 수 있다. 그렇지 않은 경우에는 정의로운 배분이 아니다.

이러한 방식은 사람에 대한 동일한 대우의 원칙으로 논의될 수 있다. 개인의 가치에 대한 동일한 대우인지를 어떻게 판단할 수 있을까? 우리 사회에서 가장 적게 가진 사람들이 가능한 범위에서 최대한의 자원을 갖게 되면 동등한 대우의 원칙이 충족되는 것이다. 차등지급이 정당화되기 위해서는 가장 적게 받게 되는 사람들에게도 이익이 될 수 있어야 한다.

(3) 공리주의

공리주의(utilitarianism)라고 불리는 쾌락주의이다. 이는 영국의 철학자 Bentham과 Mill에 의해 발전된 것으로, 최대 다수의 최대 행복(효용)을 사회적 정책결정의 핵심적 원리로 삼고 있는 사회정의론이다.

우리는 최대 다수의 최대 행복을 어떻게 측정할 수 있는가? 그것은 기쁨은 좋은 것이고 고통은 나쁜 것이라는 가정에서 출발한다. 그러므로 한 개인이 얼마나 행복한 상태에 있는지를 알아보기 위해서는 기쁨과 고통의 총량을 계산하여 기쁨의 총량에서 고통의 총량을 감하면 된다. 그 산출결과가 바로 개인의 최대 행복(utility)이다. 또한 한 사회가 얼마나 행복한 사회인지를 알아보기 위해서는 (물론, 측정가능하다는 전제하에) 사회구성원 각자의 효용을 모두 합해 구성원 수로 나눈 평균 행복의 수준을 알아보면 된다. 즉, 개인 효용의 평균치, 곧 평균 효용(average utility)이 사회복지의 일반적 지표가 되는 것이다. 특정한 정책의 효과는 평균 효용에 미친 효과에 의해서 결정된다. 가장 높은 평균 효용을 산출하는 행위 준칙이 가장 좋은 것이다(조동섭, 김성기, 김왕준 공역, 2016: 39).

그러나 공리주의의 주장에는 다음과 같은 문제점이 내재되어 있다. 첫째, 획득하기 곤란하거나 불가능한 일련의 정보를 우리에게 요구한다는 것이다. 기쁨 혹은 고통의 정도를 비교하는 것이 얼마나 어려운 것인지를 생각해 보라. 둘째, 공리주의는 자칫 잘못하면 도덕적으로 용납할 수 없는 결과를 낳을 수도 있다는 점이다.

5. 국가정책의 특징과 복지정책의 이슈

인간의 생활은 정책의 영향에 대한 인식 여부에 관계없이 정책에 의하여 영향을 받고 정책에 의하여 형성된다. 그렇기 때문에 개인이 자신의 통제범위 밖에 있는 문제로 고통을 받게 되면 해결책으로 국가의 지원을 요구한다(노화준, 2009). "정책은 정부가 사회의 각 분야별 사회문화, 가치, 규범, 행태, 물리적 환경 등을 포함한 사회적 상태나 조건들을 유지하거나 변경시키고자 할 때 사용하는 개입의 수단이다."(노화준, 2009: 4).

정책은 "바람직한 사회 상태를 이룩하려는 정책목표와 이를 달성하기 위해 필요한 정책수단에 대하여 권위 있는 정부기관이 공식적으로 결정할 기본 방침"(정정길, 2010: 35)이라는 정의로부터 국가정책과 관련된 여러 특징이 도출될 수 있다. 복지정책을 국가정책의 특징으로 분석하여 보면, 복지정책과 관련된 이슈와 어려움을 이해할 수 있고 문제해결을 위한 전략을 도출하는 데 시사점을 얻을 수 있다.

첫째, '바람직한 사회 상태'에서 '바람직한'은 가치가 개입된다. 이 책의 주제인 '사회적 약자를 위한 교육'에서 '바람직한 상태'를 상정하게 된다. 예를 들어, 혹자는 사회적 약자를 위한 바람직한 교육 상태는 사회적 약자들이 차별 없는 교육기회를 갖는 것이라고 여길 수 있으며, 다른 사람은 학생들이 부모 또는 다른 보호자로부터 충분한 보호를 받는 것이라고 생각할 수 있다. 또는 사회적 약자들이 사회에서 충분한 경쟁력을 가질 수 있는 역량을 함양하는 것으로 상정할 수 있다.

언뜻 보기에 이들 모두 사회적으로 바람직한 것이지만, 정책적인 문제가 되는 상황은 이들 사이에 우선순위를 결정해야 하는 상황에서 나타난다. 정책결정자 또는 이해관계자들은 서로 다른 가치를 우선시하게 되고 이들 사이에 경쟁 또는 갈등이 나타날 수 있다. 또 다른 사람 또는 집단에게 사회적 약자라는 인식 자체가 없을 수 있다.

인간의 행동은 가치에 의해 영향을 받는다. 가치는 지각에 영향을 주고 태도와 행동에 영향을 준다. 사람들은 가치에 의해 무엇을 해야 할지 또는 말아야 할지를 판단한다. 가치는 "어떤 특정한 행동 양식이나 존재 목적이 다른 행동 양식이나 존재 목적보다 개인적으로 또는 사회적으로 더 바람직하다는 기초적 신념"(Rokeach, 1973: 6)을 의미한다. 가치는 내용과 강도라는 속성을 가지고 있다. 가치의 내용은 행동 양식이나 존재 목적이 왜 중요한지를 알려 주고, 가치의 강도는 그것이 얼마나 중요한지를 구체적으로 보여 준다. 강도의 측면에서 가치에 순위를 매김으로써 가치 체계가 성립한다(Robbins & Judge, 2011: 157).

가치 체계와 관련하여 유의할 점은 동종 직업이나 분야에 있는 사람들은 유사한 가치 성향이 나타난다는 것이다. 예를 들어, 기업 임원, 철강회사 종업원 노조, 그리고 지역활동가들을 비교하여 보면, 지역활동가들은 가장 중요한 궁극적 가치로 '평등'을 선택한 반면에, 기업의 임원과 노조원들은 '평등'을 각각 12번째와 13번째 가치로 선택하였다(Frederick & Weber, 1987).

세대별 가치 차이도 주목할 필요가 있다. 예를 들어, 미국에서 경제대공황과 제2차 세계대전의 영향을 받으며 자란 근로자들은 고용주에게 충성하고, 권위를 존중하며, 성실하게 열심히 일하는 것을 지배 노동 가치로 여기는 반면에 2000년대에 노동시장에 진출한 세대들은 부유한 시대에서 자랐으며, 업무에 대한 기대가 높고, 자신의 일에서 의미를 추구하며, 부자가 되는 것과 유명하게 되는 것을 목표로 삼는 경향이 강하다(Society for Human Resource Management, 2009).

복지와 관련하여 우리나라의 세대 간 인식 차를 살펴보면, 20~30대는 복지를, 50대 이상은 성장을 우선시하였으며, 복지형태로는 선택적 복지를 50대 이상이 20대보다 훨씬 많이 선호한다. 현재 복지수준에 대해서는 50대 이상은 만족, 20대는 불만이 많은 편이다. 미래 복지수준과 관련해서 젊은 세대는 향후 복지 혜택이 줄어들 것을 더 많이 걱정한다. 하지만 젊은 세대는 노년층의 복지 혜택을 인정하는 경향이 강하였으며, 노년층도 자신들의 복지보다는 젊은 세대의 일자리를 우선 배려하는 것으로 나타나 세대 갈등 봉합 가능성이 큰 것으로 나타났다(장후석, 2013). 가치에 대한 집단 간의 차이는 상호 간 협상을 어렵게 하고, 조직의 경제적 및 사회적 정책을 두고 서로 투쟁할 때 심각한 갈등을 초래할 수 있다.

둘째, 바람직한 사회 상태를 이룩하기 위해서는 모종의 활동이 있어야 하고, 이 중 정부의 활동이 정책수단이다. 바람직한 사회 상태를 이룩하기 위해서 정부뿐만 아니라 순수한 민간의 활동이 있을 수 있다. 예를 들어, 여러 공익 또는 비영리단체에서 사회적 약자를 돕기 위하여 물적 또는 정신적 지원을 할 수 있다. 이러한 활동을 정부가 지원한다면 이것은 정부 정책의 일부가 될 수 있지만, 그렇지 않은 경우에는 정책이 아니라 민간의 공익활동이다.

정책수단은 목표를 실현하기 위한 수단과 방법이 포함되어 있다. '사회적 약자를 위한 교육'을 목표한 정책에는 이를 실현할 수 있는 수단과 방법이 있어야 한다. 정책 개발은 이러한 수단과 방법을 찾아내는 것이다. 사회적 약자를 위한 정책수단을 개발하기 위해 일반적인 정책유형을 볼 필요가 있다. 정책유형에 비추어 현재의 정책수단과 다른 대안을 개발할 수 있다.

셋째, 정책수단을 집행하기 위해서는 직접적 또는 간접적 비용이 발생한다. 정부의 활동이든 민간의 활동이든 무엇인가를 생산하기 위해서 노동, 토지, 자본 등의 세 가지 요소가 필요하다. 사회적 약자를 위한 교육정책을 집행하기 위해서는 이 업무를 담당할 사람(노동), 복지서비스 제공을 위한 시설(토지), 관련 시설을 구매하고 유지하고 운영하기 위한 재원(자본)이 필요하다.

넷째, 정책에 따라 비용부담자와 수혜자가 다를 수 있고, 이에 따라 갈등이 발생할 수 있다. 정책이 성공적으로 집행되어 지금과 다른 바람직한 사회가 형성되었을 때,

이로 인해 어떠한 사람이나 집단은 혜택을 보는 반면에 다른 사람이나 집단은 손해를 볼 수 있다. 또한 정책이 집행되는 과정에서 동원되는 정책수단에 의해 혜택을 보는 사람 또는 집단과 그렇지 못한 집단이 생길 수도 있다.

정책의 논의에서 비용부담자와 수혜자를 분명히 하여야 하는 이유는 이들 사이의 갈등이 발생할 수 있기 때문이다. 정책의 내용에 따라 비용부담자와 수혜자가 일치하는 경우도 있고 그렇지 않는 경우도 있다. 교육복지서비스의 비용부담자와 수혜자가 일치하는 경우 갈등의 가능성이 적지만, 그렇지 않는 경우에는 이들 간의 갈등이 발생하기 쉽다. 사회적 약자를 위한 일반적인 정책의 경우에 부의 재분배의 성격이 강하기 때문에 국민들 사이에 이해관계의 대립이 발생할 수 있다. 따라서 복지제도를 구축하는 것이 어려운 과제일 수 있다.

다섯째, 정책의 입안과 집행에서 관료의 역량이 중요하다. 집행과정에서 행정 관료의 행태가 문제될 수 있다. 정치와 행정이 엄격하게 구분할 수 없는 현실에서 정책의 목표 설정과 이를 실현할 수 있는 정책수단의 개발은 상당 부분 행정부의 관료에 의해 이루어진다. 행정부의 관료들은 장기간에 걸쳐 업무를 수행하기 때문에 이들이 다른 누구보다도 많은 정보와 경험을 가지고 있기 때문이다.

또한 정책의 집행을 담당하고 있는 일선 관료들은 상당한 재량권을 가지고 있다. 정책의 내용이 추상적이고 불명확한 경우뿐만 아니라 그렇지 않은 경우에도 일선 관료들의 정책 집행방법이나 내용에 따라서 정책의 내용이 실질적으로 결정될 수 있다. 이들이 자신들이 가진 재량권을 어떻게 행사하느냐에 따라 정책의 성패가 좌우될 수 있다.

일선관료에게 상당한 수준의 재량권을 인정해야 하는 이유는 정책입안 당시에 예상하지 못했던 사안들이 정책집행의 과정에서 나타날 수 있으며, 이러한 문제를 적절히 처리하기 위해 필요한 정보를 이들이 가장 많이 알고 있기 때문이다. 또한 정책의 내용에 따라 수혜집단과 정책수단이 분명하게 제시되는 경우에 정책에 대한 저항이나 형식적인 순응이 커질 수 있기 때문에 일선관료의 재량권을 상정하고 의도적으로 불분명하게 제시하는 경우도 있다. 복잡한 사안에 대해서 정책결정자들이 구체적인 지침을 만들게 되면, 집행현장의 구체적이고 개별적인 사례에 적합하지 않을 수 있다.

일선관료들이 가진 광범위한 재량권과 관련하여 주의할 것은 이들이 자신들의 재량권을 남용 또는 오용할 수 있다는 것이다. 특히 사회적 약자를 수혜자로 하는 소득재분배정책에서 누구에게, 언제, 어떻게 혜택을 주는가에 대한 일선관료들의 재량권이 커지고 있으며, 이에 따라 일선 관료들이 재량권을 오남용할 가능성 역시 커지고 있다.

여섯째, 복지정책에 대한 수혜자의 대응에 관심을 가질 필요가 있다. 복지정책과 관련하여 수혜자의 도덕적 해이와 역선택의 문제가 될 수 있다(이준구, 1993: 608). 도덕적 해이는 경제 주체의 불확실성을 통제하는 기제로서 보험제도와 관련되어 있다. 도덕적 해이는 일단 완벽한 보험에 든 사람이라면 최선을 다해 나쁜 결과를 미연에 방지하려는 노력을 하지 않는다는 것을 의미한다. 예를 들어, 복지제도의 하나인 실업급여를 보자. 만일 직장을 잃어도 실업급여를 통해서 이전의 소득이 보장된다면, 합리적인 경제 주체로서의 개인은 직장을 유지하기 위한 노력을 할 필요가 없게 된다.

도덕적 해이와 더불어 역선택의 문제도 고려할 필요가 있다. 역선택은 실제로 보험금을 탈 가능성이 큰 사람들이 주로 보험에 가입하게 되는 현상을 지칭한다. 예를 들어, 실업보험의 가입을 의무가 아닌 선택으로 맡긴다면, 실직의 위험성이 큰 사람들만 보험에 가입하게 되고, 결과적으로 보험료가 상승되는 결과를 초래하며, 높은 보험료로 인해 보험제도 자체가 유지될 수 없을 수도 있다.

참고문헌

김필수, 고대혁, 장승구, 신창호 공역(2006). 관자. 소나무.

노화준(2007). 정책학원론. 박영사

박경숙, 서이종, 장세훈(2012). 세대 간 소통 및 화합방안 마련을 위한 조사 연구. 대통령소속 사회통합위원회.

유근춘, 서문희, 임완섭(2011). 보편적 복지와 선별적 복지의 조화적 발전방안에 관한 연구. 한국보건사회연구원.

이돈희(1999). 교육정의론. 교육과학사.

이명남(2008). 사회복지법제론. 박문각.

이병길 역(1996). 국가론. 박영사.

이준구(1993). 미시경제학. 법문사.

장후석(2013). 복지에 대한 세대 간 인식 차이 조사. VIP리포트(통권 525호). 현대경제연구원.

정약용(다산연구회 역주)(1979). 역주 목민심서 Ⅱ. 창작과비평사.

천병희 역(2012). 정치학. 도서출판 숲.

Frederich, W. C., & Weber, J. (1987). The values of corporate managers and their critics. An empirical description and normative implications. *Research in Corporate Social Responsibility, 9.*

Friedman, M. (1962). *Capitalism and freedom.* Chicago: University of Chicago Press.

Hayek, F. A. (1960). *The constitution of liberty.* Chicago: University of Chicago Press.

Kant, I. (1956). *Critique of practical reason.* Indianapolis, Ind.: Bobbs-Merrill.

Maslow, A. H. (1954). *Motivation and personality.* New York: Harper-Collins.

Nozick, R. (1974). *Anarchy, state, and Utopia.* New York: Basic Books.

Robbins, S., & Judge, T. (2011). *Organizational behavior* (14th ed.). 이덕로, 김태열, 박기찬, 박원우 공역(2011). 조직행동론(제14판). 피어슨에듀케이션코리아.

Rokeach, M. (1973). *The nature of human values.* New York: The Free Press.

Salamon, L. (Ed.). (2002). *The tools of government: A guide to the new governance.* NY: Oxford University Press.

Sandel, M. (2009). *Justice: What's the right thing to do?* 이창신 역(2010). 정의란 무엇인가? 김영사.

Schneider, A., & Ingram, H. (1990). Behavioral assumptions of policy tools. *Journal of Politics*, Vol. 52. No. 2.

Society for Human Resource Management (2009). *The multigenerational workforce: Opportunity for competitive success.* Research Quarterly.

Strike, K. A., & Soltis, J. F. (2009). *The ethics of teaching, teachers college, Columbia*

University. 조동섭, 김성기, 김왕준 공역(2016). **가르침의 윤리학**. 박영스토리.
Wildavsky, A. (1979). Choosing preferences by constructing institutions: A cultural theory of preference formation. *American Political Science Review, 81*, 2-21.

제2장

교육복지정책의 전개 과정

1. 교육복지정책의 배경

교육복지정책이란 교육복지에 관한 국가의 기본방침을 말한다. 국가에서 교육복지정책을 수립하는 것은 교육복지수준이 낮다는 문제의식에서 출발한다. 이 장에서는 우리나라에서 교육복지정책이 등장한 배경을 살펴보고자 한다.

1) 사회복지정책의 발전

서양에서는 1920~1930년대의 대공황, 제2차 세계대전 그리고 1960~1970년대의 불황기를 거치면서 복지제도가 도입되고 확장되었다. 우리나라도 마찬가지로 1990년대 말의 외환위기를 거친 후 급격한 사회경제적 위기 속에서 복지정책의 급격한 성장이 이루어졌다. 사회가 곤경에 처하자 곤경에 처해 있는 사람들을 돌아보게 되었다.

최병호(2014)는 우리나라의 역대 정부별 복지정책을 시기별로 '성장 주도기의 잔여적 복지 도입기', 김대중 정부 이후의 '복지 확대기', 참여정부 이후의 '복지와 성장

〈표 2-1〉 역대 정부의 주요 복지정책

정부별 (대통령) 정책기조	3, 4공화국 박정희 (1960~1980)	5공화국 전두환 (1981~1987)	6공화국 노태우 (1988~1992)	문민정부 김영삼 (1993~1997)	국민의 정부 김대중 (1998~2002) 생산적 복지	참여정부 노무현 (2003~2007) 참여 복지	이명박 정부 이명박 (2008~2012) 능동적 복지	박근혜 정부 박근혜 (2013~2017) 맞춤형 고용 · 복지
사회 보험	산재보험 (1964)			고용보험 (1995)	산재/고용 보험 확대 (2000~2005)			
	건강보험 (1977)	건강보험 확대	전 국민 건강 보험(1989)		의약분업 (2000), 건강보험통합 (조직 2000, 재정 2003)		노인장기요양 보험(2008)	의료보장성 강화(2013~), 장기요양 치매 특별등급 신설
	공무원연금 (1960), 군인 연금(1963), 사학연금(1975)		국민연금 (1988)	국민연금 확대	전 국민의 국민연금 기반 구축(1999)	「국민연금법」 개정(급여인하 등, 2007)	「공무원연금법」 개정 (2009)	

공공 부조, 보훈	생활보호제도(1962), 국가보훈(1962), 의료보호제도(1977)	영세민종합대책(1982), 사회복지전문요원(1987)	저소득층 영구임대 주택(1989)		경로연금(1998), 국민기초생활보장제도(2000)	「기초노령연금법」(2007), 차상위계층 지원(2004), 장애수당확대(2005)	기초노령연금(2008), 장애인연금(2010)	기초연금(2014), 기초보장 맞춤형 급여(2014), 일을 통한 빈곤탈출(2013)
사회 서비스	가족계획사업(1962), 심신장애자종합대책(1978)	노인복지기반 마련(1981), 재가노인복지사업(1987)	장애인복지 대책위원회(1989), 장애인등록제(1988)	공중보건, 건강증진 확대(1995), 보육시설확충계획(1995), 퇴직연금제도 도입(1995)	장애인복지 5개년 계획(1998)	보육확대(2004), 저출산 · 고령사회 본격대응(2005), 사회서비스일자리(2004), 다문화가족센터(2006)	5세아 누리과정, 0~2세아 무상보육(2012), 적극적 노동시장 정책(2008)	무상보육 · 무상교육 실현과 내실화(2013~), 보편적 주거복지, 경력단절여성 지원 등
교육 분야							든든학자금대출(ICL, 2010), 맞춤형 국가장학금(2012)	든든학자금 대출이자인하, 반값등록금 지원확대(2013)
조세 지출							근로장려세제(EITC, 2009)	EITC 확대

출처: 최병호(2014), p. 92.

의 균형적 발전기'로 구분하였다. 성장 주도기는 사회보험의 도입이 우선시되는 시기로 대변되며, 복지 확대기에는 최저생활의 보장 강화와 사회서비스제도 도입을 통한 복지급여의 다양화가 이루어졌다. 또한 저출산 · 고령화라는 사회적 현상이 복지 확대기를 견인하는 역할을 하였고, 특히 저출산정책에 따라 보편적 복지가 시행될 수 있는 환경이 마련되었다. 이명박 정부 시기는 복지의 보편성에 대한 논쟁이 심화된 시기로 볼 수 있으며, 박근혜 정부 시기에는 복지의 보편성을 수용하여 보수와 진보 정부 간의 복지정책의 차별성이 점점 엷어지는 현상을 보였다. 특히 박근혜 정부는 복지 확대와 일자리창출(고용률 70% 목표)을 동시에 추진하면서, 복지와 경제의 선순환을 모색하는 정책기조를 추진하였다.

2) 교육복지정책의 출발점

최근에 교육복지정책에 대한 논의가 활발하게 이루어지고 그에 관한 정책이 추진되고 있지만 교육복지의 개념을 넓게 보면 해방 이후부터 많은 교육복지정책이 있었다고 볼 수 있다.

(1) 무상의무교육정책

대표적인 교육복지정책은 해방 후 미군정청이 마련한 '의무교육방침'(1945)이다. 의무교육은 본질적으로 무상교육을 전제로 하므로 경제적 취약계층에게도 교육받을 기회를 제공한다는 취지를 갖고 있으므로 교육복지정책이라 할 만하다. 그러나 당시의 국가재정의 부족으로 인해 바로 시행되지는 못했다. 1946년, 1948년, 1950년에 정부가 계속해서 의무교육정책을 천명했지만 실현되지 못했다. 1959년에 「의무교육재정교부금법」을 제정하기도 하였지만 무상의무교육이 본격적으로 실현된 것은 1967년이고 그것도 초등학교에만 적용되었다. 1967년 제1차 의무교육 5개년 계획을 발표한 것은 사실상 교육복지정책을 체계화한 최초의 시도라 할 수 있다.

이 당시의 무상의무교육정책이 국민의 교육열과 정부의 문맹퇴치라는 의지가 결합(한만길, 김정래, 윤여각, 윤종혁, 2000)된 산물이라서 순전히 교육복지적 관점에서 만들어진 정책은 아니라고 할 수도 있겠지만 앞에서 말한 것처럼 경제적 · 지역적 교육취약계층에게 교육기회를 제공했다는 측면에서는 분명 교육복지적 맥락에서 시행된 것이라 말할 수 있다.

1984년에 드디어 6년의 초등교육과 3년의 중학교 교육을 의무교육화하는 내용으로 「교육법」이 개정되었다. 1985년 3월 1일에 「중학교의무교육실시에 관한 규정」(대통령령)이 제정되어 이 법에 따라 중학교에도 의무교육이 적용되기 시작했다. 그러나 출발 당시에는 의무교육임에도 완전한 무상교육이 아니었다. 또한 취약한 지역부터 시행되었다. 물론 중학교 의무교육이 전면무상은 아니었지만 도서 · 벽지 등 취약계층에 대한 무상교육과 교육비 지원은 계속적으로 확대되었다. 1992년에는 읍 · 면 지역까지 확대되었고, 1994년에는 군단위 아래의 모든 중학교 학생 전체가 의무교육대상이 되었다. 이에 따라 중학교 취학률이 1970년에 3.6%였던 것이 1985년에는 82%로, 1990년대 들어서는 90%를 넘었고, 2000년에는 95%에 달했다. 이후 중학교 의무교육이 보편화됨에 따라 현재는 전국의 모든 중학생이 무상의무교육의 혜택을 받게 되었다.

이러한 중학교 무상의무교육정책은 계층을 막론하고 보편적으로 교육받을 기회를 제공했다는 것에서 가장 혁신적인 교육복지정책이라 할 수 있다. 다만, 1999년 당시에 대부분의 OECD 국가가 9년에서 12년까지 무상의무교육을 시행하고 있었던 것을 생각하면 우리나라의 교육복지의식이 얼마나 낮은 수준에 머물렀는지를 알 수 있다.

(2) 무상교과서정책

무상의무교육정책으로 시작된 교육복지정책적 관점은 교육계의 다른 영역에서도 점점 나타나기 시작했다. 대표적인 것이 바로 1960년의 '도서 · 벽지 아동들에 대한 교과서 무상 배부'이다. 1966년에는 초등학교 1~3학년 아동에 대한 교과서 무상 지급이 결정되었다.

(3) 특수교육정책

특수교육도 가장 기본적인 교육복지정책의 하나라 볼 수 있다. 특수교육대상자는 심신 취약집단이라 할 수 있는데, 이들에 대한 정책적 배려가 바로 특수교육정책이다. 1958년에 맹 · 농학교 증설계획이 발표되고, 1968년에 심신 장애 아동 판별기준이 마련되었다. 1971년 8월에는 학습지진아의 교육을 위해 시 · 도에 총 26개의 연구학교를 지정하여 특수학급을 운영하도록 했다. 1977년 12월 31일에 드디어 「특수교육진흥법」이 제정되기에 이르렀고, 1978년에는 「특수교육진흥법 시행령」이 제정되었다. 1979년에는 농아와 맹아 등 심신장애 학생에 대해 전액무상교육을 실시할 것을 발표하였다.

(4) 방송통신교육과 교육정보화

1970년대 초부터 방송통신교육이 시작되었다. 방송통신교육은 도서 · 벽지 학교와 같이 기본적 교육기회나 다양한 교육자원을 접하기 어려운 학생들을 위해 만든 교육체제이다. 1971년에는 중학교 미진학자를 대상으로 한 통신교육을 계획했다. 1974년에는 방송통신고등학교가 개교하였다. 1980년에는 과외교습을 막기 위해 정부가 특단의 조치로서 TV과외를 실시하게 되었다. 이것이 오늘날의 EBS를 만들었다. 이것은 학원이나 과외 등의 사교육 자원을 이용하기 어려운 계층들이 지상파 방송을 통해 질 높은 교육을 향유할 수 있도록 하기 위한 교육복지정책이라 할 수 있다.

1980년대 말부터 교육정보화 사업의 일환으로 학교에 컴퓨터를 보급하였다. 1989년에는 공립학교에 컴퓨터를 27만 대 공급하기로 했으며, 1992년에는 초 · 중등학교에 컴퓨터 보급을 1994년까지 완료한다는 계획을 발표하였다. 이러한 교육정보화 정책도 기본적으로는 PC나 인터넷 등 정보화매체를 활용하기 어려운 계층들을 위해 만든 교육복지정책이라 할 수 있다.

3) 교육복지정책 확대의 사회적 배경

교육복지정책은 단순히 교육적 관점에서만 추진된 것이 아니다. 소득분배와 같은 경제적 요인, 가족구조와 같은 사회적 요인, 지역적 요인 등이 복합적으로 작용하여 교육복지정책을 형성하게 된다.

(1) 소득분배구조 악화와 취약계층 확대 경향

계층 간 소득의 불평등이 심화되고 소득분배의 구조가 악화되면서 계층의 양극화가 극심해지고, 경제적 취약계층이 빈곤에서 벗어나기 어려워지면서 사회적으로 계층 간 심리적 균열이 표면화되고 궁극적으로 사회적 통합을 저해할 수 있다는 우려가 제기되어 왔다. 이러한 사회적 균열은 자칫 사회적 갈등은 물론이고 사회체제의 붕괴를 가져올 수 있는 위험을 내포하고 있다. 따라서 취약계층에 대한 사회적 보살핌은 궁극적으로 사회적 안정성을 확보하기 위한 하나의 사회적 장치라 볼 수 있다. 이러한 관점에 있어 교육복지는 중요한 연결고리로서의 의미를 갖는다. 즉, 교육이 사회적 계층 이동의 통로가 될 수 있기 때문이다. 실제로 현실이 그러한지는 따져 볼 일이다.

(2) 가족구조의 변화

급속한 경제발전과 도시화로 인해 농어촌 인구들이 속속 도시로 몰려들었고, 이러한 급속한 도시화로 인해 전통적인 가족형태와 가족의 역할이 바뀌었다. 단적으로 3대가 모여 사는 대가족은 거의 찾아보기 어렵게 되었고, 출산율 1.2명의 핵가족화가 진행되고 있다. 특히 이혼율이 늘면서 한부모 가정의 학생들이 증가하고 있다. 그 피해는 아동들에게 돌아가고 있다. 물론 이혼 그 자체가 불가피한 선택인 경우도 있겠지만 결과적으로 아동들에게는 심리적 · 경제적으로 취약한 상태를 만들 수 있다. 따라서 이러한 문제는 단지 사회적 문제를 뛰어넘어 교육적 문제로 취급되어야 한다. 결국 가족구조의 변화가 교육계에 영향을 미치고 있는 것이다.

(3) 취약계층 밀집 지역의 취약성

산업화 과정에서 많은 인적 자원과 물적 자원이 도시로 몰리면서 도시와 농촌 간의 계층 분화가 심화되었다. 저소득층 학생은 교육의 기회, 과정, 결과 등 교육의 전 과정에서 취약성을 드러내고 있다. 교육의 기회 측면에서 볼 때, 사교육비나 사교육 참여시간에서 갈수록 상위계층과의 격차가 벌어진다. 또한 소득이 낮을수록 부모의 자녀교육에 대한 관심이 낮고 자녀에 대한 양육 태도가 부정적이어서 학생의 가정에 대한 만족도가 낮게 나타난다. 지적 · 정의적 성취 영역에서도 취약성을 보이고 있는

데, 저소득층 학생은 일반학생보다 자기주도적 학습능력, 자기효능감, 일상생활 습관 및 학교 적응력, 정신건강, 시민의식 등의 영역에서 그 수준이 낮다. 이처럼 계층적 취약요인이 교육적인 측면에도 영향을 주고 있다.

2. 역대 정부별 교육복지정책

사회변화에 따른 교육문제를 해결하기 위해 중앙정부 차원의 교육복지정책들이 정부별로 어떻게 변화했는지 김영삼 정부부터 박근혜 정부까지 그 과정을 살펴보고자 한다.

1) 김영삼 정부(문민정부): 1993. 2.~1998. 2.

1993년에 김영삼 대통령이 집권하면서 교육개혁을 주요 개혁과제로 설정하고, 대통령자문 교육개혁위원회를 구성하였다. 교육개혁위원회가 1995년 5월 31일에 '세계화 · 정보화를 주도하는 신교육체제 수립을 위한 교육개혁방안'을 발표했다. 이 방안은 갑오개혁과 1980년 7 · 30 교육개혁에 이어 가장 혁신적인 교육개혁방안으로 현재의 교육제도를 수립하는 데 가장 근본적인 영향을 미친 방안이다.

이 방안은 교육개혁 비전으로 누구나, 언제, 어디서나 원하는 교육을 받을 수 있는 열린 교육체제를 구축하면서, 모든 국민이 자아실현을 극대화할 수 있는 교육복지국가를 만든다고 선언하였다. 교육개혁안의 핵심내용으로 단위학교의 자율성 확대와 교육의 질 개선, 공 · 사립 간 · 사회계층 간 · 지역 간 교육형평성 제고를 포함하고 있다.

교육부는 '1997년 교육복지종합대책'을 발표하여 장애아, 학습부진아, 학교 중도탈락자, 해외 귀국자녀 교육지원 방안을 추진하였다. 그리고 이렇게 교육과정을 정상적으로 이수하기 곤란한 학생들을 위해 '특별교실'을 운영하도록 제안하였다. 이 중에서 학교중도탈락위기학생을 위한 특별교실이 현재의 '대안교실'에 해당한다고 볼 수 있다. 당시에 특수학급 설치와 귀국자 자녀반과 같은 지원은 이후로 많이 이루어져 왔지만, 중도탈락위기학생에 대한 교육지원은 2009년에 교육부에서 「학업중단 청소년 실태 분석」 연구(김성기, 2009)를 발표한 이후에 2010년 이후부터 본격적으로 실현되고 있다고 할 수 있다.

1997년 외환위기를 거치면서 계층 간 소득불평등 심화와 사회양극화 및 빈곤의 대물림이 사회적 이슈로 등장하였다. 이에 따라 빈곤의 대물림을 막기 위해 취약계층에 대한 생산적 복지정책으로서 교육 및 훈련 서비스를 강화하였다.

또한 모든 국민이 최소 필수의 기본적인 교육을 받을 수 있도록 우리나라는 의무교육제도를 법적으로 규정하고 있는데, 이러한 의무교육제도는 문민정부 때에도 찾아볼 수 있었다. 1949년 '의무교육 6개년 계획'을 수립하면서 처음 실시된 의무교육제도는 1997년에 이르러서 초등학교 의무교육으로 완성되었다고 볼 수 있다. 이후 중학교 의무교육의 필요성이 대두되면서 「교육법」에 중등교육 의무교육을 규정하였고, 점차적으로 지역과 대상범위를 확대함으로써 오늘날까지 자리 잡게 되었다.

문민정부의 교육복지정책은 오늘날의 보편적인 교육복지정책들에 비해서 단순히 소외계층만을 대상으로 하고 있다는 점에서 복지 제공수준이 낮고 교육복지의 개념과 틀이 체계적으로 확립되어 있지 못하지만 이전과 달리 교육복지에 대해 국가차원에서 개입하여 나름의 해결책을 강구했다는 점에서 의미가 크다고 할 수 있다.

2) 김대중 정부(국민의 정부): 1998. 2.~2003. 2.

1998년 우리나라는 외환위기가 발생하게 되면서 대량실업과 경기 침체로 인해 가정이 해체되고, 갑작스럽게 실직한 부모의 자녀들이 학업을 포기하는 등 취약계층이 증가하게 되었다. 이러한 IMF 이후 심화되고 있는 취약계층의 증가는 우리나라 정부가 교육복지에 대해 관심을 갖게 되는 계기가 되었으며, 기업의 실직자 가정은 자녀들에 대한 교육비를 가정의 큰 부담으로 인식하게 되는 어려움을 겪게 되면서 교육복지의 필요성이 증가하였다.

이를 위해 김대중 정부에서는 1998년부터 실직자 가정의 교육비 부담을 경감시켜 주고자 실직자 자녀에 대한 학비지원 사업을 시작하였으며, 이러한 학비지원 범위를 더욱 확대하여 저소득층 자녀에게까지 교육비를 지원하기 시작하였다. 2000년에 발표된 '저소득층에 대한 교육지원'에 따라 유치원 및 중 · 고등학교 자녀의 학비지원을 비롯하여 교육비를 감당하기 어려운 사람들이 늘어남에 따라 대학생을 대상으로 학자금 저리 융자 지원을 실시하였다.

또한 초 · 중 · 고등학교 저소득층 자녀에게 교육 정보화 지원 사업의 일환으로 정보화 교육 및 PC 지급을 실시하였다(한만길 외, 2000). 이러한 교육 정보화 지원 사업은 정보통신의 발달로 컴퓨터와 인터넷이 발달하게 된 사회변화에 따른 학생들의 욕구가 반영된 교육복지정책이라 할 수 있다. 저소득층의 경우에는 정보에 쉽게 접근하고, 이를 활용하기 어려운 측면이 있는데, 이러한 정보격차라는 새로운 문제를 해소하고자 한다는 취지이다.

저소득층의 경우에 저임금이나 불안정한 직업으로 인해서 교육을 제대로 받지 못하거나 교육환경에 적응하지 못하는 사례들이 많다는 점을 인식하고 보다 균등한 학습기회를 제공하여 빈부격차의 불평등을 해소하고자 하는 정부의 모습을 볼 수 있었다.

김대중 정부는 '보육사업 중장기 종합발전계획' 발표를 통해서 1999년부터 2002년까지 농어촌 지역의 저소득층 자녀를 위한 무상보육 사업을 실시하였고, 만 5세 미만의 저소득층 자녀로 그 범위를 확대하여 보육료를 지원하는 교육복지정책을 실시하였다. 여성의 사회활동 참여가 이전보다 증가함에 따라서 기존 가정의 양육을 대신해서 국가차원의 양육의 필요성이 증가하였는데, 이에 따른 욕구를 반영하고자 했다는 점에서 의미가 있다.

그러나 저소득층 자녀에게 단순히 교육비를 지원하는 것에서 그치는 것이 아니라 학생들에게 개별적인 욕구에 맞는 다양한 교육기회를 지속적으로 제공할 수 있는 프로그램이 미흡했다. 교육의 평등성을 실현시키려는 관점에서 교육복지정책을 편다고 했지만 한편으로는 경쟁을 추구하는 신자유주의 교육정책의 기조를 유지함으로써 오히려 사교육비가 급증하는 결과를 초래했다.

한마디로 김대중 정부에서의 교육복지정책은 '병과 약'을 함께 준 정책이었다고 할 수 있다. IMF 관리체제를 탈피하기 위한 사회적 구조조정 과정에서 불가피하게 취약계층을 발생시켰으며, 한편으로는 이러한 취약계층의 자녀들이 이로 인해 교육적 피해를 보지 않도록 하기 위해 교육복지정책에 관심을 가진 것이다. 그러나 결과적으로 교육복지정책을 한 단계 발전시킨 면이 있다고 볼 수 있다.

3) 노무현 정부(참여 정부): 2003. 2.~2008. 2.

참여정부가 들어서서도 여전히 빈부격차에 따른 교육격차가 심화되면서 교육정책에 대한 사람들의 욕구가 증가하였다. 교육복지에 대한 사람들의 관심이 늘어나면서 노무현 정부에서는 이러한 요구에 적합한 교육복지를 제공하는 구체적인 노력을 하기 시작하였다.

먼저, '참여정부 교육복지 5개년 종합계획'을 발표하면서 세부적인 정책과정을 제시하였다. 정책목표는 '지역 간 교육격차 해소, 계층 간 교육격차 해소, 소외계층 교육기회 확대'로 정하고, 그 대상은 지역 간 교육격차 해소를 위해서 도시저소득 밀집지역, 농산어촌을 대상으로 하고, 계층 간 교육격차 해소를 위해서는 저소득층을 대상으로 하였다. 소외계층 교육기회확대를 위해 그 대상을 부적응 학생, 저학력 성인, 장기입원 아동 및 청소년, 장애 학생, 새터민 자녀, 다문화가정 자녀로 정하였다.

전개된 다양한 교육복지사업 중 2003년부터 시행된 '교육복지 투자 우선지역 지원사업'이 대표적이라고 할 수 있다. 교육이나 문화적으로 취약한 지역을 선정하여 진행한 사업으로서 아동을 대상으로 다양한 영역의 지원을 함께 제공함으로써 교육 불평등의 문제를 줄여 나가고자 하였다. 학업성취도가 낮거나 학습 자체에 흥미를 느끼지 못하는 학생들에게 학습지도를 진행하거나 학교부적응 문제를 예방하기 위한 정서프로그램, 급식 및 의료적인 지원을 함께 제공함으로써 당시 학생들의 긍정적인 변화를 이끌어 냈다는 평가를 받을 수 있었다고 한다. 아직까지 정책대상이 소외계층에게 한정되어 있는 한계를 지니지만 무엇보다 부모의 경제적 여건이나 지역적 차이에 상관없이 성장하는 아동들이 자신이 가진 꿈과 끼를 발현할 수 있도록 다양한 교육을 제공한다는 점에서 경제적 지원을 위주로 하는 이전 정부들의 교육복지정책과는 차이가 있다.

〈표 2-2〉 노무현 정부의 교육복지정책

정책목표	정책영역	정책대상	정책과제
국민기초 교육수준 보장	모든 국민의 교육기회 보장	장애인 및 건강장애아	특수교육 강화
		저소득층 학생	유아교육 기회 확대
			저소득층 교육비 지원
		저학력 성인	저학력 성인 교육기회 확충
		고등교육소외자	장애인 · 저소득층 고등교육 기회확대
		외국인근로자 자녀	외국인근로자 자녀 교육 지원
	기초학력성취	기초학력미달자	기초학력 보장
교육부적응 및 불평등 해소	학교부적응 치유	학업중단자	학업중단자 예방 및 대책
		귀국학생	귀국학생 교육 지원
		북한이탈청소년	북한이탈청소년 대책
	교육여건 불평등 해소	도시저소득지역학생	도시저소득지역 교육여건 개선
		농어촌지역학생	농어촌지역 교육여건 개선
		정보화 취약 계층	정보화 격차 해소
		저소득 자녀	사교육으로 인한 불평등 완화
복지 친화적 교육환경 조성	밝고 건강한 교육 환경 추구	모든 학생	밝고 즐거운 학교 만들기
			학생건강 증진
			안전하고 건강한 교육환경 조성

출처: 교육인적자원부 보도자료(2004. 10. 19.).

두 번째 대표적인 사업으로는 사교육비가 점차 증가함에 따라 부모의 경제적 부담을 줄이고, 사교육을 얼마나 받았는가에 따른 교육격차를 해소하기 위해 실시한 '방과 후 학교사업'이다. 학교에서 정해진 교육시간이 끝난 방과 후 시간에 학생들이 자신이 듣고 싶은 교육을 선택하여 들을 수 있도록 실시하였는데, 지역사회의 인적 자원을 강사로 활용하여 특기적성이나 학습지원을 받을 수 있도록 하였다. 대부분 부모의 맞벌이로 인해서 정규수업이 끝나고 학교에서 돌아온 아동들의 경우 각종 학원에 다니기도 하지만 경제적으로 저소득층 가정의 자녀의 경우에는 부모의 돌봄 없이 홀로 가정에서 보내야 하는 시간이 길다고 할 수 있다. 그러한 면에서 학생들이 부족한 학습을 보충할 수 있는 기회뿐 아니라 학부모의 경제적인 부담을 완화해 준다는 점에서 의미가 있다.

이외에도 저소득층 아동들의 전인적인 발달을 목표로 아동의 욕구에 맞는 서비스를 제공하는 희망스타트사업, 다문화가정의 자녀에게 다양한 교육 및 문화체험의 기회를 제공하는 등 적극적인 교육복지정책을 추진하는 모습을 엿볼 수 있는 시기였다.

무엇보다 돌봄이나 교육의 기능을 가정에 한정시키는 것이 아니라 지역사회와 학교가 연계하여 아동을 돌보아야 한다는 인식을 바탕으로 정책이 이루어졌다는 점에서 의미가 있다고 생각하고, 지역사회의 자원에 대한 정보를 학교가 얻기 위해서라도 두 기관이 협력하는 기회를 마련한다는 점에서 긍정적이다.

4) 이명박 정부: 2008. 2.~2013. 2.

이명박 정부의 교육복지정책을 파악하기 위해서 교육과학기술부에서 발표한 「이명박 정부의 교육복지대책 보고서」를 살펴보았다(교육과학기술부, 2008)[1]. 당시 교육과학기술부는 저소득층의 교육비 부담을 경감시키고 실질적인 지역격차를 줄여 나가고자 했다. 주된 사업은 다음과 같다.

- 저소득층 및 소외계층의 교육기회를 획기적으로 확대
  - 중학교 무상교육을 전체 중학생으로 대폭 강화
  - 저소득층 · 농산어촌 학생 전원 급식지원을 100% 수준으로 향상
  - 장애학생에 대한 무상 · 의무교육 실현
  - 저소득층 대학생 학비부담 완화
  - 저학력 성인의 학력취득 경로 다양화

1) 교육과학기술부(2008. 12. 15.). 2008~2012 이명박 정부 교육복지대책.

이를 통해 이명박 정부 또한 이전 국민의 정부와 참여정부에서 목표로 한 교육격차 해소나 교육의 균등한 기회제공 등을 지속적으로 추진하고 있음을 알 수 있었다. 이명박 정부의 대표적인 교육복지정책을 살펴보면, 첫째, 저소득층의 교육비 지원 확대사업의 일환으로 시행된 '중학교 무상교육'이라고 할 수 있다. 중학교 무상교육을 통해 중학생들이 교육비에 대한 부담감 없이 학습에 집중할 수 있는 교육여건을 조성하고자 했다. 기존에 차상위 계층을 대상으로 지원했던 학교운영지원비를 중학교 학생 전체로 지원대상의 범위를 확대하여 보편적 복지로 한 걸음 나아가는 모습을 보였다. 이와 같이 지원대상은 확대되었지만 학교운영비나 등록금을 제외하고 학생들의 현장학습 체험비나 도서 및 참고서 구입 등에 필요한 비용은 여전히 학부모의 부담으로 남아 있다는 점에서 한계를 볼 수 있다.

둘째, 모든 국민이 최소한의 기초학력 수준을 보장받을 수 있도록 '기초학력 향상 지원 사업'을 실시하였다. 학습이 부진한 학생들이 상급학교에 진학하여도 여전히 학업에 어려움을 느끼고, 좌절감을 경험하는 경우가 많다는 점을 고려하면 이러한 상황을 개선하기 위해 적극적으로 기초학력 미달학생을 지원해야 하는 정책의 필요성을 느낄 수 있다. 그러나 학업성취도 평가를 실시함으로써 기초학력 미달학생에 대한 지도 결과가 높은 학교와 그렇지 못한 학교 간의 인센티브를 차등적으로 준다는 점에서 이명박 정부가 목표로 하는 취지와 달리 오히려 학생들이 좌절감을 느끼게 되고 학생 및 학교 간의 경쟁이 심화되는 문제점이 지적되기도 했다.

이 외에도 다문화가정의 자녀나 탈북청소년, 장애를 가진 학생 등을 위하여 교육복지정책을 다양하게 추진하였는데, 지금까지 이루어졌던 기존의 사업들을 보완해 나가고 지원범위나 그 내용을 조금씩 확대하는 방식으로 정책이 추진되어 왔음을 알 수 있다. 또한 소외계층이나 학습부진에 대한 교육격차 해소에 각 정부가 초점을 두고 추진해 온 특징도 함께 살펴볼 수 있다.

이명박 정부에서의 교육복지정책은 그 전략으로는 실질적인 교육격차 해소, 국민이 피부로 느끼고 공감하는 정책, 지역 · 학교 · 학생의 특성을 고려한 맞춤형 복지로 하였고, 참여정부에서 적극적으로 추진된 교육복지 관련 정책은 이명박 정부에서도 지속적으로 전개되었다. 구체적으로 이명박 정부는 학력 수준 향상과 교육격차 완화, 가난 걱정 없이 다닐 수 있는 학교, 교육복지 지원체제 구축, 건강한 학생 안전한 학교, 선진화된 유아교육과 특수교육 보장, 평생 공부할 수 있는 학습 환경 조성을 추진하는 등 교육복지 대책을 마련하고 교육복지 15대 핵심과제를 발표하였다. 이를 통해 지속적으로 적극적인 교육복지정책과 교육복지사업이 실시되었다.

15대 핵심과제에는 저소득 중학생 무상교육 대폭 강화, 저소득층 · 농산어촌 학생 급식비 지원 확대, 장애학생에 대한 무상 · 의무교육 실현, 등록금 걱정 없는 대학생활(저소득 대학생 장학금 학자금 지원), 저학력 성인의 학력취득 경로 다양화, 기초학력 향상 지원체계 구축, 농산어촌 연중돌봄학교 및 (가칭)K−2학교 지정 육성, 교육복지 투자우선지역 사업 확대 및 저소득층 밀집학교 지원, 유치원 · 보육시설 등 기관 미이용 아동을 위한 희망교육사 파견, 다문화가정 학생을 위한 중장기대책 마련 추진, 북한이탈 학생의 사회적응력제고 및 학력향상 지원 확대, 위기학생을 위한 3차원의 안전망 구축, 2012년까지 일반학교 내 특수학급 1,500개 증설, 안전하고 맛있는 학교급식 제공, 전국 모든 유치원에 종일반 설치가 있다.

5) 박근혜 정부: 2013. 2.~2017. 3.

박근혜 정부는 꿈과 끼를 키우는 행복교육을 교육비전으로 제시하였고, 고교 무상교육이나 대학생 반값 등록금, 자유학기제, 초등학교 돌봄학교 등의 다양한 교육복지 공약들을 내세웠다. 그중 '중학교 자유학기제' 운영은 꿈, 끼, 행복을 강조하고 있는 박근혜 정부 교육정책의 대표적인 공약이었는데, 2015년 초에 일부 중학교를 대상으로 실시되어 2016년부터 전면적으로 시행되었다. 중학교의 한 학기 시험을 없애는 대신 다양한 진로체험활동 중심의 교육을 진행하는 제도인 '자유학기제'는 학생들의 학습에 대한 부담감을 줄여 주고 사교육비를 경감하자는 취지에서 시행되었다. 매일 교실 안에서만 획일화된 수업을 듣는 것이 아니라 교실 밖에서의 다양한 체험활동을 통해서 학생들이 자신의 진로를 탐색할 수 있는 기회를 가진다는 점에서 긍정적이다. 그러나 현재 자유학기제의 운영이 사교육비 경감에 효과가 있는지, 체험의 질적인 차이 등으로 학생들이 불평등을 경험하지는 않는지 등의 우려와 함께 긍정적인 평가가 복합적으로 이루어지고 있다고 할 수 있다.

〈표 2-3〉 역대 정부의 교육복지정책의 특징과 주요 내용

정부	특징	정책 내용 및 주요 사업
김영삼 정부 (문민정부) 1993. 2.~1998. 2.	• 전반적인 복지수준도 낮고, 일부 대책에 한정 • 교육복지정책에 대한 인식 부족	• 1995년 5 · 31 교육개혁에서 교육개혁 비전으로 교육복지국가 제시 • 1997년 교육복지 종합대책 발표
김대중 정부 (국민의 정부) 1998. 2.~2003. 2.	• 외환위기 이후 중산층 · 서민층 자녀 교육지원 필요성 증대 • 교육복지정책에 관심을 갖기 시작	• 1999년 '교육발전 5개년 계획' • '국가 인적자원개발 기본계획' 수립 • 만 5세아 무상교육 실시(1999), 저소득층 자녀 학비지원 실시(2000)
노무현 정부 (참여정부) 2003. 2.~2008. 2.	• 양극화 문제가 사회 이슈화됨에 따라 소득 계층 간, 지역 간 교육 격차 해소에 관심 • 교육복지정책이 양적으로 확대	• 2004년 '참여정부 교육복지 종합계획' 수립 • 2006년 교육격차 해소를 초점으로 교육안전망 구축 지원 정책 발표 • 도시 저소득층 교육복지투자우선지역 사업 시작(2003), 방과 후 학교사업(2006), 지역아동센터(2004), 희망스타트
이명박 정부 2008. 2.~2013. 2.	• 2008년 미국발 경제위기 여파로 인한 취약 계층 확대, 사회양극화 문제 심화 • 저소득 · 소외계층의 교육기회 확대, 학력격차 해소 지원의 체계화, 교육복지 사각지대 보완 교육복지정책 지속	• 2008~2012 이명박 정부 교육복지 대책 추진 • 교육복지우선 지원사업, 방과 후 학교사업, 초등돌봄교실(2010~2011), Wee 프로젝트(2008), 다문화 학생 교육지원(2009), 탈북 청소년 교육지원, 창의경영학교(2009), 전원학교사업(2009), 드림스타트, 지역아동센터, 희망복지지원단(2011), CYS-Net, 청소년 방과 후 아카데미

박근혜 정부 2013. 2.~2017. 3.	• 교육비 부담 경감 • 무상보육 및 무성교육 확대 • 학교교육 정상화 • 학교폭력 및 학생위험 제로 환경 조성	• 교육복지 3대 중점 추진 과제(우선배려 학생 맞춤형 교육지원 강화, 소득수준 간 · 지역 간 교육격차 해소, 모두를 위한 교육기회 확대) 선정 • 국민행복을 위한 맞춤복지 주력

출처: 교육부 보도자료(2008. 12. 17.) 재구성; 교육부(2013~2017).

다음으로, 교육복지정책의 일환으로 고등학교 학생들을 대상으로 입학금이나 수업료, 학교운영지원비 등을 지원하는 '고교 무상교육' 사업을 대선 공약으로 내세웠다. 4년에 걸쳐서 단계적으로 고교 무상교육을 완성하겠다는 공약과 달리 교육예산의 부족으로 인해서 지속적으로 연기되고 예산안에 반영되지 않음으로써 공약이 무산되는 것은 아닌가라는 의구심이 여러 기사에서 나타났다.[2] 또한 0~5세 무상보육도 예산편성에 대한 갈등을 겪으면서 2016년에 '맞춤형보육 정책'[3]으로 변화하였다. 오랜 시간 어린이집 보육이 필요한 경우에는 기존과 같이 12시간 종일반 보육을 지원하는 반면, 적정시간 어린이집 이용이 필요한 경우에는 7시간 맞춤반을 지원하는 제도인 맞춤형 보육을 지원하는 것으로 변화된 것이다. 마지막으로 '초등학교 돌봄학교' 사업을 살펴보면 2015년부터 초등 3~4학년까지 확대한다고는 했지만 실현되지 않았으며, 예체능이나 놀이프로그램 등 다양한 체험을 저소득층 일부 학생에게만 지원한다는 것도 살펴볼 수 있었다. 이와 같이 교육 분야의 복지지원을 확대하려는 정책들을 시도하려는 노력이 엿보이지만 주로 직접적인 재정을 지원하는 정책들이 많은 만큼 예산으로 인한 연기, 무산 등의 어려움을 겪는 것을 볼 수 있다.

2) 김소연(2015. 7. 7.). 고교 무상교육, 초등 돌봄학교 교육공약 무산되나. 한겨레신문.

3) 김온유(2016. 6. 16.). 복지부, 맞춤형보육 7월부터 시행키로. 아주경제.

3. 교육복지정책 전개상의 특징

우리나라의 사회적 약자를 위한 교육복지정책을 살펴보면, 한국의 정치적 · 사회적 상황과 맞물려 복지대상이 지속적으로 확대되어 왔다는 점, 가정의 역할을 근본적으로 변화시키지 못하고 학교와 사회가 부담하는 방향에서 정책이 이루어져 왔다는 점, 교육복지와 사회복지의 경계가 불분명하다는 점을 알 수 있다.

1) 대상의 확장: 신규대상의 증가

해방 직후부터 1980년대 이전까지는 교육복지라고 하면 주로 무상의무교육 확대라든가 교과서무상제공 등 교육필수요건에 대한 무상복지정책이 대부분이었다. 이러한 교육복지정책은 말 그대로 보편적 교육복지의 형태를 띨 수밖에 없는 정책이었다. 점차 특수교육대상자를 위한 복지제도가 만들어지고 심지어 도서벽지학생을 위한 교육정보화 사업 등 특정대상을 위한 복지정책이 시행되기 시작했다. 말 그대로 신체적 · 지역적 취약집단을 위한 선별적 교육복지정책이라 할 수 있다.

최근 들어서는 이러한 교육복지대상이 확대되어 가고 있다. 단순히 저소득층 학생을 위한 교육복지정책에 그치지 않는다. 한국의 독특한 사회적 · 정치적 · 경제적 상황에 따른 교육복지대상들이 등장하고 이들을 위한 교육복지정책이 확대되고 있다.

대표적인 것이 바로 탈북학생이다. 한국의 분단상황이라는 독특한 정치적 상황으로 인해 탈북자가 지속적으로 발생하고 있다. 탈북학생의 학업중단율은 일반학생의 2배에 달한다. 신체적 · 정서적 · 교육적 취약계층이 아닐 수 없다. 일반학생과 같이 수업에 참여하는 것 자체가 어려울 수 있다. 이에 따라 교육부는 한국교육개발원에 의뢰하여 탈북청소년교육지원센터를 설치하게 하여 탈북학생을 지원하고 있다.

다음으로는 다문화학생이 증가하고 있고 이들이 새로운 교육복지대상으로 등장하고 있다. 높은 대학진학률에 따라 대학졸업자들이 중소기업이나 제조업 등의 노동현장을 기피하고 있다. 이에 따라 육체노동인력을 공급하기 위한 경제적 목적에서 외국인노동자를 적극적으로 받아들이게 되었다. 또한 외국인들이 한류바람을 타고 한국에 대한 동경심을 갖고 한국으로의 이주를 꺼리지 않고 있어 다문화가정들이 지속적으로 증가하고 있다. 문제는 대부분의 국민이 순혈주의적 가치관을 갖고 있었던 상황에서 이들이 한국 사회에 정착하기 어려운 요인들이 노출되고 있다는 것이다. 특히 다문화가정의 학생들 중에는 한국에서 태어나거나 초등학교 학령 전 입국하지 않고 초등학교 학령 이후에 입국한 '중도입국 청소년'들이 증가하고 있는데 이들은 한국어에 익숙지 않다는 어려움을 안고 있다. 이러한 상황에서 교육부는 다문화학생을 위한 교육복지정책을 개발하여 전개하게 되었다.

경제적으로 IMF를 거치면서 가정의 경제적 기반이 붕괴되는 현상이 발생했고, 그것이 가정해체로 이어졌다. 결국 이혼율의 증가로 한부모 가정이 증가하고 있다. 심지어 부모가 모두 아이들을 버리고 집을 나가는 경우까지 발생하고 있다. 이로 인해 조손가정이나 소년소녀가장들이 나타나고 있다. 한부모 가정의 아이들은 심리적 · 정서적 · 경제적 어려움에 처한다. 당연히 이들도 교육복지대상에 포함될 수밖에 없게 되었다.

이러한 경제적 문제로 인한 가정 붕괴의 현상은 학업중단율에도 영향을 주었다. 물론 학업중단은 교육체제의 근본적 문제가 원인을 제공하고 있지만 경제적 문제로 인한 학업중단도 그 한 요인이 되고 있다. 또한 학업중단은 단순히 개인의 문제를 뛰어넘어 사회적 재교육비용을 발생시키는 결과를 초래할 수 있어 중요한 교육복지대상으로 삼게 되었다.

이처럼 우리나라의 교육복지정책의 전개과정에서 가장 특징적인 점은 한국의 독특한 사회적 · 정치적 · 경제적 상황과 맞물려 교육복지대상이 점차적으로 확대되어 왔다는 점이다. 이러한 추세를 본다면 앞으로도 난민이라든가 미혼모 등 다양한 집단이 교육복지대상으로 포섭될 수 있음을 예상할 수 있다.

2) 가정회복 없는 교육복지로 인한 학교와 사회의 부담 증가

교육복지문제는 가정과 밀접한 관련을 갖고 있다. 대표적으로 최근의 아동학대 사건에서 볼 수 있듯이 거의 모든 문제가 가정으로부터 출발한다. 학교폭력문제도 그

끝을 찾아가다 보면 결국 가정에서 그 진원지를 찾게 된다. 문제학생 뒤에는 반드시 문제부모가 있다는 말까지 있다. 가정의 정상적 회복 없이 근본적인 교육복지는 이루어질 수 없다. 교육복지정책이라고 아무리 금전적으로 학생을 돕는다고 해도 가정에서의 근본적인 변화가 이루어지지 않으면 정상화되기 어려운 학생들이 많다.

가족문제와 부모의 상황을 근본적으로 변화시키지 못한다면 그 부담은 고스란히 학교와 사회가 떠맡을 수밖에 없게 된다. 실제로 우리나라에서 지금까지 이루어져 왔던 교육복지정책을 보면 이러한 문제를 느낄 수 있다. 심리적 접근으로서의 가족치료나 경제적 접근으로서의 가족채무상담 등 가정에 대한 지원은 없이 표피적으로 드러난 학생의 문제에만 대증요법적으로 접근해 왔다.

가정의 근본적 회복 없이는 교육복지가 완성될 수 없다. 이러한 점에서 교육복지정책은 사회복지정책과 긴밀한 연계체제를 갖출 필요가 있다. 즉, 사회적 · 경제적 · 심리적 지원책이 교육복지정책과 연계되어 전개되어야 할 것이다.

3) 교육복지와 사회복지의 불분명한 경계

교육복지의 대상이 확대되고, 공적 부담이 커져 왔지만 기관별 역할이 불분명하여 기능이 중복되거나 누락되는 경우를 볼 수 있다. 기관의 특성에 맞는 복지정책을 펼쳐야 하는데 아동과 관련된 복지정책은 모두 학교에 떠넘기는 듯한 인상을 지울 수 없다. 대표적인 것이 바로 초등학교 돌봄교실정책이다. 인구감소에 따른 경제활동인구의 부족으로 인해 정부에서는 적극적으로 여성의 사회경제적 진출을 지원하고 있고, 그 지원책으로서 맞벌이 부부를 위한 초등학교 돌봄교실을 운영하게 된 것이다. 그러나 그것은 학교의 근본적 역할과 어울리지 않는다. 이로 인해 초등학교 교사들은 불만을 드러내고 있다. 교육부의 정책 중 학부모로부터 가장 큰 호응을 얻고 있지만 교원들은 불만족스러워하고 있다.

무상급식도 교육복지정책으로 등장했지만 엄밀한 의미에서 무상급식은 교육정책이라기보다는 사회복지정책이라 봐야 한다. 식사는 교육을 받지 않더라도 해야 하는 것이기 때문에 교육영역에 속하는 문제가 아니다. 보편적 복지냐 선별적 복지냐를

따질 것이 아니라 근본적으로 무상급식이 교육복지정책이 아님을 명확히 할 필요가 있다. 따라서 그것은 교육부나 교육청에서 재원을 감당할 것이 아니라 필요해서 실시하고자 한다면 일반지방자치단체에서 실시해야 할 정책이다.

이처럼 교육복지와 사회복지의 경계가 불분명한 정책들이 추진되고 있는데 이에 대한 재고가 필요하다. 정부 부처별 담당 정책 영역을 명확히 설정하고, 책임을 분명히 설정해야 논란의 소지 없이 정책추진의 효과성을 기할 수 있을 것이다.

참고문헌

교육과학기술부(2008). 2008~2012 이명박 정부 교육복지대책.

교육부(2013~2017). 교육부 업무계획.

김온유(2016. 6. 16.). 복지부, 맞춤형보육 7월부터 시행키로. 아주경제.

김정원, 김성식, 김원경, 김홍원, 김홍주, 문무경, 박효정, 이병환, 이선호, 이재분, 임연기, 정역식, 최상덕, 최정윤, 한만길(2008). 교육복지 마스터 플랜 수립 연구. 한국교육개발원.

김소연(2015. 7. 7.). 고교 무상교육, 초등 돌봄학교 교육공약 무산되나. 한겨레신문.

류방란, 이혜영, 김미란, 김성식(2006). 한국 사회 교육복지지표 개발 및 교육격차분석. 한국교육개발원.

장덕호, 김성기, 유기웅, 윤철수(2015). 교육복지론. 박영스토리.

최병호(2014). 우리나라 복지정책의 변천과 과제. 예산정책연구 3-1. 국회예산정책처.

한만길, 김정래, 윤여각, 윤종혁(2000). 21세기 교육복지 발전 방안 연구. 한국교육개발원.

제2부 사회적 약자를 위한 맞춤형 교육복지정책

제 3 장

취약 가정 및 저소득층 가정 학생

1. 가정의 중요성과 가족관계의 변화

1) 가정의 중요성

원만한 가족관계는 삶의 질의 주요 요인 중 하나이다. 가족관계에서 느끼는 만족감은 주관적 안녕감에 큰 영향을 미치면서 행복한 삶의 조건으로 작용한다. 개인화 경향이 뚜렷해지고 가족형태가 다양해지는 현실에서도 대부분의 사람은 귀속감과 유대, 친밀감의 원천으로 가족을 생각하고 행복한 가족생활을 소망한다. 그러나 가족은 성별, 연령별 차이가 있는 구성원들이 모여서 생활하는 집단이라는 특성상 잠재적 긴장과 갈등이 존재한다.

최근 들어 한국가족은 규범에 의해 유지되는 제도에서 정서적 관계를 중시하는 방향으로 그 의미가 변화되고 있다. 가족관계 전반에 대해 만족하는 사람들의 비율은 1998년 41.2%에서 2018년 56.6%까지 지속적으로 증가하였다. 주목할 만한 점은

1990년대 중반 세계금융위기 직후 경제난 등으로 1998년 이혼율이 정점에 도달하였으나, 이후로 가족관계 만족도는 높아지고 있다는 것이다. 사회적 여건이 어려울 때 가족해체 현상이 증가하기도 하지만, 가족을 유지하는 경우에는 가족응집력이 오히려 더 강화되는 현상을 보였다.

가족관계 만족도는 남성과 여성 모두 지속적으로 높아지고 있다. 가족관계에 만족하는 남성의 비율은 1998년 42.8%에서 2018년 59.0%로 증가하였고, 여성은 같은 기간 동안 39.6%에서 54.4%로 증가하였다. 만족도 평균으로 보면, 남성이 여성보다 높은 편이다.

〈표 3-1〉 가족관계 만족도[1] 변화 (단위: %)

구분	1998년	2006년	2008년	2010년	2012년	2014년	2016년	2018년
전체	41.2	50.4	56.1	54.8	56.2	55.2	56.5	56.6
남자	42.8	53.1	57.7	56.6	58.2	56.6	58.3	59.0
여자	39.6	47.8	54.6	53.1	54.2	53.9	54.7	54.4

출처: 통계청(각 연도). 사회조사.

가정폭력에 대해 지속적으로 관심을 가질 필요가 있다. 2016년 여성가족부에서 실시한 '가정폭력 실태조사'(이인선, 2016)에서 응답자 전체를 대상으로 아동기 부모로부터의 학대경험을 조사한 결과, '회초리로 손바닥이나 종아리를 때렸다.'라는 문항에 대해 전체의 48.1%가 그러한 경험이 있다고 응답하였다. 성장기 부모 간 폭력 목격 경험에서는 '욕설이나 무시하는 말 등 심한 말을 하였다.'에 그렇다고 응답한 비율이 전체의 33.2%, '손으로 때리거나 발로 찼다.'에 그렇다고 응답한 비율이 전체의 12.7%였으며, '허리띠, 몽둥이 등을 사용하여 때리거나 다치게 했다.' 경우도 전체의 3.6%로 적지 않은 수치로 나타났다.

1) 가족관계 만족도는 전체 조사대상인구(2010년까지는 만 15세 이상 인구, 2012년부터는 만 13세 이상 인구) 중 전반적인 가족관계(가족생활 전반)에 대해 '매우 만족한다' 또는 '약간 만족한다'라고 응답한 사람들의 비율임.

만 18세 미만 자녀를 둔 1,813명을 대상으로 조사한 결과, 지난 1년간 자녀폭력 발생률은 응답자가 자녀에게 행한 경우가 27.6%, 응답자의 배우자가 자녀에게 행한 경우가 19.2%로 나타났다. 자녀폭력 유형별로 살펴볼 때, 전체 응답자가 자녀에게 행한 폭력 중 정서적 폭력이 25.7%로 가장 많았고, 신체적 폭력은 7.3%, 방임은 2.1%였다. 배우자가 자녀에게 행한 폭력도 역시 정서적 폭력이 30.1%로 가장 많았고 신체적 폭력 3.1%, 방임 1.6%였다. 성별로 볼 때 여성의 자녀학대율이 높은 것은 여성이 자녀의 양육과 교육을 더 많이 담당하기 때문인 것으로 보인다.

〈표 3-2〉 지난 1년간 자녀학대율 (단위: %)

구분	전체		여성		남성	
	본인	배우자	본인	배우자	본인	배우자
자녀학대율	27.6	19.2	32.1	18.5	22.4	19.9
신체적 학대	7.3	3.1	9.8	3.2	4.5	3.1
정성적 학대	25.7	18.5	30.1	17.6	20.6	19.5
방임	2.1	1.6	2.3	1.3	1.9	1.9

출처: 이인선 외(2016), p. 115.

2) 가족관계의 변화

가족은 출산을 통해 사회의 구성원을 재생산하는 가장 기본적인 기능과 더불어, 새로운 구성원을 교육하고 사회화하는 기능을 담당하며, 개인의 정서적 안정 등에 중요한 기능을 수행하는 가장 기본적인 사회단위이다. 그러나 최근 전통적인 가족관계의 변화가 나타났다.

(1) 이혼의 증가

인구 1,000명당 이혼건수를 나타내는 조이혼율은 한 사회의 가족안정성을 파악할 수 있는 대표적 지표이다. 조이혼율은 이혼건수를 이혼과 관련이 없는 영유아 인구가 포함된 전체 인구로 나누기 때문에 인구구조의 영향을 받는다는 단점에도 불구하고 국가 간 비교가 용이하다는 장점이 있기 때문에 이혼율을 파악하는 데 가장 널리 사용된다. 우리나라 조이혼율은 1970년 0.4, 1980년 0.6, 1990년 1.1, 2000년 2.5, 2010년 2.3, 2017년 2.1로 2000년대 이후의 이혼율은 1970년대에 비해 5배 이상 증가한 것으로 나타났다. 조이혼률은 2003년 3.4를 정점으로 2015년부터 2.1을 유지하고 있다.

〈표 3-3〉 조이혼율 변화추이

연도	1970년	1980년	1990년	2000년	2003년	2010년	2015년	2016년	2017년
조이혼율(‰)	0.4	0.6	1.1	2.5	3.4	2.3	2.1	2.1	2.1

출처: 통계청(각 연도). 인구동향조사.

한국사회의 이혼율 증가에는 여성의 사회경제적 지위향상, 세계금융위기 또는 실직과 같은 경제적 위기, 호주제 폐지와 같은 법적인 변화 등 여러 가지 요인이 복합적으로 작용한다. 결혼 및 가족에 대한 가치관이 개인의 행복과 선택을 존중하는 방향으로 변화한 것도 원인인 것으로 보인다. 이혼반대율을 살펴보면, 이혼에 부정적인 태도를 가진 사람들이 1998년에는 60.3%나 되었지만 2014년에는 44.4%로 상당히 감소하였다. 이혼반대율은 남성이 여성보다 10% 내외로 꾸준히 높기는 하지만 남녀 모두 감소하는 추세이며 2014년 현재 남성 49.1%, 여성 39.8%로 나타난다(통계청).

(2) 핵가족화

우리 사회에서 2대 또는 3대가 함께 모여 사는 대가족 문화는 이제 더 이상 보편적이지 않다. 1970년대 평균 가구원 수가 5.2명이었으나, 점점 줄어들어 2016년 현재 2.5명으로 감소하였다. 2016년 현재 1인 또는 2인 가구는 전체 가구의 54.1%로 나타났다. 핵가족화 현상으로 인해 가족 구성원 간 배려나 공유의 규범을 배울 수 있는 기회가 감소할 수 있다는 문제가 제기될 수 있다.

〈표 3-4〉 가구원 수의 변화 (단위: 1,000가구, %, 명)

연도	가구 수	가구원 수별 가구 구성비율(%)						평균 가구원 수
		1인	2인	3인	4인	5인	6인 이상	
1970	5,576	–	9.7	13.3	15.5	17.7	43.8	5.2
1975	6,648	4.2	8.3	12.3	16.1	18.3	40.7	5.0
1980	7,969	4.8	10.5	14.5	20.3	20.0	29.8	4.5
1985	9,571	6.9	12.3	16.5	25.3	19.5	19.5	4.1
1990	11,355	9.0	13.8	19.1	29.5	18.8	9.8	3.7
1995	12,958	12.7	16.9	20.3	31.7	12.9	5.5	3.3
2000	14,312	15.5	19.1	20.9	31.1	10.1	3.3	3.1
2005	15,887	20.0	22.2	20.9	27.0	7.7	2.3	2.9
2010	17,339	23.9	24.3	21.3	22.5	6.2	1.8	2.7
2016	19,370	27.9	26.2	21.4	21.4	18.3		2.5

출처: 통계청 보도자료(2017. 8. 31.). 2016 인구주택총조사.

(3) 맞벌이 가구의 보편화

여성 인적 자원의 질 향상, 자아실현 의식의 고취, 여성취업에 대한 사회적 인식의 변화, 정보사회의 진입 그리고 가사노동량의 감소 등으로 여성의 경제활동참여율은 지속적으로 증가하고 있다(박주희, 2007). 여성의 사회진출이 보편화되고, 외벌이가 경제적 어려움을 겪게 됨에 따라 최근 맞벌이는 보편화되었다. 2016년 현재 맞벌이 가구의 비율은 44.9%에 이른다.

김재근(1985)의 맞벌이 아동과 홑벌이 아동의 제 심리적인 변인에 대한 비교 연구에 의하면 아동의 활동성, 지배성, 사회성, 사려성은 맞벌이 가정의 아동들이 홑벌이 가정의 아동들에 비해 매우 낮은 편이다. 기혼 여성들의 사회활동 참여도 점차 증가함에 따라 기존의 가족기능과 가족구조에 전반적인 변화를 가져오게 되었다. 부부 모두가 경제활동에 참여함에 따라 주간에는 자녀들을 아동보호센터에 위탁하거나 조부모에게 맡기고 저녁에만 자녀를 양육하는 형태로 변화되고 있다. 이러한 측면에서 탄생한 가족의 형태가 맞벌이 가족이라고 말할 수 있다. 맞벌이 가구의 증가는 아이들의 양육과 관련하여 적절한 보호와 훈육의 문제를 야기할 수 있다.

〈표 3-5〉 맞벌이 가구 비율

연도	유배우 가구(천 가구)	맞벌이 가구(천 가구)	비율(%)
2011	11,619	5,071	43.6
2012	11,716	5,097	43.5
2013	11,780	5,055	42.9
2014	11,825	5,186	43.9
2015	11,858	5,206	43.9
2016	11,884	5,531	44.9

출처: 통계청 지역별 고용조사(각 연도).

2. 취약 가정 아동의 현황과 교육적 요구

1) 한부모 가정

(1) 한부모 가정 아동 현황

한부모가구는 사별, 이혼, 미혼모(부), 별거, 유기 등 다양한 원인으로 형성된다. 최근 급증하고 있는 이혼으로 인해서 빠르게 증가하는 추세이다. 2017년 현재 한부모가구 수는 약 212만 7천 가구이며, 전체 가구의 10.9%이다. 한부모가구의 비율은 1990년에 비해서 5.1%p 증가하였다. 한부모가구의 증가는 2010년대에 급격히 증가한 양상이다. 한부모가구는 모와 미혼자녀로 구성된 한부모가구가 다수를 차지하지만, 최근 부와 미혼자녀로 구성된 한부모가구도 증가하는 양상이다. 한국의 한부모가구 비율은 OECD 주요 국가들 중에서 높은 편에 속한다.

〈표 3-6〉 한부모가구 비율

구분	1990년	1995년	2000년	2005년	2010년	2015년	2017년
한부모가구 비율(%)	5.8	5.7	6.1	6.6	6.8	10.8	10.9
부 + 미혼자녀 비율	–	0.94	1.13	1.40	1.46	2.81	2.91
모 + 미혼자녀 비율	–	4.80	4.96	5.16	5.35	7.97	7.97
한부모가구(1,000가구)	662	744	871	1,042	1,181	2,052	2.127
부 + 미혼자녀	–	122	162	223	253	535	570
모 + 미혼자녀	–	622	709	819	928	1,517	1,557

출처: 통계청(각 년도). 인구주택총조사.

(2) 한부모 가정 아동의 교육적 요구

한부모 가정 학생의 자아존중감은 양부모 가정 학생에 비해 낮은 것으로 나타났다(석소현, 신성희, 2010). 자아존중감의 평균 점수는 문항평점 4점 만점에 양부모 가정 아동은 2.95점(±0.71), 한부모 가정 아동은 2.78점(±0.58)으로 양부모 가정 아동의 자아존중감 정도가 한부모 가정 아동보다 높았으며 통계적으로도 두 군 간에 유의한 차이가 있었다. 자아존중감 관련요인에서 내적통제성, 문제행동, 학교성적, 가족강인성, 부모-자녀 의사소통, 사회적 지지에서 두 집단 간에 유의한 차이가 있었다. 양부모 가정 아동의 내적 통제성, 가족강인성, 부모-자녀 의사소통, 사회적 지지 점수가 한부모 가정 아동의 점수보다 높았으며, 문제행동점수는 한부모 가정 아동이 양부모 가정 아동보다 높았다. 학업성적은 10점 만점에 양부모 가정 아동이 6.21점(±1.74), 한부모 가정 아동은 5.42점(±1.85)으로 양부모 가정 아동이 한부모 가정 아동보다 높았으며 통계적으로도 두 군 간에 유의한 차이가 있었다.

연간 비행경험 빈도에 있어서도 가족구조 간 유의한 차이가 있다. 한부가족 청소년의 비행빈도가 양친가족이나 한모가족 청소년들에 비해 유의하게 높았다. 합리적 설명 및 애정 수준은 양친가족과 한모가족이 한부가족에 비해서 더 높았다. 감독은 양친가족이 한부가족에 비해 더 높은 수준을 보였으나 한모가족과는 유의한 차이를 보이지 않았으며, 한부가족과 한모가족 간에도 유의한 차이를 보이지 않았다(이미리,

박주희, 정현숙, 2015).

한부모가구 구성원은 소득의 상실에 따른 빈곤의 위험, 경제활동과 가사 및 자녀 양육의 병행으로 인한 역할의 과중, 사회관계망 제한 등의 문제를 복합적으로 경험할 가능성이 높다. 특히 여성이 가구주인 한부모가구의 경우 노동시장에서 여성의 불리한 위치 때문에 경제적으로 더욱 취약하다. 한부모가구의 경제적 취약성은 해당 가족의 고통을 유발할 뿐만 아니라 사회적 비용을 발생시켜 국가재정에 부담을 줄 수 있다.

2) 조손가정

(1) 조손가정 아동 현황

조부모와 미혼손자녀로 구성된 조손가정은 2018년 약 11만 5,000가구로 전체 가구의 0.6%를 차지하고 있는 것으로 나타났다. 여성가족부(2010) 조사결과 조손가족 형성원인으로 절반 이상인 53.2%가 손자녀 친부모의 '이혼 및 재혼'이며, 그다음으로 '부모의 가출이나 실종' 등이 14.7%를 차지하였고, '부모의 실직과 파산'이 7.6%와 '부모의 취업'이 6.7%로 경제적 이유로 인한 경우가 14.3%를 차지하였다. 친부가 양육비를 정기적으로 보내 주는 경우는 13.3%, 친모의 경우는 더욱 적어 8.6%에 불과한 것으로 나타났다.

우리나라 조손가족에서 양육하고 있는 손자녀 수는 가구당 평균 1.4명이며, 손자녀 1인을 양육하는 경우가 전체가구의 66.2%이다. 농어촌의 경우 초등학생의 34.0%, 중학생의 31.2%, 고등학생의 32.1%가 조손가족인 것으로 나타났다. 조부나 조모 모두 생존하여 손자녀를 양육하는 가구는 17.1%에 불과한 반면, 조부나 조모 홀로 양육하는 경우는 82.9%로 나타났다. 조부모 학력은 초등학교 이하가 82.3%, 중졸이 10.0%, 고졸 이상은 7%(고졸 5.5%, 대졸 이상 1.3%)에 미치지 못한 것으로 조사되었다.

〈표 3-7〉 조손가정 현황 (단위: 1,000가구, %)

구분	2000년	2005년	2010년	2015년	2018년
전체가구 수	14,507	16,038	17,494	19,012	19,751
조부(모) + 미혼손자녀(%)	105(0.7)	124(0.8)	113(0.6)	111(0.6)	115(0.6)

출처: 통계청(각 연도). 장래가구추계.

(2) 조손가정 아동의 교육적 요구

손자녀 양육 시 애로사항으로는 전체의 66.2%가 '아이 양육(교육)에 따른 경제적 문제', 11.5%가 '아이의 생활 및 학습지도 문제', 10.0%가 '아이의 장래를 준비해 주는 문제'를 지적하였다. 이번 조사결과는 손자녀를 양육하는 조부모의 경우 연로하고 학력, 경제적 수준이 낮아 손자녀를 양육하는 데 어려움이 있기 때문에 경제적 지원을 통한 양육스트레스 경감과 건강지원을 하는 한편, 손자녀의 경우 학습부진을 향상하기 위한 학업지원, 부모의 유기에 따른 정서적 지원 및 취업 · 진로 지도 등을 통해 빈곤이 대물림되지 않고, 사회적 약자로 소외당하지 않도록 가족 복지적 시각에서 지원이 필요한 것으로 나타났다(여성가족부, 2010).

조손가정의 청소년들은 사회구조적으로 취약성으로 인해 스스로 위축되고, 다른 사람과의 소통이나 학업성취 등에 있어서 어려움을 경험하고 있다. 이들에게 프로그램을 통해 자신들에게 서비스를 제공하는 가족코치사와 친밀한 관계를 형성하는 과정에서 심리적인 변화를 겪게 되고 학업과 관계 맺기 등에 있어서 의미 있는 긍정적인 변화를 보였다. 이는 청소년들에게 의미 있는 중요한 타자의 존재를 경험함을 알 수 있다. 따라서 정서적 지원과 긍정적인 성인역할모델을 제공하는 것이 무엇보다 중요하고 필요하다. 따라서 이들을 위한 정서지원과 상담교육 및 사회적 지지와 같은 개입이 필요하다(박경애, 이무영, 강기정, 2012).

일반적으로 아동의 우울은 가족의 지지로 해소되지만, 조손가정 아동들은 원가족의 해체와 조손사정 형성이라는 과정에서 오히려 우울감이 가중되면서 적응의 어려움을 겪게 된다(서혜석, 2004; 송은하, 방희정, 옥정, 정은정, 2008; 이정이, 최명선, 2007; 최해경, 김혜미, 2007). 더욱이 조손가정 손자녀의 적응문제는 단순히 심리적인 문제로 끝나는 것이 아니라 대인관계의 부정적인 영향을 미쳐 결과적으로 학교생활의 부적응, 즉 학교적응 유연성의 저하로 연결된다(권구영, 2012에서 재인용; 노혜련, 김형태, 이종익, 2005; 이정이, 최명선, 2007; 한국청소년정책연구원, 2002; Edward & Ray, 2010).

3) 저소득층 학생

(1) 저소득층 가정 학생 현황

저소득층 가정 학생을 정확히 파악하는 것은 어렵다. 2013년 아동종합실태조사 결과 최저생계비 기준의 절대빈곤율은 9.45%로 나타났으며, 중위소득의 50% 미만 기준의 상대빈곤율[2)]은 10.62%로 나타났다. 아동이 있는 가구의 약 4%가 기초보장 수급가구이거나 차상위 지원을 받는 가구라는 것을 고려한다면, 2013년 현재 사각지대에 있는 빈곤아동은 전체 아동 중 약 538,112명에서 651,348명에 이를 것으로 추정된다.

저소득층 학생의 규모는 「시 · 도교육청 교육비 지원사업」의 지원 현황을 통해서도 추정할 수 있다. 시 · 도교육감은 자체적으로 지원기준을 정하고 예산을 편성하는 사업으로 주로 저소득층 학생의 고교 학비(입학금, 수업료, 학교운영지원비), 방과 후 수강권, 교육정보화, 급식비(무상급식 포함) 등을 지원한다. 급식비의 경우에 소득수준에 상관없는 급식지원이 포함되기 때문에 급식비 지원 학생 수를 통해서 저소득층의 규모를 파악하기는 어렵다. 2014년도 고교학비는 전체 고교생의 21%인 38.8만 명에

2) 절대빈곤은 정부에서 발표하는 최저생계비를 기준으로 하며, 상대빈곤은 중위소득의 50%를 기준으로 한다.

「아동의 빈곤예방 및 지원 등에 관한 법률」(이하 '법'이라 한다) 제3조 제3호에 따른 빈곤아동은 다음 각 호의 어느 하나에 해당하는 아동을 말한다.

1. 「아동복지법」 제3조 제4호 및 제5호에 따른 보호대상아동 및 지원대상아동
2. 「국민기초생활 보장법」 제2조 제2호에 따른 수급자인 아동
3. 「한부모가족지원법」 제4조 제2호에 따른 한부모가족 및 「다문화가족지원법」 제2조 제1호에 따른 다문화가족의 아동 등 복지 · 교육 · 문화 등의 격차를 해소하기 위하여 사회적 · 경제적 · 문화적 지원이 필요하다고 보건복지부장관이 인정하는 아동

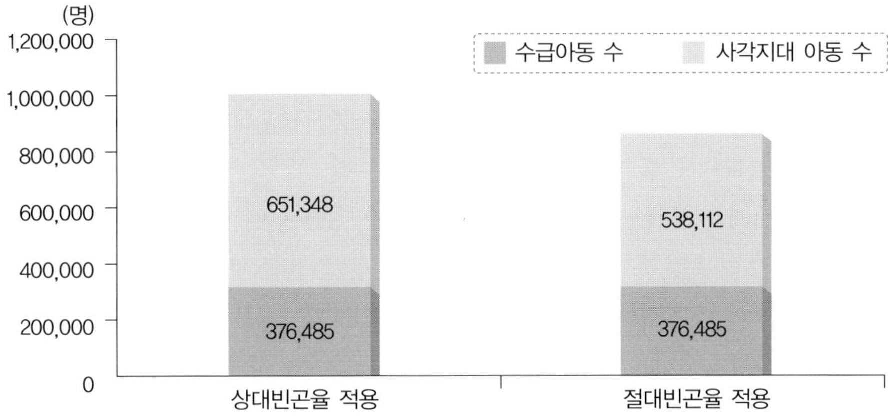

[그림 3-1] 빈곤아동 수 및 사각지대 아동 규모 추정

주: 상대빈곤율과 절대빈곤율 모두 가처분소득을 기준으로 하였음.
상대빈곤율의 경우 통계청의 가구균등화 가처분 중위소득을 기준으로 계산함.
출처: 정은희(2015), p. 51.

게 4,050억 원을 지원하였고, 방과 후 수강권은 63.6만 명에게 1,921억 원을, 교육정보화(PC, 인터넷 통신비)는 21.7만 명에게 534억 원을 지원하였다.

〈표 3-8〉 전국 저소득층 교육비 지원 현황 (단위: 명, 백만 원)

교육비	2013학년도		2014학년도	
	지원 인원	지원 금액	지원 인원	지원 금액
고교 학비	408,819	416,420	388,264	405,032
방과후 수강권	713,282	214,566	636,162	192,110
교육정보화 지원	239,903	61,727	217,898	53,380

출처: 교육부 보도자료(2014. 12. 24.).

(2) 저소득층 가정 학생의 특징과 교육적 요구

소득의 결핍은 아동 발달에 필요한, 주거환경, 영양, 건강, 양육, 교육 등에서 재화 및 서비스 이용을 제한한다. 아동에 대한 충분하지 않은 투자와 빈곤경험은 성장기의 발달을 저해할 뿐 아니라, 성인기의 빈곤과도 연결된다. 지속적인 저성장과 소득의 양극화는 아동기의 빈곤이 성인기의 빈곤으로 이어져 빈곤의 만성화 경향을 가속할 가능성이 높다(정은희, 최새은, 이상균, 하태정, 2013).

청소년기 내재화 문제는 정신장애로 이어질 수 있는 심각성을 내포하고 있으며, 이후 성인기에 영향을 줄 수 있는 중요한 발달적 문제이다. 청소년기 내재화 문제는 연령이 증가함에 따라 점차 증가하는 것으로 나타났다. 또한 청소년기 빈곤요인들 중에서 임대아파트에서의 거주기간이 길수록 그리고 중2 시기뿐만 아니라 고2 시기에도 빈곤한 청소년들의 경우 두 시기 모두 빈곤하지 않은 청소년들에 비해 내재화 문제의 초깃값이 유의하게 높아지는 것으로 나타났다. 반면에 내재화 문제의 발달궤적에는 청소년기 빈곤 요인이 유의하게 영향을 미치지 않는 것으로 나타났다. 청소년기 빈곤은 그들의 내재화 문제에 대해 상대적으로 초기부터 유의하게 영향을 미치는 것으로 나타났으며, 이후 시간이 지남에 따라 안정적으로 증가하는 것을 확인하였다. 이는 빈곤한 청소년들이 보이는 내재화 문제에 대한 적극적인 예방 및 개입 프로그램의 필요성을 보여 주는 결과이다(민원홍, 이봉주, 2015).

빈곤은 종래부터 소년비행(범죄)의 중요한 원인으로서 지적되어 왔다. 빈곤과 소년비행과의 관련성은 범죄학에서는 고전적인 주제로 유럽을 중심으로 방대한 연구가 축척되어 왔다. 하지만 그 결과는 일관되지 않았으며 관계성과 관련하여 아직 명확한 해명이 없는 것 또한 현실이다. 빈곤이 개인에게 미치는 영향은 시대와 지역 그리고 개인의 속성(연령, 성별, 인종 등)에 따라 커다란 차이를 보이고 있으며, 이러한 문제는 동일한 빈곤상태에 있음에도 비행과는 관계없이 건전하게 성장하는 소년들이 더 많다는 사실과 유복한 가정에서 성장하는 소년들에 의한 비행(범죄)의 증가 등의 사실은 소년비행의 원인을 빈곤 이외의 다른 요소에서 찾도록 하였다. 그럼에도 빈곤이 소년비행의 주요한 원인 중의 하나는 틀림이 없다(강경래, 2014).

현재에도 빈곤과 소년비행과의 관련성은 통계상으로도 확인할 수 있다. 예를 들어, 1960년대부터 1970년대 중반까지의 소년범죄자의 생활정도를 살펴보면 하류층이 91.5%로 대부분이 절대적인 빈곤상태에 기인하는 범죄, 즉 생존을 위한 범죄였으며,

고아, 편모, 편부 등의 결손가정의 소년의 범죄가 높은 비율을 차지하는 등 한국전쟁 이후의 시대적 혼란상황을 반영하고 있다. 하지만 사회경제적 안정기에 들어선 이후에도 그 비율은 낮아졌으나 꾸준히 하류층의 소년범죄자의 구성비가 55%에서 60% 정도를 차지하는 등 빈곤은 소년비행의 원인으로서 매우 중요한 요소로 자리 잡고 있다(강경래, 2014).

현시점에서 빈곤의 특성은, ① 상대성, ② 고독성, ③ 예측 불허성, ④ 회복 불가성, ⑤ 증폭성으로 정리할 수 있다. 빈곤한 삶으로의 전락이 자유의 억압, 가능성의 희박, 사회적 참여 기회 박탈을 가져와 학습자로서 불리한 상황에 빠지게 한다(김경애, 2012). 이러한 문제를 해결하기 위한 교육복지 모델로서 기존의 결핍모델, 긍정모델, 첨가모델을 넘어서서 교육적 관점을 접목한 공참여(co-participation) 모델이 중요하다. 이 모델은 다양한 계층의 참여를 통해서 공동체성을 살리는 가운데 상호학습할 수 있는 체제를 지향한다. 이 모델을 활성화할 수 있는 체제 원리로 여섯 가지 통합성을 제시하면, 먼저 학습자 및 학습자 집단의 측면에서 본 ① 삶의 영역 통합성, ② 발달단계 통합성, ③ 가족 통합성, ④ 계층 통합성이 있다. 그리고 교육복지가 이루어지고 있는 장의 원리를 함축한 ⑤ 지역 통합성, 마지막으로 정책 추진과정에서 요구되는 연계체제로서의 ⑥ 정책 영역 통합성이 있다(김경애, 2012).

사교육비 문제는 한국사회가 안고 있는 심각한 사회문제 가운데 하나이다. 사교육비는 국민의 삶의 질, 사회의 지속가능성과도 밀접하게 관련되어 있는 사안이기 때문에 국민복지라는 관점에서 다루어질 필요가 있다. 전반적으로 사교육비 부담이 증가하면 교육기회의 형평성에 문제가 발생하고, 계층 간 교육격차가 심화되며, 국민의 삶의 질도 저하되기 쉽다. 반면, 사교육비 부담이 감소하면 계층 간 교육격차가 완화되고, 국민의 삶의 질이 개선되며, 공교육도 본연의 기능을 수행하고 있을 개연성이 크다. 〈표 3-9〉에서 보는 바와 같이 사교육비는 학부모의 사회경제적 지위와 비례하여 증가하는 것으로 나타났다.

〈표 3-9〉 교육단계 및 부모의 사회경제적 특성별 학생 1인당 월평균 사교육비 통계

(단위: 만 원)

구분		2010년	2012년	2014년	2016년	2017년
교육단계별	전체	24.0	23.6	24.2	25.6	27.1
	초등학생	24.5	21.9	23.2	24.1	25.3
	중학생	25.5	27.6	27.0	27.5	29.1
	고등학생	21.8	22.4	23.0	26.2	28.4
아버지의 교육수준	중졸 이하	9.0	9.8	9.9	9.6	11.6
	고졸	18.1	18.3	17.6	18.8	20.1
	대졸	30.1	29.0	28.9	29.8	31.4
	대학원졸	38.8	36.6	37.0	38.2	40.9
어머니의 교육수준	중졸 이하	9.2	10.7	10.2	8.8	11.4
	고졸	19.9	19.9	19.0	19.8	20.9
	대졸	32.4	30.1	29.8	30.7	32.3
	대학원졸	40.8	38.8	40.3	41.1	43.2
가구소득수준 (2017년부터 급간 조정)	200만 원 이하	–	–	–	–	9.3
	100만 원 미만	6.3	6.8	6.6	5	–
	100~200만 원 미만	10.3	11.0	10.2	9.8	–
	200~300만 원 미만	17.0	16.8	15.9	15.4	15.3
	300~400만 원 미만	24.0	23.0	21.2	21.1	21.2
	400~500만 원 미만	29.8	28.8	27.2	26.5	27.4
	500~600만 원 미만	36.2	33.2	31.9	31	32.1
	600~700만 원 미만	40.4	36.7	36.7	36.5	36.4
	700만 원 이상	48.4	42.6	42.8	44.3	45.5
	700~800만 원 미만	–	–	–	–	40.5
	800만 원 이상	–	–	–	–	48.2

출처: 통계청(각 연도). 사교육비조사.

3. 취약 가정 아동 지원 정책의 현황

1) 재정적 지원

(1) 초 · 중 · 고 학생 교육비 지원(교육부, 2020)[3)]

국가와 교육청은 가정형편이 어려운 학생에 대하여 교육급여와 교육비를 지원하고 있다. 교육급여는 기초생활보장제도의 일환으로 전국의 지원 기준이 동일하고, 교육비 지원은 시 · 도교육청의 예산에 맞추어 지원하는 사업으로 시 · 도별로 지원 기준을 마련하여 시행한다. 교육비 지원은「초 · 중등교육법」제60조의4부터 제60조의9 그리고 제62조에 근거하고 있다.「초 · 중등교육법」(제60조의4)에 의한 교육비 지원은 국가 및 지방자치단체가 학생에게 입학금, 수업료, 급식비 등 대통령령으로 정하는 비용의 전부 또는 일부를 지원할 수 있다고 규정하고 있다.

교육급여는 신청 가구의 소득 · 재산조사 결과가 기준 중위소득 50% 이하인 경우(4인 가구 월 소득인정액 237만 원 이하) 교육급여 수급자로 선정되어 교육급여와 함께 교육비를 동시에 지원받을 수 있고, 소득 · 재산조사 결과 교육급여 수급자에 선정되지 않더라도 시 · 도교육청별 지원 기준(일반적으로 기준 중위소득 50~80% 이내)에 해당하면 교육비를 지원받을 수 있다.

3) 교육부 보도자료(2020. 3. 2.). 2020년 초 · 중 · 고 교육급여 및 교육비 신청하세요.

〈표 3-10〉 교육급여와 교육비 비교

구분	교육급여	초 · 중 · 고 학생 교육비
주관	교육부, 시 · 도교육청	시 · 도교육청
근거	「국민기초생활보장법」 제12조	「초 · 중등교육법」 제60조의4부터 제60조의10
사업성격	국가의 의무지출(권리성 급여)	시 · 도교육청 재량적 예산사업 ※ 교육청 예산 상황에 따라 유동적
지원대상	중위소득 50% 이하 초 · 중 · 고 학생	시 · 도교육청별로 다르나, 통상 중위소득 50~80% 이하 초 · 중 · 고 학생(기초수급자, 법정차상위 등 포함)
지원내용	• 입학금, 수업료 • 고교 교과서비 • 학용품비 -(초) 연 7만 2천 원 -(중 · 고) 연 8만 3천 원 • 부교재비 (초) 연 13만 4천 원 -(중) 연 21만 2천 원 -(고) 연 33만 9천 2백 원	• 시 · 도교육청별로 다름 -입학금, 수업료, 학교운영지원비 ※ 교육급여 수급자는 학교운영지원비만 지원 -고교 교과서비 -급식비 -방과후수강권 (연 60만 원) -교육정보화지원 등 (인터넷통신비 등 23만 원, PC지원)

(2) 한부모(조손) 가족 지원대상자 복지급여

「한부모가족지원법」은 한부모가족 및 조손가족의 복지 증진에 대한 국가와 지방자치단체의 책무를 규정하고 있다. 국가와 지방자치단체는 한부모가족의 권익을 지원하기 위하여 노력하여야 하고, 한부모가족에 대한 사회적 편견과 차별을 예방하며, 사회구성원이 한부모가족을 이해하고 존중할 수 있도록 교육 및 홍보 등 필요한 조치를 할 수 있다. 또한 국가와 지방자치단체는 청소년 한부모가족의 자립을 위하여 노력하여야 한다(동법 제2조).

한부모가족에 대한 국가와 지방자치단체의 책임과 더불어 한부모가족의 권리와 책임을 규정하고 있다. 한부모가족의 모(母) 또는 부(父)는 임신과 출산 및 양육을 사유로 합리적인 이유 없이 교육 · 고용 등에서 차별을 받지 아니한다. 한부모가족의 모 또는 부와 아동은 그가 가지고 있는 자산과 노동능력 등을 최대한으로 활용하여 자립과 생활 향상을 위하여 노력하여야 한다(동법 제3조).

「한부모가족지원법」에 의거하여 한부모가족 또는 조손가족에 대해서는 아동양육비, 아동교육지원비(학용품비), 생계비 등이 지원된다(동법 제12조). 복지 급여의 내용과 수준은 한부모가족의 실태와 국민생활 수준을 고려하여 예산의 범위에서 매년 여성가족부장관이 정한다(동법 시행령 제13조). 아동교육지원비는 입학금 · 수업료(고등학교의 입학금 · 수업료를 말한다. 이하 같다), 학용품비와 그 밖에 교육에 필요한 비용으로 하며, 입학금과 수업료는 초 · 중 · 고 학생 교육지원비로 통합되어 지원되고, 「한부모가족지원법」에 의거하여 학용품비가 지원된다. 2018년 현재 한부모가족 지원대상자 복지급여 지급기준은 다음의 표와 같다.

〈표 3-11〉 2018년도 한부모가족 지원대상자 복지급여 지급 기준
('부' 또는 '모'의 연령이 만 25세 이상인 경우)

지원종류	지원대상	지원금액
아동양육비	소득인정액이 기준 중위소득 52% 이하인 가족의 만 14세 미만 자녀	자녀 1인당 월 13만 원
추가양육비	소득인정액이 기준 중위소득 52% 이하인 조손 및 만 25세 이상 미혼 한부모가족의 만 5세 이하 아동	자녀 1인당 월 5만 원
아동교육지원비 (학용품비)	소득인정액이 기준 중위소득 52% 이하인 가족의 중 · 고등 학생 자녀	자녀 1인당 연 5.41만 원
생계비 (생활보조금)	한부모가족 복지시설에 입소한 가족 중 소득인정액이 기준 중위소득 52% 이하인 가족	가구당 월 5만 원

출처: 2018년도 한부모가족 지원대상자 복지급여 지급기준(여성가족부 고시 제2017-57호).

한부모가족 지원대상자 중 '부' 또는 '모'의 연령이 만 24세 이하인 경우에는 아동양육비, 학용품비, 생계비와 더불어 조건에 따라 검정고시학습비, 고등학생 교육비, 자립촉진수당 등을 추가로 지원하고 있다.

〈표 3-12〉 2018년도 한부모가족 지원대상자 복지급여 지급 기준
('부' 또는 '모'의 연령이 만 24세 이하인 경우)

지원종류	지원대상	지원금액
아동양육비	소득인정액이 기준 중위소득 60% 이하인 가족의 자녀	자녀 1인당 월 18만 원
아동교육 지원비 (학용품비)	소득인정액이 기준 중위소득 52% 이하인 가족의 중 · 고등학생 자녀	자녀 1인당 연 5.41만 원
생활보조금	한부모가족복지시설에 입소한 가족 중 소득인정액이 기준 중위소득 52% 이하인 가족	가구당 월 5만 원
검정고시 학습비	소득인정액이 기준 중위소득 60% 이하인 가족으로서, '부' 또는 '모'가 검정고시를 준비하는 경우	가구당 연 154만 원 이내
고등학생 교육비	소득인정액이 기준 중위소득 60% 이하인 가족으로서, '부' 또는 '모'가 고등학교에 재학하는 경우	수업료, 입학금 실비
자립촉진 수당	소득인정액이 기준 중위소득 60% 이하인 가족으로서 '부' 또는 '모'가 학업이나 취업활동을 하는 경우	가구당 월 10만 원

출처: 2018년도 한부모가족 지원대상자 복지급여 지급기준(여성가족부 고시 제2017-57호).

한부모가족에게는 아동의 양육 및 교육 서비스, 장애인, 노인, 만성질환자 등의 부양 서비스, 취사, 청소, 세탁 등 가사 서비스, 교육 · 상담 등 가족 관계 증진 서비스, 인지청구 및 자녀양육비 청구 등을 위한 법률상담, 소송대리 등 법률구조서비스 등이 제공될 수 있다(「한부모가족지원법」 제17조).

2) 고등학교 및 대학 입학기회 제공

자율형 사립고, 외국어고 · 국제고, 과학고 등에서 입학정원의 일정 비율을 국가적으로 보호가 필요한 학생에게 사전에 배려하고, 학비 및 교육 프로그램 등을 지원하기 위해 사회통합지원제도를 추진하고 있다. 이에 따라 자율형 사립고등학교(「초 · 중등교육법 시행령」 제91조 제3항)와 특수목적고등학교(「특수목적고등학교의 지정 및 운

영에 관한 훈령」)는 입학정원의 20% 이상을 저소득층, 한부모 가정, 국가보훈대상자 등 자녀를 사회통합전형으로 선발하여야 한다. 사회통합전형에서 경제적 배려대상인 기회균등 전형에서 50% 이상 선발을 의무화하고 사회다양성 전형에서도 소득 8분위 이하에 준하는 가정의 자녀에 한하여 지원이 가능하도록 하고 있다.

「특수목적고등학교의 지정 및 운영에 관한 훈령」
제17조(사회통합전형) 영 제90조 제1항 제5호, 제6호의 학교는 자기주도 학습전형을 실시하는 입학정원의 20% 이상을 다음 각호에 해당하는 사람을 대상으로 선발하여야 한다.
1. 「국민기초생활 보장법」 제2조 제1호에 따른 수급권자 또는 그 자녀
2. 「국민기초생활 보장법」 제2조 제11호에 따른 차상위계층으로서 교육감이 정하는 사람 또는 그 자녀
3. 「국가보훈기본법」 제3조 제2호의 국가보훈대상자 또는 그 자녀
4. 그 밖에 교육기회의 균등을 위하여 교육감이 특별히 필요하다고 인정하는 사람

대학입시의 경우에도 소득 및 지역에 따른 차별없이 고등교육을 받을 수 있는 기회를 제공하기 위해서 「고등교육법 시행령」 제29조 제2항 제14호는 「국민기초생활 보장법」에 따른 수급권자 및 차상위계층 자녀에 대하여 일정 범위 내에서 정원 외 입학을 허용하고 있다. 이에 따라 각 대학에서는 입시에서 기회균형선발제도를 운영하고 있다.

3) 교육복지우선지원사업[4)]

국민기초생활보장수급권자, 한부모가족, 다문화가정, 탈북가족 등의 자녀 등 종합적인 교육지원이 필요한 학생을 위해 교육복지우선지원사업을 실시하고 있다(교육부 훈령 제106호 「교육복지우선지원사업 관리 · 운영에 관한 규정」). 교육복지우선지원사

4) 서울특별시교육청 2016학년도 교육복지우선지원사업 기본계획.

업은 「초 · 중등교육법 시행령」 제54조(학습부진아 등에 대한 교육) 제3항 제1호에 따라 교육부 장관이 고시한 학생이 밀집한 학교에 교육 · 복지 · 문화 프로그램 등을 제공하는 사업의 하나이다.

교육복지우선사업은 취약 계층 학생에 대한 교육복지 지원 확대로 사각지대를 해소하고, 학교-자치구-지역사회가 함께하는 교육복지공동체 구축하는 것을 목표로 하고 있다. 교육복지우선사업은 크게 두 가지이다. 하나는 교육복지우선지원학교(유 · 초 · 중 · 고)를 지정하여 운영하는 것이고, 다른 하나는 자치구 및 지역사회 교육복지네트워크(센터1), 지역기반형)를 구축하는 것이다.

교육복지우선지원학교는 교육과 문화적 여건이 상대적으로 열악한 지역의 학교를 지정하여 운영하여 교육소외 학생에게 맞춤형 프로그램을 운영한다. 유치원은 유아의 발달과정에 맞춰 개인 및 집단, 가족 중심의 맞춤형 지원을 하고 있고, 초등학교와 중학교는 전문인력이 배치되어 학교와 지역을 연계하고 교육소외 학생의 학습, 문화 · 체험, 심리 · 정서, 보건 · 복지 등의 영역별 프로그램을 운영하고 있다. 일반고와 특성화고는 각각의 특성을 반영한 프로그램을 운영하고 개인 맞춤형 지원을 확대하고 있다.

교육복지우선지원사업 대상 학교는 초등학교와 중학교의 경우 일반학교와 거점학교로 구분된다. 일반학교는 법정저소득가정 학생 10명 이상인 학교 중에서 선정한다. 거점학교는 지역여건이 상대적으로 열악한 학교로 법정저소득가정 학생 수와 비율을 기준으로 지정하고 전문인력(지역사회교육전문가)이 배치된다. 고등학교는 계열별로 지정기준을 별도로 시행하고 있으며, 법정저소득 가정 학생 120명 이상 특성화고와 법정저소득층 가정 학생 70명 이상 일반고를 지정하여 운영한다.

지역사회 교육복지네트워크사업은 지역교육복지센터를 구축하고 운영하여, 지역을 중심으로 한 교육소외학생 안전망을 구축하고, 지역사회 교육복지 기관 네트워크의 거점 역할을 수행한다. 교육지원청별로 해당 지역의 특성을 반영한 지역기반형 협력사업을 운영한다. 예를 들어, 해당 지역의 특성과 욕구를 반영하여 지역단위 프로그램을 운영하거나 학교별 참여 학생이 소수이어서 운영하기 어려운 프로그램을 지역 차원에서 시행하여 적정 규모로 운영할 수 있도록 지원한다.

4. 현 주요 정책의 성과와 과제

1) 성과

(1) 교육기회의 평등에서 교육결과의 평등까지 다양한 지원 제도 마련

한부모 가정 또는 조손가정의 아동과 저소득층 아동들과 같이 취약계층의 아동들을 위해 생계비지원부터 교육결과의 평등을 지향하는 입학특례까지 다양한 지원제도가 마련되어 있다. 일정 소득수준 이하의 한부모 가정 또는 조손가정의 자녀에 대해서는 아동양육비와 학용품비 그리고 생활보조금을 지급하고 있다. 또한 저소득층 학생을 위해서는 고등학교 학비, 급식비, 방과 후 학교 자유수강권, 교육정보화기반 등의 지원을 하고 있다. 저소득 학생들이 교육의 과정에서 겪게 되는 불리한 조건을 고려하여 고등학교 입학과 대학 입학에 특례를 제공하여, 기회의 평등을 넘어서서 결과적 평등을 지향하는 정책들을 시행하고 있다.

(2) 법적 근거 확보

취약계층아동 또는 학생들을 위한 정책을 일관적이고 지속적으로 추진하기 위해서는 법적 근거를 마련하는 것이 중요하다. 한부모가족이나 조손가족의 복지 증진에 대한 국가와 지방자치단체의 책무를 명확히 규정하기 위해 「한부모가족지원법」이 제정되어 시행되고 있다. 또한 가정형편이 어려운 학생들을 위한 교육비 지원에 대해서는 「초 · 중등교육법」 제60조의4에 의한 교육비지원은 국가 및 지방자치단체가 학생에게 입학금, 수업료, 급식비 등 대통령령으로 정하는 비용의 전부 또는 일부를 지원할 수 있다.

저소득층 학생들을 위한 자율형 사립고등학교 입학에 대한 특례는 「초 · 중등교육법 시행령」이 제정되어 있고, 특수목적고등학교의 입학특례에 대해서는 교육부 훈령이 마련되어 있다. 저소득층 학생의 대학입학특례에 대해서는 「고등교육법 시행령」에 규정되어 있다.

국민기초생활보장수급권자, 한부모가족, 다문화 가정, 탈북가족 등의 자녀 등 종합적인 교육지원이 필요한 학생을 위한 교육복지우선지원사업은 교육부 훈령 제106호「교육복지우선지원사업 관리 · 운영에 관한 규정」에 따라 운영된다.

(3) 성과중심접근의 도입

사회적 약자를 위한 정책이 실효성을 확보하기 위해서는 정확한 실태를 파악하는 것이 중요하며 정책의 성과에 대한 평가가 중요하다. 현재 사회적 약자의 실태를 파악하기 위한 다양한 조사를 실시하고 있으며 정책성과를 평가하고 있다. 예를 들어, 여성가족부장관은 한부모가족 지원을 위한 정책수립에 활용하기 위하여 3년마다 한부모가족에 대한 실태조사를 실시하고 그 결과를 공표하여야 한다. 실태조사를 위하여 관계 공공기관 또는 관련 법인 · 단체에 대하여 필요한 자료의 제출 등 협조를 요청할 수 있으며, 요청받은 관계 공공기관 또는 관련 법인 · 단체는 특별한 사유가 없으면 이에 협조하여야 한다(「한부모가족지원법」 제6조).

아동의 복지에 대한 종합적인 실태와 관련하여서는 보건복지부장관은 5년마다 아동의 양육 및 생활환경, 언어 및 인지 발달, 정서적 · 신체적 건강, 아동안전, 아동학대 등 아동의 종합실태를 조사하여 그 결과를 공표하고, 이를 기본계획과 시행계획에 반영하여야 한다(「아동복지법」 제11조). 「아동복지법」 제8조에 정기적인 아동정책의 수립을 규정하고 있다. 5년마다 기본계획을 수립하고 매년 연도별 시행계획을 수립하도록 규정하고 있다. 보건복지부장관은 매년 시행계획에 따른 추진실적을 평가하여야 한다.

2) 과제

(1) 시도별 지원 기준 차이에 따른 불평등 개선

초 · 중 · 고등학생에 대한 교육비 지원은「초 · 중등교육법」제60조의4부터 제60조의9 그리고 제62조에 근거하고 있다.「초 · 중등교육법」(제60조의 4)에 의한 교육비 지원은 국가 및 지방자치단체가 학생에게 입학금, 수업료, 급식비 등 대통령령으로 정하는 비용의 전부 또는 일부를 지원할 수 있다고 규정하고 있다. 이에 따라 교육비의 지원 내용 및 규모는 시 · 도교육청별로 상이하다.

고등학교 학비지원의 경우 대부분의 시 · 도가 중위소득의 60% 이하 가정에 지원한다. 세종(66%), 강원(80%), 충북(66%), 충남(70%), 전북(68%), 경북(68%), 경남(70%) 등은 타 시 · 도보다 교육비 지원의 범위가 넓게 규정되어 있다. 학교급식비, 방과후학교수강권, 교육정보화지원 등에서도 시 · 도간 지원 범위가 다르다.

〈표 3-13〉 시 · 도교육청별 교육비 기준 차이

지역	고교학비	학교급식비	방과후학교 자유수강권	교육정보화	
				컴퓨터	인터넷
서울	60%	60%	60%	–	교육, 한부모
부산	60%	90%	70%	의료	교육, 한부모, 차상위
대구	60%	104%	60%	의료	교육
인천	60%	–	60%	교육	교육, 한부모, 차상위
광주	60%	–	60%	의료	교육, 한부모, 차상위
대전	60%	–	64%	의료, 한부모, 차상위	교육, 한부모, 차상위
울산	60%	–	70%	의료	교육, 한부모, 차상위

세종	66%	–	66%	교육	교육, 한부모, 차상위
경기	60%	60%	66%	의료	교육, 한부모
강원	80%	–	80%	의료, 한부모	교육, 한부모, 차상위
충북	66%	–	66%	교육	교육, 한부모, 차상위
충남	70%	60%	60%	의료	교육, 한부모, 차상위
전북	68%	–	80%	교육, 한부모	교육, 한부모, 차상위
전남	60%	교육, 한부모, 차상위	65%	의료, 한부모	교육, 한부모, 난민
경북	68%	60%	60%	–	의료, 한부모
경남	70%	–	70%	–	교육, 한부모, 차상위
제주	–	–	60%	의료	교육, 한부모

주: 무상교육 또는 무상급식 실시 학교와 학년은 제외한 저소득층 교육비 지원 현황

출처: 교육부 보도자료(2020. 3. 2.). 2020년 초 · 중 · 고 교육급여 및 교육비 신청하세요.

교육비 지원에 대한 이러한 시 · 도별 차이를 인정하는 것이 정당화될 수 있는지 검토할 필요가 있다. 초 · 중 · 고등학생들에 대한 공교육비는 「지방교육재정교부금법」에 의하여 시도별 차이가 없도록 중앙정부차원에서 보정하고 있으나, 사회적 약자를 위한 교육비 지원에 대해서 시도별 차이를 두는 것은 재검토가 필요하다.

(2) 교육복지사업의 근거규정 보완 필요

국민기초생활보장수급권자, 한부모가족, 다문화가정, 탈북가족 등의 자녀 등 종합적인 교육지원이 필요한 학생을 위한 교육복지우선지원사업은 「초 · 중등교육법」 제28조(학습부진아 등에 대한 교육)와 시행령 제54조(학습부진아 등에 대한 교육)를 근거

로 한다. 그러나 「초 · 중등교육법」 제28조는 성격장애나 지적(知的) 기능의 저하 등으로 인하여 학습에 제약을 받는 학생 중 「장애인 등에 대한 특수교육법」 제15조에 따른 학습장애를 지닌 특수교육대상자로 선정되지 아니한 학생과 학업중단학생을 위한 근거 규정이다.

따라서 조문의 취지와 교육복지사업과의 연관성이 일치하지 않는다고 볼 수 있다. 현행 「초 · 중등교육법」에는 교육비지원에 대한 규정이 있을 뿐 사회적 약자를 위한 정서적 지원이나 프로그램지원 등에 대한 포괄적인 교육복지규정이 마련되어 있지 않다. 초 · 중등교육에 대한 기본법의 성격을 가진 「초 · 중등교육법」에 교육복지에 대한 포괄적 규정이 있을 때, 초 · 중등교육을 담당하는 국가와 지방자치단체의 책임을 명확히 할 수 있으며, 교사들이 교육복지의 중요성을 인식하는 데 도움이 될 수 있기 때문에 관련 규정을 마련할 필요가 있다.

(3) 한부모(조손) 가정 아동을 위한 정서지원 프로그램 확대

취약가정 아동을 위해 생계비 지원에서 교육결과의 평등까지 다양한 지원 체계를 구축한 것은 분명한 성과이지만, 주로 재정지원에 한정되어 있다. 한부모 가정이나 조손가정의 아동에 대한 실증적인 연구와 저소득층 아동에 대한 실증적인 연구는 이들이 다른 학생들과의 다른 사회적 또는 심리적 어려움에 직면할 수 있다는 것을 보여 준다. 예를 들어, 한부모 가정 아동의 자아존중감은 양부모 가정 아동보다 낮은 것으로 나타났다(석소현, 신성희, 2010). 조손가정 아동의 경우에도 이와 유사한 조사 결과가 있다. 일반적으로 아동의 우울은 가족의 지지로 해소되지만, 조손가정 아동들은 원가족의 해체와 조손가정 형성이라는 과정에서 오히려 우울감이 가중되면서 적응의 어려움을 겪게 된다(서혜석, 2004; 송은하 외, 2008; 이정이, 최명선, 2007; 최해경, 김혜미, 2007).

한부모 가정 또는 조손가정의 아동에게는 정서적 지원과 긍정적인 성인역할모델을 제공하는 것이 무엇보다 중요하고 필요하다. 따라서 이들을 위한 정서지원과 상담교육 및 사회적 지지와 같은 개입이 필요하다(박경애 외, 2012).

(4) 보충적 교수학습활동의 제공 확대

조손가정에 대한 조사결과, 손자녀를 양육하는 조부모의 경우 연로함과 학력, 경제적 수준이 낮아 손자녀를 양육하는 데 어려움이 있어 경제적 지원과 더불어 학습부진을 향상하기 위한 학업지원이 필요한 것으로 나타났다(여성가족부, 2010). 또한 사교육비 관련 조사결과를 보면, 부모의 사회경제적 배경이 높을수록 자녀에게 지출하는 사교육비가 높은 것을 알 수 있다.

따라서 가정 형편으로 인해 학습결핍이 있는 학생에 대해 이를 보완할 수 있는 특별한 지원이 필요하다. 가정의 지원 부족으로 인한 학습결핍을 보완하기 위해서 단순히 방과 후 수강권 지원과 같은 재정적인 지원을 넘어서서 이들을 위한 체계적인 프로그램을 제공할 필요가 있다. 가정의 빈곤은 일시적인 가처분 소득의 부족이라기보다는 부모의 학력 부족이나 가정의 해체와 같은 구조적인 요인이 개입되어, 부모나 보호자에게 가처분 소득이 지원되더라도 이를 아동에게 효과적으로 사용할 것이라고 가정하기 어렵기 때문이다.

(5) 적정 강도의 지원 필요

저소득층 한부모(조손) 가정에 대한 지원되는 아동양육비, 학용품비, 생계비 등의 급여 지급 수준이 현실적으로 충분하지 못하다. 또한 교육의 결과적 평등을 추구하기 위해 저소득층 학생에 대한 자율형 사립고등학교나 특수목적고등학교에 사회통합전형을 실시하고 수업료 등을 지원하고 있으나, 지원 수준이 충분하지 않은 것으로 나타났다. 저소득 학생이 과도한 재정적 부담을 지지 않고 학교에 다니기 위해서는 수업료 등 공식적인 학비 이외에 생계에 대한 부담에서 벗어나야 한다. 현재의 교육비 지원은 공식적인 학비와 일과 중의 급식비에 한정되기 때문에 충분하다고 볼 수 없다. 저소득 학생에 대한 지원 규모를 확대하는 정책적 노력이 필요하다.

(6) 교사의 취약계층 학생 인지와 지원

교사는 취약계층에 대한 실질적인 지원을 할 수 있는 가장 중요한 주체 중의 하나이다. 그러나 저소득층 또는 한부모(조손) 가정의 학생이 저절로 다른 학생들과 구별되어 인식되는 것은 아니다. 최근 학생에 대한 사생활 보호와 학부모 또는 보호자의 정보 노출 기피 현상으로 인해 교사들이 학생들의 가정 현황과 이들이 처한 상황을 파악하는 것이 용이하지 않으며, 교사들 사이에서도 가정과 관련된 문제에 대해서 상담을 기피하는 경우도 나타난다. 취약계층 학생에 대한 특별한 지원의 정당성에 대한 교사들의 인식이 제고될 필요가 있으며, 취약계층 학생들이 겪는 어려움에 대한 인식과 대응 능력의 함양을 지원할 필요가 있다.

참고문헌

강경래(2014). 소년비행의 원인으로서 빈곤과 사회적 배제. 소년보호연구, 26, 371-409.

권구영(2012). 조손가정 아동의 우울감과 학교적응유연성간 관계: 임파워먼트의 조절효과를 중심으로. GRI연구논총, 14(1), 205-230.

김재근(1985). 맞벌이 가정 아동과 홑벌이 가정 아동의 제심리적 요인에 관한 비교연구: 맞벌이 가정 아동을 중심으로. 연세대학교 대학원 석사학위논문.

남영옥(2010). 이혼가정 자녀와 양부모가정 자녀의 학교적응 비교 연구. 한국청소년연구, 21(3), 219-243.

노혜련, 김형태, 이종익(2005). 가출청소년의 자살생각과 행동에 영향을 미치는 심리사회적 변인에 관한 연구. 한국청소년연구, 16(1), 5-34.

민원홍, 이봉주(2015). 청소년기 빈곤과 내재화 문제의 종단적 관계. 한국청소년연구, 26(1), 145-169.

박경애, 이무영, 강기정(2012). 조손가정 청소년의 생활경험에 관한 연구: 학습정서지원 서비스 이용 경험을 중심으로. 한국가정관리학회지, 30(4), 59-75.

박주희(2007). 맞벌이 가족의 복지이론. 구상.

박지혜, 김근향, 고영건(2014). 한부모 가정 및 일반가정 청소년의 불안, 사회적응 및 주관적 안녕감 간의 관계에서 낙관성의 조절효과. 한국청소년연구, 25(2), 115-144.

서혜석(2004). 손자녀 양육 조부모의 의사소통 향상을 위한 부모교육 프로그램 효과성 연구. 한국사회복지학회 2004년도 추계 학술대회 자료집, 409-439.

석소현, 신성희(2010). 양부모 가정과 한부모 가정 학령기 아동의 자아존중감에 영향을 미치는 요인 비교. *Journal of Korean Academy of Nursing, 40*(3), 367-377.

성윤숙, 김영한(2011). 가족유형에 따른 아동 청소년 생활실태 분석 및 대책연구: 양친부모가정 아동 청소년을 중심으로. 한국청소년정책연구원.

송은하, 방희정, 옥정, 정은정(2008). 부부갈등이 아동의 심리적 적응문제에 미치는 영향: 아동의 정서적 안정성의 매개효과. 놀이치료연구, 12(1), 1-13.

여성가족부(2010). 조손가족 실태조사 결과.

이미리, 박주희, 정현숙(2015). 양친, 한부, 한모가족 청소년의 적응과 가족환경특성 비교. 한국가정관리학회지, 33(4), 147-160.

이시연(2014). 한부모 가정 청소년의 가족관계, 자기효능감 및 자아존중감과 비행의 구조모형 검증. 한국콘텐츠학회논문지, 14(11), 759-771.

이인선(2016). 2016년 가정폭력 실태조사. 여성가족부.

이정이, 최명선(2007). 조손가정의 환경적 특성에 따른 아동 행동문제. 한국놀이치료학회지, 10(1), 63-72.

정은희(2015). 아동빈곤 현황과 정책방향. 보건복지포럼, 47-55.

정은희, 최새은, 이상균, 하태정(2013). 우리나라 아동빈곤의 특성. 한국보건사회연구원.

최해경(2006). 조손가정 청소년의 심리사회적 특성과 적응유연성. 정신보건과 사회사업, 23, 37-58.

최해경, 김혜미(2007). 조손가정의 손자녀의 학교적응과 관련 요인 연구. 사회과학연구, 18(가을호), 161-181.

한국청소년정책연구원(2002). 청소년 자살의 원인 및 예방정책에 관한 국제비교 연구. 한국청소년개발원 연구보고서, 1-137.

Edward, O. W., & Ray, S. L. (2010). Value of family and group counseling models where grandparents function as parents to their grandchildren. *International Journal for the Advancement of Counseling, 32*(3), 178-190.

제4장

다문화가정 학생

1. 다문화교육의 필요성

인구의 국제적 이주와 인권의 보편화 현상은 거스를 수 없는 세계적인 추세이다. 우리나라의 경우도 예외는 아니다. 우리나라의 국제적 지위가 향상되고 세계화로 외국과의 교류가 빈번해짐에 따라 국내외 인구 이동이 급격히 증가하고 있으며, 국제결혼에 대한 허용적인 풍토가 생기고, 농어촌 지역에서 혼인수급의 불균형에 따라 국제결혼이 증가하고 있다.

최근에 다문화가정의 자녀가 증가함에 따라 이들에 대한 교육이 중요한 문제로 부각되었다. 우리나라에서 다문화교육의 필요성은 1980년대부터 일부 학자들에 의해 간헐적으로 소개되었다. 그러나 우리 사회의 인종 및 문화적 동일성에 대한 강한 신념으로 인해 당시에는 크게 주목받지 못하였다. 그러나 근래에 국제결혼과 외국인 근로자가 급속하게 증가하면서 우리 사회도 앞으로 다인종, 다문화사회에 대비해야 한다는 사회적 인식이 확산되고 있다(조영달 외, 2010).

사회문화적 관점에서 다문화 현상은 우리 사회의 문화적 자원을 풍부하게 하고,

상호이해를 통해 문화를 한 단계 발전시키는 데 밑거름이 될 수 있다. 그러나 사회의 다문화가 사회의 발전으로 이어지기 위해서는 여러 가지 제도적 보완이 필요하다. 제도적 보완이 미흡할 때, 다문화가정의 자녀는 취학하여 적응하는 데 곤란을 겪을 수 있으며, 다양한 사회보장제도의 적용에 있어서도 여러 가지 제약이 따른다. 또한 서로 다른 민족적 문화적 배경을 가진 사람들 간의 통합의 측면에서 문제를 야기할 수 있다. 그동안 자발적인 시민단체들이 이러한 문제를 해결하기 위해 노력하고 있었으나, 근래에는 정부 중앙부처와 지방자치단체들이 적극적으로 나서서 다문화가정을 위한 대책을 수립하고 있다(박성혁, 성상환, 곽한영, 2008).

사람의 국제적 이주와 인권의 보편화 현상은 전통적인 국가주권, 국민, 국경 개념의 약화를 초래하며, 개별국가들은 외국인과 이주민에 대한 인권보호와 이들을 자국 사회로 통합하는 문제가 주요 정책적 과제로 등장하고 있다. 이러한 사회 변화의 맥락 속에서 다문화 사회를 준비하는 근본적인 방안 중의 하나로 다문화교육이 주목을 받고 있으며, 현재 다양한 다문화교육정책과 프로그램이 학교 현장에 적용되고 있다.

우리나라는 다문화교육 도입 초기임에도 불구하고 그 확산 속도는 매우 빠르다. 2005년 시 · 도교육청 관련 예산이 1억여 원에 불과하였으나, 2017년에는 191억여 원으로 증가하였다. 2007년 이후 일부 정책연구학교를 중심으로 도입된 다문화교육이 이제는 다문화가정 학생들이 포함된 일반학교로까지 범위를 넓혀 적용되고 있다.

2. 다문화가정 학생 현황과 교육적 요구

1) 다문화가정 학생 현황

2015년 다문화가족실태조사(여성가족부, 2016) 결과, 전체 다문화가구는 278,036가구로 2012년 대비 4.3% 증가하였고 우리나라 전체 가구 중 1.3%를 차지하고 있으며, 결혼이민자 · 귀화자는 304,516명으로 추정된다. 결혼이민자 · 귀화자의 출신국

적을 보면 중국(한국계)이 30.7%로 가장 많고, 다음으로 중국 22.4%, 베트남 20.8% 순으로 나타났다. 다문화가구 중 한국+외국출신부부 가구는 74.4%이며 부부 모두 외국출신 가구도 25.6%를 차지한다.

다문화가구가 급속히 증가하면서 이와 비례하여 다문화학생도 증가하였다. 2009년 초·중·고에 재학하는 다문화학생은 26,015명이었으나, 2018년 현재 122,212명으로 증가하였다. 다문화학생들이 차지하는 비율은 2009년 0.35%에서 2018년 2.18%로 6배 이상 증가하였다.

〈표 4-1〉 다문화학생 현황 (단위: 명, %)

구분	2009년	2010년	2012년	2014년	2016년	2018년
다문화학생 수	26,015	31,788	46,954	67,806	99,186	122,212
전체 학생 수	7,447,159	7,236,248	6,732,071	6,333,617	5,890,949	5,584,249
다문화학생 비율	0.35%	0.44%	0.70%	1.07%	1.68%	2.18%

출처: 교육부, 한국교육개발원. 교육통계주요지표(각 연도).

2017년 기준으로 다문화학생 109,387명의 학교급별 비중을 살펴보면 초등학생이 82,806명(3.1%), 중학생이 15,983명(1.2%), 고등학생이 10,598명(0.6%)이다. 다문화학생의 부모 출신국을 보면, 중국이 36,705명으로 가장 많았고, 다음으로 베트남 29,019명, 필리핀 13,123명, 일본 11,502명 순으로 많았다.

〈표 4-2〉 학교급별 다문화학생 현황(2017년) (단위: 명, %)

구분		국제결혼가정		외국인가정	계
		국내출생자녀	중도입국자녀	외국인가정자녀	
학교급	초	68,624	4,865	9,317	82,806(3.1)
	중	12,273	1,740	1,970	15,983(1.2)
	고	8,417	1,187	994	10,598(0.6)
부모 출신국	중국*	25,604	3,651	7,450	36,705
	베트남	27,841	942	236	29,019
	필리핀	12,306	601	216	13,123
	일본	10,282	1,001	219	11,502
	기타**	13,281	1,597	4,160	19,038
합계		89,314	7,792	12,281	109,387(1.9)

* 한국계 중국 포함.

** 태국, 인도네시아, 중앙아시아, 미국, 러시아 등 그 밖의 국가.

주: 괄호 안은 전체 학생 대비 비율

출처: 교육통계연보.

2015년 다문화가족실태조사(여성가족부, 2016) 결과, 지난 3년간 자녀의 취학률은 증가하였다. 자녀 취학률은 초등학교 97.6%, 중학교 93.5%, 고등학교 89.9%, 고등교육기관 53.3%로 나타났다. 2012년 대비 고등학교는 4.8%p가 증가하였고, 고등교육은 4.0%p가 증가하였다. 그러나 우리나라 전체 취학률에 비해 낮은 수준이며 학교급이 올라가면서 그 격차가 커져 고등학교 단계에서 다문화가정 학생의 취학률은 3.6%p가 낮았고, 고등교육단계에서는 14.8%p가 낮았다.

한국에서 학교를 다니다가 그만둔 자녀들은 학교생활 및 문화가 달라서(18.3%), 학교공부가 어려워서(18.0%), 편입학 및 유학준비(15.3%), 돈을 벌어야 해서(14.4%), 그냥 다니기 싫어서(11.1%) 등의 이유로 학업을 중단한 것으로 나타났다.

2) 다문화학생의 적응 실태와 교육적 요구

다문화학생들의 학업중단율은 일반학생들보다 높은 것으로 나타났다. 2015학년도 현재 다문화학생 중 학업중단율은 초등학교 0.70%, 중학교 1.15%, 고등학교 1.41%로 나타났다. 이러한 학업중단율은 2015년 현재 전체학생의 학업중단율인 초등학교 0.50%, 중학교 0.63%, 고등학교 1.26%보다 높은 것이다.

〈표 4-3〉 다문화학생 학업중단율(2014~2015년) (단위: 명, %)

연도	구분	초	중	고	계
2014년도 ('14. 3.~'15. 2.)	재학생 수	48,297	12,525	6,984	67,806
	학업중단자 수	435	146	107	688
	학업중단율(%)	0.90	1.16	1.53	1.01
2015년도 ('15. 3.~'16. 2.)	재학생 수	60,283	13,865	8,388	82,536
	학업중단자 수	423	159	118	700
	학업중단율(%)	0.70	1.15	1.41	0.85

출처: 교육부(2017). 2017년 다문화학생 교육지원계획.

일반학생에 비해 다문화학생의 학업성취 수준이 낮은 편이다. 시 · 도별 초등학교 3~6학년의 학습부진학생의 비율을 조사한 결과, 일반학생 중 학습부진의 비율이 5.3%인 반면에 다문화학생의 학습부진은 13.3%에 이르는 것으로 나타났다.

〈표 4-4〉 시 · 도별 초등학교 3~6학년 다문화학생 학습부진 현황(2014년)* (단위: 명, %)

교육청	전체 학생 수	다문화학생 수	일반학생 중 학습부진	다문화학생 중 학습부진
대구	86,392	884	5.4	15.4
인천	82,845	1,442	2.3	6.5
광주	61,019	715	1.0	5.3
울산	42,954	632	0.6	2.5
세종	8,379	102	3.2	12.8
충남	75,258	2,041	11.6	21.0
전북	18,486	664	7.6	22.3
전남	60,291	2,290	5.6	11.0
경북	85,115	1,926	6.9	11.7
제주	25,246	359	7.1	13.4
계	545,985	11,055	5.3	13.31

*자료가 없는 지역 제외. 교육청별 선별기준 등이 상이하여 교육청별 비교는 무의미함.

자료: 교육부, 국회 유은혜의원실.

중학교 다문화학생의 학업성취도 분석결과 기초미달학생의 비율은 초등학교보다 더욱 심각한 편이다. 국어의 경우 일반학생의 기초미달 비율이 2.0%인 반면에 다문화학생의 기초미달 비율은 13.0%로 나타났다. 수학의 경우 기초미달 비율이 일반학생 5.7%인 반면에 다문화학생은 13.5%로 나타났다. 영어의 경우 일반학생의 기초미달 비율은 3.3%이고 다문화학생의 기초학력미달 비율은 8.5%로 나타났다.

〈표 4-5〉 2014년도 중학생 학업성취도 분석결과 (단위: %)

구분	국어			수학			영어		
	보통 이상	기초 학력	기초 미달	보통 이상	기초 학력	기초 미달	보통 이상	기초 학력	기초 미달
일반	87.3	10.7	2.0	66.8	27.5	5.7	75.2	21.4	3.3
다문화	64.6	22.4	13.0	40.5	46.0	13.5	49.9	41.6	8.5

자료: 교육부, 국회 유은혜의원실.

대부분의 다문화학생이 학교에 잘 적응하고 있다. 조사 결과, 전체 재학 자녀의 89.8%는 본인이 학교에 잘 적응하고 있다고 응답했으며, 학교생활에 잘 적응하지 못하는 가장 큰 이유로 친구들과 어울리지 못한다는 응답이 64.7%로 가장 많고, 다음으로 학교공부에 흥미가 없어서가 45.2%로 나타났다.

〈표 4-6〉 다문화가족 자녀가 학교에 잘 적응하지 못하는 이유(복수응답) (단위: %)

구분		학교 공부에 흥미가 없어서	한국어를 잘하지 못해서	친구들과 잘 어울리지 못해서	선생님의 차별 대우 때문에	부모의 관심이나 경제적 지원이 부족해서	외모 때문에	기타
전체		45.2	25.5	64.7	2.5	10.9	7.7	5.1
성별	여성	42.9	24.6	83.8	0.8	7.9	6.7	0.9
	남성	47.9	26.6	41.4	4.6	14.6	8.9	10.3
연령	9~11세	41.9	32.5	57.7	3.0	8.0	7.2	1.6
	12~14세	26.7	29.9	80.8	4.5	9.5	16.7	5.7
	15~17세	66.2	12.9	58.5	0.0	15.8	0.0	8.9
	18세 이상	0.0	0.0	0.0	0.0	0.0	0.0	0.0
성장 배경	국내에서만 성장	52.4	1.8	63.0	4.8	18.1	9.9	4.5
	외국 거주 경험	48.3	37.6	44.6	0.0	2.9	0.0	13.4
	외국에서 주로 성장	28.8	61.7	83.9	0.0	3.3	9.6	0.0

출처: 여성가족부(2016).

다문화가족 자녀의 학교폭력 피해율은 전체로 볼 때, 2015년 조사 결과 5.0%로 2012년의 8.7%보다 3.7%p 감소하였다. 그러나 초등학교 고학년인 9~11세 아동의 학교폭력 피해는 7.9%로 나타나 이에 대한 관심과 대책이 필요함을 시사한다.

〈표 4-7〉 다문화가족 자녀의 학교폭력 피해 경험 여부 (단위: %)

구분		있었다	없었다
전체		5.0	95.0
성별	여성	4.6	95.4
	남성	5.3	94.7
연령	9~11세	7.9	92.1
	12~14세	4.3	95.7
	15~17세	1.6	98.4
	18세 이상	1.0	99.0
성장배경	국내에서만 성장	4.1	95.9
	외국 거주 경험	6.4	93.6
	외국에서 주로 성장	8.1	91.9

출처: 여성가족부(2016).

초등학교 고학년의 다문화가정 학생과 일반학생의 괴롭힘의 유형별 피해를 비교한 한 연구에 의하면(오인수, 2014), 일반학생의 31.2% 학생이 괴롭힘 피해를 경험한 반면, 다문화가정 학생의 경우 약간 높은 34.6%의 학생이 괴롭힘 피해를 경험한 것으로 확인되었다. 괴롭힘의 하위 유형에 따라 괴롭힘 피해 경험을 비교한 결과 모든 유형에서 다문화가정 학생의 피해 비율이 일반학생의 피해비율에 비해 높은 것으로 확인되었다. 그러나 통계적인 차이는 오직 관계적 괴롭힘에서만 나타났다.

〈표 4-8〉 일반학생과 다문화가정 학생의 괴롭힘 경험 차이

유형	일반학생(%)	다문화학생(%)	합계(%)	x2
전체	253(31.2%)	263(34.6%)	516(32.8%)	2.06
신체적 괴롭힘	78(9.6%)	90(11.8%)	168(10.7%)	2.03
언어적 괴롭힘	204(25.2%)	199(26.2%)	403(25.7%)	0.21
관계적 괴롭힘	90(11.2%)	135(18.0%)	225(14.5%)	14.91*

*p〈.01

출처: 오인수(2014), p. 228.

다문화가정 초등학생의 학교적응 정도를 일반학생과 비교한 결과, 다문화가정 초등학생의 학교 적응력이 상대적으로 낮은 것으로 나타났다(박준성, 안혜정, 정태연, 2013). 다문화가정 초등학생이 일반가정 초등학생에 비해 다섯 변인에서 더 낮은 점수를 나타냈는데, 구체적으로 학교생활적응, 교사와의 관계, 교우와의 관계, 수업참여와 부모자녀관계 그리고 또래관계의 질이 상대적으로 낮은 것으로 나타났다. 그러나 학교생활 및 규칙준수와 생활스트레스 그리고 자존감에서는 집단 간 유의한 차이가 없었다.

〈표 4-9〉 다문화학생과 일반학생의 학교적응 및 사회적 관계 비교

구분	전체(n=100) M(SD)	다문화학생(n=50) M(SD)	일반학생(n=50) M(SD)	t
초등학교 적응	3.55(.57)	3.36(.57)	3.73(.51)	3.44**
학교생활	3.68(.61)	3.69(.67)	3.66(.55)	.20
교사관계	3.23(.86)	2.88(.88)	3.58(.69)	4.40***
급우관계	3.70(.83)	3.38(.88)	4.01(.64)	4.02***
수업참여	3.32(.66)	3.04(.79)	3.61(.68)	3.85***
학교규율	3.81(.66)	3.81(.62)	3.81(.76)	.00
삶의 스트레스	2.71(.61)	2.77(.62)	2.65(.59)	.95
자아존중	3.02(.17)	3.01(.15)	3.03(.20)	.52
부모관계	3.92(.62)	3.80(.63)	4.05(.60)	2.02*
동료관계	4.07(.54)	3.84(.58)	4.29(.43)	4.49***

*p<.05, **p<.01, ***p<.001

출처: 박준성 외(2013), p. 54 번역 및 수정.

천호성과 박계숙(2012)이 초등학교 3학년 다문화가정 학생 4명을 사례로 선정하여 이들의 학교생활과 적응과정을 심층적으로 분석한 결과, 첫째, 연구대상 4명 중 3명이 학교부적응 현상을 보였다. 둘째, 다문화가정 자녀들은 학교생활에서 낮은 자존감, 공격적인 성향, 반사회적인 성향, 가정환경 유기(방치, 방임)의 특징을 보였다. 셋

째, 다문화가정 자녀들은 칭찬에 매우 긍정적인 반응을 보였다. 넷째, 다문화가정 자녀들의 언어나 대화능력은 아이들의 학교생활에 거의 문제가 되지 않았다.

다문화가정 학생과 일반학생의 심리 문제를 비교한 결과 우울, 불안, 사회적 위축, 정체감 혼돈의 심리 변인에서 다문화가정 학생들은 일반학생과 비교하여 높은 문제를 나타냈다(오인수, 2014). 반면, 일반학생은 다문화가정 학생에 비해 높은 심리적 안녕감을 보였다. 다문화가정 학생의 괴롭힘 피해 경험이 심리 문제에 미치는 영향의 관계에서 심리적 안녕감의 매개효과를 분석한 결과 심리적 안녕감은 괴롭힘 피해 경험과 우울, 불안, 사회적 위축, 정체감 혼돈 사이에서 부분적으로 매개하는 것으로 확인되었다. 반면, 다문화가정 학생의 하위 유형(국내출생, 중도입국, 외국인 가정)에 따라 심리적 특성의 차이를 확인한 결과 모든 변인에서 유의미한 차이가 발견되지 않았다.

〈표 4-10〉 일반학생과 다문화가정 학생의 심리적 특성의 차이 (단위: %)

구분	우울	불안	사회적 위축	정체감 혼돈	심리적 안녕감
다문화학생(760)	2.22(2.36)	2.11(1.93)	2.57(2.43)	1.96(2.00)	53.35(9.68)
일반학생(811)	1.77(2.06)	1.88(1.76)	2.01(2.07)	1.50(1.75)	57.18(9.26)
t	3.92*	2.38*	4.93*	4.89*	8.00*

*p<.01

출처: 오인수(2014), p. 228.

결혼이민자 · 귀화자는 한국생활에서의 언어문제(34.0%), 외로움(33.6%), 경제적 어려움(33.3%), 자녀양육 · 교육문제(23.2%) 등으로 어려움을 겪고 있다. 2012년 조사에 비해, 경제적 어려움, 언어문제, 문화차이, 편견과 차별 등을 어려움으로 지적한 비율은 감소한 반면, 외로움, 자녀양육 및 교육 등으로 인한 어려움을 지적한 비율은 증가하였다.

다문화가족들은 자녀들을 위해서 진로상담 및 진로교육(53.7%), 직업기술훈련(42.0%), 학습지원(41.5%), 일자리 소개(39.0%), 외국계 부모나라 언어교육(36.2%) 등을 요구하고 있다. 2012년 조사에 비해 외국계 부모나라 언어교육(6.9%p)과 진로상담 및 진로교육(4.6%p)에 대한 요구가 높아졌다.

3. 학교 다문화교육

학교에서 실시하고 있거나 실시하여야 할 주요 다문화교육 내용은 '다문화 중점학교 운영매뉴얼(중앙다문화교육센터, 2016)'에서 찾아볼 수 있다. '다문화 중점학교 운영매뉴얼'은 학교 다문화교육 프로그램을 크게 교과연계 교육프로그램과 비교과연계 교육프로그램으로 나누어 각각의 목적, 추진방향, 프로그램 내용, 프로그램 평가, 프로그램 예시 등을 제공하고 있다.

1) 교과연계 교육프로그램

교과연계 교육프로그램의 운영목적은 교육과정 내 다문화교육 소재를 추출하여 다문화교육 프로그램을 기획하여 운영하는 것이다. 이를 위해 각 교과목 내용 중 다문화교육 관련 소재를 연관시켜 교과에 대한 흥미를 유발하고 자연스럽게 다문화 감수성을 증진시킬 수 있는 프로그램을 개발하여 적용할 필요가 있다. 또한 학교 현장 및 지역 여건을 고려하여 다양한 교수법을 활용할 것을 권장하고 있다.

교과연계 교육프로그램을 설계하기 위해서, 첫째, 교과별, 학년별 교육과정을 분석하여 다문화 지도요소를 추출한다. 둘째, 교과내용에 다문화 관련 내용을 대체, 보완, 첨가하여 재구성한다. 셋째, 과학적 지성, 예술적 감성, 논리적 지식, 서사적 지식, 귀납적 사고, 연역적 사고의 통합적 경험 활동을 촉진할 수 있는 다문화 수업 지도안을 작성한다. 마지막으로 다양한 교육 자료와 매체를 활용하여 통합적 경험 활동을 제공하여 자기주도적인 학습을 할 수 있도록 구안하고 적용한다.

〈교과별 다문화이해 교수–학습 방법 구안 및 적용 절차(예시안)〉

다문화 지도요소에 따른 차시별 통합적 경험 학습 제재 선정 → 교과별 대단원 관련 다문화 지도 계획의 수립 → 본시 교수–학습 과정안 작성 → 다문화 교수–학습 방법 적용을 위한 학습 보조 자료 개발 → 다문화 감수성 함양 교수–학습 방법 실제 적용

교과연계 교육 프로그램의 하나로 초등학교 3학년 교육과정을 분석하여 다문화교육과정을 설계한 예는 다음과 같다.

〈표 4-11〉 인천동암초등학교 다문화교육과정 예

교과	단원	차시	학습주제	다문화 지도내용	다문화교육 내용요소	다문화 교육과정
도덕	3. 함께 어울려 살아요	1/3	나와 다른 사람들 이해하기	• 다양한 이웃에 대해 알아보기 • 나와 다른 이웃을 이해하려는 마음 갖기	정체성 (긍정적 인식)	지식습득
		2/3	같은 것과 다른 것이 함께해요	• 나와 다른 친구를 바르게 대하는 태도 알아보기	다양성 (타문화 인식)	태도형성
		3/3	어울려 살면 모두가 행복해요	• 나와 다른 이웃과 친구들을 소중히 여기는 방법 익히기	사회정의 (인권존중)	실행개입
국어	6. 서로의 생각을 나누어요	3/6	속담을 활용하여 주장하고 싶은 것 말하기	• 다문화 속담이 생긴 유래를 알고 그 속담을 활용하여 주장하기	정체성 (개별정체성)	지식습득
	1. 감동의 물결(읽기)	4/6	전래동화 읽고 인물 행동을 중심으로 동화의 세계 상상하기	• 다른 나라의 전래동화를 읽고 상상하기	정체성 (개별정체성)	지식습득

체육	1. 나의 여가생활을 알차게	4/6	여가활동 실천하기	• 다른 나라 놀잇감으로 놀이하기	정체성 (개별정체성)	지식습득
사회	3. 다양한 삶의 모습	11/15	세계 여러 나라 명절과 기념일	• 세계 여러 나라의 명절과 기념일 알아보기	다양성 (타문화인식)	지식습득
		14/15	서로 배우고 존중하는 문화	• 다른 나라 문화 광고하기	사회정의 (상호존중)	실행개입

2) 비교과연계 교육프로그램

(1) 창의적 체험활동

창의적 체험활동을 활용한 다문화교육은 학교 안팎의 다양한 다문화교육 자원을 활용하여 학생들의 자율적인 참여와 체험을 유도하고 다문화 감수성을 증진하기 위해 실시된다. 이를 위해 학생의 요구, 지역사회의 자원, 학교 여건, 문화 풍토 등을 고려하여 특색 있는 프로그램을 구성할 필요가 있다. 또한 학교에서 다루지 못한 다문화 주제를 다양한 방법과 매체를 활용하여 다각적인 접근을 통한 다문화교육을 실시할 것을 권장하고 있다.

주요 프로그램으로는 다문화교육 전문강사 초청 프로그램, 봉사활동 시간 활용 다문화 프로그램, 동아리 활동 지원 프로그램 등이 있다. 다문화교육 전문강사 초청 프로그램은 다문화 유관 기관의 협조를 통해 인권교육 및 다문화이해교육 강사 등을 초청하여 심화된 다문화 이해 교육을 실시하는 것이다. 놀이와 체험 접목 프로그램 등 유관 기관의 다양한 프로그램을 활용할 수 있다. 봉사활동 시간 활용 다문화 프로그램은 봉사활동 시간을 활용하여 지구 공동체에 대한 이해 및 국제협력에 대한 긍정적 마음가짐을 가질 수 있도록 세계시민교육과 연계한 봉사활동을 하는 것이다. 봉사활동의 시작, 과정, 결과가 학생 주도적으로 이루어질 수 있도록 하여 창의적인 프로그램을 구성한다. 동아리 활동 지원 프로그램은 동아리 활동에서 학생들이 자발적으로 참여하여 스스로 다문화 관련 활동을 계획하고 역할 분담을 실천할 수 있도록 지원하는 것이다. 협동하는 태도를 기르고 타인을 이해하려는 자세를 지닌 다문화적 시민성을 함양할 수 있도록 지원한다.

〈표 4-12〉 경기흥덕중학교 다문화교육프로그램 예시

프로그램	주요 내용	
배우기 (Learning)	• 지구촌 빈곤학교의 식수문제 알아보기 • 월드비전 강사 초청 강연	
느끼기 (Feeling)	불평등 피구	• 시작선이 다른 세계 불평등 구조에 대해 인식한다. • 세계시민으로서 이러한 불평등 구조를 인식할 방법에 대해 탐색한다. • 학급을 2개조로 나누어 활동한다.
	노동요를 불러라	• 케냐의 노동요를 배우고 외워서 불러 보며 다문화 체험을 한다. • 단체 줄넘기를 통해서 한마음으로 움직일 때 세상을 바꿀 수 있음을 깨닫도록 한다. • 학급을 2개조로 나누어 활동한다.
	운동화 만들기	• 빈곤국가의 아동노동 착취의 부당성에 대해 인식하도록 한다. • 우리의 작은 기부가 아동들이 노동의 현장이 아닌 교육의 현장에서 미래를 위해 건강한 시간을 보내게 할 수 있음을 깨닫도록 한다. • 학급을 6인 1조로 편성하여 운동화를 만들어 보도록 한다.

(2) 교내외 문화 체험

교내외 문화 체험활동은 학교공간이나 지역사회의 다문화 현장을 활용하여 체험학습의 기회를 제공하여 다문화교육을 실시하는 것이다. 이를 위해 지역이 다문화교육 유관 기관의 교육프로그램에 참여할 수 있는 기회를 제공할 필요가 있다. 또한 효과적인 체험학습이 이루어지도록 유관 기관과의 긴밀한 연계를 통해 철저히 사전 계획을 수립하고, 준비하고, 실행하고, 체험학습 이후의 추후 활동 지도를 할 것을 권장하고 있다.

교내 체험프로그램은 교내 행사 등을 이용하여 학생들이 다문화적 역량을 발표하는 기회를 제공하거나 다채로운 경험을 통해 다문화에 대한 긍정적인 태도를 함양할 수 있도록 한다. 교내 동아리 활동과 연계하여 다문화 체험 프로그램을 공동으로 기획하여 운영할 수 있다. 현장방문 문화 체험 프로그램은 교실 중심의 교육에서 벗어나 다문화 관련 지역 사회의 기관과 연계하여 현장 학습의 기회를 제공하는 것이다. 현장 방문 전에 사전 교육을 실시하고, 활동지를 작성하고, 사후 교육을 실시하여 단순한 현장 체험이 아닌 체계적인 교육이 이루어지도록 운영한다.

(3) 이중언어 교육

이중언어 교육은 학생들이 글로벌 시대에 필요한 문화 간 소통능력을 함양하기 위한 것이다. 이중언어 교육은 다문화학생들에게 모국어와 모국의 문화를 배울 수 있는 기회를 제공하고, 일반학생에게는 다양한 세계 언어와 문화를 익히도록 교육 내용과 방법을 구성한다. 이중언어 교육을 통해서 속담, 이야기, 대화 방식 등 언어에 담긴 문화적 차이를 이해할 수 있는 경험을 제공한다.

양방향 이중언어 교육프로그램은 다른 나라 언어를 배우고 싶어 하는 일반학생과 다문화학생을 통합하여 자연스럽게 한국어와 이중언어를 습득할 수 있는 기회를 제공한다. 일반학생들은 또 다른 언어를 배우는 첨가적 이중언어 교육을 받게 되고, 다문화학생들은 자신의 뿌리가 되는 언어와 문화에 대한 자부심을 갖게 됨으로써 긍정적인 자아 정체성을 형성하는 강화된 이중언어 교육을 실시한다. 물리적 환경 조성을 통한 이중(다중)언어 학습 프로그램은 계단이나 복도, 교실 등에 세계 인사말 등을 부착하고, 주 1회 세계 인사말 차트를 교체하여 학생들이 자주 접하고 활용할 수 있도록 하는 것이다.

(4) 상담 및 학습 지원

상담 및 학습 지원은 학생 개인별로 학업 또는 심리에 대한 맞춤형 지원을 통하여 다문화학생의 건강한 성장과 학교 적응력 증진을 목적으로 한다. 다문화학생들의 긍정적인 자아 개념과 정체성 형성을 위한 상담프로그램을 지원하고, 수준별 맞춤형 학습 지원 및 정서적 안정감 지원을 위한 멘토링 프로그램을 운영한다. 학생에 대한 통합적인 서비스 제공을 위해 가정, 학교, 지역사회와 네트워크를 형성하고 지역 자원들을 활용할 필요가 있다.

주요 프로그램으로 개별 · 집단 상담 프로그램과 멘토링 프로그램이 있다. 개별 · 집단 상담프로그램은 심리 또는 정서적으로 문제를 겪고 있는 학생을 대상으로 심리 또는 정서 치료를 실시하거나 상담 또는 체험 학습 등을 제공한다. 사회성 및 자존감 향상, 의사소통 훈련, 분노 조절 집단 프로그램 등이 예이다. 멘토링 프로그램은 교사 또는 대학생을 활용하여 방과 후 기초 학습 개별 지도 및 상담을 지원한다. 학생의 희망이나 여건에 따라 가정방문을 통해 지도할 수 있다. 친밀감을 높일 수 있는 프로그램을 병행한다.

〈표 4-13〉 충남 갈산중학교 사회성 향상 및 또래관계 증진 집단 상담 프로그램 예시

회기	제목	프로그램 세부 내용	시간
1–2	오리엔테이션 나의 참모습	• 프로그램과 집단원들에 대한 소개를 하고 집단 구성원 간의 관계를 형성한다. • 어렸을 적 나, 알리고 싶은 나에 대해 생각해 봄으로써 자신의 모습을 바로 알고 자신을 사랑하는 마음을 가진다.	45분
3–4	내 마음 전달하기	• 다른 사람에게 자신의 생각이나 느낌을 적절하게 전달하는 대화기술을 습득한다.	45분
5	나를 아껴 주는 사람들 프로그램 마무리	• 인간은 다른 사람과의 관계 속에서	45분

3) 학교 다문화교육 프로그램의 평가 기준

다문화교육 연구학교에서 시행하고 있는 다문화교육의 목표와 내용, 다문화교육의 대상과 범위, 다문화교육의 운영방식, 다문화교육의 운영 맥락 등에 대한 실태 분석 결과(조영달 외, 2010), 학교 다문화교육 프로그램을 평가하기 위해서는 다음과 같은 사항을 검토할 필요가 있다.

첫째, 프로그램의 운영 목적이 분명하고 다양한지 검토하여야 한다(조영달 외,

2010). 학교 다문화교육 프로그램으로 다양한 활동을 시행하고 있을 때 각각의 목적이 분명히 정의되어야 하고, 목적에 부합하는 프로그램인지 검토하여야 한다.

둘째, 다문화교육의 대상과 범위를 명확히 설정해야 한다. 다문화교육 이론가들은 다문화교육이 모두를 위한 교육이며, 학생, 학부모, 교직원 모두가 다문화교육의 주체이자 대상이라고 강조한다. 그러나 다문화교육은 소수의 이질문화 집단을 위한 것이며, 이들을 대상으로 하는 것이라는 인식이 강한 것도 사실이다.

셋째, 다문화교육의 통합성과 체계성을 검토하여야 한다. 다문화교육이 효과적으로 이루어지기 위해서는 학교 교육과정의 전반적인 영역에서 지속적이고 체계적으로 운영되어야 한다. 그러나 우리나라의 다문화교육 프로그램은 일회적 프로그램의 성격이 강하고, 지속적인 프로그램의 경우에 방과 후 활동이나 방학 중 활동 등의 형식으로 운영되고 있는 것으로 나타났다.

넷째, 다문화교육의 주체를 다양화하여야 한다. 교사들이 학교 다문화교육 운영의 주요 주체라는 점은 다문화교육의 안정적인 실행을 위해서는 긍정적일 수 있다. 그러나 국내 초·중등 교사들의 문화다양성과 관련된 인식 및 태도가 높지 않으며(박윤경, 성경희, 조영달, 2008), 교사를 대상으로 하는 다문화교육 프로그램이 충분하지 않다는 점을 고려하면, 교사뿐만 아니라 지역 사회의 여러 단체와 전문가가 다문화교육의 주체가 되어야 한다.

4. 다문화교육 운영과정의 어려움과 제약

1) 교원들의 어려움

교원들은 다문화학생 지도의 어려움이 일반학생 지도의 어려움보다 크다고 인식하고 있다. 일반학생의 경우 생활지도와 교우관계 지도에 다소 어려움이 있었던 반면, 다문화학생 지도의 경우 전 영역에서 어려움이 나타났다. 특히 교사와 학부모 간

의사소통이나 교과지도에서의 어려움은 4.0점에 근접한 결과를 보였다(박철희, 김왕준, 박주형, 2016).

일반학생 지도의 어려움에서 다문화학생 지도의 어려움의 차이가 가장 큰 영역은 교과지도(−1.3)였으며, 교사와 학부모 간의 의사소통(−1.15)와 교사와 학생 간 의사소통(−1.1) 순으로 어려움의 차이가 컸다. 생활지도나 교우관계 지도의 어려움은 상대적으로 적게 나타났다.

〈표 4-14〉 교사가 인식하는 일반학생과 다문화학생의 교육 시 어려운 정도

지도 대상 / 구분	일반학생			다문화학생			어려움 차이
	사례수	평균	표준편차	사례수	평균	표준편차	
교과지도	166	2.61	1.019	164	3.91	.949	−1.3
생활지도	165	3.05	.999	164	3.63	1.045	−0.58
교우관계	167	2.83	.843	164	3.44	.901	−0.61
교사와 학생 간 의사소통	165	2.39	1.004	162	3.49	.980	−1.1
교사와 학부모 간 의사소통	166	2.79	1.061	163	3.94	.995	−1.15

출처: 박철희 외(2016), p. 188.

2) 예산지원 규모의 적정성 부족

학교 다문화교육프로그램은 보통 학교 행사 등과 같은 교과 외 활동이나 방과 후 활동 등 비정규 교육과정 속에서 운영된다. 따라서 일들은 별도의 예산을 필요로 한다. 이러한 상황에서 예산 규모가 작은 일반학교에서는 다문화가정 학생들 이외에 일반가정 학생들을 포함한 프로그램을 운영하기가 어렵게 된다. 또한 정책연구학교 중에서 학교규모에 비해 예산 규모가 큰 경우에는 주어진 예산을 소진하기 위해서 일반가정 학생들을 포함한 프로그램을 다수 운영하는 사례가 많았다.

3) 교사들의 순환전보에 따른 문제점

다문화교육 프로그램을 운영하는 교사들은 학교 구성원의 잦은 교체로 인해 업무의 지속성이 확보되지 못하는 점을 문제로 지적하였다. 공립학교의 경우에 교사들은 정기 전보에 따라 구성원의 교체가 필수적으로 발생하는데, 새로 부임하는 교사들이 다문화교육에 대한 경험이 없는 경우에 프로그램 운영에 어려움이 발생한다. 또한 다문화교육 담당자나 학교 관리자가 바뀌게 되는 경우 역시 지속적인 다문화교육 실행을 저해하는 요인으로 작용한다.

4) 학생 및 학부모들의 문제제기

다문화교육을 담당하는 교사들이 겪게 되는 문제 중의 하나는 일반가정의 학부모들이 다문화가정 학생들을 대상으로 이루어지는 다문화교육에 대해 '역차별'과 관련된 문제를 제기한다는 것이다. 역차별과 관련된 논란은 학생들의 전반적인 생활수준이 높지 않는 학교에서 보다 심각하다. 예를 들어, 농촌지역에 위치한 학교의 경우 다문화가정 학생들이 일반가정 학생들보다 생활수준이나 학업수준이 더 높아, 일반가정 학생들이 오히려 다문화가정 학생들을 잘 살고 공부 잘하는 학생으로 인식하고 있다는 것이다. 이러한 상황에서 다문화가정 학생들에게만 지원이 제공될 경우 일반 학부모들은 이를 역차별로 느낄 수 있다는 것이다.

이와는 반대로 다문화가정 학생 및 학부모들은 별도의 다문화교육 프로그램에 참여함으로써 의도하지 않게 다문화가정 학생이라는 것이 드러나게 되는 것에 대한 불만을 제기한다. 일종의 '구별 짓기'에 대한 불만에 대처하기 위해, 대다수의 정책연구학교에서는 다문화가정 학생들만을 대상으로 하는 프로그램은 정규 교육과정이 아닌 방과 후나 휴일을 활용하여 운영하는 방향으로 계획하고 있다. 이와 같이 다문화가정 학생들을 대상으로 하는 다문화교육 프로그램들이 역차별이나 구별 짓기로 받아들이는 학생 및 학부모들의 문제제기에 대응하기 위해 교사들은 가능하면 다문화교육 프로그램을 통합적으로 만들어 운영하고 있다.

5. 다문화가정 학생을 위한 교육정책의 현황(교육부, 2020)

1) 출발선 평등을 위한 교육기회 보장

다문화학생의 실질적인 교육권을 보장하기 위해 다문화학생의 공교육 진입 제도 안착 지원과 학교교육 준비도 격차 해소를 지원한다. 중도입국 다문화학생의 학교 배정 · 학력심의 등 공교육 진입 과정 개선을 위해 「초 · 중등교육법 시행령」을 개정하여, 중도입국 다문화학생의 중학교 입학 · 전학 및 편입학 시 학교장의 입학 허가에서 교육장의 학교 배정 방식으로 절차를 개선하였다. 지역 다문화교육지원센터를 통해 편입학 절차 안내 및 상담, 정책학교 안내, 학적생성 등 공교육 진입 전 과정을 지원한다.

다문화 유아에 대한 체계적인 지원을 위해 '다문화 유아'에 대한 기본현황을 파악하고, 초등학교 입학 및 편입학 예정 다문화학생을 대상으로 학교생활 조기적응을 위한 준비교육을 실시(2020년 30개교 예정)한다. 신체적 · 정서적 · 환경적 변화를 겪는 중학교 입학 · 편입학 예정 다문화학생을 대상으로 징검다리과정을 시범운영(2020년 14개교 예정)한다.

2) 학교 조기 적응을 위한 언어·학습 지원

특별학급 형태의 한국어학급을 확대하여 입국 초기 중도입국 · 외국인학생(유아) 등을 대상으로 한국어 집중교육을 지원한다. 한국어학급은 2019년 326학급에서 2020년에는 350학급으로 확대된다. 한국어학급이 운영되지 않는 학교에 중도입국 · 외국인학생이 편입학하는 경우 한국어교육 지원(2019년 1,322명)을 위해 인근 학교의 한국어학급 또는 지역 다문화교육지원센터(시 · 도교육청)에서 한국어강사를 지원하거나 한국어교육 컨설팅 등을 지원한다.

대학생 멘토링을 통해 맞춤형 학습을 지원한다. 다문화학생과 멘토 대학생의 1:1 멘토링을 통해 학습 · 숙제지도 · 고민상담 등 체계적이고 개별적인 학습을 지원한다. 2020년에 4,000여명을 대상으로 멘토링 서비스를 제공한다.

3) 안정적인 성장을 위한 진로·정서 지원

이주배경 청소년의 특성을 고려하여 진로교육 프로그램 개발하고 운영하여 진로 역량을 강화한다. 이주배경 청소년의 특성과 발달단계를 고려하고 비이주배경 청소년이 함께 할 수 있는 통합 프로그램으로 개발한다. 다문화학생의 이중언어 학습 장려를 위해 전자책 형태의 이중언어 교재를 개발하여 보급하고(웹기반, 애플리케이션), 음원 실행 · 상호작용적 활동 · 학습이력 관리 등의 기능을 통해 이중언어 학습 효과를 제고한다.

다국어 버전의 정서 · 행동특성 검사지를 제공하여 다문화학생의 정서와 행동의 특성을 파악하여 지원한다. 기존 5개 언어(영어 · 중국어 · 일본어 · 베트남어 · 필리핀어)의 검사지를 2020년에는 10개 언어(러시아어 · 아랍어 · 몽골어 · 태국어 · 캄보디아어 등 5개 언어 추가)로 확대 개발한다.

학교폭력 예방 및 지원 강화를 위해 예방부터 사안 처리 등 전 과정에서 다문화학생에 대한 보호 장치를 강화한다. 학교폭력 예방교육 프로그램(어울림 프로그램)에 다문화 관련 내용을 반영하여 개발 및 보급한다. 피해학생 치유 · 상담 지원 시 다문화 전문가 참여를 강화하고, 다문화 관련 내용을 포함한 가해학생 특별교육 프로그램을 개발한다.

4) 다양성이 공존하는 학교 환경 조성

학생과 교원의 다문화 역량을 제고하고 학부모 및 지역사회의 다문화 교육활동 참여 기회를 확대하여 다문화 수용성을 제고한다. 2015 개정 교육과정 총론에서 범교과 학습 주제로 '다문화 교육'을 제시하고, 범교과 학습 주제는 교과와 창의적 체험활동 등 교육활동 전반에 걸쳐 통합적으로 다루도록 하고, 지역사회 및 가정과 연계하여 지도한다. 학교 구성원의 다문화 감수성 제고를 위하여 연간 2시간 이상 다문화교육 관련 교과 · 비교과활동 실시를 권고한다.

현직 교원의 다문화교육 역량 제고를 위해 지속적으로 원격연수 콘텐츠를 개발하여 보급하고, 다문화교육 관련 내용을 교원양성 교육과정에 반영하는 개편안을 마련하고 관련 규정을 개정한다. 다문화교육 관련 교육내용을 예비교원 교직과목에 포함하고, 시 · 도교육청과 협의를 통해 다문화학생 이해와 교육을 위한 교육봉사를 확대한다. 다문화교육 정책학교를 중심으로 학부모가 참여하는 다문화 교육 프로그램을 운영한다.

5) 학교 현장 중심 지원체계 강화

지역사회의 자원을 연계하여 다문화학생 통합지원 체계를 운영한다. 예를 들어, 교육국제화특구(경기도 시흥 · 안산)와 연계하여 다문화가정 밀집지역의 교육력 제고 및 교육격차 해소를 위한 연계사업을 운영한다. 중앙과 지역 간 연계를 강화하기 위해 다문화교육지원단을 통해 선도인력을 교류하고 협력을 강화한다. 지역별 추천을 통해 정책학교 활동 경험이 풍부한 교원들로 다문화교육 중앙지원단을 구성하여, 정책학교 운영 지원과 교원 대상 전달연수 실시 등을 지원한다. 지역 내 다문화교육 선도인력으로 시 · 도교육청별 '지역 다문화교육지원단'을 구성하고, 지역별 특색을 살린 다문화교육 연수, 정책학교 컨설팅 등 현장 지원, 다문화교육 자료개발과 연구 등을 수행한다.

정부의 범부처 합동 정책방향을 설정하여 총체적 지원을 제공한다. 법무부와는 중도입국 · 난민자녀 취학현황 파악을 위한 정보연계를 실시하고, 체류자격 및 외국인 인권 관련 협업을 추진한다. 여성가족부와는 자녀 언어발달 서비스, 레인보우스쿨 등의 사업을 연계하여 추진한다. 문화체육부와는 국립국어원의 '한국어교수학습샘터' 활용, 교원연수 및 교재 개발 등 한국어교육 관련 협업을 확대한다.

6. 주요 정책의 성과와 과제

1) 성과

(1) 다문화가족 및 학생을 위한 법적 근거 마련

다문화가족과 다문화학생을 위한 국가와 지방자치단체의 책무를 법령으로 제정한 것은 주요한 성과 중의 하나이다. 「다문화가족지원법」 제5조 제1항에서 "국가와 지방자치단체는 다문화가족에 대한 사회적 차별 및 편견을 예방하고 사회구성원이 문화적 다양성을 인정하고 존중할 수 있도록 다문화 이해교육을 실시하고 홍보 등 필요한 조치를 하여야 한다."라고 규정하고 있다. 제5항에서는 "교육부장관과 특별시 · 광역시 · 특별자치시 · 도 · 특별자치도의 교육감은 「유아교육법」 제2조, 「초 · 중등교육법」 제2조 또는 「고등교육법」 제2조에 따른 학교에서 다문화가족에 대한 이해를 돕는 교육을 실시하기 위한 시책을 수립 · 시행하여야 한다."라고 규정하고 있다.

문화다양성의 보호와 증진에 관한 법률에서는 국가와 지방자치단체가 문화다양성의 보호와 증진을 위한 문화예술, 학술, 체육, 문화산업 등을 지원할 수 있는 근거를 마련하고 있다(제12조). 또한 국가와 지방자치단체가 사회구성원이 문화다양성을 이해하여 그 보호와 증진에 기여할 수 있도록 학교를 포함한 교육시설, 교육단체 등을 활용하여 문화다양성 교육을 시행하도록 노력하여야 한다는 의무를 규정하고 있다(제13조).

(2) 다문화가족지원 예산의 확보

다문화가족 및 다문화학생을 지원하기 위한 과제를 설정하고 예산을 확보하고 있다. 2017년도 기준 799개 과제(중앙부처 87개, 지방자체단체 712개)를 설정하고, 중앙부처 864억 원과 지방자체단체 642억 원 등 총 1,506억 원을 편성하였다. 2016년 대비 과제 수는 33개 예산은 약 49억 원이 증가한 것이다.

〈표 4-15〉 다문화가족 지원 예산 (단위: 개, 백만 원)

	2016년		2017년	
	과제	예산	과제	예산
1. 다양한 문화가 있는 다문화가족 구현	77	38,565	78	38,275
2. 다문화가족 자녀의 성장과 발달 지원	158	51,315	169	53,785
3. 안정적인 가족생활 기반 구축	212	11,958	221	27,279
4. 결혼이민자 사회경제적 진출 확대	149	11,956	156	11,961
5. 다문화가족에 대한 수용성 제고	125	10,424	126	10,707
6. 정책추진체계 정비	45	7,712	49	8,627
계	766	145,720	799	150,634

자료: 여성가족부(2012). 제2차 다문화가족정책 기본계획(2013~2017) 2017년도 시행계획, p. 22.

교육부의 다문화학생 지원예산은 다문화학생이 증가함에 따라 크게 증가하였다. 2009년 65억 원이었던 예산이 2017년 현재 191억 원으로 크게 증가하였다.

〈표 4-16〉 다문화학생 현황과 교육부 다문화학생 지원 예산 (단위: 명, 백만 원)

구분	2009년	2010년	2011년	2012년	2013년	2014년	2015년	2016년	2017년
다문화학생 수	26,015	31,788	38,678	46,954	55,780	67,806	82,536	99,186	109,387
전체 학생 수	7,447,159	7,236,248	6,986,853	6,732,071	6,529,196	6,333,617	6,080,827	5,890,949	5,725,260
다문화학생 비율	0.35%	0.44%	0.55%	0.70%	0.86%	1.07%	1.36%	1.68	1.90%
다문화학생 지원예산	6,500	6,200	8,800	18,100	15,540	21,500	14,200	16,070	19,120

(3) 다문화교육의 효과

다문화교육이 학생들의 다문화이해 제고에 효과적인 것으로 나타났다. 중학생의 다문화교육 효과를 분석한 한 연구(라종민, 정혜진, 2013)에 따르면, 학생들이 학교에서의 다문화교육 경험이 많을수록 다문화 경험, 다양성 태도, 다문화가정 학생에 대한 태도, 다문화 효능감 등이 높은 것으로 나타났다.

〈표 4-17〉 다문화교육의 효과

구분		다문화경험		다양성 태도		다문화학생에 대한 태도		다문화 효능감	
		M	SD	M	SD	M	SD	M	SD
성별	남	15.40	4.24	48.18	7.10	25.08	5.18	46.63	7.90
	여	16.15	3.59	49.37	6.58	26.59	3.86	48.76	7.81
학년	1	16.36	3.78	49.38	6.76	26.19	5.38	48.24	8.16
	2	15.49	3.95	48.52	6.88	25.78	3.90	47.59	7.76
학교에서의 다문화교육 경험	1	14.77	4.38	50.55	8.19	26.33	6.66	49.33	10.53
	2	15.62	3.81	47.30	6.31	25.08	4.09	46.56	7.34
	3	16.39	3.40	49.84	6.56	26.58	3.68	48.44	7.01
	4	17.00	7.74	52.50	6.18	29.66	6.25	53.50	10.45

출처: 라종민, 정혜진(2013), p. 175.

대구지역의 고등학생을 대상으로 한 연구에서도 다문화교육을 받은 경험이 다문화이해 역량이 높은 것으로 나타났다(강운선, 2014). 다중로지스틱 회귀분석을 활용하여 경험에 따른 인식 유형의 차이를 분석한 결과에서 반편견교육을 받은 집단이나 소수자 인권교육을 받은 집단은 다문화교육을 받은 경험이 없는 집단에 비하여 문화 인정, 반편견, 인권 존중 등의 가치를 지향하는 인식 유형에 속할 확률이 높은 것으로 나타났으며, 그 차이는 통계적으로 유의미하였다.

2) 과제

첫째, 학교 다문화교육의 방향 및 목표를 분명하게 정립할 필요가 있다. 학교 다문화교육의 방향 및 목표가 명확하게 정립되지 않을 경우 학교 현장에서 일관성 있게 다문화교육을 실행하기가 어렵게 된다. 다문화교육 정책의 방향은 단기적으로 다문화가정 학생들에 대한 복지적 관점에서 이들의 학교 및 사회적응을 지원하는 것을 목적으로 삼고 궁극적으로는 모든 학생을 위한 다문화이해 증진으로 옮겨 가야 할 것이다. 즉, 장기적으로 모든 학생을 대상으로 문화의 다양성 및 다원성에 대한 이해, 긍정적인 자아 정체성, 사회정의 및 인권 등과 관련된 프로그램이 확대되어야 할 것이다. 이는 예산이 수반되는 문제이므로 예산 상황에 맞추어 단기계획과 장기계획을 수립하여 체계적인 노력을 할 필요가 있다.

둘째, 학교 다문화교육 프로그램을 운영하는 학교에 대한 예산 지원의 확대가 절실하다. 2006년 다문화교육 프로그램이 도입된 이후로 급격한 예산증가가 이루어지고 있지만 단위학교 차원에서 보면 여전히 적은 수준이다. 연구결과 학교에 더 많은 지원이 지속적으로 이루어질 경우에 다문화교육 내용도 다양해지고 풍부해지고, 교육대상도 확대되며, 프로그램의 지속성도 높아지는 것으로 나타났다.

셋째, 학교 다문화교육에 대한 효과적인 지원체제의 구축이 필요하다. 현재 운영되고 있는 중앙다문화교육센터가 내실 있게 다문화교육관련 기초연구, 프로그램개발, 교재 개발 등을 할 수 있도록 지속적으로 지원할 필요가 있다. 또한 중앙다문화교육센터 이외의 대학 등에서도 관련 연구를 수행할 수 있도록 지원할 필요가 있다.

넷째, 교사들의 다문화교육 전문성 신장을 위한 교육을 확대하고 관련 자료를 개발하여 제공하여야 한다. 다문화교육의 성공적인 실행은 최종적으로 교사에 의해 좌우된다고 할 수 있다. 교사들의 전문성 계발을 위한 체계적인 연수프로그램을 만들어 운영할 필요가 있다. 특히 학교 및 지역의 특성에 맞는 다양한 다문화 교사교육 프로그램을 개발하여 확대할 필요가 있다.

〈표 4-18〉 다문화학생 지도 교사를 위한 지원방안

구분	사례 수	평균	표준편차
다문화교육 관련 연수 지원	167	3.62	0.903
다문화교육프로그램 및 교재 개발 보급	167	3.95	0.880
다문화교육 프로그램 개발 및 운영을 위한 재정 지원	167	3.94	0.936

출처: 박철희 외(2016), p. 190 수정.

다섯째, 교사들의 근무부담을 줄여 주거나 노력에 대한 보상체제를 구축할 필요가 있다. 흔히 교사들에게 방과 후 활동담당이나 다문화교육담당은 기피하는 업무로 여겨진다. 이러한 이유는 업무수행부담은 과중한데 이에 대한 배려가 없기 때문이다. 정규수업시간의 감축, 상당한 정도의 금전적 보상 또는 인사상의 혜택 등을 고려할 수 있을 것이다. 교원 지원 영역에 대해 물어본 결과 다문화밀집 학교의 교육력 강화를 위해서는 교육과정의 자율성 확대, 다문화교육 프로그램 및 교재개발 보급, 다문화교육 프로그램 개발 및 운영을 위한 재정지원 확대를 가장 강하게 요구하였고 수업시수 감축이나 인사이동 가산점 부여에 대한 요구도도 높았다.

〈표 4-19〉 다문화학생 지도 교사를 위한 보상방안

구분	사례 수	평균	표준편차
경력점수가점	168	3.76	0.998
수업시수 감축	167	3.86	0.918
인사이동 가산점 부여	167	3.78	1.008

출처: 박철희 외(2016), p. 190 수정.

여섯째, 유아와 초등학교 지원 중심에서 점차 중·고등학교 대상으로 지원을 확대할 필요가 있다. 현재 외국인 자녀 수는 10만 명이 조금 넘었으며, 그들 중 59%가 6세 이하 아동들이고, 다문화가정 재학 학생의 80% 이상이 초등학생이다. 이러한 맥락에서 지금의 학교 다문화교육 지원은 이 두 시기(유치원과 초등학교)에 집중되어 있다. 그러나 시간이 지남에 따라 이들은 점차 중·고등학교에 진학하게 되고, 초등학교에 비해 중·고등학교에는 아버지의 재혼으로 갑자기 다문화가정 자녀가 된 학생들이 늘고 있는 형편이다. 이들은 심리적으로 안정감을 얻지 못한 상태에 있으므로 교사와 학교의 관심을 필요로 한다. 그러나 현재 이에 대한 대응은 부재한 상황이다. 따라서 학생이 상급학교로 진학함에 있어서도 공백 없이 지속적으로 교육지원이 이루어지는 방향으로 정책을 수립해야 한다.

마지막으로, 다문화교육 프로그램의 요구 분석을 통해 통합적 교육프로그램을 운영할 필요가 있다. 먼저, 학습대상의 연계이다. 다문화가정의 학생들만 다문화프로그램을 받는 것이 아니라 학생의 학교생활 적응에 영향을 주는 어머니, 아버지의 교육이 함께 병행되어야 한다. 또한 교육 기관의 연계가 필요하다. 학교와 지역, 정부부처 간 등의 연계를 통해 프로그램의 대상자인 다문화가족 구성원에게 보다 효과적으로 교육프로그램이 운영될 수 있도록 해야 한다. 자녀의 학교적응도를 높이기 위해서는 학부모의 자녀교육을 위한 적응도를 높일 수 있는 교육적 지원이 필요하다. 다문화가정 자녀의 학습능력 및 한국어능력, 수업시간의 집중도, 규칙준수, 문화이해 능력 등 학교적응과 관련된 하위 항목들은 학부모의 자녀학습지도능력, 학교교육에 대한 이해도, 한국문화에 대한 이해도 등과 깊은 관련이 있는 것으로 나타났다. 따라서 다문화가정 자녀의 학교적응도를 높이기 위해 학부모들이 자녀학습지도능력을 포함한 학교교육에의 적응도를 높일 수 있는 교육적 지원이 이루어져야 한다. 또한 학부모의 자녀학교교육에 대한 적응도에 있어서 하위 항목들 간에는 매우 높은 상관이 있는 것으로 밝혀졌다.

그러므로 현재 주로 실시되고 있는 한국어교육이나 한국문화이해에 관한 프로그램 위주의 교육지원에서 벗어나, 자녀의 학습지도능력이나 학교교육에 대한 이해를 돕기 위한 프로그램 등도 실시되어야 한다. 국내 대부분의 다문화가정은 언어와 문화의 차이를 극복하지 못한 이주여성인 어머니가 자녀교육을 담당함으로써, 자녀들의 성장과정뿐 아니라, 학교 입학 · 적응 등에 있어 많은 어려움을 겪고 있다. 다문화가정의 어머니들은 다른 한국의 일반 어머니들과 교류하며 지내는 경우가 적고, 이들 대부분은 한국으로 먼저 결혼하여 이주해 온 같은 나라 출신의 선배 어머니들과 어울리기 때문에 자녀교육을 위한 정보의 양이 적을 뿐 아니라, 새로운 정보를 빨리 접하기도 힘든 상황이다. 따라서 다문화가정 학부모의 교육력을 강화시키기는 방향으로 교육지원 정책을 수립해야 한다.

참고문헌

강운선(2014). 다문화정책에 대한 고등학생의 잠재적 인식 유형과 다문화교육경험에 따른 차이. 현대사회와다문화, 4(1), 119-142.

교육과학기술부(2010). '10년 다문화가정 학생 교육 지원계획.

교육과학기술부(2010). 다문화가정 자녀 현황(2010 초 · 중 · 고).

교육부(2015). 2015년 다문화학생 교육지원계획.

교육부(2016). 2016년 다문화학생 교육지원계획.

교육부(2017). 2017년 다문화학생 교육지원계획.

김승권 외(2010). 2009년 전국 다문화가족실태조사 연구. 보건복지가족부, 법무부, 여성부, 한국보건사회연구원.

라종민, 정혜진(2013). 학교 내 다문화교육 경험과 일반 중학생의 다문화 인식 차이에 관한 연구. 교육종합연구, 11(3), 165-184.

박성혁, 곽한영(2009). 다문화교육정책 국제비교를 통한 우리나라 다문화교육정책의 방향 모색. 시민교육연구, 41(2), 97-127.

박성혁, 성상환, 곽한영(2008). 우리나라 다문화교육정책 추진현황, 과제 및 성과분석. 교육인적자원부.

박준성, 안혜정, 정태연(2013). 다문화가정 초등학생의 생활스트레스가 학교생활적응에 미치는 영향. 스트레스硏究, 21(1), 51-60.

박철희, 김왕준, 박주형(2016). 다문화학생 밀집학교의 교육현실과 과제: 서울 서남부 지역 초등학교를 중심으로. 다문화교육연구, 9(2), 173-201.

법무부(2011). 출입국 · 외국인정책 통계월보(2011년 5월호).

여성가족부(2012). 제2차 다문화가족 정책 기본계획(2013~2017).

여성가족부(2016). 2015년 다문화가족실태조사.

오인수(2014). 다문화가정 학생의 학교 괴롭힘 피해 경험과 심리 문제의 관계. 아시아교육연구, 15(4), 219-238.

이재분, 김혜원, 오성배(2009). 학교에서의 다문화가족 교육지원 실태 및 요구조사. 한국교육개발원.

조영달 외(2010). 학교 다문화교육의 실태 분석. 시민교육연구, 42(1), 151-184.

중앙다문화교육센터(2016). 2016년 다문화중점학교 사업설명회.

천호성, 박계숙(2012). 다문화가정 자녀의 학교생활에 관한 연구. 현대사회와 다문화, 2(2), 416-444.

제 5 장

특수교육대상자

1. 특수교육의 필요성

최근 들어 국민의 삶의 질을 향상시키기 위한 핵심 수단으로서 복지에 대한 사회적 관심과 함께 이에 대한 정부의 재정 투자 또한 늘어나고 있다. 정부 발표에 따르면 2013년 99조 3,000억 원이었던 복지 분야 예산은 2020년 정부 전체 예산의 35.4%에 해당하는 181조 6,000억 원으로까지 늘어났다. 이러한 흐름 속에서 그동안 일반학생들에 비해 상대적으로 소외되었던 장애아동들을 위한 특수교육에 대한 인식 또한 확대되고 있으며, 이들을 위한 특수교육정책에 대한 관심 또한 높아지고 있다(김남순 외, 2015). 이러한 측면에서 특수교육은 "교육복지의 척도"이자, "교육권 보장의 출발점"이라고도 불리고 있다(국립특수교육원, 2011; 심상욱, 정병록, 2013).

특수교육대상자는 2007년 65,940명에서 2011년 82,665명, 2015년 88,067명을 거쳐 2019년에는 92,958명으로 점차 늘어나는 추세를 보이고 있다(교육부, 2015a, 2019). 특수학생들이 지닌 장애는 그들이 지닌 많은 특성 중 하나에 불과하므로, 만약 특수학생들이 그들이 지닌 특성 중 하나인 장애로 인해 마땅히 누려야 할 교육적 혜택을 누리지 못한다면 이는 인간으로서 기본적으로 가지는 권리인 인권 혹은 「헌법」에 규정된 기본권으로서의 교육을 받을 권리를 누리지 못하게 된다는 측면에서 이들을 위한 정책적 관심은 반드시 필요하다고 볼 수 있다. 장애 학생은 신체적 · 정신적 · 인지적 손상으로 인해 발생하는 장애 때문에 온당한 교육을 받을 기회로부터 배제될 개연성이 높기 때문에 장애로 인한 결핍으로부터 발생하는 필요를 충당하기 위해서는 이들을 위한 지원이 반드시 필요하다. 장애 학생들이 인간 본연의 권리를 보전하면서 자신의 잠재력을 최대한 계발할 수 있도록 하는 특수교육은 그 자체로서 이들의 인권과 기본권을 실현하는 활동에 해당한다. 이러한 측면에서 특수교육에서 교육권의 보장이란 인권 혹은 기본권의 기본 개념인 평등과 참여, 인간존엄이 교육 현장에 적용된 것으로 볼 수 있다(주혜영, 2005).

그럼에도 불구하고 특수교육의 가장 큰 문제점 중 하나는 장애인들을 위한 교육 기회 자체가 부족한 데 있다. 2017년에 실시된 '장애인 실태조사'에 따르면 장애인의 교육 정도는 무학 10.4%, 초등학교 27.3%, 중학교 16.7%, 고등학교 30.4%, 대학 이상이 15.1%인 것으로 나타났다(김성희 외, 2017). 이러한 조사 결과는 2014년의 '장애인 실태조사'의 결과(무학 11.6%, 초등학교 28.8%, 중학교 16.2%, 고등학교 28.1%, 대학 이상 15.3%)와 유사한 것으로서, 무학을 포함한 중학교 이하 학력을 소지한 장애인의 비율이 54.4%로 여전히 전체 장애인의 절반 이상을 차지하고 있음을 알 수 있다. 특수교육의 핵심은 특수교육대상자들의 교육기회 보장과 밀접한 관련성을 맺고 있다. 특수교육대상자들이 양적으로 혹은 질적으로 교육 활동에서 소외되지 않아야 이들의 교육 성과를 담보할 수 있기 때문이다. 이는 결국 특수교육의 궁극적인 목적이 이러한 교육을 통해 특수교육대상자들이 학교교육을 이수한 이후 사회에 자연스럽게 참여하고, 이를 통하여 확보한 역량을 활용하여 고용을 성공적으로 획득하고 유지할 수 있도록 지원함으로써 사회 통합에 기여하는 데 있음을 알 수 있다(Bolton, Bellini, & Brookings, 2000). 이러한 측면에서 볼 때 장애 학생들을 위한 교육정책은 이들의 교육기회를 실질적으로 보장함으로써 장애라는 이유로 인해 이들이 받게 되는 불평등을 해소하고, 이를 통해 교육에 기반한 사회정의 실현에 이바지할 수 있다(박주호, 정동욱, 신태섭, 함승환, 2015).

이와 함께 장애 학생들에게 보다 많은 관심을 기울이며 특수교육에 적극적으로 개입해야 하는 이유는 장애로 인한 학습결손이 개인 차원의 문제에만 그치는 것이 아니라 사회적 차원의 문제로 확대될 수 있기 때문이다. 만약 장애 학생들이 장애를 이유로 교육 및 고용의 기회로부터 배제될 경우 그에 따른 사회경제적 비용은 필연적으로 증가할 수밖에 없다. 우리나라의 경우 장애로 인한 사회경제적 비용이 2008년 8조 1,142억 원에서 2009년 9조 3,711억 원, 2010년 10조 4,319억 원, 2011년 11조 1,366억 원으로 증가하는 추세를 보이는 것으로 나타났다(호승희, 김현진, 이솔, 김주희, 이성재, 이범석, 2015). 특히 2011년의 경우 장애로 인한 사회경제적 비용이 당시 보건복지부의 장애인 사업 전체 예산인 1조 3,330억 원의 8배에 달하며, 2011년 국내총생산의 0.85% 규모인 것으로 나타나 장애로 인한 사회경제적 비용이 막대한 수준임을 알 수 있다. 이러한 측면에서 장애 학생들에 대한 교육적 배려 및 관련 정책의 시행은 이들의 인적 자본 축적을 통해 장애로 인한 사회경제적 비용을 줄일 수 있다는 점에서도 그 타당성을 찾을 수 있다. 이와 관련하여 선행연구들은 장애인들을 위한 조기 개입 및 교육 · 고용 프로그램이 비용–효과 측면에서 효과적이며 장애로 인한 사회적 비용을 줄이는 데도 효과적임을 밝힌 바 있다(유명화, 1992; 이달엽, 박석돈, 유병주, 정상훈, 2000; Beyer, Kilsby, & Shearn, 1999; Hill & Wehman, 1983; McCaughrin, Ellis, Rusch, & Heal, 1993; Noble & Conley, 1987). 이를 통해 볼 때 특수교육 대상 학생들이 장애라는 특수한 특성에 부합하는 교육을 받지 못할 경우 장기적인 관점에서 볼 때 보다 큰 사회적 비용이 발생함을 알 수 있다. 특히 최근 들어 특수교육대상자들이 점차 늘어나는 추세임을 고려할 때 이러한 장애 학생들을 위한 특수교육 서비스를 제공하는 데 보다 많은 관심과 노력을 기울여야 하는 상황이라고 할 수 있다.

2. 특수교육의 개념 및 현황

1) 특수교육의 개념 및 대상

장애를 지닌 아동 및 학생은 특수교육을 받을 권리를 지닌다. 그리고 국가 또는 지방자치단체는 이러한 장애 아동 및 학생들을 위한 특수교육을 공공 서비스로 제공할 의무를 지니고 있다(한현민, 2000). 이러한 특수학생의 권리 및 정부와 지방자체단체의 의무는 「헌법」 제31조 제1항 "모든 국민은 능력에 따라 균등하게 교육을 받을 권리를 지닌다."라는 조항과 「교육기본법」 제4조 제1항 "모든 국민은 성별, 종교, 신념, 인종, 사회적 신분, 경제적 지위 또는 신체적 조건 등을 이유로 교육에서 차별을 받지 아니한다."를 통해 정당화된다.

특수교육이란 장애를 가진 아동 및 청소년들을 대상으로 행해지는 총체적인 교육활동을 의미한다(김기홍, 2004). 보다 구체적으로 특수교육이란 "특별한 요구(needs)를 가지고 있는 학생들을 대상으로 하여, 그들의 개별적인 특성과 요구에 부응하고자 교육과정의 목표, 내용, 방법 및 교육환경을 수정하여 적용함으로써 학습에서 배제되지 않도록 지원하는 교육"을 가리킨다(심상욱, 정병록, 2013: 138). 달리 표현하면 특수교육이란 교육적인 배려가 필요한 학생들을 대상으로 최소한의 교육권을 보장하여 최대한 많은 수혜를 받을 수 있도록 지원하는 교육을 의미한다(김동일, 손승현, 전병운, 한경근, 2010). 이와 관련하여 2007년 제정된 「장애인 등에 대한 특수교육법」(이하 「특수교육법」) 제2조 제1호는 특수교육을 "특수교육대상자의 교육적 요구를 충족시키기 위하여 특성에 적합한 교육과정 및 특수교육 관련 서비스 제공을 통하여 이루어지는 교육"이라고 정의하고 있다. 그리고 「특수교육법」 제2조 제2호에 따르면 특수교육관련 서비스란 "특수교육대상자의 교육을 효율적으로 실시하기 위하여 필요한 인적 · 물적 자원을 제공하는 서비스로서 상담지원 · 가족지원 · 보조인력지원 · 보조공학기기지원 · 학습보조기기지원 · 통합지원 및 정보접근 지원 등"을 의미한다.

이러한 특수교육은 용어에서 알 수 있는 바와 같이 일반교육과 대비되는 개념으로 사용된다. 그러나 교육이라는 큰 틀에서 살펴볼 때 특수교육과 일반교육은 나란히 병존하는 개념이다. 이러한 측면에서 특수교육은 교육의 일반적인 특성과 함께 특수교육만의 고유한 특성을 함께 지니고 있다. 초기의 특수교육 논의는 특수교육 대상 학생들의 비전형적인 욕구와 특성으로 인하여 전통적인 교육과는 다르거나 독특한 그리고 특별한 교육으로 간주되어 왔다(정동영, 2007). 이로 인해 초기의 특수교육 논의는 장애를 보상하는 교육을 중심으로 논의되어 왔다(김병하, 2008). 그 결과 특수교육은 분리교육으로서의 특수성을 강조하게 되었으며, 특수교육대상자들의 장애에 기초하여 이들의 필요와 특성을 반영하여 특별히 설계된 교육프로그램으로서 일반교육의 교실과 분리되어 특수교육 교실에서 이들만을 위한 특수한 교육과정과 교수학습방법을 통하여 이루어지는 교육으로서 일반교육과정과 분리되어 운영되었다(심상욱, 정병록, 2013).

그러나 이러한 분리교육으로서의 특수교육은 주류 교육에서 분리된 특수교육만을 가리키게 됨에 따라 오히려 특수교육대상자들을 일반학생들과 분리하고, 특수교육을 일반교육으로부터 고립시키는 결과를 낳게 되었다. 분리교육으로서의 특수교육은 일반교육과는 다른 '특별한 것'으로 규정되었기 때문에 특수교육대상자들에게 일종의 사회적 낙인을 부여함으로써 이들에게 제대로 된 교육이 아닌 열등한 교육을 전달하게 되는 부정적인 결과를 초래하게 된 것이다(정동영, 2007).

이로 인해 다수의 특수교육 학자들과 정책입안자들은 특수교육대상자들과 일반학생들을 분리시키는 데 반대하고, 특수교육의 재개념화를 요구하게 되었다(Danforth & Rhodets, 1997; Skrtic, 1991; Will, 1986). 이에 따라 특수교육은 일반교육과의 이중체계를 넘어 교육이라는 단일 체계 내에서 장애 학생들을 일반교육과정에 접근하도록 하며 또래 일반학생들과 함께 교육할 수 있는 통합교육으로의 특수교육으로 재개념화되었다(심상욱, 정병록, 2013). 특수교육이 분리교육에서 통합교육으로 재개념화됨에 따라 특수교육은 일반교육의 틀 내에서 장애를 지닌 학생들의 교육 접근과 참여를 위한 지원과 서비스를 제공하고 이를 통해 이들이 바람직한 교육 결과를 도출할 수 있도록 학교 교육과정 및 교수학습방법을 조정하고, 특수교육대상자들을 위한 개별화 교수를 제공하는 형태로 재구조화되었다.

이러한 통합교육으로서의 특수교육은 「특수교육법」에도 반영되어 있다. 「특수교육법」 제1조에서는 "「교육기본법」 제18조에 따라 국가 및 지방자치단체가 장애인 및 특별한 교육적 요구가 있는 사람에게 통합된 교육환경을 제공하고 생애주기에 따라 장애유형 · 장애정도의 특성을 고려한 교육을 실시하여 이들이 자아실현과 사회통합을 하는 데 기여함을 목적으로 한다."로 「특수교육법」의 목적을 제시하고 있다. 특히 동법 제2조 제6호를 통해 통합교육을 "특수교육대상자가 일반학교에서 장애유형 · 장애정도에 따라 차별을 받지 아니하고 또래와 함께 개개인의 교육적 요구에 적합한 교육을 받는 것"으로 정의함으로써 특수교육이 통합교육의 관점에서 재개념화되었음을 알 수 있다.

이상과 같이 일반 학교 · 학생들과 구분된 특수교육대상자들만을 위한 분리교육에서 일반 교육과정 내에서 일반학생들과 함께 하는 통합교육으로 특수교육의 개념이 변화함에 따라 특수교육대상 또한 확대되었다. 이전에는 장애라는 학생 개인의 특성에 초점을 맞추었다면, 통합교육 관점에서의 특수교육은 그 대상을 학교에서 제공하는 일반 교육과정 및 교수학습 방법의 조정과 함께 보다 효과적인 교육을 위해 부가적인 인적 · 물적 자원을 필요로 하는 학생들로 확대하였다.

특수교육 대상자는 「특수교육법」 제2조 제3호에 따라 특수교육을 필요로 하는 사람으로 선정된 사람을 말한다. 이러한 특수교육대상자는 「장애인복지법」에 따라 장애인 등록이 된 아동을 가리키는 장애아동과는 개념적으로 차이가 있다. 특수교육대상자 혹은 특수학생은 학령기 장애아동에 해당하지만, 그렇다고 해서 모든 장애아동이 특수교육대상자는 아닌 것이다. 이는 장애를 지닌 아동 중 「특수교육법」에 따른 절차를 거쳐 선정된 자만이 특수교육대상자에 해당함을 의미한다. 가령, 장애아동일지라도 보호자 등이 특수교육을 거부할 경우 해당 학생은 특수교육대상자에 포함되지 않게 된다(심상욱, 정병록, 2013).

이러한 특수교육대상자는 교육장 또는 교육감이 「특수교육법」 제15조에 따라 특수교육을 필요로 하는 사람으로 진단 · 평가할 경우 선정된다. 교육장 또는 교육감은 특수교육지원센터의 진단 · 평가결과 및 시 · 도특수교육운영위원회의 심사 결과에 기초하여 장애와 특수교육 필요 요건을 충족할 경우 해당 장애아동을 특수교육대상자로 선정하고, 이들의 장애정도 · 능력 · 보호자 의견 등을 종합적으로 판단하여 거주지에서 가장 가까운 학교로 이들을 교육할 학교를 배치한다.

「특수교육법」 제15조 제1항과 시행령 제10조에 따르면 특수교육대상자 선정을 위해 특수교육이 필요한 것으로 인정되는 장애에는 다음의 〈표 5-1〉과 같이 시각장애, 청각장애, 지적장애, 지체장애, 정서 · 행동장애, 자폐성장애, 의사소통장애, 학습장애, 건강장애, 발달자체 등 10가지가 포함된다.

〈표 5-1〉 「특수교육법」 제15조에 따른 특수교육대상자 선정기준

구분	대상	선정기준
1	시각장애	시각계의 손상이 심하여 시각기능을 전혀 이용하지 못하거나 보조공학기기의 지원을 받아야 시각적 과제를 수행할 수 있는 사람으로서 시각에 의한 학습이 곤란하여 특정의 광학기구 · 학습매체 등을 통하여 학습하거나 촉각 또는 청각을 학습의 주요 수단으로 사용하는 사람
2	청각장애	청력 손실이 심하여 보청기를 착용해도 청각을 통한 의사소통이 불가능 또는 곤란한 상태이거나 청력이 남아 있어도 보청기를 착용해야 청각을 통한 의사소통이 가능하여 청각에 의한 교육적 성취가 어려운 사람
3	지적장애	지적 기능과 적응행동상의 어려움이 함께 존재하여 교육적 성취에 어려움이 있는 사람
4	지체장애	기능 · 형태상 장애를 가지고 있거나 몸통을 지탱하거나 팔다리의 움직임 등에 어려움을 겪는 신체적 조건이나 상태로 인해 교육적 성취에 어려움이 있는 사람
5	정서 · 행동장애	장기간에 걸쳐 다음 각 목의 어느 하나에 해당하여 특별한 교육적 조치가 필요한 사람 가. 지적 · 감각적 · 건강상의 이유로 설명할 수 없는 학습상의 어려움을 지닌 사람 나. 또래나 교사와의 대인관계에 어려움이 있어 학습에 어려움을 겪는 사람 다. 일반적인 상황에서 부적절한 행동이나 감정을 나타내어 학습에 어려움이 있는 사람 라. 전반적인 불행감이나 우울증을 나타내어 학습에 어려움이 있는 사람 마. 학교나 개인 문제에 관련된 신체적인 통증이나 공포를 나타내어 학습에 어려움이 있는 사람

6	자폐성장애	사회적 상호작용과 의사소통에 결함이 있고, 제한적이고 반복적인 관심과 활동을 보임으로써 교육적 성취 및 일상생활 적응에 도움이 필요한 사람
7	의사소통장애	다음 각 목의 어느 하나에 해당하여 특별한 교육적 조치가 필요한 사람 가. 언어의 수용 및 표현 능력이 인지능력에 비하여 현저하게 부족한 사람 나. 조음능력이 현저히 부족하여 의사소통이 어려운 사람 다. 말 유창성이 현저히 부족하여 의사소통이 어려운 사람 라. 기능적 음성장애가 있어 의사소통이 어려운 사람
8	학습장애	개인의 내적 요인으로 인하여 듣기, 말하기, 주의집중, 지각, 기억, 문제해결 등의 학습기능이나 읽기, 쓰기, 수학 등 학업성취 영역에서 현저하게 어려운 사람
9	건강장애	만성질환으로 인하여 3개월 이상의 장기입원 또는 통원치료 등 계속적인 의료적 지원이 필요하여 학교생활 및 학업수행에 어려움이 있는 사람
10	발달지체	신체, 인지, 의사소통, 사회 · 정서, 적응행동 중 하나 이상의 발달이 또래에 비하여 현저하게 지체되어 특별한 교육적 조치가 필요한 영아 및 9세 미만의 아동

출처: 「장애인 등에 대한 특수교육법 시행령」 [별표].

〈표 5-1〉에서 확인할 수 있는 바와 같이 장애아동이라고 해서 모두 특수교육대상이 되는 것은 아니다. 즉, 「장애인복지법」상 장애에 해당하는 신장장애인, 간장애인, 안면장애인 등은 특수교육대상자에 해당되지 않으며, 「장애인복지법」상 장애가 아닌 학습장애의 경우 특수교육대상자에 선정될 수 있다(심상욱, 정병록, 2013).

2) 특수교육 관련 현황

최근 들어 정책적인 차원에서 특수교육대상자의 교육기회 확대 및 무상교육 지원, 특수교육 보조인력 배치, 특수교육기관 종일반 · 방과 후 학교 운영, 특수교육지원센터 운영 지원, 치료지원 제공, 병원학교 설치 운영, 일반학교 장애인 편의시설 설치, 특수교육대상자 학교급식비 등 지원, 장애영아 무상교육 지원, 진로직업교육 지원,

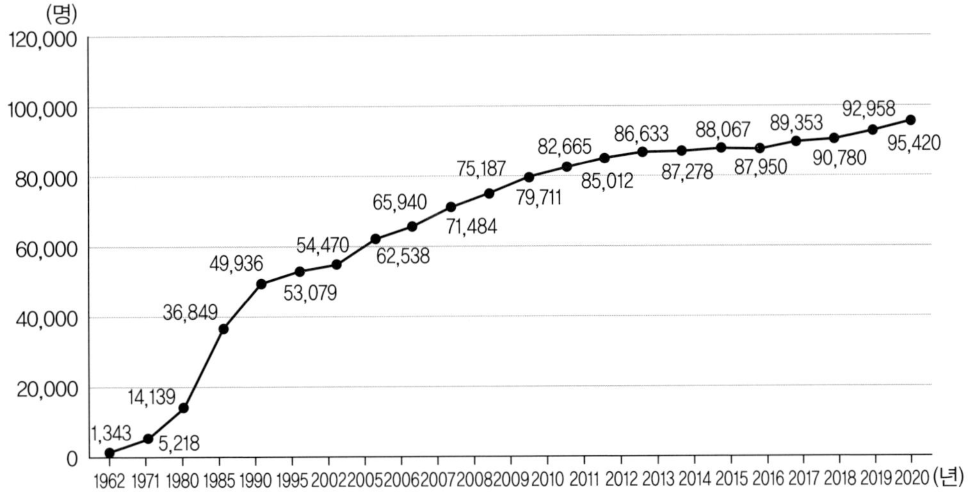

*전체 학생 수 = 특수학교 학생 수(1962년~) + 특수학급 학생 수(1971년~) +
일반학급 학생 수(2000년~) + 특수교육지원센터 장애영아 수

출처: 교육부(2020), p. 11.

[그림 5-1] 연도별 특수교육대상 학생 수 변화 추이

장애인식개선 사업 등의 특수교육 지원서비스가 강화됨에 따라 특수교육대상자로 선정되는 학생들이 [그림 5-1]과 같이 지속적으로 증가하는 추세를 보이고 있다. 1962년에는 1,343명에 불과했던 특수교육대상자 수는 이후 가파른 증가세를 보이며 1990년 5만여 명에 이르렀으며, 2020년에는 95,420명의 장애 학생이 특수교육대상자로 선정된 것으로 나타났다.

〈표 5-2〉 학교급별 특수교육대상자 현황 (단위: 명)

구분	'09	'10	'11	'12	'13	'14	'15	'16	'17	'18	'19
계	75,187	79,711	82,665	85,102	86,633	87,278	88,067	87,950	89,353	90,780	92,958
장애영아	288	290	356	403	578	680	742	656	549	582	532
유치원	3,303	3,225	3,367	3,675	4,190	4,219	4,744	5,186	5,437	5,630	5,989
초등학교	34,035	35,294	35,124	34,458	33,518	33,184	33,770	35,505	35,505	38,031	41,091
중학교	17,946	19,375	20,508	21,535	22,241	22,159	21,108	19,793	19,218	18,788	18,462

고등학교	17,553	19,111	20,439	21,649	22,466	22,973	23,422	23,943	23,655	22,584	21,502
전공과[1]	2,062	2,416	2,871	3,292	3,640	4,063	4,460	4,602	4,989	5,165	5,382

출처: 교육부(2019), p. 15에서 인용.

구체적으로 〈표 5-2〉와 같이 학교급별로 특수교육대상자 현황을 살펴본 결과 시간이 지날수록 대부분의 학교급에서 특수교육대상자 수가 증가하는 경향을 보이고 있음을 알 수 있다. 2019년의 경우 전체 92,958명의 특수교육대상자 중 초등학교 학생이 41,091명으로 가장 많은 것으로 나타났으며, 고등학교 21,502명, 중학교 18,462명 순인 것으로 나타났다. 그러나 2015년 이후 장애영아 및 중학교, 고등학교 특수교육 학생 수는 다소 감소 추세에 있음을 알 수 있다.

〈표 5-3〉 장애영역별 특수교육대상자 현황 (단위: 명, %)

구분	시각 장애	청각 장애	지적 장애	지체 장애	정서 행동 장애	자폐성 장애	의사 소통 장애	학습 장애	건강 장애	발달 지체	전체
2016년	2,035 (2.3)	3,401 (3.9)	47,258 (53.7)	11,019 (12.5)	2,221 (2.5)	10,985 (12.5)	2,089 (2.4)	2,327 (2.7)	1,675 (1.9)	4,940 (5.6)	87,950 (100.0)
2017년	2,026 (2.3)	3,358 (3.8)	48,084 (53.8)	10,777 (12.0)	2,269 (2.5)	11,422 (12.8)	2,038 (2.3)	2,040 (2.3)	1,626 (1.8)	5,713 (6.4)	89,353 (100.0)
2018년	1,981 (2.2)	3,268 (3.6)	48,747 (53.7)	10,439 (11.5)	2,221 (2.4)	12,156 (13.4)	2,081 (2.3)	1,627 (1.8)	1,758 (1.9)	6,502 (7.2)	90,780 (100.0)
2019년	1,937 (2.1)	3,225 (3.5)	49,624 (53.4)	10,200 (11.0)	2,182 (2.3)	13,105 (14.1)	2,204 (2.4)	1,409 (1.5)	1,763 (1.9)	7,309 (7.8)	92,958 (100.0)
2020년	1,908 (2.0)	3,132 (3.3)	50,693 (53.1)	9,928 (10.4)	1,993 (2.1)	13,917 (14.6)	2,404 (2.5)	1,226 (1.3)	1,785 (1.9)	8,434 (8.8)	95,420 (100.0)

출처: 교육부(2020), p. 4에서 인용.

1) 고등학교 과정을 졸업한 특수교육대상자의 직업재활훈련 및 자립생활훈련을 위해 특수학교 또는 일반학교에 설치한 수업연한 1년 이상의 과정.

〈표 5-3〉과 같이 장애영역별로 특수교육대상자 현황을 살펴본 결과, 지적장애로 인한 특수교육대상자가 전체의 절반 이상으로 10개의 장애 영역 중 가장 많은 비중을 차지하는 것으로 나타났다. 2020년의 경우 전체 95,420명의 특수교육대상자 중 지적장애 영역의 학생들이 50,693명으로 가장 많은 것으로 나타났으며, 뒤이어 자폐성장애(13,917명), 지체장애(9,928명), 발달지체(8,434명), 청각장애(3,132명), 의사소통장애(2,404명) 순으로 특수교육대상자 수가 많음을 알 수 있다.

〈표 5-4〉 연도별 특수교육대상자 배치 현황 (단위: 명, %)

구분	특수학교 및 특수교육지원센터 배치 학생 수	일반학교 배치 학생 수			전체 학생 수
		특수학급	일반학급	소계	
2013년	25,522 (29.5)	45,181 (52.2)	15,930 (18.4)	61,111 (70.5)	86,633 (100)
2014년	25,827 (29.6)	45,803 (52.5)	15,648 (17.9)	61,451 (70.4)	87,278 (100)
2015년	26,094 (29.6)	46,351 (52.6)	15,622 (17.7)	61,973 (70.4)	88,067 (100)
2016년	25,961 (29.5)	46,645 (53.0)	15,344 (17.5)	61,989 (70.5)	87,950 (100.0)
2017년	26,199 (29.3)	47,564 (53.2)	15,590 (17.5)	63,154 (70.7)	89,353 (100.0)
2018년	26,337 (29.0)	48,848 (53.8)	15,595 (17.2)	64,443 (71.0)	90,780 (100.0)
2019년	26,459 (28.4)	50,812 (54.7)	15,687 (16.9)	66,499 (71.6)	92,958 (100.0)

출처: 교육부(2019), p. 16에서 인용.

특수대상자들의 취학형태는 크게 특수학교와 일반학교로 구분되는데, 일반학교로 배치되는 특수학생들은 또다시 특수학급과 일반학급으로 구분된다. 「초 · 중등교육법」 제4조에 따르면 특수학교란 '신체적 · 정신적 · 지적 장애 등으로 인하여 특수교육을 필요로 하는 자에게 초등학교 · 중학교 또는 고등학교에 준하는 교육과 실생활에 필요한 지식 · 기능 및 사회적응 교육을 하기 위해 설치되는 학교'이며, 특수학급이란 「특수교육법」 제2조 제11호에 따라 '특수교육대상자의 통합교육을 실시하기 위하여 일반학교에 설치된 학급'을 가리킨다. 그리고 이러한 특수학교와 특수학급을 포함하여 특수교육대상자에게 유치원 · 초등학교 · 중학교 또는 고등학교의 과정(전공과 포함)을 교육하는 기관을 특수교육기관으로 명명한다. 이를 통해 볼 때 특수교육대상자들의 취학 구조는 크게 특수학교, 일반학교의 특수학습, 일반학교의 일반학급으로 구분할 수 있으며, 이 중 일반학교로 배치되는 학생들은 통합 특수교육을 받게 된다.

〈표 5-4〉에 따르면 특수학교 및 특수교육지원센터[2]에 배치되는 특수교육대상자는 전체의 30% 수준인 반면, 일반학교로 배치되는 특수학생들은 70%에 달해 통합 특수교육이 큰 비중을 차지하고 있음을 알 수 있다. 이러한 추세는 〈표 5-5〉의 연도별 특수학교 및 특수학습 수 변화 추이를 통해서도 확인할 수 있다. 이에 따르면 특수학교 수는 완만한 증가 추세를 보이는 반면, 특수학급 수는 상대적으로 급격한 증가 양상을 보임을 확인할 수 있다. 이와 함께 일반학교에서 통합교육을 받는 특수교육대상자수가 점차 늘어남에 따라 특수학교의 학생은 장애정도가 심한 중도 · 중복장애학생들이 많아지는 경향을 보이고 있다(교육부, 2018a).

〈표 5-5〉 연도별 특수학교 및 특수학급 수 변화 추이 (단위: 개)

구분	2009년	2010년	2011년	2012년	2013년	2014년	2015년	2016년	2017년	2018년	2019년
특수학교 수	150	150	155	156	162	166	167	170	173	175	177
특수학급 수	6,924	7,792	8,415	8,927	9,343	9,617	9,868	10,065	10,325	10,676	11,105

출처: 교육부(2019), p. 15를 재구성.

2) 「특수교육법」 제18조 제2항에 의거 교육장은 보호자의 요구에 따라 특수교육지원센터의 진단 · 평가결과를 기초로 만 3세 미만의 장애영아를 특수학교의 유치원과정, 영아학습 또는 특수교육지원센터에 배치할 수 있다.

그리고 통합교육에 참여하는 특수교육학생들은 일반학급에 비해 상대적으로 특수학급에 배치되는 경향을 보임을 알 수 있다. 〈표 5-4〉에서 확인할 수 있듯이 2019년의 경우 전체 특수교육대상자의 55%에 해당하는 50,812명의 학생들이 일반학교의 특수학급에, 28%에 해당하는 26,459명의 학생들이 특수학교에, 17%에 해당하는 15,687명의 학생들은 일반학교의 일반학급에 배치된 것으로 나타났다. 특수교육에서 이상적인 통합교육 모형이 특수교육대상자들이 일반학교의 일반학급에 취학하여 모든 학교생활을 일반학생들과 함께하는 완전 통합교육 형태임을 고려할 때, 향후 특수학생들을 위한 특수교육정책은 이러한 통합 교육을 지원하는 방향으로 이루어질 필요가 있음을 알 수 있다.

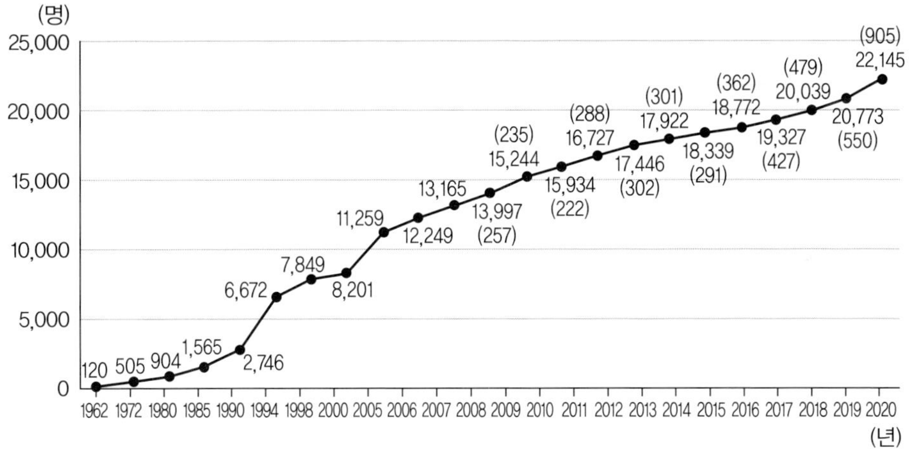

*전체 교원 수 = 특수학교 교원 수(1962년~) + 특수학급 교원 수(1994년~) + 특수교육자원센터 정규 교원 수(괄호, 2009년~)

출처: 교육부(2019), p. 13.

[그림 5-2] 연도별 특수교육 교원 수 변화 추이

특수교육대상자 수가 증가하고 이들을 위한 정책 지원이 강화됨에 따라 특수교육 교원 또한 가파른 속도로 늘어나고 있는 추세이다. [그림 5-2]에서 확인할 수 있는 바와 같이 2001년 8,376명에 불과했던 특수교육 교원은 2020년 기준 22,145명으로 2배 이상 늘어났음을 알 수 있다. 특히 특수교육의 질적 수준을 제고하기 위해서는 우수한 특수교사의 수급 및 확보가 중요함을 고려할 때 이러한 추세는 앞으로도 지속될 것으로 예측된다.

〈표 5-6〉 2020년 특수교육 주요 현황 (단위: 명, 개)

<table>
<tr><th colspan="3" rowspan="2">배치별</th><th rowspan="2">특수학교</th><th colspan="2">일반학교</th><th rowspan="2">특수교육
지원센터</th><th rowspan="2">계</th></tr>
<tr><th>특수학급</th><th>일반학급
(전일제통합학급)</th></tr>
<tr><td colspan="3">특수교육대상자 수</td><td>26,299</td><td>52,744</td><td>16,061</td><td>316</td><td>95,420</td></tr>
<tr><td rowspan="18">학생 수</td><td rowspan="11">장애영역별</td><td>시각장애</td><td>1,188</td><td>252</td><td>464</td><td>4</td><td>1,908</td></tr>
<tr><td>청각장애</td><td>647</td><td>710</td><td>1,760</td><td>15</td><td>3,132</td></tr>
<tr><td>지적장애</td><td>14,230</td><td>31,880</td><td>4,561</td><td>22</td><td>50,693</td></tr>
<tr><td>지체장애</td><td>3,751</td><td>3,649</td><td>2,432</td><td>96</td><td>9,928</td></tr>
<tr><td>정서행동장애</td><td>69</td><td>1,317</td><td>607</td><td>–</td><td>1,993</td></tr>
<tr><td>자폐성장애</td><td>5,727</td><td>7,302</td><td>887</td><td>1</td><td>13,917</td></tr>
<tr><td>의사소통장애</td><td>148</td><td>1,350</td><td>904</td><td>2</td><td>2,404</td></tr>
<tr><td>학습장애</td><td>12</td><td>783</td><td>431</td><td>–</td><td>1,226</td></tr>
<tr><td>건강장애</td><td>13</td><td>117</td><td>1,655</td><td>–</td><td>1,785</td></tr>
<tr><td>발달지체</td><td>514</td><td>5,384</td><td>2,360</td><td>176</td><td>8,434</td></tr>
<tr><td>계</td><td>26,299</td><td>52,744</td><td>16,061</td><td>316</td><td>95,420</td></tr>
<tr><td rowspan="7">학교과정별</td><td>장애영아</td><td>123</td><td>–</td><td>–</td><td>316</td><td>439</td></tr>
<tr><td>유치원</td><td>918</td><td>3,866</td><td>1,752</td><td>–</td><td>6,536</td></tr>
<tr><td>초등학교</td><td>8,143</td><td>27,713</td><td>7,349</td><td>–</td><td>43,205</td></tr>
<tr><td>중학교</td><td>5,430</td><td>10,327</td><td>3,383</td><td>–</td><td>19,140</td></tr>
<tr><td>고등학교</td><td>6,453</td><td>10,625</td><td>3,577</td><td>–</td><td>20,655</td></tr>
<tr><td>전공과</td><td>5,232</td><td>213</td><td>–</td><td>–</td><td>5,445</td></tr>
<tr><td>계</td><td>26,299</td><td>52,744</td><td>16,061</td><td>316</td><td>95,420</td></tr>
<tr><td colspan="3" rowspan="2">학교 및 센터 수</td><td rowspan="2">182</td><td>8,523</td><td>7,830</td><td rowspan="2">197</td><td rowspan="2">11,927</td></tr>
<tr><td colspan="2">11,548</td></tr>
<tr><td colspan="3">학급 수</td><td>4,968</td><td>11,661</td><td>15,314</td><td>50</td><td>31,993</td></tr>
<tr><td colspan="3">특수학교(급) 교원 수</td><td>9,161</td><td>12,079</td><td>–</td><td>905</td><td>22,145</td></tr>
<tr><td colspan="3">특수교육 보조인력 수</td><td>4,856</td><td>8,590</td><td>282</td><td>–</td><td>13,728</td></tr>
</table>

출처: 교육부(2020), p. 3에서 인용.

한편, 〈표 5-6〉은 특수교육과 관련된 주요 현황의 2020년도 자료를 제시한 것이다. 이에 따르면 특수교육 보조인력이 현재 교사 2인당 1명 이상 배치되고 있음을 알 수 있다. 그러나 특수교육에서 특수교육대상자의 교육을 효율적으로 실시하기 위해서는 특수교사뿐만 아니라 양질의 보조인력 지원 또한 필수적임을 고려할 때 향후 이러한 보조인력을 추가적으로 확보하기 위한 정책적 노력 또한 함께 이루어질 필요가 있음을 알 수 있다.

3. 특수교육 관련 정책 현황

1) 특수교육 기회 확대 정책

특수교육대상자는 장애로 인해 발현되기 어려운 개인의 잠재력을 계발하기 위하여 특수교육 및 관련 서비스를 일반학생들에 비해 추가적으로 필요로 하는 학생을 의미한다. 이들은 비장애 일반학생들과는 다른 학업적 · 행동적 · 사회적 특성을 보이며, 이로 인해 학교교육에서 소외와 결핍을 경험할 가능성이 상대적으로 높다. 이에 특수학생들을 대하는 데 있어 이들의 장애를 강조하기보다는, 이러한 장애를 개인차로 간주하고 이들이 지닌 개별화된 능력 혹은 잠재력을 고려한 교육이 이루어질 필요가 있다(김남순 외, 2015).

「특수교육법」 제3조 제1항과 「특수교육법 시행령」 제2조에 따르면 특수교육대상자에 대해서는 만 3세 이상 유치원 과정 및 초등학교 · 중학교 및 고등학교 과정의 교육은 의무교육으로 하고, 이러한 의무교육을 위한 입학금, 수업료, 교과용 도서대금 및 학교급식비에 소요되는 비용은 국가 또는 지방자치단체가 부담한다. 이와 함께 의무교육대상자에 해당하지는 않지만, 고교 과정을 졸업한 특수교육대상자에게 진로 및 직업교육을 제공하는 전공과와 만 3세 미만의 장애영아교육 또한 무상으로 하도록 규정되어 있다. 이를 통해 현행 「특수교육법」은 특수교육대상자들의 특수교육기회 확대를 위한 제도적인 기반으로서 기능하고 있음을 알 수 있다.

한편, 정부는 특수교육의 교육력 신장과 기회 확대를 위하여 특수학교의 학급 및 각급 학교의 특수학급을 신설 · 확충하기 위한 정책적 노력을 기울이고 있다. 「특수교육법」 제27조 제1항에 따르면 유치원 과정은 특수교육대상자가 1인 이상 4인 이하인 경우 1학급, 4인을 초과할 경우 2개 이상의 학급을, 초등학교와 중학교는 6인 이하인 경우 1학급, 6인 초과 시 2개 이상의 학급을, 고등학교는 7인 이하인 경우 1학급, 7인 초과 시 2개 이상의 학급을 설치하도록 규정하고 있다.

2) 통합교육 정책

통합교육은 특수교육대상자들의 역량 및 사회적응력을 신장시켜 사회적 통합을 지향하는 교육이다. 이러한 통합교육에 대해 일반적으로 통용되는 정의는 "장애란 인간의 성장과 발달과정에서 일어나는 자연스러운 차이의 하나로 보면서 상호 조화로움을 추구하면서 상생할 수 있도록 하는 교육적 노력이며, 이와 관련하여 장애아동들로 하여금 최소한의 교육환경과 내용과 방법을 제공함으로써 최상의 교육효과를 거두도록 하는 총체적인 학교교육과정의 노력"으로 개념화할 수 있다(김남순 외, 2015: 218).

이러한 특수교육의 통합교육화를 위한 정책적인 노력은 1993년 국회를 통과한 「특수교육진흥법」 개정 법률 제59조의 내용에 통합교육 관련 내용이 포함됨에 따라 공식적으로 나타나기 시작하였으며, 2007년 제정된 「특수교육법」은 성공적인 통합교육을 위하여 "개별화교육계획 수립, 특수교육대상자의 조기발견, 특수교육대상자의 취학지도, 특수교육의 내용, 방법 및 지원체계의 연구 · 개선, 특수교육교원의 양성 및 연수, 특수교육기관 수용계획을 수립, 특수교육기관의 설치 · 운영 및 시설 · 설비의 확충 · 정비, 특수교육에 필요한 교재 · 교구의 연구 · 개발 및 보급, 특수교육대상자에 대한 진로 및 직업교육 방안의 강구, 장애인에 대한 고등교육 및 평생교육 방안의 강구, 특수교육대상자에 대한 특수교육 관련서비스 지원방안의 강구, 그 밖에 특수교육의 발전을 위하여 필요하다고 인정하는 사항 등"을 구체적이면서도 명시적으로 규정하고 있다(김남순 외, 2015: 226).

3) 개별화교육 정책

개별화교육은 일반적으로 학생의 개인차를 최대한 고려하여 수업을 자발적으로 실천하는 수업방법을 의미한다. 이와 관련하여 Heward(2009)는 개인의 특별한 교육요구에 부합하는 특수교육을 제공하기 위해서는 개별화교육 프로그램이 가장 중요한 부분이라고도 주장하였다. 이러한 특수교육학생들을 대상으로 한 개별화교육을 위하여 「특수교육법」 제2조 제7호에서는 개별화교육을 "각급학교의 장이 특수교육대상자 개인의 능력을 계발하기 위하여 장애유형 및 장애특성에 적합한 교육목표 · 교육방법 · 교육내용 · 특수교육 관련 서비스 등이 포함된 계획을 수립하여 실시하는 교육"으로 정의하고 있다. 이에 따라 각급 학교의 장은 동법 제22조 제1항과 동법 시행규칙 제4조 제1항에 따라 보호자, 특수교육교원, 진로 및 직업교육 담당 교원, 특수교육 관련 서비스 담당 인력 등으로 개별화교육지원팀을 매 학년 시작일로부터 2주 이내에 구성하여야 하며, 동법 제22조 제2항에 의해 개별화교육지원팀은 매 학기 특수교육대상자의 개별화교육을 위한 개별화교육계획을 모든 특수교육 학생들을 대상으로 개별적으로 작성하여야 한다. 그리고 이러한 개별화교육계획에는 특수교육대상자의 인적사항과 특별한 교육지원이 필요한 영역의 현행 학습수준, 교육목표, 교육내용, 교육방법, 평가계획 및 제공할 특수교육 관련 서비스의 내용과 방법 등이 포함되어야 한다(「특수교육법 시행규칙」 제4조 제3항). 이를 통해 의무교육단계에 해당하는 모든 특수교육대상자에게 개별화교육이 실시될 수 있는 법적 기반이 마련되어 있음을 확인할 수 있다.

4) 특수교육 교원정책

특수교육의 질적 수준을 제고하기 위해서는 우수한 특수교사의 수급 및 확보가 무엇보다 중요하다. 특수교육 교원이란 「초 · 중등교육법」 제2조 제4호에 따른 특수학교 교원자격증을 가진 자로서 특수교육대상자의 교육을 담당하며, 근무하고 있는 학교에 따라 특수학교 교사, 특수학급 교사 등으로 불리며 「교원자격검정령 시행규칙」 상의 자격명은 특수학교 교사이다(김남순 외, 2015).

「특수교육법」 제5조 제1항에 따르면 국가 및 지방자치단체는 특수교육대상자에게 적절한 교육을 제공하기 위해 특수교육교원 양성 및 연수의 업무를 수행하여야 한다. 이를 위하여 정부는 2013학년도 이후 특수교육과 입학자들의 경우 특수교육 관련 전공과목을 42학점, 표시과목(또는 자격종별) 관련 전공과목 38학점, 교직과목 22학점 이상을 이수하여야 하며, 교직과목의 경우 성적평균 80점 이상, 전공과목의 경우 성적평균 75점 이상이어야 무시험검정을 통과할 수 있도록 특수교육 교사 양성과정별 무시험검정 합격기준을 강화함으로써 우수한 자질을 갖춘 특수교원 양성 및 확보를 위한 노력을 기울이고 있다. 이와 함께 특수교육 교사 자격증을 특수교육 교원 양성대학을 졸업하거나 일반교육 교사 자격증을 소지하고 교육대학원이나 교육부 장관 지정 대학원에서 특수교육을 전공한 경우에만 부여하도록 함으로써 특수교육 교원의 전문성 향상을 위한 정책적인 노력을 기울이고 있다. 이와 함께 특수교육 교원의 자질 함양 및 전문성 제고를 위한 현직 연수를 국립특수교육원, 시 · 도교육청 및 대학 부설 교육연수원에서 실시하고 있다.

특수학교 및 특수학급에서 특수교육을 담당하는 교사의 배치 기준은 동법 시행령 제22조를 통해 확인할 수 있는데, 이에 따르면 특수교육 담당교사는 특수학생 4명당 특수교원 1명으로 한다. 다만, 도시와 농촌 · 산촌 · 어촌 교육의 균형발전, 특수교육지원센터의 운영현황 및 특수교육대상자의 지역별 분포 등을 고려하여 특별시 · 광역시 · 도 · 특별자치도별 교사는 교육부장관이, 단위학교 · 학급별 교사는 해당 교육감 또는 교육장이 배치 기준의 40%의 범위에서 가감하여 배치할 수 있다.

5) 특수교육지원센터

「특수교육법」 제11조에 근거를 두고 있는 특수교육지원센터는 특수교육대상자의 조기발견과 특수교육대상자의 진단 · 평가, 정보관리, 특수교육 연수, 교수 · 학습 활동 지원, 특수교육 관련서비스 지원, 순회교육 등을 담당하는 기관으로서 지역사회 내의 전반적인 특수교육을 담당하는 전문 기관을 의미한다. 이효자(2002)에 따르면 특수교육지원센터는 우리나라 특수교육의 전달 및 지원체계에서 미진한 부분을 보완하기 위한 지원조직으로서, 앞으로 보다 확대될 특수학생의 통합교육 및 개별화교육에 있어 중추적인 역할을 담당한 지원조직 중 하나로 평가받고 있다.

이러한 특수교육지원센터는 2001년부터 지역의 특수교육 기능을 강화하고, 특수교육에 대한 지역사회 지원 · 협력체제를 구축하고 위하여 교육지원청 단위로 시험적으로 설치 · 운영되었으며, 2005년부터 전담인력을 배치하여 상시 운영체계를 갖추고 있다(김남순 외, 2015).

「특수교육법」 제11조에 따르면 특수교육지원센터는 교육감이 하급교육행정기관별로 설치 · 운영하도록 하고 있으며, 하급교육행정기관이나 특수학교, 특수학급이 설치된 일반 초 · 중 · 고등학교 또는 관할 지역의 관공서(장애인 복지관 포함) 등 특수교육대상자를 비롯한 지역주민의 접근이 편리한 곳에 설치되어야 한다. 동법 시행령 제7조에 따르면 교육감은 지역의 지리적 특성 및 특수교육의 수요 등을 고려하여 필요한 경우 하나의 하급교육행정기관에 둘 이상의 특수교육지원센터를 설치 · 운영할 수 있으며, 특수교육지원센터 업무를 수행할 수 있는 독립된 공간을 확보하여야 하고, 센터가 맡은 업무를 효율적으로 수행할 수 있도록 담당업무를 전담하는 특수교육 분야의 전문 인력을 배치하여야 한다.

6) 특수교육재정

특수교육대상자와 같이 특별한 교육적 배려가 필요한 학생들의 교육을 위해서는 특수교육 교원 배치와 학급 규모 및 학생 수 감축, 특수교육 시설 확보 및 특수한 교육과정 개발 · 운영, 다양한 교육 보조 자료, 특별한 특수교육 프로그램 등이 요구되므로 일반학생들에 비해 상대적으로 많은 비용이 요구된다. 따라서 교육기회 균등이라는 관점에서 특수교육대상자들의 교육적 요구를 충족시켜 이들이 최소한의 성취수준에 도달하도록 하기 위해서는 충분한 재정이 확보되어야 한다. 이와 같이 특수교육 활동에 필요한 인적 · 물적 자원의 확보를 위한 일련의 경비를 확보 · 배분 · 활용하는 데 사용되는 모든 공공비용을 특수교육재정이라고 한다(김남순 외, 2015).

「교육기본법」 제18조에 따르면 특수교육재정에 대한 국가와 지방자치단체의 책임을 강조하고 있고, 「특수교육법」 제5조는 특수교육대상자에게 적절한 교육을 제공하는 데 필요한 경비를 국가 및 지방자치단체가 예산의 범위 안에서 우선적으로 지급하도록 규정하고 있으며, 예산조치가 부족하다고 인정되는 지방자치단체에 대하여는 국가가 예산 확충 등 필요한 조치를 권고하도록 명시하고 있어 특수교육재정의 안정적인 확보를 보장하기 위한 장치를 법적으로 마련하고 있다(오범호, 2014).

특수교육재정은 중앙에서 지방교육재정교부금 등의 국가지원금, 지방자치단체 교육비특별회계 전입금 등을 통해 확보되어 각 시 · 도교육청 교육비특별회계로 교부되고, 시 · 도교육청에서는 특수학교, 일반학교의 특수 · 일반학급, 사립 특수학교 지원경비 등으로 배분하고 있다. 중앙정부에서 지방교육재정교부금을 산정할 때 특수학교의 경우 각 측정항목별로 측정단위의 수치를 교당 · 급당 · 학생당 단위비용에 곱하여 얻은 금액을 합산하여 기준재정수요액에 포함하도록 하고 있다(오범호, 2014).

7) 특수교육대상자 진로·직업교육

특수교육은 특수교육대상자들이 정규교육을 마친 후 신체 · 사회 · 경제적 자립생활을 영위함과 동시에 지역사회의 구성원으로서 자신의 역할을 수행함으로써 사회통합에 기여하는 데 목적이 있다(황순영, 박미나, 이후희, 2016). 그리고 이러한 목적 달성에 있어 직업은 무엇보다도 중요하다. 특수교육대상자가 직업을 가지고 일을 한다는 것은 경제적 자립과 함께 사회적 상호작용을 촉진하고, 자기만족감과 자존감 향상에 기여함으로써 이들의 삶의 질을 높일 수 있기 때문이다(홍정숙, 2015). 이를 고려할 때 특수교육의 궁극적인 목적 달성을 위해서는 특수교육대상자를 위한 체계적인 진로 · 직업교육이 필요함을 알 수 있다.

이에 따라 「특수교육법」 제2조에서는 '진로 및 직업교육'을 '특수교육대상자의 학교에서 사회 등으로의 원활한 이동을 위하여 관련 기관의 협력을 통하여 직업재활훈련 · 자리생활훈련 등을 실시하는 것'으로 규정하고, 동법 제5조를 통해 국가 및 지방자치단체가 특수교육대상자에 대한 진로 및 직업교육 방안을 강구하는 업무를 수행하여야 함을 명시하고 있다. 그리고 장애인의 진로 · 직업교육을 지원하기 위하여 「특수교육법」 제23조 제1항은 '중학교 과정 이상의 각급학교의 장은 특수교육대상자의 특성 및 요구에 따른 진로 및 직업교육을 지원하기 위하여 직업평가, 직업교육, 고용지원, 사후관리 등의 직업재활훈련 및 일상생활적응훈련, 사회적응훈련 등의 자립생활훈련을 실시하고 대통령령으로 정하는 자격이 있는 진로 및 직업교육을 담당하는 전문 인력을 두어야 하며 진로 및 직업교육의 실시에 필요한 시설, 설비를 마련하여야 함'을 규정하고 있으며, 개별화교육지원팀에서도 진로교육 담당자를 구성원으로 포함하도록 하고 있다. 이와 함께 동법 제24조 제1항에 따라 특수교육기관은 고등학교 과정을 졸업한 특수교육대상자에게 수업연한 1년 이상의 진로와 직업교육 관련 전공과를 설치 · 운영할 수 있도록 함으로써 특수교육 대상자의 진로 · 직업교육 내실화를 위한 노력을 기울이고 있다.

한편, 장애인의 평생교육 지원을 위한 「평생교육법」 개정(2016. 5. 29.)을 통하여 「특수교육법」상의 장애인 평생교육 관련 조항을 「평생교육법」으로 이관함으로써 장애인 평생교육 지원에 대한 국가 및 지방자치단체의 책무성을 보다 강화하였다(교육부, 2017).

4. 특수교육 관련 정책의 성과와 과제

1) 성과

(1) 특수교육 기회 확대 정책

최근 들어 정부는 특수교육대상자의 선정 범위를 확대함으로써 특별한 교육적 지원을 필요로 하는 학생들에게 특수교육의 기회를 확대하기 위한 노력을 기울이고 있으며, 그 결과 [그림 5-1]과 〈표 5-2〉 〈표 5-3〉을 통하여 확인할 수 있는 바와 같이 해가 갈수록 특수교육대상자가 늘어나고 있음을 확인할 수 있다. 특히 최근에는 현재로서는 장애를 지닌 것으로 진단되지 않지만 환경적 위험, 생물학적 위험, 이미 형성된 위험 등에 노출됨으로써 앞으로 장애가 발생할 수 있는 가능성이 있는 장애위험아동 또한 특수교육대상자로 선정하는 한편, 특정 장애로 진단받지는 않지만 또래에 비해 낮은 기능을 초래하는 발달상의 차이를 보이는 발달지체 영유아들 또한 특수교육대상자로 선정함으로써 장애위험이 있는 유아 및 학생을 조기에 선정하여 이른 교육적 개입을 통해 특수교육대상자들에게 보다 실질적인 교육기회의 확대를 위한 정책적 노력을 기울이고 있으며 이는 특수교육대상자의 확대로 이어지고 있다.

그리고 이러한 특수교육대상자의 교육을 위한 특수교육기관의 경우 2020년 기준 전국의 특수학교 수는 182개로, 1962년의 10개교에 비해 18배 이상 증가하였으며, 11,661개인 일반학교의 특수학급은 전년도에 비해 556개 학급이 증가함으로써 특수교육대상자들의 교육기회는 양적인 측면에서 날이 갈수록 확대되고 있음을 알 수 있다. 특수교육의 기회 확대와 관련하여 정부는 모든 특수교육대상자의 학교교육 기회 확대를 위하여 지역별 균형과 수요를 반영하여 특수학교 신설을 추진하고 있다. 이를 위해 특수학교 용지의 용이한 확보를 위한 법 개정 및 관련 제도 개선, 대학(교) 부설 특수학교, 병원 내 특수학교, 소규모 및 단일과정 등 다양한 형태의 특수학교 설립을 위해 노력하고 있다.

특수학급의 경우 법적 특수학급 수에 부응하는 특수학급을 신 · 증설하는 계획을 수립 · 시행하는 한편(교육부, 2015a), 지역 여건과 장애 특성을 고려한 일반학교 특수학급 설치 확대 및 예술, 체육, 진로와 직업 등 특정 분야에서 특수교육대상자의 역량을 강화할 수 있는 특성화된 학급 설치 · 운영을 추진하고 있다(교육부, 2018a).

(2) 통합교육 정책

〈표 5-4〉와 〈표 5-5〉에서 확인할 수 있는 바와 같이 특수학생들의 상당수가 통합교육을 받고 있음을 알 수 있다. 특히 2005년 59.8%였던 통합 특수교육 참여 학생 비율은 2019년에 71.6% 수준에까지 도달해 통합 특수교육을 위한 정부의 노력이 가

시적인 성과를 거두고 있음을 알 수 있다.

특히 정부는 특수교육대상영유아들의 교육력 제고를 위하여 장애영아 학급 운영 가이드북, 만 3~4세 장애유아 교사용 지도서(21책), 생활주제별 통합교육 프로그램 등을 개발 · 보급하는 한편, 이들의 초등학교 입학 적응 및 전이과정상에서의 어려움을 해소하기 위해 일반교사 및 특수교사용 입학적응지원 가이드북은 물론, 통합학급 교사 및 학부모 입학적응 지원 프로그램 등을 개발 · 보급하고 있다(교육부, 2017).

이와 함께 특수교육대상 영유아 교육의 내실화를 위해 2013~2017년에 유치원 특수학급 387개를 신 · 증설하는 한편, 유치원 통합교육 거점기관을 지정 · 운영하는 등 통합교육 기회의 실질적인 확대를 위한 노력을 지속적으로 기울이고 있다(교육부, 2017).

통합교육의 궁극적인 목적은 이를 통해 특수교육대상자들이 졸업 이후 사회 속에서 통합된 사회활동을 하도록 함에 있으며, 이를 위하여 지역사회, 생태환경 중심의 진로 · 취업지도가 병행되어야만 한다(김남순 외, 2015). 그럼에도 불구하고 특수학교 및 특수학급 고등학교 과정 졸업생들의 졸업 이후 진학 및 취업 현황을 보여 주는 〈표 5-7〉은 특수교육대상자들을 위한 통합교육이 아직까지는 정책목표를 달성하는 데 있어 미흡한 부분이 있음을 보여 준다.

〈표 5-7〉 특수학교 및 특수학급 졸업생 취업 현황

연도	졸업생 수	진학자 수	취업자 수	진학 · 취업률
2006년	3,107	1,156	877	65.4%
2010년	4,453	1,897	1,386	73.7%
2011년	4,638	1,995	1,395	73.1%
2012년	5,045	2,245	1,456	73.4%

출처: 김남순 외(2015), pp. 246-247을 재구성함.

(3) 개별화교육 정책

개별화교육을 위한 정책적 노력의 결과로 2013년 9월 기준 전국 162개 특수학교에서 25,138명의 특수학생들이, 6,919개 유 · 초 · 중 · 고등학교의 9,343개 특수학급에서 45,181명이, 순회교육[3]에서 6,226명이 특수교육을 통한 개별화교육을 받고 있어 전체 특수교육대상자 중 88% 이상의 학생들이 개별화교육에 참여한 것으로 나타나, 개별화교육을 위한 정부의 노력이 상당한 성과를 거두고 있음을 알 수 있다(김남순 외, 2015).

그리고 최근 들어서는 학생의 장애유형과 정도를 고려한 특수교육 교육과정 적용 및 운영을 통해 특수교육대상자들을 위한 개별화교육을 강화하고 있다. 구체적으로 『2015 특수교육 교육과정 총론』에 특수교육대상자 지원 지침(학교교육과정위원회에 특수교사 참여 권장, 특수교육대상자를 위해 관련 교과용 도서 및 교수 · 학습 자료 개발, 평가 등에 대한 제반 사항 지원 등)을 신설하였다. 그리고 중도 · 중복장애학생을 위하여 생활기능영역별로 교수 · 학습 자료를 개발 · 보급하고(2014년 의사소통 4종, 2015년 자립생활 4종, 2016년 탐구 4종, 2017년 신체활동 2종), 청각장애 학생을 위한 보조교과서를 개발 · 보급하는 한편, 시각장애 학생들을 위해 대체교과서 발행 · 공급을 지원하는 등 장애유형별 특성을 고려한 교수 · 학습 자료를 개발 · 보급하고 있다(교육부, 2017).

(4) 특수교육 교원정책

앞선 [그림 5-2]에서 확인한 바와 같이 2001년 8,376명에 불과했던 특수교육 교원은 2020년 기준 22,145명으로 2배 이상 늘어났다. 특수교사 1인당 학생 수 또한 점차 감소 추세를 보이고 있다. 2011년의 경우 특수학생 5.2명당 1명의 특수교사가 배치된 것을 시작으로 2012년 5.1명당 1명, 2015년 4.8명당 1명을 거쳐 2020년에는 4.3명당 1명의 특수교육 교원이 배치되고 있으며 매년 특수교사 1인당 담당 학생 수가 줄어드는 양상을 보이고 있다. 그럼에도 불구하고 「특수교육법 시행령」 제22조

---

3) 「특수교육법」 제2조에 따르면 '순회교육'이란 특수교육교원 및 특수교육 관련서비스 담당 인력이 각급학교나 의료기관, 가정 또는 복지시설(장애인복지시설, 아동복지시설 등)에 있는 특수교육대상자를 직접 방문하여 실시하는 교육을 의미한다.

에서 특수학교 및 특수학급에서 특수교육을 담당하는 교사의 배치 기준을 특수학생 4명당 특수교원 1명으로 규정하고 있음을 고려할 때, 특수교원 충원을 위한 정부 차원의 노력이 지속적으로 이루어져야 함을 알 수 있다.

이와 함께 특수교육교원의 경력개발 기회를 확대하기 위하여 특수학습 3학급 이상 설치 학교에 특수교육 부장교사를 배치하도록 하여, 2017년 기준 364개교 중 58개교(초등학교 3교, 중학교 3교, 고등학교 52교)에 특수교육 부장교사가 배치되어 있다(교육부, 2017).

(5) 특수교육지원센터

2001년부터 시범적으로 도입된 특수교육지원센터는 2019년 기준 전국에 198개소가 설치되어 운영되고 있다. 2019년 기준 특수교육지원센터 운영 현황은 〈표 5-8〉과 같다. 이를 통해 볼 때 특수교육지원센터에 대한 예산 투입 증대 및 인력 배치를 위한 노력들이 지속적으로 이루어지고 있음을 알 수 있다.

〈표 5-8〉 2019년 특수교육지원센터 운영 현황 (단위: 명, 학급)

특수교육 지원센터 수	장애영아 수	장애영아 학급 수	배치 인력 현황		
			교사	일반직 공무원	기타(치료사, 보조인력 등)
198	375	72	860	74	527

출처: 교육부(2019a), p. 28.

그리고 이와 함께 교직수당 가산금 지급(2016. 1. 8.) 및 호봉 가산 근거 마련(2017. 1. 6.) 등을 통하여 특수교육지원센터 근무교원의 처우 개선을 위한 노력을 지속적으로 기울이고 있다.

(6) 특수교육재정정책

특수교육재정 실태는 특수교육에 대한 교육당국의 실질적인 관심과 정책적 의지정도를 나타내는 지표로 이해할 수 있다(김남순 외, 2015). 2018년 기준 국가 전체 특수교육 예산은 2조 7,834억 원으로 전년 대비 1,200억 원가량 증가하였으며, 전체 교육예산의 4.4% 규모인 것으로 나타났다. 그리고 2018년 특수교육대상자 1인당 특수교육비는 30,398천 원으로 전년도에 비해 700천 원 증가하였다.

〈표 5-9〉 연도별 특수교육 예산 및 1인당 특수교육비 (단위: 명, 천 원)

구분	교육 예산*	특수교육 예산	수혜학생 수	1인당 특수교육비
1999년	17,456,265,000	315,782,768	50,269	6,282
2000년	19,172,027,020	340,225,173	54,732	6,216
2001년	20,049,279,000	406,310,075	51,330	7,916
2002년	22,278,358,000	443,073,183	54,470	8,134
2003년	24,404,401,310	564,394,700	53,404	10,568
2004년	26,384,088,000	666,840,034	55,374	12,042
2005년	27,438,044,595	822,051,094	58,362	14,085
2006년	29,426,304,000	1,051,284,265	62,538	16,810
2007년	31,044,748,000	1,145,295,143	65,940	17,369
2008년	35,897,425,000	1,352,939,269	71,484	18,926
2009년	38,698,867,000	1,545,753,946	75,187	20,559
2010년	38,595,975,000	1,667,641,925	79,711	20,921
2011년	41,618,722,000	1,966,284,753	82,665	23,786
2012년	45,752,654,000	2,138,496,638	85,012	25,155
2013년	49,643,947,000	2,245,781,336	86,633	25,923
2014년	49,986,533,000	2,076,048,794	87,278	23,787
2015년	55,878,247,529	2,227,638,518	88,067	25,295
2016년	51,225,455,330	2,376,062,265	87,950	27,016
2017년	57,003,830,743	2,664,432,153	89,353	29,697
2018년	63,872,934,485	2,783,412,270	90,780	30,398
2018년	70,743,520,000	3,039,704,368	92,958	32,105

* 전체 교육예산 중 일반회계 예산.

출처: 교육부(2020), pp. 116-117을 재구성하여 작성하였음.

〈표 5-9〉에 따라 1999년을 기준으로 2019년 예산을 비교해 보면 전체 교육예산은 4.05배, 특수교육 예산은 9.63배, 수혜학생 수는 1.85배, 1인당 특수교육비는 5.11배 증가하였음을 알 수 있다. 이를 통해 볼 때 특수교육 예산 및 학생당 특수교육비 규모가 점차 증가하고 있으며, 특수교육에 대한 교육당국의 관심과 정책적 노력이 상당 수준 성과를 거두고 있음을 확인할 수 있다.

(7) 특수교육대상자 진로 · 직업교육[4)]

교육부는 특수교육대상자의 진로 · 직업교육 강화를 위해 중장기 계획인 '장애학생 취업 · 창업교육 강화 방안(2015~2017)'을 수립하여 추진하였다. 이를 통해 특수학급 설치 일반 고등학교에 통합된 장애학생을 위해 현장실습 위주의 직업교육을 제공하고, 인근 특수학급 학생에 대한 직업훈련 및 컨설팅 제공 등의 기능을 수행하는 '통합형 직업교육 거점학교'를 2019년 기준 49개 운영 중이며, 현장실습 확대 및 취업률 향상을 목적으로 특수학교 내에 일반 사업장과 유사한 형태의 직업훈련실을 설치하여 현장중심 직업교육을 실시하는 '특수학교 학교기업'을 2019년 기준 31개(교육부 지정 25개교, 경기도교육청 지정 2개교, 부산광역시교육청 지정 1개교, 대구광역시교육청 지정 1개교, 축청북도교육청 지정 1개교, 경상북도교육청 1개교) 운영 중이다(교육부, 2017, 2018b, 2019).

그리고 전공과를 확대하여 2019년 기준 165개교에서 674학급을 운영하였으며, 특수학교 고등학교 교육과정 편성 · 운영 시 교과(군)별 50% 범위 내에서 시수를 감축하여 '진로와 직업' 교과를 중심으로 운영하는 '특수학교 직업교육 중점학교'를 2019년 현재 33개교 운영하고 있다(교육부, 2017, 2018b, 2019).

이와 함께 특수교육대상자의 직무전문성 강화를 위한 장애학생 직업교육 위탁교육을 운영 중이며, 장애학생 취업 · 창업교육 전문기관이 없거나 접근이 어려운 지역의 특수교육지원센터에서는 지역사회 연계 취업 · 창업 교육을 추진하고 있으며, 지속적으로 확대해 나갈 계획이다(교육부, 2018b).

---

4) 교육부(2018a).

그리고 고용노동부(한국장애인고용공단) 연계 학교 내 일자리(2016년 1,057명) 및 보건복지부(한국장애인개발원) 연계 특수교육–복지 연계형 장애인 일자리(2016년 985명) 등의 사업을 통하여 관계 부처(기관) 연계 진로 · 직업교육 강화를 통해 특수교육대상자의 취업 기회 확대를 위해 노력하였다(교육부, 2017).

2) 과제

(1) 특수교육 기회 확대 정책

특수교육의 기회 확대를 위한 정부의 정책 노력이 보다 실질적이고 가시적인 성과를 거두기 위해서는 지역별로 특수교육에 대한 요구 및 수요를 파악하고 이를 감안한 정책을 수립하되, 특수교육대상자의 학교과정별 교육연계성을 보장할 수 있는 보다 양질의 균형 있는 특수학교 및 특수학급 설치 노력이 필요하다. 그리고 장애로 인한 학습 결손 가능성이 높은 특수교육대상자들의 교육성과를 제고하기 위하여 특수학교(급)의 학급당 정원 감축을 위한 학급 신 · 증설 노력이 함께 병행되어야 할 것으로 보인다.

특히 중증 장애학생들을 위한 특수학교의 추가적인 건립을 위한 정부 당국의 보다 적극적인 정책 노력이 필요하다. 중증 장애학생들의 경우 실질적으로 일반학교에서의 통합교육을 받는 데 어려움이 있으며, 이들의 장애에 맞는 교육이 필요하다. 이에 중증 장애학생들을 위한 특수학교 설립은 이들의 교육권 보장을 위해 필수적인 요소이다. 그러나 소위 특수학교를 혐오 시설로 인식하는 지역이기주의, 즉 '님비(NIMBY)' 문제로 인하여 고통받는 특수교육대상자들이 점차 늘어나고 있는 추세이다. 서울의 경우 2019년 9월, 17년 만에 특수학교가 개교하였고, 여전히 특수학교가 한 곳도 없는 자치구 또한 8곳(양천, 금천, 영등포, 용산, 성동, 동대문, 중랑, 중구)에 달하며, 전국적으로도 주민들의 반대로 인해 특수학교 설립이 지연되거나 무산되는 경우도 종종 발생하고 있다. 특수교육대상자가 2006년 62,538명에서 2020년 95,420명으로 3만 2,882명(53%)이 급증한 사이 같은 기간 전국의 특수학교는 143개교에서 177개교로 불과 34개가 늘어난 것은 특수학교 건립에 있어 지역이기주의가 작용한 결과이다. 이에 교육당국은 지역이기주의를 극복하고, 특수학생들의 실질적인 교육 기회 보장을 위하여 특수학교를 혐오 시설로 인식하는 지역 주민들의 인식 개선 노력과 함께 지역별로 중증 장애학생들의 교육적 필요를 고려한 특수학교를 건립할 수 있도록 주민들과 상생할 수 있는 발전적인 특수학교 설립 방안을 모색할 필요가 있다.

(2) 통합교육 정책

통합 특수교육이 보다 실질적으로 특수학생들에게 교육적 의미를 지니고 의도한 목표를 달성하기 위해서는 법정 기준에 미치지 못하는 교원 정원의 문제를 시급히 해결함은 물론, 통합교육 관련 특수교육교원들의 역량 강화를 위한 연수 기회 제공 및 질적 수준 제고 노력이 병행되어야 한다. 이와 함께 보다 다양화된 통합교육 프로그램의 개발 및 운영, 통합교육 실행에 필요한 인적 · 물적 인프라의 적절한 지원, 특수학생들의 삶에 직간접적인 영향을 주는 다양한 유관 기관의 협력 체계 구축은 물론, 특수 통합교육을 실행하는 데 있어 학생들이 겪을 수 있는 불편함을 최소화시킬 수 있는 교육인프라 및 시설 보완 노력이 함께 이루어져야 할 것이다.

특히 국가인권위원회의 '장애영유아 교육권 증진'을 위한 정책 권고(2017. 6. 21.)를 고려할 때 교육부는 유치원 특수교사 법정 정원 확보 및 특수학습 설치 확대, 특수학급 정원 준수 및 정원 내 입학 지침 강화 등을 조치를 취할 필요가 있으며, 보건복지부는 장애 영유아 교육을 위한 최소지원환경 기준 설정 및 지원, 유아특수교육 충원, 보조인력 등 정당한 편의 제공, 장애아통합어린이집 등 보육기관 설치 증대, 장애 조기발견 및 조기지원체계 구축, 의료기관과의 연계체계 구축 등을 범부처 차원에서 실행할 필요가 있다(교육부, 2017).

(3) 개별화교육 정책

개별화교육 정책이 지금까지 거두어 온 성과에도 불구하고 개별화교육을 시행하는 동안 현장의 요구와는 다소 맞지 않는 관련 법규 조항 및 교육성과 진단 · 평가에 있어서의 적합성 문제, 특수교육 교육과정과 개별화교육계획 간의 불일치 문제, 특수교원의 업무 과다 및 열악한 교육 환경, 개별교육계획서 의뢰 절차와 관련된 구체적인 지침 부족, 통합교육 환경의 문제 등으로 인하여 특수학생들을 위한 개별화교육 정책이 질적인 측면에서는 현장에 완전히 안착했다고 단정 짓기에는 어려움이 따르는 것 또한 사실이다. 이에 이상과 같은 문제점에 대한 개선을 통하여 개별화교육의 안정적인 현장 착근과 효과성 제고를 위한 노력을 기울일 필요가 있을 것으로 보인다.

그리고 현재까지는 장애유형별 특성을 고려한 교수 · 학습 자료 개발 및 보급 노력이 중점적으로 이루어졌지만, 실제 학교 현장에서 장애 특성 및 정도에 따른 개별 맞춤형 교수학습이 이루어질 수 있도록 특수교육 교원의 전문성 강화를 위한 방안을 마련할 필요가 있다(교육부, 2017).

(4) 특수교육 교원정책

지금까지 시행된 특수교육 교원 확대 정책을 통해 특수교육 담당자 수는 양적인 측면에서 상당한 성과를 거둔 것은 분명하지만, 여전히 「특수교육법」상 규정된 법정 인원에는 모자라 2019년 기준 특수교사 법정정원 확보율 또한 74.8%에 불과한 것이 현실이다. 이에 특수교원 충원을 위한 정부 차원의 노력이 지속적으로 이루어져야 함을 알 수 있다.

이와 함께 특수교육 교원의 질적인 역량 제고를 위하여 특수교사로서 투철한 사명감과 윤리 의식을 지닌 예비 특수교사 선발을 위한 다양한 전형제도가 필요하며, 특수교사 양성과정의 표준화 및 수행능력의 표준화를 위한 정책 노력을 기울일 필요가 있을 것으로 보인다.

그리고 이러한 특수교사들뿐만 아니라 일반교사들의 특수교육 관련 전문성 역시 강화될 필요가 있다. 현재 교직과정 이수자들은 교직과정 이수 시 '특수교육개론'을 필수적으로 수강하도록 되어 있지만, 이러한 교직이론 과목 수강만으로 이들이 통합 특수교육현장에서 특수교육대상자를 담당하게 되었을 때 겪게 되는 어려움에 효과적으로 대처하기에는 역부족인 경우가 많다. 따라서 교원양성 단계에서의 특수교육 관련 전문성 강화를 위한 교육과정 및 체험 · 실습 강화 노력과 함께 일선 학교 현장에서도 일반교사들을 대상으로 한 특수교육 역량 강화 연수 및 특수교육 관련 지원, 특수교사와의 협력 문화 조성 등을 위한 정책적인 노력이 병행되어야 할 것으로 보인다.

(5) 특수교육지원센터

2020년 전체 특수교육대상자 수가 95,420명인 데 반해 특수교육지원센터의 교사 및 지원인력은 1,461명에 불과해 여전히 특수교육지원센터 내에서 관련 업무를 전담할 인력은 부족한 실정임을 알 수 있다. 이로 인해 적재적소에 특수교육 관련 업무를 지원할 인력의 양적인 부족에 따른 업무 과중, 신분의 불안정성에 기인한 인력의 연계성 문제 또한 지속적으로 제기되고 있다. 이와 함께 특수교육지원센터는 지역사회의 장애인 및 부모들이 접근하기 용이한 장소에 설치되어야 하며, 별도의 독립적인 공간 구성을 필요로 함에도 불구하고 여전히 장소 접근성이라든지 독립 공간 확보 측면에서도 미진한 부분이 존재하고 있다. 또한 특수교육 전달체계상에서 특수교육지원센터와 타 기관과의 상호연계성이 부족하여 업무의 비효율성이 발생하고 있다는 문제점 또한 존재한다(김남순 외, 2015).

이에 특수교육지원센터가 본연의 설립 동기를 회복하기 위해서는 특수교육지원센터가 수행하여야 할 적정 기능에 대한 명확한 판단이 선행되어야 하며, 다양한 분야의 정규직 전담인력 확보를 통하여 특수교육지원센터의 역량을 강화할 필요가 있다. 이와 함께 특수교육지원센터에 대한 인적 · 물적 지원 또한 함께 이루어져야 함은 물론, 센터 자체적인 역량 강화 노력 또한 뒷받침되어야 한다.

(6) 특수교육재정정책

특수교육재정과 관련해서 다음과 같은 문제점들이 지속적으로 제기되고 있다. 현행 특수교육재정 배분 기준은 특수학교에 재학하는 학생 이외의 특수교육대상자에 대한 고려가 부족하여 일반학급 및 특수교육지원센터에 속한 특수교육대상자들을 위한 실질적인 지원이 미흡하다. 이러한 특수교육 통합교육대상자에 대한 교육비 배분 준거의 불명확성은 특수교육재정이 비합리적으로 배분될 가능성을 야기할 수 있다(오범호, 2014).

그리고 일반적으로 교육재정 배분의 평가준거로 효과성, 공평성, 적정성 등이 거론됨에도 불구하고 현재로서는 이러한 준거들에 기반한 특수교육재정의 안정적인 확보 노력은 부족한 실정이다(김남순, 1999). 이는 특수교육대상자들의 균등한 교육기회 보장을 위해서는 장애유형, 장애정도, 학습능력 등의 특성을 반영한 교육비 차이도(cost differentials)의 산출에 기반해야 하지만 현행 특수교육재정의 배분 과정에서는 이와 같은 교육비 차이도가 반영되지 못하고 있는 실정이다(오범호, 2014). 이로 인해 장애 유형에 따라 다양하게 제공되는 특수교육 프로그램의 경비를 제대로 산출하지 못함으로써 특수교육대상자들의 실질적인 교육기회 보장에 있어 어려움을 야기하고 있다.

이에 보다 안정된 특수교육재정의 확보 및 활용 방안에 대한 정책적 고민과 함께 특수교육대상자의 다양한 교육적 요구를 반영한 보다 실질적이면서도 현실적인 교육비 산출 공식을 마련하여 특수교육재정이 특수교육의 궁극적인 목적 달성에 기여할 수 있도록 지속적인 노력을 기울일 필요가 있을 것으로 보인다.

(7) 특수교육대상자 진로 · 직업교육

2003년 특수교육 발전 종합계획(2003~2007)이 발표된 이후 특수교육대상자를 위한 진로 · 직업교육이 특수교육 및 학교현장에서 강조되어 왔음에도 불구하고 취업률을 통하여 살펴본 성과는 만족스럽지 않은 수준인 것으로 평가된다(황순영 외, 2016). 2019년을 기준으로 살펴보면 특수학교 고등학교 과정 졸업생들의 취업률은 5.9%이고, 일반고등학교 특수학급 졸업생의 취업률은 32.0%, 일반고등학교 일반학급 졸업생의 취업률은 11.8%, 전공과 이수자의 취업률은 45.4%인 것으로 나타나 특수교육대상자들의 취업률이 상대적으로 낮은 수준에 해당함을 알 수 있다(교육부, 2019). 이에 진로와 직업교육이 특수교육대상자들의 삶에 있어 차지하는 중요성을 고려할 때 이들의 취업률을 실질적으로 제고할 수 있는 진로 · 직업교육 내실화 방안에 대한 모색이 필요함을 알 수 있다. 이를 위해 '통합형 직업교육 거점학교'와 '특수학교 학교기업'의 효과성 확대를 위한 연차적인 지정 · 운영 확대 및 교육과정의 내실화와 함께 고등학교를 졸업한 특수교육대상자의 진로 · 직업교육 강화를 위한 전공과의 확대 설치 및 질적 수준 제고, 특수교육대상자의 진로 · 직업교육 담당자들의 역량 강화와 함께 특수교육 진로 · 직업교육 우수사례를 지속적으로 발굴 · 보급함은 물론, 취업자에 대한 체계적인 사후관리를 통하여 이들이 직업생활을 안정적으로 유지할 수 있도록 지원해야 한다. 그리고 교육부 및 보건복지부를 비롯한 관련부처와 기관 간의 유기적인 연계체계를 구축함으로써 특수교육대상자의 진로 · 직업교육 지원의 효율성 강화를 위한 노력을 지속적으로 기울여야 한다.

참고문헌

교육부(2013; 2015a; 2018a, 2019). 특수교육 연차보고서.

교육부(2015b). 2015 특수교육통계.

교육부(2017). 특수교육대상자의 사회통합 실현을 위한 제5차 특수교육발전 5개년 계획(2018-2022).

교육부(2018b). 2018 특수교육통계.

교육부(2020). 2020 특수교육통계.

국립특수교육원(2011). 2011 특수교육 실태조사.

김기홍(2004). "특수교육(학)"용어의 개념 제고: 독일의 특수교육(학)사를 중심으로. 특수교육, 3(2), 25-45.

김남순 (1999). 적정 특수교육비 산출 연구. 특수교육연구, 6, 133-150.

김남순, 박상희, 황정보, 김경신, 김양화, 김윤실, 강경희(2015). 특수교육정책론. 교육과학사.

김동일, 손승현, 전병운, 한경근(2010). 특수교육학개론. 학지사.

김병하(2008). 한국 특수교육학의 학문적 정체성 논쟁. 특수교육저널: 이론과 실천, 9(1), 303-323.

김성희, 이연희, 오욱찬, 황주희, 오미애, 이민경, 이난희, 오다은, 강동욱, 권선진, 오혜경, 윤상용, 이선우(2017). 2017년 장애인 실태 조사. 한국보건사회연구원.

박주호, 정동욱, 신태섭, 함승환(2015). 교육복지의 논의: 쟁점, 과제 및 전망. 박영스토리.

심상욱, 정병록(2013). 특수교육복지론. 한국학술정보(주).

오범호(2014). 특수교육재정의 공평성 분석. 한국초등연구, 25(4), 185-200.

이달엽, 박석돈, 유병주, 정상훈(2000). 장애인종합복지관 지원고용 프로그램의 비용-편익 분석. 직업재활연구, 10(1), 37-61.

이성호(2004). 교육과정 개발의 원리. 학지사.

이효자(2002). 특수교육지원센터의 활성화 방안. 제3회 국립특수교육원 특수교육 전문직 워크숍 자료집(pp. 1-9). 국립특수교육원.

정동영(2007). 특수교육의 재개념화와 그 특수성 해명. 특수교육, 14(2), 89-121.

주혜영(2005). 장애아동 인건의 관점에서 본 초등학교 통합교육 연구. 단국대학교 대학원 박사학위논문.

한현민(2000). 장애와 특수교육 요구: 개념적 고찰. 특수교육저널: 이론과 실천, 1(1), 39-63.

호승희, 김현진, 이솔, 김주희, 이성재, 이범석(2015). 장애의 사회경제적 비용 추계 및 재활의료서비스의 비용효과 분석(2차년도). 국립재활원.

홍정숙(2015). 고등학교 특수학급 진로 · 직업교육의 실태와 과제: 대구지역을 중심으로. 특수교육학연구, 50(2), 277-305.

황순영, 박미나, 이후희(2016). 중학교와 고등학교 특수학급 진로 · 직업교육에 관한 학부모 인식 분석. 특수아동교육연구, 18(4), 109-130.

황정보, 이선재, 안병주, 강경희, 김청아(2007). 복지권으로서의 교육권 보장을 위한 「장애인 등에 대한 특수교육법」. 특수교육연구, 14(2), 123-146.

Beyer, S., Kilsby, M., & Shearn, J. (1999). The organisation and outcomes of supported employment in Britain. *Journal of Vocational Rehabilitation, 12*(3), 137-146.

Bolton, B. F., Bellini, J. L., & Brookings, J. B. (2000). Predicting client employment outcomes from personal history, functional limitations and rehabilitation services. *Rehabilitation Counseling Belletin, 44,* 10-21.

Danforth, S., & Rhodes, W. C. (1997). Deconstructing disability: A philosophy for inclusion. *Remedial and Special Education, 18*, 357-366.

Heward, W. L. (2009). *Exceptional children: An introduction to special education* (9th ed.). NJ: Pearson Education, Inc.

Hill, M., & Wehman, P. (1983). Cost benefit analysis of placing moderately and severely handicapped individuals into competitive employment. *Research and Practice for Persons with Severe Disabilities, 8*(1), 30-38.

McCaughrin, W. B., Ellis, W. K., Rusch, F. R., & Heal, L. W. (1993). Cost–effectiveness of supported employment. *Mental Retardation, 31*(1), 41.

Noble, J. H., & Conley, R. W. (1987). Accumulating evidence on the benefits and costs of supported and transitional employment for persons with severe disabilities. *Research and Practice for Persons with Severe Disabilities, 12*(3), 163-174.

Skrtic, T. M. (1991). The special education paradox: Equity as the way to excellence. *Harvard Educational Review, 61,* 148-162.

Will, M. C. (1986). Educating children with learning problems: A legal analysis. *Preventing School Failure, 36,* 25-28.

제 6 장

탈북청소년

북한이탈주민은 [그림 6-1]처럼 매우 힘든 여정을 거쳐 남한에 들어오고 있다. 북한이탈주민 중에는 다수의 청소년이 포함되어 있다. 이들은 남한 사회에서 정착하는 것부터가 어려운 과제이다. 이들이 이러한 사회적 적응에 실패하게 되면 빈곤의 늪에 빠질 수 있다. 이들이 제대로 남한 사회에 정착하기 위해서는 기본적으로 갖춰야 할 것들이 많다. 그중에서도 가장 우선적으로 필요한 것은 남한 사회를 이해하고 남한 사회에서 살아갈 수 있는 교육기회를 얻는 것이다. 이런 의미에서 탈북청소년들이 학생으로서 교육기회를 얼마나 얻고 있는지, 이들이 교육적 약자에 머물러 있는지 돌아볼 필요가 있다.

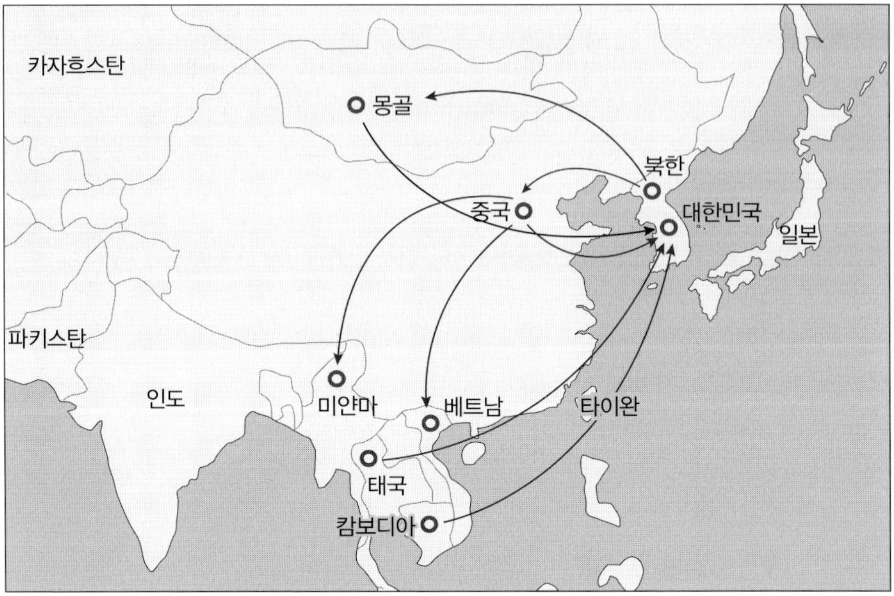

[그림 6-1] 탈북청소년의 입국 경로

출처: 한국교육개발원, http://www.hub4u.or.kr/hub/edu/understand.do(2016. 7. 1.).

1. 탈북학생의 개념과 범위

탈북학생은 북한이탈주민 중 학령기청소년을 말한다. 여기서 '북한이탈주민'이란 군사분계선 이북지역(이하 '북한'이라 한다)에 주소, 직계가족, 배우자, 직장 등을 두고 있는 사람으로서 북한을 벗어난 후 외국 국적을 취득하지 아니한 사람을 말한다.

이러한 북한이탈주민 중 학령기 아동을 '탈북청소년'이라 부른다. 법적으로 '청소년'의 범위는 「청소년 기본법」상 만 24세까지이다. 따라서 공식적으로는 만 24세까지의 탈북청소년에 대해서는 청소년에 상응하는 교육적 지원이 가능해야 하지만 이들에게는 특수한 상황이 있다.

탈북청소년들은 북한도 남한도 아닌 제3국, 즉 중국이나 태국, 라오스 등과 같은 나라에서 대개 2년 이상 장기불법체류 후 남한에 입국한다. 따라서 그동안 기본적

의식주는 물론이고 교육을 받을 수 있는 기회도 없었다. 그러므로 그러한 특수한 상황을 생각하면 교육적 지원을 받아야 하는 청소년으로서의 연령범위는 더 길어져야 할 것이다. 이에 따라 통일부에서 지원하는 탈북청소년 교육지원프로그램들은 34세 성인까지 포함하고 있다.

2. 탈북학생의 현황

1) 증가 현황

탈북학생 수는 2005년에 421명이었으나 지속적으로 증가하다가 2017년부터 정체 상태에 있다. 2019년 현재 2,531명이다.

〈표 6-1〉 탈북학생 증가 추이

구분	'05년	'10년	'15년	'19년
전체 인원(명)	421	1,417	2,475	2,531

출처: https://www.hub4u.or.kr/hub/edu/status01.do(2020.7.18.)

탈북학생 중에는 북한에서 출생한 사람도 있지만 중국 등 제3국에서 출생한 사람도 포함된다. 이러한 '제3국 출생 탈북학생'은 부모 중 1인이 북한이탈주민이고 중국 등 제3국에서 출생한 학생이며, 탈북학생교육사업 지원대상이나, 대학 특례 입학 및 교육비 지원 등에서는 제외된다.

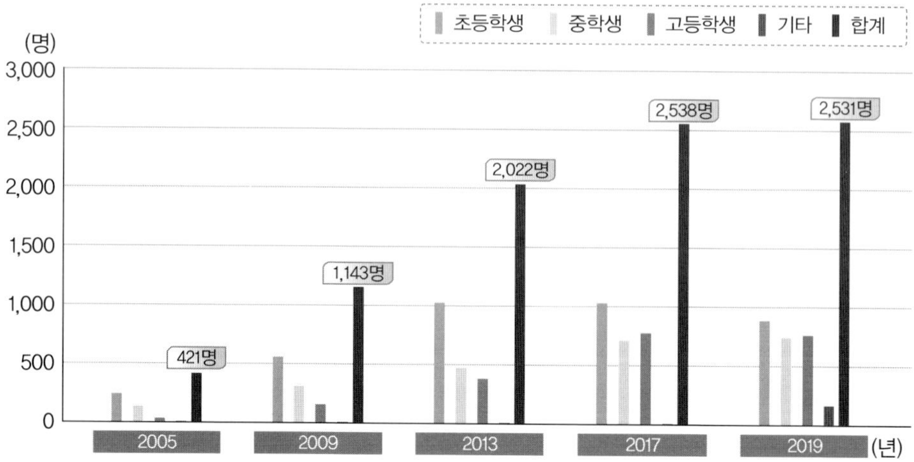

[그림 6-2] 연도별 · 학교급별 탈북학생 수 추이

출처: https://www.hub4u.or.kr/hub/edu/status01.do(2020. 7. 18.).

2) 특성별 현황

2011년에는 탈북학생 중 북한 출생자가 1,073명이고 중국 등 제3국 출생자가 608명으로 북한 출생자가 많았지만, 2015년부터 역전되어 2019년에는 북한 출생자가 982명이고 중국 등 제3국 출생자가 1,549명으로 전체의 61.2%를 차지하고 있다. 따라서 이들 중에는 한국어에 서툰 경우가 있을 수 있다.

〈표 6-2〉 탈북학생 출생국별 재학 현황 (단위: 명, %)

연도	구분	학생 수				
		초등학교	중학교	고등학교	기타학교	계
'11년	북한 출생	435	275	363		1,073
	중국 등 제3국 출생	585(57.4%)	13(4.5%)	10(2.7%)		608(36.2%)
	계	1,020	288	373		1,681
'15년	북한 출생	541	344	341		1,226
	중국 등 제3국 출생	683(55.8%)	480(58.3%)	86(20.1%)		1,249(50.5%)
	계	1,224	824	427		2,475
'19년	북한 출생	237	288	378	79	982
	중국 등 제3국 출생	640(73%)	450(61%)	374(49.9%)	85(51.8%)	1,549(61.2%)
	계	877	738	752	164	2,531

출처: 한국교육개발원 탈북청소년교육지원센터(2019).

탈북학생 중에는 무연고자가 있다. 무연고자란 하나원 퇴소 당시 직계존속 없이 남한에 거주하는 만 20세 미만의 단독세대 청소년을 말한다. 2013년 시점에 20세 이하 미성년자로서 관리되고 있는 인원은 147명이다.

〈표 6-3〉 무연고 탈북청소년 신규 발생자 수 (단위: 명)

구분	'03년	'04년	'05년	'06년	'07년	'08년	'09년	'10년	'11년	'12년
남	18	25	9	11	16	9	11	19	27	18
여	19	31	24	15	41	53	50	50	37	30
계	37	56	33	26	57	56	64	69	64	48

출처: 한국교육개발원 탈북청소년교육지원센터(2013).

거주지역은 주로 수도권에 집중되어 있다. 경기도가 가장 많고 다음으로는 서울, 인천의 순으로 거주하고 있다. 중학생과 고등학생을 합친 탈북학생의 수는 초등학생보다 많다.

〈표 6-4〉 탈북학생의 지역별 재학 현황 (단위: 명, %)

구분	재학 학교 수(교)	학생 수(명)					비율
		초등학교	중학교	고등학교	기타학교	계	
서울	238	193	143	173	78	587	23.2%
부산	57	24	28	32	4	88	3.5%
대구	39	28	16	20	0	64	2.5%
인천	75	67	91	58	4	220	8.7%
광주	54	20	24	33	0	77	3.0%
대전	40	32	14	10	1	57	2.3%
울산	31	26	15	8	0	49	1.9%
세종	5	1	2	2	0	5	0.2%
경기	312	259	224	224	62	769	30.4%
강원	41	20	16	23	1	60	2.4%
충북	56	48	34	15	2	99	3.9%
충남	81	45	40	43	10	138	5.5%
전북	38	13	18	13	0	44	1.7%
전남	35	16	13	15	0	44	1.7%
경북	75	37	21	37	1	96	3.8%
경남	70	37	29	38	1	105	4.2%
제주	19	11	10	8	0	29	1.1%
계	1,266	877	738	752	164	2,531	100.0%

출처: 한국교육개발원 탈북청소년교육지원센터(2019).

〈표 6-5〉 연도별 재학 현황(매년도 4월 1일 기준) (단위: 명, %)

연도	초등학교		중학교		고등학교		기타학교		계
	학생 수	비율	학생 수	비율	학생 수	비율	학생 수	비율	
'05. 4.	247	(58.7)	131	(31.1)	43	(10.2)			421
'06. 4.	248	(52.3)	166	(35.0)	60	(12.7)			474
'07. 4.	341	(49.6)	232	(33.8)	114	(16.6)			687
'08. 4.	495	(51.2)	288	(29.8)	183	(19.0)			966
'09. 4.	562	(49.2)	305	(26.7)	276	(24.1)			1,143
'10. 4.	773	(54.5)	297	(21.0)	347	(24.5)			1,417
'11. 4.	1,020	(60.7)	288	(17.1)	373	(22.2)			1,681
'12. 4.	1,204	(60.4)	351	(17.6)	437	(21.9)			1,992
'13. 4.	1,159	(57.3)	478	(23.6)	385	(19.0)			2,022
'14. 4.	1,128	(51.7)	684	(31.3)	371	(17.0)			2,183
'15. 4.	1,224	(49.5)	824	(33.3)	427	(17.2)			2,475
'16. 4.	1,143	(45.4)	773	(30.7)	601	(23.9)			2,517
'17. 4.	1,027	(40.5)	726	(28.6)	785	(30.9)			2,538
'18. 4.	932	(36.7)	682	(26.9)	751	(29.6)	173	(6.8)	2,538
'19. 4.	877	(34.6)	738	(29.2)	752	(29.7)	164	(6.5)	2,531

출처: 한국교육개발원 탈북청소년교육지원센터(2019).

3) 학업중단 현황

탈북학생의 학업중단율은 지속적으로 줄어들다가 2018년부터 다시 늘고 있다. 일반학생의 학업중단율(약 1.5%p)보다 높다.

〈표 6-6〉 탈북학생 학업중단 현황 (단위: 명)

구분		초등학교	중학교	고등학교	계
'08년	'07. 4. 재학생 수	341	232	114	348
	학업중단자 수	12	30	32	12
	학업중단율(%)	3.5	12.9	28.1	10.8
'09년	'08. 4. 재학생 수	495	288	183	966
	학업중단자 수	7	26	26	59
	학업중단율(%)	1.4	9.0	14.2	6.1
'10년	'09. 4. 재학생 수	562	305	276	571
	학업중단자 수	5	26	25	5
	학업중단율(%)	0.9	8.5	9.1	4.9
'11년	'10. 4. 재학생 수	773	297	347	783
	학업중단자 수	19	13	35	19
	학업중단율(%)	2.5	4.4	10.1	4.7
'12년	'11. 4. 재학생 수	1,020	288	373	1,031
	학업중단자 수	27	11	18	27
	학업중단율(%)	2.6	3.8	4.8	3.3
'13년	'12. 4. 재학생 수	1,204	351	437	1,992
	학업중단자 수	37	26	7	70
	학업중단율(%)	3.1	7.4	1.6	3.5
'14년	'13. 4. 재학생 수	1,159	478	385	2,022
	학업중단자 수	7	15	29	51
	학업중단율(%)	0.6	3.1	7.5	2.5
'15년	'14. 4. 재학생 수	1,128	684	371	2,183
	학업중단자 수	2	20	27	49
	학업중단율(%)	0.2	2.9	7.3	2.2
'16년	'15. 4. 재학생수	1,224	824	427	1,239
	학업중단자 수	7	19	26	52
	학업중단율(%)	0.6	2.3	6.1	2.1

'17년	'16. 4. 재학생 수	1,143	773	601	2,517
	학업중단자 수	11	14	26	51
	학업중단율(%)	1.0	1.8	4.3	2.0
'18년	'17. 4. 재학생 수	1,026	697	661	2,384
	학업중단자 수	7	20	32	59
	학업중단율(%)	0.7	2.9	4.8	2.5
'19년	'18. 4. 재학생 수	932	682	751	2,365
	학업중단자 수	13	22	35	70
	학업중단율(%)	1.4	3.2	4.7	3.0

학업중단율 산출식: (해당연도 학업중단자 총 수/전년 재학생 총 수) × 100

– ('17년 이전) 전년도 재학생 수 및 해당연도 학업중단자 수에 기타학교를 포함하여 산출

– ('18년 이후) 유초중등교육통계 학업중단율 산출 방법* 준용

*재학생 및 학업중단자에 기타학교(각종학교, 공민학교 등) 학생 제외

출처: 한국교육개발원 탈북청소년교육지원센터(2019).

이렇게 탈북학생의 학업중단율이 높은 이유는 무엇일까? 최근 5년간의 학업중단 사유를 보면, 가장 많은 것이 이민 등 출국, 장기결석, 학교부적응, 진로변경, 가정사정, 건강, 취업, 기타의 순으로 나타났다. 제3국으로 출국하는 것도 결국 남한 사회에 적응하기 힘들기 때문인데 그 나이에 사회에 적응하기 힘들다는 것은 결국 학교에 적응하기 힘들다는 것이다. 장기결석이나 진로변경 등도 사실은 학교부적응이 원인이 되기 때문이다.

〈표 6-7〉 최근 5년간 탈북학생의 학업중단 사유 (단위: 명)

구분	'10년	'11년	'12년	'13년	'14년	계
학교부적응 (기초학력부족, 고연령 등)	24	8	5	1	1	39
장기결석	–	9	13	22	8	52
가정사정 (경제사정, 가정환경 등)	9	16	–	4	4	33
진로변경 (검정고시, 대안학교, 학력인정 평생교육시설 등)	6	6	12	–	12	36
건강	3	6	–	1	–	10
취업	–	1	–	–	–	1
이민 등 출국	–	12	24	33	13	82
기타	14	9	2	9	13	47
계	56	67	56	70	51	300

출처: 한국교육개발원 탈북청소년교육지원센터(2014).

학교부적응의 사유로는 문화적 차이와 함께 언어적 차이를 볼 수 있다. '탈북청소년'으로 분류되는 학생 중에는 부모가 탈북자인 경우가 포함되어 있고, 이들의 자녀가 중국에서 출생했더라도 '탈북청소년'으로 분류되고 있다. 따라서 중국에서 출생하고 장기 체류한 경우 한국어가 익숙지 않을 수 있다. 직접 탈북한 청소년도 중국에서 장기 체류한 경우 발음이나 용어 등이 한국어에 익숙지 않기 때문에 의사소통에 어려움을 느낄 수 있다.

이러한 이유로 인해 많은 탈북학생이 정규학교를 떠나 비인가 대안교육시설에서 교육을 받고 있다.

〈표 6-8〉 교육기관별 교육 현황(2019년 4월 기준) (단위: 명)

구분	학교유형								진일제 대안교육시설**	합계
	초등학교		중학교		고등학교		기타학교*			
	남	여	남	여	남	여	남	여		
학생 수	457	420	390	348	358	394	73	91	230	2,761
	877		738		752		164			
	2,531									

* 특수학교, 공민학교, 고등공민학교, 고등기술학교, 각종학교, 방송통신중 · 고등학교 등

** '19. 6. 기준(자료제공: 통일부)

출처: 한국교육개발원 탈북청소년교육지원센터(2019).

3. 탈북청소년 지원 정책 현황

1) 입국 및 정착 교육

교육부는 탈북학생들이 학교 및 사회에의 적응력을 키울 수 있도록 다음과 같이 체계화하여 교육지원을 하고 있다.

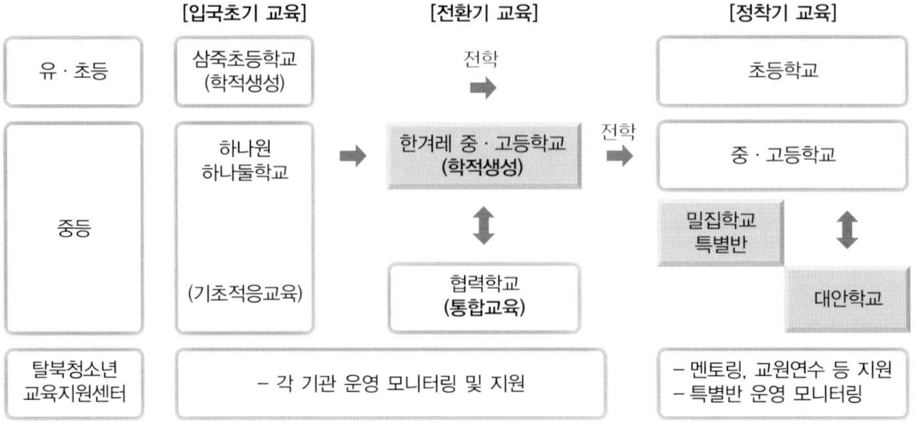

[그림 6-3] 탈북청소년에 대한 단계별 교육절차

출처: 한국교육개발원(2016), p. 17.

(1) 취학 전 교육

만 4~5세 취학 전 어린이는 삼죽초등학교 병설유치원에서 일반유치원생과 통합수업에 참여한다. 삼죽초등학교 교육이 끝난 후에는 하나원 하나둘학교에서 방과 후 프로그램을 이수한다.

(2) 초등교육

만 6~11세 아동에게는 오전에 삼죽초등학교에서 일반학생과 함께 통합교육을 하고 오후에는 특별학급에서 탈북학생 맞춤형 수업을 한다. 학교 일과 후에는 하나원에 돌아와 하나둘학교에서 방과 후 프로그램을 이수한다.

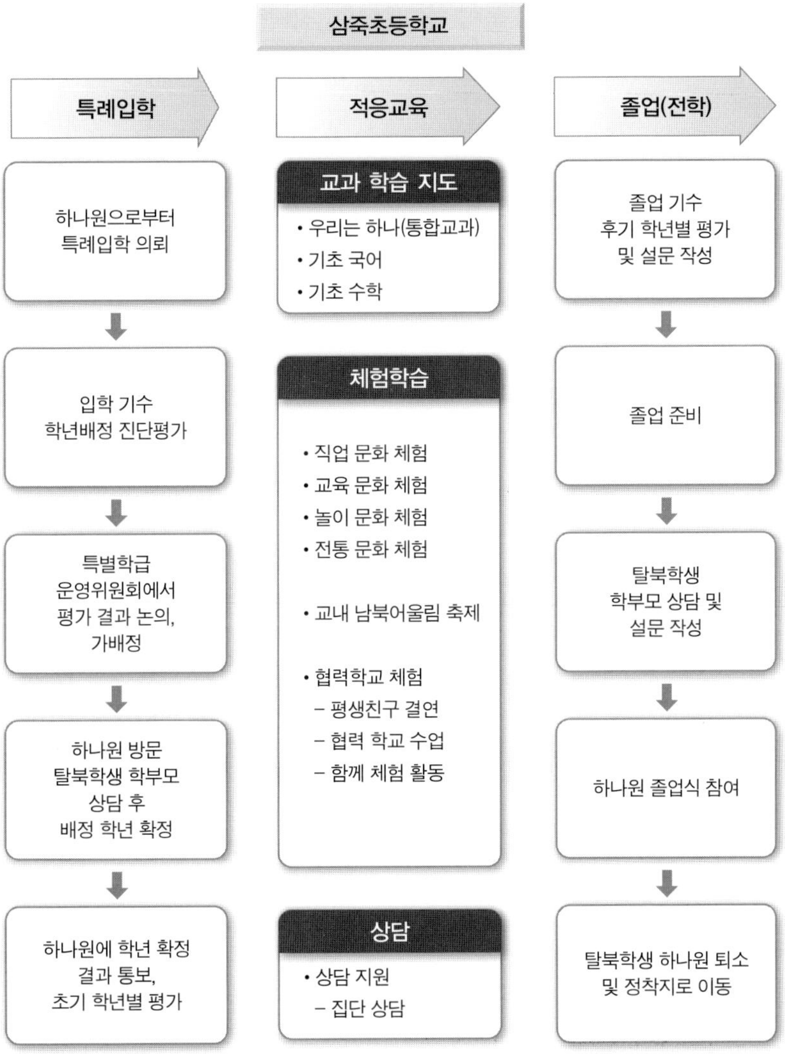

[그림 6-4] 삼죽초등학교의 입국 초기 교육

출처: 한국교육개발원(2016), p. 20.

(3) 중등교육

만 12~17세 청소년은 하나원의 하나둘학교에서 교육을 받는다. 입소 기수별로 학급이 편성되고 국 · 영 · 수 교과의 경우 수준별로 학급이 구성된다. 2011년부터는 하나둘학교 청소년반 학생 대부분이 하나원 재소 기간 내에 경기도교육청에서 실시하는 학력심의를 거쳐 학교에 편입할 수 있는 학력을 인정받는다.

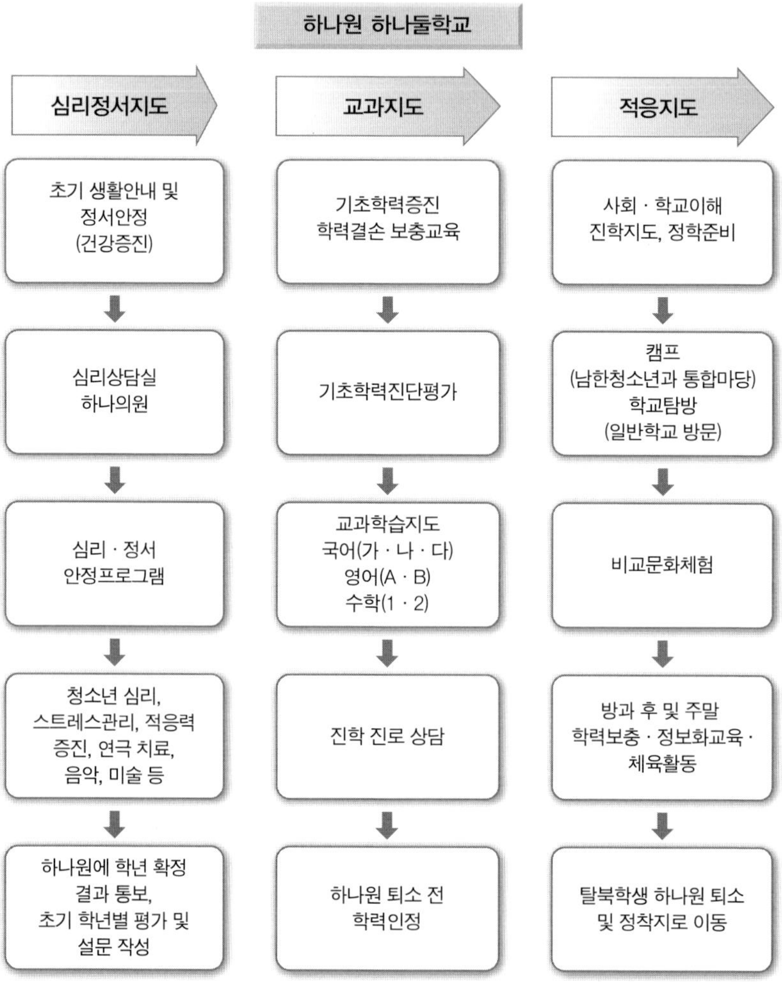

[그림 6-5] 하나원 하나둘학교의 교육과정

출처: 한국교육개발원(2016), p. 21.

(4) 전환기 교육과 정착기 교육

전환기 교육은 하나원에서의 입국 초기 교육과 연계하여 일반학교 편입학을 위한 보충학습과 사회적응을 위한 디딤돌 교육을 말한다. 전환기 교육은 기숙사 학교인 한겨레중 · 고등학교에서 실시한다. 6개월이나 1년 동안 전환기 교육을 받은 탈북학생은 한겨레중 · 고등학교에서 졸업을 하거나 중 · 고등학교로 전학 또는 편입학한다.

정착기 교육은 정상적으로 정규학교에 다니는 것을 말한다. 나이 문제로 정규학교를 다니기 어려운 경우에는 고등학교 학력이 인정되는 대안학교에 입학할 수 있다. 또한 정규학교에 재학 중이라도 학교적응이 어렵다면 교육감이 지정한 대안교육기관에서 위탁교육을 받은 후 원적교에서 정상적으로 졸업할 수도 있다.

2) 학력인정

「북한이탈주민의 보호 및 정착지원에 관한 법률」 제13조에 따라 보호대상자는 대통령령으로 정하는 바에 따라 북한이나 외국에서 이수한 학교교육의 과정에 상응하는 학력을 인정받을 수 있다. 통일부 장관이 합동신문자료를 바탕으로 북한이탈주민의 북한학력확인을 한다. 학력확인서는 거주지 시 · 군 · 구청에서 신청하여 발급받는다.

탈북학생이 학력인정신청서를 교육청에 제출하면 교육청에서는 학력심의위원회를 개최하여 심의의결한 후 학력인정증명서를 발급한다. 학교급별 졸업인정기준은 다음과 같다.

- 북한의 초등교육(4년)을 마친 자는 한국의 초등학교 졸업으로 인정
- 북한의 중학교 3학년 이상 이수한 자는 중학교 졸업으로 인정
- 북한의 중학교 6학년을 마친 자는 고등학교 졸업으로 인정

신청자의 연령이 한국학교의 동 학년 나이보다 적을 경우에는 이를 인정치 않고

해당 연령의 학년으로 편입하도록 한다. 예컨대, 교육청의 학력심의위원회는 학교급별 졸업자격을 심의하고 학년배치는 학교장이 결정한다. 의무교육기간에 해당하는 연령에는 교육정도와 무관하게 그 해당 연령의 학년배정을 원칙으로 하되 본인의 희망을 고려한다.

3) 교육지원

「북한이탈주민의 보호 및 정착지원에 관한 법률」 제24조에 따라 통일부장관은 대통령령으로 정하는 바에 따라 보호대상자의 나이, 수학능력, 그 밖의 교육여건 등을 고려하여 보호대상자가 교육을 받을 수 있도록 필요한 지원을 할 수 있다.

초등학교와 중등학교에 만 25세 미만에 입학 또는 편입학한 탈북학생에게는 입학금과 수업료, 학교운영지원비, 기숙사 사용료 등이 면제된다.

고등교육기관에 만 35세 미만에 입학 또는 편입학한 탈북학생은 거주지 보호기간이 5년 이내이거나 고교졸업학력이 인정된 후 5년 이내에 입학 편입학한 경우에 지원대상이 된다. 국 · 공립인 경우 입학금과 수업료 전액이 면제되고 사립인 경우 반액이 보조된다. 입학금은 입학, 재입학, 편입학 등 그 입학의 형태 등과 관련 없이 해당 지원대상자에 대해 1회에 한하여 면제 · 보조한다. 지원기간은 최초로 입학 또는 편입학한 날부터 6년의 범위에서 8학기이다. 의학 · 치의학 · 약학 및 한의학 계통은 8년의 범위에서 12학기이다. 국내에서 4년제 대학 이상을 졸업한 자와 직전 학기의 평균학업성적이 100점 만점 중 연속 2회 이상 70점 미만인 경우는 제외한다.

4. 개선 방향

탈북학생은 남한에서 언어와 사회적응, 인간관계 등에 있어 심리적으로 많은 어려움을 겪고 있다. 탈북학생이야말로 정치적 영향에 의한 사회적 약자라 할 수 있다. 이러한 어려움을 극복할 수 있도록 도와주는 것은 인도적인 차원에서 꼭 필요한 일이다. 교육 분야에서는 다음과 같은 지원이 있어야 한다.

1) 위탁교육의 활성화

탈북청소년 위탁교육 시행 및 관리 방안에 관한 연구(김성기, 2011)에서는 위탁교육 환경으로서 기관 및 시설의 위탁가능성을 검토한 바 있다. 그 결과 민간교육시설 등에서 상근직원 인건비가 공식적으로 지원될 경우 위탁에 적극적으로 임할 것으로 나타났다. 반면에 면담 결과 정규학교 교사들 중에는 통합교육의 취지에서 위탁을 꺼리는 경우도 있음을 발견하였다. 특히 중학교에서 위탁을 보낼 경우 다시 일반고등학교에서 적응하지 못함을 우려하는 의견이 많다.

위탁교육 수요는 이미 탈북청소년의 정규학교 이탈률에서 확인된다. 앞서 분석한 바와 같이 2015학년도의 경우만 하더라도 초등학교에서 0.2%, 중학교에서 2.9%, 고등학교에서는 자그마치 7.3%, 전 학교급 평균 2.2%의 학업중단율을 보이고 있다. 일반학생들의 평균 학업중단율 1%에 비해 2배 이상 높은 중단율이다. 한마디로 말해 일반학교에 적응하기가 쉽지 않다는 것이다. 물론 하나원 등에서 입국초기교육 등을 실시하나 충분치 않다.

따라서 교육청에서는 적극적으로 탈북청소년민간교육 시설을 위탁교육시설로 지정할 필요가 있다. 한편으로는 이러한 위탁교육의 질관리를 위해 평가체제를 도입하고, 운영진단과 컨설팅을 진행할 필요가 있다. 아울러 이러한 제도가 성공적으로 이루어지기 위해서는 무엇보다도 탈북청소년과 그 교사들을 위한 교육프로그램을 개발할 필요가 있다.

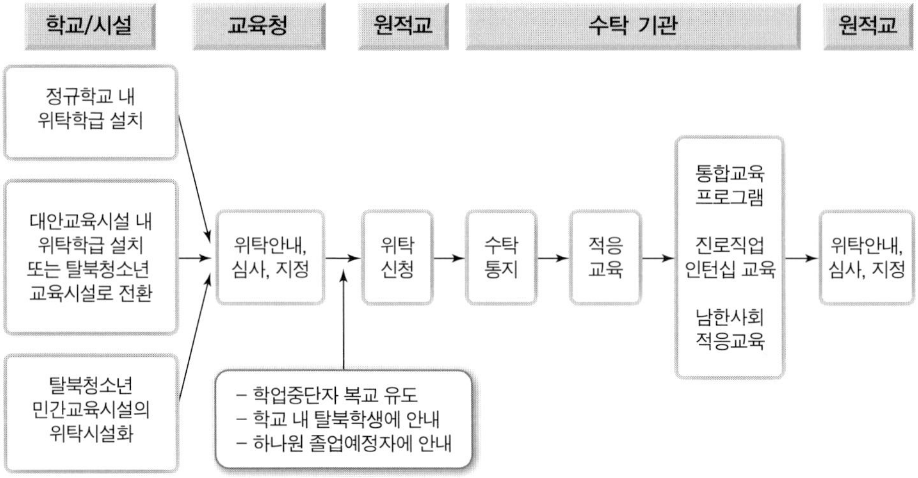

[그림 6-6] 탈북학생 위탁교육 모형

먼저 정규학교나 민간시설에 위탁학급을 설치하도록 유도한다. 교육청에서는 위탁교육제도를 안내한 후에 심사 · 지정한다. 동시에 학업중단 탈북학생을 찾아 복교를 유도하고, 정규학교 내 탈북학생에게 위탁교육제도를 안내한다. 하나원 졸업자에게는 우선 정규학교에 입학한 후에 바로 위탁교육을 받을 수 있음을 적극적으로 안내한다. 특히 초기 적응교육이 부족하다고 판단되는 학생에게는 위탁교육을 권고한다. 원적교에서는 이러한 수탁대상기관에 학부모와 학생의 동의를 받아 위탁을 신청하고 수탁기관에서는 수탁여부를 결정하여 원적교에 통보한다. 이후 단기 적응교육을 이수한 후 최종적으로 위탁교육여부를 결정한다. 이후에 수탁기관에서는 통합교육과 진로직업교육, 남한사회적응교육을 실시한다. 가급적 한 학기, 길어도 1년 이내에는 원적교에 복귀할 수 있도록 교육하는 것을 목표로 한다.

교육청에서는 위탁후에 도덕적 해이가 발생하지 않도록 지원, 관리, 감독할 필요가 있다. 이를 위해 먼저 위탁교육평가위원회를 구성하여 평가를 실시하고 이 결과를 교육청 홈페이지에 공지하여 시설 선택에 반영되도록 하고 컨설팅 후 미개선 시에는 지정을 해제하도록 한다. 또한 이 결과를 심사 시에 활용한다. 또한 위탁교육이 잘 운영될 수 있도록 컨설팅을 실시할 필요가 있다. 이 컨설팅을 통해 수탁시설들이 통합교육적 관점에서 학생들을 원적교에 복귀시킬 수 있도록 도와준다.

이러한 위탁교육이 소기의 목적을 달성하기 위해서는 기초학력 배양 프로그램 개발, 일반학생과 다른 적응교육 프로그램 개발, 탈북대안학교형 교과서 제작, 위탁교육 전문교사 양성 프로그램 개발 등이 추진되어야 한다.

2) 대안교육시설의 지원 강화

무연고, 학력 초과 및 학교 부적응 등으로 인해 학교 밖 탈북청소년 대안교육시설, 방과 후 교육프로그램 운영기관, 그룹홈 등의 수요가 상존하고 있다. 정부에서는 2005년부터 이러한 시설에 대한 재정지원사업을 펼치고 있다. 2005년에는 8개, 2006년에는 10개, 2007년에는 11개, 2008년과 2009년에는 13개, 2010년에는 18개, 2011년에는 22개 시설에 대해 지원하여 오고 있다. 2011년에 이러한 시설들에 대한 컨설팅 결과가 있었다(김성기, 2011).

전일제 시설의 경우에는 정규학교와 같은 교육과정을 운영함과 동시에 검정고시 준비를 해야 하는 이중고에 시달리고 있다. 대부분의 시설은 개별 맞춤형 교육이 이루어지고 있다. 다만, 프로그램 진행과 관련하여 중간점검이 이루어질 필요가 있다. 강사나 멘토, 교사들이 프로그램을 실시한 후 상황을 점검하고 활동결과를 기록하는 과정이 부족하다. 수업일지와 활동일지 등이 기록될 필요가 있다.

오랫동안 탈북청소년교육을 진행해 왔던 시설들로서 노하우를 갖고 있다. 의료시설 등 지역사회 자원을 충분히 활용하고 있다. 다만, 다양한 교육활동을 시도함에도 불구하고 예산 부족, 교육활동 공간 및 교육기자재 부족, 주먹구구식 행정과 예산관리 등 시설들이 개선할 점들이 있다.

교사자격증을 소지한 상근자가 부족하고, 학생들은 유동적이다. 탈북청소년의 보호시설로는 충분하지만 교육시설로는 아직 부족한 상태이다. 안정적인 교육을 위해서는 교사자격증 소지자가 상근직원으로 배치될 필요가 있다.

탈북청소년 교육지원대상의 확대, 안정적이고 지속적인 재정지원방식으로의 전환, 관련기관 협력체계 구축, 공립 탈북청소년교육시설 설립, 학생과 상근직원에 대한 상담 지원, 교사연수 및 워크숍 확대, 연합행사 확대 실시, 위탁교육 실시, 교사자격증을 소지한 상근교사에 대한 인건비 지원, 광역 지역의 시설에 대한 셔틀 운행 지원, 우수시설에 대한 예산자율권 부여, 학생 옴부즈맨 설치 등을 추진할 필요가 있다.

3) 탈북학생의 역량 측정 및 계발

탈북학생이 교육적 공백기를 갖고 있다고 해서 모두 학력미달이거나 능력이 부족하다고 볼 수는 없다. 특히 수학이나 과학 등에 있어서는 남한의 학생들과 비등한 실력을 갖고 있다. 그러나 이들이 처음으로 남한에 입국하여 어떠한 능력을 갖고 있는지를 측정하고 계발해 주기 위한 안내나 조치가 미흡하다. 일반학교에 바로 진입하여 일반학생들과 동일한 과목으로 수업을 듣고 일반적 교육을 받음으로써 이들이 자신의 전문적 영역을 개척하고 능력을 계발할 수 있는 기회를 찾지 못하고 있다. 우리 사회에서 잘 적응할 수 있도록 하기 위해서는 이들의 특이한 역량을 발굴하고 계발해 줄 수 있는 체계적인 장치가 필요하다.

참고문헌

경남교육청(2011). 대안교육 위탁기관의 지정 및 운영지침.

김성기(2011). 탈북청소년 위탁교육 시행 및 관리 방안 개발. 한국교육개발원 탈북청소년교육지원센터.

김성기, 이덕난, 안병천(2011). 탈북청소년 민간교육시설 운영진단 및 컨설팅 방안 개발. 한국교육개발원 탈북청소년교육지원센터.

무지개청소년센터 외(2007). 노원구 새터민청소년 교육지원체계 개발에 관한 연구.

신현옥 외(2010). 남북한 문화이해 교육용 플래쉬『남북한 청소년 친구되기』. 한국교육개발원.

윤상석(2009). 북한이탈청소년 현황과 과제. 다문화교육연구, 2(2).

윤상석(2009). 북한이탈청소년 현황과 지원방향. 열린세상푸른청소년 2009년호.

이수정 외(2008). 새터민청소년 배움의 길찾기 연구. 한국청소년정책연구원.

이차영(2000). 남한 이주 북한인의 학력 인정 문제에 대한 입법론적 검토. 교육법학연구, 12, 137-160.

이태주 외(2010). 학교 밖 탈북청소년 심층 연구. 한국교육개발원.

정병호 외(2001). 탈북학생 사회, 학교 조기적응을 위한 특별교육 프로그램 개발연구. 교육인적자원부.

정병호 외(2004). 북한이탈청소년을 위한 학교 설립 타당성 연구. 교육인적자원부.

정병호 외(2004). 새터민 청소년 교육 현황과 과제. 남북문화통합교육원.

탈북청소년 민간교육시설 '재정지원사업 신청서'(2010, 2011).

한국교육개발원. http://www.hub4u.or.kr/hub/edu/status01.do(2016. 7. 1.)

한국교육개발원 탈북청소년교육지원센터(2010). 2010 탈북청소년 민간교육시설 재정지원사업 중간점검.

한국교육개발원 탈북청소년교육지원센터(2013). 탈북학생 주요통계 자료.

한국교육개발원 탈북청소년교육지원센터(2015). 탈북학생 통계 현황.

한국교육개발원 탈북청소년교육지원센터(2016). 탈북학생 통계 현황.

한국교육개발원 탈북청소년교육지원센터(2019). 탈북학생 통계 현황.

한국교육개발원(2016). 탈북학생 지도교사용 매뉴얼.

제 7 장

기초학력미달 학생

1. 기초학력미달 학생에 대한 정책의 필요성

교육의 결과로서 모든 학생의 기초적인 학업성취 수준을 보장하기 위한 교육정책은 지난 30년간 전 세계적으로 활발하게 시행되고 있다(Deming & Figlio, 2016). 1990년대 이후 교육책무성의 관점에서 학업성취도 시험을 통해 교육기관을 평가하는 정책들이 시행되었다(Lingard et al., 2016). 우리나라의 경우에도 1995년 5 · 31 교육개혁 이후 이러한 흐름이 이어져 왔다(김병찬 외, 2014).

가장 적극적인 정책을 시행하고 있는 미국의 경우 No Child Left Behind(NCLB) 법률을 통해 단위학교의 성취기준 달성여부를 매년 평가하고 이에 대한 책임을 지도록 하는 조치들을 시행하였다(박주형, 2011). Obama 정부가 2015년 NCLB를 개정하여 새롭게 시행한 Every Student Succeeds Act(ESSA) 역시 모든 주에 학생들의 학업성취도 평가를 시행하고 이를 통해 학교의 책무성을 점검하도록 요구하고 있다(이덕난, 유지연, 2019). 영국의 경우에는 아동지원 종합계획하의 세 번째 목표로서 아동의 주요 연령(5세, 11세, 19세)의 기대수준을 정하고 이에 미달하는 학생을 지원하는 정책을 시행하고 있으며, 핀란드의 경우에도 학습부진학생을 위한 보충교육과 특별지원교육을 시행하고 있다(이화진, 김민정, 이대식, 손승현, 2009).

과거 국가경쟁력 강화를 위한 수월성 교육 차원에서 우수학력 학생들에 대한 지원을 강조하던 흐름이 최근에는 학습부진학생에 대한 지원을 강화하는 흐름으로 변화하기 시작하였다. 특히 우리나라의 경우 과거 학습부진 현상이 개인수준에서 학습동기의 부족이나 학습능력의 문제 등으로 나타났지만 최근에는 사교육으로 인한 구조적 차원에서 학습부진이 나타난다는 점에서 기초학력미달 학생에 대한 지원은 교육당국의 중요한 역할로 인식되기 시작했다(이화진 외, 2009).

기초학력미달 문제가 정책의제로 설정되고 이를 해결하기 위한 정책적 노력이 강화된 현상은 교육평등의 개념 확장과 관련되어 있다. 교육평등의 개념을 보다 적극적으로 적용하여 투입과 과정의 평등뿐만 아니라 교육결과의 평등을 추구하기 위한 방안으로 기초학력보장제도는 국민적 지지를 받게 되었다. 기본적으로 기초학력미달학생은 수업을 따라가지 못함으로써 학교생활에 흥미를 잃게 되며, 결국에는 누적적 학습결함으로 학업중단을 할 가능성이 매우 높다는 점에서 교육정책의 관심집단이었다. 하지만 교육평등의 개념 확장은 이러한 문제를 학생이나 가정의 문제 혹은 교실이나 학교에서 교원의 문제로 치부하는 것이 아니라 국가차원의 문제로 확장시켰다.

기초학력미달 학생의 존재는 개인적 차원의 문제 이외에도 수업과 교사에게도 부정적인 영향을 미칠 수 있다. 기초학력미달학생은 부정적 수업 분위기를 조성함으로써 다른 학생의 수업 과정에 부정적 영향을 미치며 교사의 수업 및 생활지도의 스트레스를 유발할 수도 있다(김태은, 2013). 더욱이 교사의 수업 및 생활지도의 스트레스를 유발함으로써 교사에게 나쁜 영향을 미치며 교사들의 기초학력미달 학생에 대한 특별한 관심이 반대로 다른 학생에 대한 소외로도 이해될 수 있다.

「헌법」 제31조 제1항의 '모든 국민은 능력에 따라 균등하게 교육을 받을 권리를 가진다.'는 규정은 단순히 차별 없이 학교에 입학할 수 있고 일정한 조건을 충족한 수업을 이수함으로 완전히 충족되는 것은 아니다. 교육의 양적 성장 단계를 끝내고 질적 향상 단계에 들어선 우리나라의 경우 교육결과의 평등을 지향하는 차원에서 적어도 모든 학생이 사회에서 요구한 일정 수준 이상의 학업성취 능력을 가지도록 하는 것은 매우 중요한 과제이다. 이러한 맥락에서 교육부 및 시 · 도교육청은 다양한 정책을 통해 학업부진을 극복하기 위한 노력을 지속해 왔다. 하지만 최근 들어 점차 계층 간 학습격차가 벌어지고 있으며 기초학력미달 학생의 비율이 높아지고 있는 상황을 고려할 때 지금까지의 기초학력보장정책을 평가하고 이를 바탕으로 새로운 대안을 제시할 필요가 있다.

2. 기초학력미달의 개념과 현황에 대한 이해

1) 개념

기초학력미달은 학생이 충분한 학습능력을 지니고 있음에도 다양한 이유로 교육과정에서 기초학력으로 간주되는 교과에서 최소한의 목표를 달성하지 못하는 현상을 의미한다. 20대 국회에서 법률안으로 제안된 '기초학력 보장법안'(박경미의원 대표발의, 2017. 5. 19.)에서는 기초학력을 학교의 학생이 학교 교육과정을 통하여 갖춰야 하는 최소한의 성취기준을 충족하는 학력으로 정의하고 있다. 즉, 기초학력미달은 개념적으로는 학교교육에서 길러야 할 학력의 기초수준에 미달하는 것을 의미하며 주로 국어, 수학, 영어 등 주요과목에 대한 기본적인 학습능력을 의미한다(김순남, 이병환, 2011).

기초학력미달은 학습부진과 개념적으로 유사하지만 차이점도 가진다. 학습부진은 기대하는 학습목표를 달성하지 못하거나 수업의 과정에서 어려움을 겪는 일반적인 현상을 의미하는 데 비해 기초학력미달은 정해진 기준을 달성하지 못하는 현상을 설명하고 있기 때문에 그 기준을 어떻게 설정하고 이를 어떻게 측정하는지에 따라 현상이 구체적으로 나타난다는 것에 차이점이 있다. 학습부진은 기초학력부진과 교과별 학습부진을 포괄하기 때문에 기초학력미달보다는 더 포괄적인 개념이다. 일반적으로 국가수준 학업성취도 평가에서는 기초학력의 미달을 해당 학년 교육과정을 통해 습득해야 할 기초학력에 도달하지 못한 수준 즉 목표 달성도가 20% 미만인 학생을 의미한다. 20~50%는 기초학력, 50~80%은 보통학력, 80% 이상은 우수학생으로 정의된다.

기초학력미달 학생은 앞서 논의한 사회적 약자라는 관점보다는 교육적 약자라는 관점에서 이해될 수 있다. 기초학력미달 학생은 학업중단 학생과 더불어 교육의 투입 차원이 아니라 교육의 결과 차원에서 정의되기 때문이다. 기초학력미달 학생은 사회적 약자 집단인 저소득층 학생, 다문화 학생, 탈북학생 등에서뿐만 아니라 일반 학생에게도 나타날 수 있는 현상이다. 그러나 기초학력미달 학생이 사회적 약자로 규정되고 이 장에서 논의되는 이유는 기초학력미달 현상의 원인이 학생의 사회경제적 배경과 직접적으로 관련이 있기 때문이다. 가정의 사회경제적 배경이 학업성취에 직접적인 영향을 미친다는 것은 미국의 「Coleman 보고서」가 발표된 이래로 여러 연구(김경근, 성열관, 김정숙, 2007; 류방란, 김성식, 2005; 박현정, 정동욱, 이진실, 박민호, 조성경, 2013)에서 입증되었다. 실제로 기초학력미달학생들은 가정의 해체나 빈곤문제로 가정으로부터 방치되거나 가정의 도움을 받지 못한 경우가 많았다.

2) 발생원인

기초학력미달 현상의 발생원인은 기본적으로 개인적 차원에서 찾을 수 있다(이화진, 오상철, 김태은, 노원경, 2015). 기초학력미달은 다른 학생에 비해 열등한 학습능력이나 낮은 학습동기를 가진 학생들에게 빈번히 발생한다. 이는 심한 정서장애나 정신지체를 가진 학생을 제외한 학습장애아에게 빈번히 나타나며, 학교교육에 적응하지 못한 학생들에서도 자주 나타난다.

또한 기초학력미달 현상은 학교의 교육력이 약화되었거나 교육의 내용의 범위와 성취수준이 높아져 제한된 시간 내에 모든 학생이 이러한 성취수준을 달성하기 어려워졌기 때문에 나타난다. 학교의 교육환경(행정업무 과다, 과밀학급, 낮은 예산, 개인차를 고려하지 못한 수업방법 등)이 악화되어 기초학력부진학생에 대한 교육적 책무성을 다하지 못하고 있다. 또한 이들을 위한 체계적인 교육법이나 학습 자료가 부족하며, 새로운 교육과정의 도입과 교육내용의 난이도가 상승함에 따라 기초학력수준이 높아져 점차 기초학력미달 학생의 비율이 높아지고 있다는 것이다.

이와 더불어 기초학력미달 학생이 늘어나는 현상은 최근 사회구조적 차원에서 가정의 사회경제적 배경 및 학교 및 지역적 특성을 반영한 문제로 인식되고 있다. 사회 양극화에 따라 빈곤층 학생들과 같이 기본적인 의식주에 대한 고민을 가진 학생들이 많아지고, 사교육의 확대에 따라 수업에서 초점을 두는 학생집단이 일정부분 선행수업을 하고 온 학생으로 바뀌는 현상 역시 기초학력미달 현상을 발생시키는 원인으로 간주된다.

3) 현황

(1) 국가수준 학업성취 평가 현황

전국단위 학업성취도 평가는 중앙교육연구소가 1963년 기초학력조사를 실시한 이후 행동과학연구소(1969, 1973, 1975)와 한국교육개발원(1975, 1983)을 통해 이어져 왔다(김병찬 외, 2014). 하지만 정부차원에서의 본격적인 국가수준 학업성취도평가는 1986년부터 시작되었다. 정부는 이후 10년간(1997년까지) 국립교육평가원 주관 학력평가를 통해 전반적인 학생 및 학교의 학업성취 수준을 파악하고, 기초학력미달 학생에 대한 정책 수립, 개선하기 위한 자료를 수집해 왔다(교육부, 2014).

하지만 본격적으로 현대적 의미의 국가수준 학업성취도 평가는 1998년부터 교육인적자원부가 한국교육과정평가원에 국가수준 학업성취도 평가(대상 학년 3% 표집)를 의뢰하면서 시작되었다. 2008년부터 초6, 중3, 고2 전체 학생에 대해 평가가 이뤄지면서 보다 체계적인 국가수준 학업성취도 평가가 이루어졌고 2013년부터 초등학생에 대한 평가가 폐지되었다.

학업성취도 평가는 연도별로 시행방식이 약간씩 변경되어 왔지만 그 결과는 보통학력, 기초학력, 기초학력미달로 구분되어 개인별 · 학교별로 결과가 전달 · 공개되었다. 특히 2010년부터는 「교육관련기관의 정보 공개에 관한 특례법」에 따라 학교별로 그 결과를 공시하고 있다. 이와는 별개로 국가수준 초등학교 3학년 기초학력 진단평가가 2002년부터 표집평가 방식으로 2007년까지 이루어져 왔다(교육인적자원부, 2008).

2016년의 경우 국가수준 학업성취도 평가를 국어, 수학, 영어 교과는 중학교 3학년과 고등학교 2학년을 대상으로 전수 평가로 실시하고, 사회 및 과학 교과는 중학교만 표집 평가(236개교, 교당 1개 학급)로 실시하였다(교육부, 2016).

2017년부터는 기존의 중학교 3학년 및 고등학교 2학년 전체 학생을 대상으로 진행되던 평가가 중학교 3학년과 고등학교 2학년 학생 935,059명의 약 3%인 28,131명(중3 238교 13,311명, 고2 236교 14,820명)을 대상으로 국어, 수학, 영어 교과에 대해 평가를 시행하였다. 이 결과 시 · 도별 평가 결과 산출이나 학교별 학업성취도 평가 결과 정보공시가 제외되었다(교육부, 2017). 2017년부터는 표집대상 학생의 성적만으로 해당 학년에 대한 추정치를 발표하게 됨으로써 이전의 평가결과와 비교할 때 표준오차를 함께 고려하여 수치를 해석해야 한다.

(2) 기초학력미달 학생 비율 현황

초 · 중 · 고 대상으로 시행된 2008년부터 2012년 국가수준 학업성취도 평가결과를 살펴보면 지속적으로 기초학력미달 학생이 감소한 것을 알 수 있다. 2008년부터 2012년 동안에는 초 · 중 · 고 전체 기초학력미달 학생 비율이 2008년 7.2%, 2009년 4.8%, 2010년 3.7%, 2011년 2.3%로 감소했다(교육부, 한국교육과정평가원, 2012).

그러나 최근의 추세를 살펴보기 위해 중 · 고등학생을 대상으로 한 학업성취도 평가로 한정해서 본다면 다른 결과를 보여 준다. 2012년부터 2016년까지의 중 · 고 학업성취도 평가결과를 보면 기초학력미달 학생의 비율이 2012년 2.6%에서 2016년 4.1%로 다소 증가하는 현상을 보인다(교육부, 한국교육과정평가원, 2016a).

이러한 추세는 학교급별 기초학력미달 비율에서도 나타난다. 〈표 7-1〉에서 나타난 학교급별 연도별 기초학력미달률을 살펴보면 초등학교의 경우 2008년부터 2011년까지 지속적으로 비율이 줄었으나 중등학교의 경우 2008년부터 2012년까지 감소하지만 2013년부터는 다소간 비율이 높아지는 현상을 보여 준다.[1)]

---

1) 2017년부터는 표집조사(학생의 3% 내외)로 학업성취도 평가가 진행되어 기초학력미달 학생 비율을 과목별로 제시하고 있음.

〈표 7-1〉 연도별 학교급별 기초학력미달 학생 비율[2] (단위: %)

구분	2008년	2009년	2010년	2011년	2012년	2013년	2014년	2015년	2016년
초등학교	2.63	1.71	1.41	0.73	0.77	–	–	–	–
중학교	10.92	7.46	5.50	3.65	3.23	3.85	3.83	3.5	3.6
고등학교(일반고)	12.93	8.47	6.11	3.77	3.25	4.19	4.77	4.2	4.5

출처: 교육부(2016).

기초학력미달 비율을 과목별로 구체적으로 살펴보면 2014년 또는 2015년부터 과목에 따라 기초학력미달 학생 비율의 증감이 나타나고 있음을 알 수 있다. 연도별 기초학력미달 비율을 교과별로 살펴보면 중학교와 고등학교 동일하게 수학이 가장 높고 다음으로 영어, 국어 순으로 나타나고 있다.

표본조사(전체 학생의 약3% 수준)로 진행된 2017년 이후의 기초학력미달 비율을 살펴보면 중3 학생의 경우 국어와 수학 과목의 경우 기초학력미달 학생 비율이 다소 증가하는 경향을 보이고 있는 반면 고2 학생의 경우 기초학력미달 학생 비율의 큰 변화는 나타나지 않고 있다.

2019년 교육부의 학업성취도 평가 결과분석에 따르면 전년 대비, 중학생과 고등학생의 영어 과목의 기초학력미달은 줄어들었으나 국어나 수학의 경우 통계적으로 유의미한 수준의 변화가 없었다.

2) 교육부와 한국교육과정평가원(2015)에 따르면 2015년에 성취수준 재설정이 이루어졌음. 이는 학생들의 성취수준(우수, 보통, 기초, 기초학력미달)을 구분하기 위한 분할점수(cut-off scores)를 다시 정하였다는 것을 의미함. 이에 따라 2015년 이전의 비율과 그 이후의 비율을 비교하는 것에는 한계가 있음을 염두에 두고 비율의 변화를 해석할 필요가 있음.

〈표 7-2〉 중학교, 고등학교의 기초학력미달 비율 (단위: %)

연도＼구분	중3				고2			
	국어	수학	영어	평균	국어	수학	영어	평균
'11년	1.4	4.0	1.3	2.2	2.0	4.4	3.6	3.3
'12년	1.0	3.5	2.1	2.2	2.1	4.3	2.6	3.0
'13년	1.3	5.2	3.4	3.3	2.9	4.5	2.8	3.4
'14년	2.0	5.7	3.3	3.7	1.3	5.4	5.9	4.2
'15년	2.6	4.6	3.4	3.5	2.6	5.5	4.4	4.2
'16년	2.0	4.9	4.0	3.6	3.2	5.3	5.1	4.5
'17[3]년	2.5 (0.14)	6.9 (0.27)	3.1 (0.17)	–	4.7 (0.32)	9.2 (0.51)	3.8 (0.27)	–
'18년	4.4 (0.26)	11.1 (0.41)	5.3 (0.29)	–	3.4 (0.35)	10.4 (0.66)	6.2 (0.51)	–
'19년	4.1 (0.28)	11.8 (0.44)	3.3 (0.24)	–	4.0 (0.40)	9.0 (0.59)	3.6 (0.35)	–

출처: 교육부(2018).

대도시와 읍 · 면지역 간 성취수준 비교 결과 기초학력미달 비율은 전반적으로 대도시가 읍면지역보다 낮은 수준을 보이고 있으며, 대도시와 읍 · 면지역 간 기초학력미달 비율 격차는 연도별, 과목별로 다소 차이는 있으나 전반적으로 커지는 모습을 보이고 있다. 2018년 결과에 따르면 전반적으로 읍 · 면지역에 비해 대도시의 학업성취도가 높게 나타났지만 기초학력미달 비율이 지역 규모에 따라 유의미한 차이는 나타나지 않았다(교육부, 2018).

3) 2017년부터는 표집학생을 대상으로 국가수준 학업성취도 평가를 실시한 결과 기초학력미달 비율은 표집 자료를 통한 모집단 추정치이므로 표준오차가 함께 제시되었음.

〈표 7-3〉 지역 간 교과별 기초학력미달 비율 (단위: %)

구분 연도	중3						고2					
	국어		수학		영어		국어		수학		영어	
	대도시	읍·면	대도시	읍·면	대도시	읍·면	대도시	읍·면	대도시	읍·면	대도시	읍·면
'15년	2.7	2.7	4.2	5.5	3.1	3.7	2.9	2.5	5.3	5.7	4.2	4.7
'16년	2.0	2.3	4.2	6.3	3.6	4.7	3.5	3.2	4.7	5.8	4.7	5.7
'17	2.7 (0.28)	3.2 (0.47)	6.5 (0.48)	7.7 (0.75)	2.9 (0.31)	3.8 (0.65)	5.1 (0.71)	7.1 (1.98)	9.0 (0.89)	13.2 (3.14)	3.7 (0.54)	6.3 (1.70)
'18	4.4 (0.39)	4.3 (0.69)	10.3 (0.69)	12.7 (1.28)	5.3 (0.46)	5.2 (0.78)	4.0 (0.63)	3.2 (0.58)	9.4 (0.94)	12.5 (1.77)	5.5 (0.72)	6.8 (1.21)
'19	3.8 (0.43)	4.9 (0.65)	10.3 (0.76)	15.2 (1.18)	3.4 (0.44)	3.6 (0.53)	3.9 (0.58)	3.1 (0.89)	7.6 (0.81)	9.3 (1.69)	3.6 (0.58)	3.0 (0.77)

출처: 교육부(2019).

마지막으로 시 · 도교육청별 기초학력미달 비율을 살펴보면 〈그림 7-1〉에서 나타난 것처럼 시 · 도별로 기초학력미달 비율의 차이가 두드러지게 나타났다. 기초학력미달 비율이 가장 낮은 교육청과 높은 교육청 간의 차이는 2015년보다 2016년에 더 크게 확대되었다. 2015년의 경우 울산과 서울의 차이가 4.7%였던 것에 비해, 2016년에는 5.1%로 차이가 벌어졌다. 2017년부터는 표집으로 국가수준 학업성취도 평가가 시행되어 지역 간 차이를 제시한 결과가 발표되지 않았다.

(단위: %)

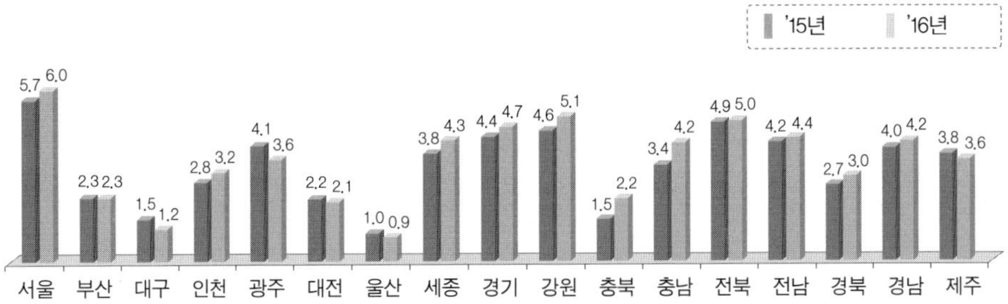

[그림 7-1] 시 · 도별 기초학력미달 비율

출처: 교육부(2018).

3. 정책적 흐름

1) 기초학력미달 학생 지원 정책 흐름

1995년 5 · 31 교육개혁안에서 제시된 학교교육의 책무성을 확보하기 위한 기제로서 국가수준 학업성취도 제도가 점차 강화되었다. 특히 2000년 이후 제기된 학교붕괴 등의 공교육에 대한 비판을 해소하기 위해서 학생들의 학력수준을 최소한의 기준에서라도 보장해야 된다는 주장이 강하게 제기되었다(김경희 외, 2011). 2007년 제정된 「교육관련 기관의 정보공개에 관한 특례법」의 시행에 따라 2010년부터 시작된 국가수준 학교수준 학업성취도 평가결과 공개는 평가결과에 따른 학교의 책무성뿐만 아니라 드러난 학력격차에 대한 국가의 책임을 강조하였다(김병찬 외, 2014).

이러한 문제의식을 배경으로 기초학력미달 학생에 대한 정부의 종합적인 정책이 마련되기 시작하였다. 비록 이전부터 학교, 교육청, 정부 수준에서 기초학력미달학생에 대한 정책[1997년부터 교육인적자원부가 시 · 도교육청과 연계하여 단위학교 중심으로 학습부진 학생의 학력을 높이기 위해 시행한 단위학교 중심의 학습부진 학생 지도 정책인 기초학력 책임 지도제(이화진 외, 2009)]이 추진되었으나 교육의 질 관리 차원에서 국가가 기초학력에 대한 적극적인 개입을 시작한 것은 이명박 정부부터이다. 그 대책의 시작은 전수조사 방식의 국가수준 학업성취도 평가이며, 그 결과에 따라 발생한 기초학력부진학생을 최소화하기 위한 학교단위 지원 프로그램들이 시행되었다.

기초학력미달 학생을 줄이기 위한 정부의 종합적인 정책은 2008년 교육과학기술부가 발표한 '기초학력미달 제로 플랜'을 통해 구체화되었다(이화진 외, 2009). 교육복지기반 확충 차원에서 학력격차를 줄이기 위한 방안으로 도입된 기초학력미달 제로플랜은 이전까지 학업성취도가 높은 학생에게 초점을 맞춘 교육정책을 일반학생 및 학업성취도 미달학생에까지 확장시키는 계기가 되었다.

[기초학력미달 제로 플랜 개요]

□ 학력수준 파악을 위한 평가체계 선진화

• 학습부진 학생 판별을 위한 국가수준 기초학력 진단평가 시행('08. 10.)

– 평가대상 및 교과: 초3, 3R's(읽기 · 쓰기 · 기초수학)

• 학생들의 학업성취 수준 파악을 위한 국가수준 학업성취도 평가 시행(초6 · 중3 · 고1, '08. 10.)

• 시 · 도교육감협의회 주관 교과학습 진단평가 시행(초4 · 중3, 매년 3월)

• 공정한 평가문화 정착과 학습윤리 확립을 위해 시험부정 방지 및 공정한 시험시행을 위한 대책마련 병행('08. 4.~)

□ 학습부진 학생 최소화를 위한 지원 및 책임지도 추진

• 교과부는 학습부진 학생 책임 지도를 위한 자료 개발('08. 12.)과 교과학습 진단 및 학업성취도평가 시행을 위한 예산 지원

• 시 · 도교육청은 시 · 도교육감협의회를 통해 학업성취 수준이 낮은 학교에 대한 원인분석과 격차 해소를 위한 지원 강화

※ 학습부진 학생 지도 우수 사례 발굴 및 우수교원 인센티브 부여

• 학교는 기초학력 책임지도를 위한 특별보충과정 운영과 평가 결과에 따른 학생 진로상담 활동을 강화

□ 평가 결과에 따른 행 · 재정적 지원 확대

• 교육격차 해소를 위하여 우수교원 파견, 재정지원 확대 등을 통해 학습부진 학생에 대한 책임지도 강화

출처: 이화진 외(2009), pp. 50–51.

이명박 정부 교육복지대책 중 15대 핵심과제 중 하나인 기초학력 지원체계 구축은 참여정부 시절의 기초학력 미달학생에 대한 지원과 지도가 충분하지 않고 교육청 및 학교의 책무성을 담보할 방안이 부족했다는 점을 극복하기 위한 대책으로 마련되었다(교육과학기술부, 2007). 이전까지의 기초학력 지원 정책이 주로 학교단위에서 교수–학습 지원을 중심으로 이루진 것이었다면 새로운 대책에서의 교육부 및 시 · 도교육청을 통한 학교 자원을 강조하였다. 예를 들면, 학습부진 학생 지원을 위해서 교

과학습 부진학생 진단도구 및 지도자료(보정교육 프로그램 등)를 개발하여 학교로 보급하는 사업이 시행되었다(교육과학기술부, 2008).

학력격차를 줄이기 위한 정책으로서 기초학력 강화는 우선적으로 대상 학생에 대한 학력이 측정되고 그 결과를 개인별로 활용할 수 있는 시스템이 갖추어져야 맞춤형으로 진행될 수 있다. 이에 따라 2008년부터 전수평가로 진행된 국가수준 학업성취도 평가는 기초학력 보장정책의 필수 요소였다.

2009년 이래로 정부의 기초학력미달 학생을 위한 주요 정책을 살펴보면 〈표 7-4〉에서 보는 것처럼 학력향상형 창의경영학교, 학습부진학생 지도인턴교사제를 비롯하여 2012년부터 진행된 학습종합클리닉센터, 기초학력 진단 · 보정시스템 구축 그리고 2014년부터 시작된 두드림학교 지원 사업들이 있다.

교육부의 기초학력보장사업의 예산을 살펴보면 2009년부터 2015년까지 특별교부금 형태로 약 3,170억 원이 지원되었다(이대식, 2015). 2009년의 955억 원 이후로는 지속적으로 지원금액이 감소하여 2015년에는 약 150억 원 수준으로 지원금액이 급감하였다. 이러한 예산의 급감은 큰 비중을 차지하던 학력 향상형 창의경영학교 사업이 점차 축소되어 2014년 종료되었기 때문이다. 이는 학교에 대한 종합적인 지원보다는 학습부진학생에 대한 맞춤형 지원으로 정책이 변경된 결과이다.

〈표 7-4〉 연도별 기초학력보장 정책 예산 변화

구분	'09년	'10년	'11년	'12년	'13년	'14년	'15년
학습종합클리닉센터	–	–	–	88억 원	73억 원	90억 원	54.87억 원
	–	–	–	93개소	129개소	123개소	177개소
경계선상학교 지원 (기초튼튼행복학교)	–	–	–	71억 원	85억 원	–	–
	–	–	–	–	2,119교	–	–
두드림학교 지원	–	–	–	–	–	96억 원	60억 원
	–	–	–	–	–	1,116교	750교
기초학력 진단–보정시스템 구축	–	–	–	31억 원	31억 원	10억 원	25억 원
	–	–	–	5개 시 · 도	16개 시 · 도	17개 시 · 도	–

학력향상형 창의경영학교	840억 원	770억 원	670억 원	190억 원	113억 원	45억 원	–
	1,440교	1,660교	1,517교	629교	464교	216교	–
학습부진학생 지도 인턴교사[일자리창출 한시(09~12)]	115억 원	122억 원	110억 원	72억 원	–	–	–
	4,793명	2,539명	2,427명	1,553명	–	–	–
컨설팅단 운영	–	–	–	–	–	–	0.75억 원
연수프로그램 개발 및 성과평가	–	–	–	–	–	–	8.3억 원
기초학력향상연구회(동아리)운영	–	–	–	–	–	–	1.08억 원
	–	–	–	–	–	–	36개
전체	955억 원	892억 원	780억 원	452억 원	302억 원	241억 원	150억 원

출처: 교육부(2015).

역대 정부에서 추진한 기초학력미달을 줄이기 위한 가장 대표적인 사업으로 학력향상형 창의경영학교[4]를 들 수 있다. 이 사업은 '기초학력 미달학생 최소화 목적을 위해 뒤처진 학생, 학교 및 지역에 대한 정부의 지원을 통해 보다 적극적으로 기초학력미달을 해소하고자 기초학력미달 학생 비율이 높은 학교를 학력향상형 창의경영학교로 지정하여 운영하는 선별적 형평성 제고 정책'(이화진 외, 2015: 328)으로 2009년부터 2015년 2월까지 진행되었다.

학력향상성 창의경영학교 사업은 2009년 국가수준 학업성취도 평가결과를 반영하여 시작된 것(김성숙 외, 2011)으로 해방 이후 국가가 전면적으로 개입한 학습부진학생 지원 사업으로 평가받는다(이화진 외, 2015). 학력향상형 창의경영학교로 지정되는 기초학력미달 기준은 초등학교 5%, 중학교 및 일반계고 20%, 전문계고 40% 이상[5]이었으며, 학교당 5천만 원에서 1억 원 사이의 예산을 학교규모 및 여건에 따라 차등

4) 2009년 학력향상 중점학교로 시작된 사업명은 2011년에 학력향상형 창의경영학교로 명칭이 변경됨.

5) 사업 첫해인 2009년의 경우 전체 학교평균 기초학력미달 학생비율의 약 2배 이상으로 기준이 설정되어 초등학교는 5.4%로 시작되었음. 또한 이 기준에 해당하더라도 소규모학교의 경우는 지정하지 않고 시 · 도 교육청의 요청에 따라 특별한 학교들이 지정되기도 하였음.

지원하였다(김경희 외, 2011).

학력향상형 창의경영학교로 지정되면 3년간 예산지원을 받게 되나, 학교가 기준 이상의 성취를 보이면 지정이 해제되기도 하였다(이화진 외, 2011). 결과적으로 2009년에 전국 총 1,440개교, 2010년 1,660개교, 2011년에는 총 1,517개교, 2012년 629개교, 2013년 460개교, 2014년 216개교가 지원 대상이었다(이화진 외, 2015).

학력향상형 창의경영학교는 기초학력 미달학생 최소화라는 정책목표를 달성하기 위하여 진단–관리 시스템 구축, 전문성 신장, 책무성 강화, 학교–지역 연계강화라는 추진전략하에 학교별로 학력부진학생을 대상으로 다양한 프로그램을 제공할 수 있도록 교육부는 특별교부금 사업으로 단위학교에 재정지원을 실시하였다(교육부, 한국교육과정평가원, 2016b). 또한 대상학교는 자율학교로 지정되어 학교운영, 교육과정 운영의 특례를 인정받았다. 그리고 교육청은 학교경영 컨설팅 팀을 구성 · 운영하여 학교의 운영계획 수립 단계부터 자문 · 연수 및 안내서비스를 제공하고 학력향상 중점학교 운영에 관한 지속적인 모니터링을 실시하였다.

2) 기초학력 보장 정책의 구체적 사례

교육부는 2017년 표집으로 수행된 국가수준 학업성취도 평가를 토대로 학생 중심 맞춤형 지원을 강화하겠다고 발표하였다(교육부, 2017). 초등학교 3학년부터 중학교 3학년까지 적용되고 있는 기초학력 진단–보정 시스템(교과별 학습부진을 정확히 진단하고 학습결손 보충에 필요한 콘텐츠를 제공하는 온라인 교수–학습 지원 시스템)을 2018년부터는 초등학교 1학년부터 고등학교 1학년까지 적용하도록 하였다. 이 밖에 기초학력 보장정책으로 최근에 활발히 진행되고 있는 사례들로는 학습종합클리닉 센터 및 두드림학교가 있다. 또한 시 · 도교육청별로 독자적 정책을 통해 적극적으로 기초학력 보장을 위한 노력의 사례도 있다.

(1) 학습종합클리닉센터

기초학력 미달학생에 대한 교육적 지원을 강화하기 위해 시 · 도교육청 및 교육지원청 사업으로서 학습종합클리닉 사업이 시작되었다. 기존의 기초학력미달 대책이 기초학력미달의 원인을 학습능력 문제에 집중한 것에 비해 학습종합클리닉은 성장환경, 개인의 정서적 특성 등의 다양한 원인에서 비롯된 것임을 가정하고 이에 대한 대책을 마련하기 위해 설립되었다(이상희, 김은영, 정승환, 박세진, 윤선미, 2015).

학습종합클리닉센터 운영 사업은 기초학력미달 학생 중 특히, 정서 · 행동상 어려움에 처한 학생을 지원하기 위한 학교 밖 지원시스템을 구축한 것이다(이대식, 2015). 2012년에 5개 교육청(서울, 대구, 대전, 전남, 경북)을 대상으로 한 시범사업(학습종합클리닉센터, 기초튼튼행복학교: 경계선상학교 지원, 기초학력 진단-보정 시스템 도입 및 운영)에 132억 원의 예산으로 지원하였으며, 2013년에는 나머지 112개 교육지원청에 68억 원의 예산을 지원해 제도를 정착시키고 있다. 학습종합클리닉의 주요 기능으로는 사례관리, 교원/학부모 교육, 심리상담, 외부기관과의 연계, 학습코칭 및 학습지도, 심리검사 실시 지원 등이 포함된다.

(2) 두드림학교

정부는 2014년부터는 '두드림(DO-dream)학교'를 통해 단위학교 차원의 학습부진 학생 지원 노력을 돕고 있다(이상희 외, 2015). 기초학력부진학생들의 꿈과 끼를 실현('Do-Dream')할 수 있는 여건을 만들어 주는 학교라는 의미를 가진 두드림학교는 새로운 사업이 아니라 그간 기초학력향상정책의 일환으로 운영되었던 기초학력향상 관련 사업인 단위학교 다중지원팀(학습클리닉) 운영을 독립 사업으로 추진하는 것이다.

두드림학교는 「초 · 중등교육법」 제28조(학습부진아 등에 대한 교육) 및 동법 시행령 제54조 제3항 제2호(학습부진학생의 진단 · 상담 · 치유 프로그램 등을 제공하는 사업)에 따라 정서행동장애 등 복합적 요인(학습부진, 학습장애, 정서행동장애, 돌봄 결여 등)으로 어려움을 겪는 학습부진 학생을 지원하기 위한 사업이다(교육부, 한국교육과정평가원, 2016). 지원대상은 학습부진 학생이 많은 학교나 학습부진 학생 비율이 높은 초등학교(70%) · 중학교(30%) 중 공모를 통하여 시 · 도교육청에서 선정한다. 2015년 1,034개 학교에서 학교당 800만 원 예산으로 운영되었다.

이 사업은 학교별로 두드림팀을 구성하여 지원학생에 대한 맞춤형 교육서비스 등을 제공하는 것을 목적으로 한다. 지원학생은 기초학력 부진학생 중 학습(읽기, 쓰기, 셈하기 어려움 등), 학습습관/동기, 정서행동, 돌봄 측면에서 한 가지 이상의 어려움을 지닌 학생과 일반학급에 속해 있는 경계선 특수학생도 포함된다. 또한 특정정책사업의 대상에서 제외되었지만 다중 지원 서비스가 필요한 학생[6]도 포함하여 지원한다(교육부, 한국교육과정평가원, 2016).

주요 지원내용으로는 대상 학생 선정 및 부진 수준, 원인 진단(필요시 외부 전문가/기관에 의뢰함), 부진 수준에 따른 맞춤형 학습지도(3R's 및 교과학습 부진 영역 지도, 방과 후 교육뿐만 아니라 협력학습 등을 통해 정규수업 참여도 제고), 부진 원인에 따른 학습상담/학습코칭 운영, 학교 내 사업 연계 지원(돌봄사업, 교복우사업, 다문화, 탈북, 학교폭력, 학생건강지원, 농산어촌학교 지원 사업 등), 학교 밖 기관/지역사회 연계 지원, 학부모(또는 보호자) 상담 · 연수, 사례 관리 및 협의를 통한 학생 맞춤형 지원의 최적화 도모 등을 포함한다.

(3) 기초학력 지원 내실화 방안

교육부는 그간의 기초학력보장 정책의 문제점을 보완하고 최근의 기초학력부진 학생비율 증가에 적극적으로 대처하기 위해 2019년 '행복한 출발을 위한 기초학력 지원 내실화 방안'(교육부, 2019)을 발표하였다. 모든 학생의 잠재적 역량 발현이라는 비전을 달성하기 위해 기초학력 진단 체제 개편, 학교 안 · 밖 기초학력 안전망 내실화, 평등한 출발선 보장을 위한 초등 저학년 집중 지원, 국가–시 · 도–학교 책무성 강화라는 4영역에서 26개 과제를 시행하는 것을 주요 골자로 하는 계획이다.

그간의 정책들이 기초학력미달 문제에 대한 초기 개입에 미진했으며, 현행 특정 학년 대상 · 표집형 학업성취도 평가의 한계로 인해 진단의 사각지대가 있었다는 점, 기초학력 문제에 해결하기 위한 교원의 역량을 신장시키는 데 부족함이 있었다는 점을 개선하고자 하였다.

---

6) 교복우(특) 사업에서 제외되었지만, 교육복지 지원이 필요한 사각지대 기초학력 부진학생 등(예: 기초수급이나 차상위계층가정 아동에 해당하지는 않지만 실제는 가정, 가족 지원 등의 돌봄이 필요한 부진학생의 경우 본 사업에서 지원).

기존의 기초학력 지원 사업을 확대하는 차원에서 기초학력 보정을 위한 스마트학습콘텐츠를 개발하고, 기초학력 선도 · 시범학교를 늘리는 과제를 포함하고 있다. 또한 초등 저학년에 집중 지원을 하기 위해 입학초기 학교적응 프로그램의 시행, 한글 및 수학 교육에 대한 고도화 및 필요에 따라서는 학급 규모의 유연화를 추진하는 등 기초학력의 징후에 대한 초기 개입을 추진하고 있다. 기초학력에 대한 국가적 책무성 차원에서 기초학력 보장법안을 추진하고 교육부-시 · 도교육청 간의 협력을 위한 협의체 구축을 포함하고 있다.

(4) 서울시교육청의 기초학력 향상 기본계획

기초학력을 보장하기 위한 정책은 그동안 교육부를 중심으로 기획되고 시행되어 왔다. 교육부가 정책을 수립하고 주요 사업을 추진하기 위해 특별교부금을 시 · 도교육청에 배부하고 일정 기간이 지난 후 교육청이 해당 사업에 대한 예산 지원을 담당하는 식으로 정책이 집행되었다. 하지만 초 · 중등교육 분야의 권한이 시 · 도교육청 단위로 실질적으로 이양되고 시 · 도교육청의 교육정책 기획역량의 개선 및 지역적 특색을 고려한 정책의 기획의도가 강화됨에 따라 시 · 도교육청 자체적인 교육정책이 제안되고 시행되는 사례가 늘고 있다.

기초학력 보장 계획과 관련해서도 서울시교육청은 서울지역 학교 및 학생의 특성을 고려한 맞춤형 교육정책을 2019년에 발표한 바 있으며, 5개 과제(교육과정 · 수업 연계 기초학력 책임지도, 기초학력 진단 · 보정 및 읽기 곤란학생 지원체제 구축, 단위학교 기초학력 향상 프로그램 운영, 학교로 찾아가는 서울학습도움센터 운영, 기초학력 부진학생 지도 전문성 제고)와 과제별 3개의 세부과제를 설정하여 서울지역의 모든 학생에 대한 교육청, 학교, 교사의 기초학력 책무성을 확보하려고 하였다. 서울기초학력지원시스템(http://s-basic.sen.go.kr)을 통한 기초학력의 진단 및 보정 프로그램을 지원하고 학교의 수업 개선을 위해 기초학력부진을 사전에 예방하려고 하였다. 또한 교사와 학교의 기초학력책임지도를 전제로 하되 필요에 따라서는 서울학습도움센터나 교육청의 기초학력 향상 지원 컨설팅 장학을 통해 보다 전문적인 솔루션을 학교에 제공하는 시스템을 구축하였다.

4. 성과와 과제

1) 성과

(1) 기초학력미달 학생에 대한 정책적 관심 제고

사회적 약자로서 기초학력미달 학생에 대한 정부차원의 종합적인 정책들이 개발 · 시행된 것은 교육복지정책의 차원에서뿐만 아니라 학교의 핵심기능인 교수–학습과정에서 학생들이 소외되지 않도록 하려는 교육기관의 책무성 차원에서도 매우 중요한 것이다. 이명박 정부 이전에는 기초학력미달 현상이 학생개인의 노력부족 등의 문제, 학교의 교육 수준 저하 및 담당교사의 책임감 결여 등의 원인 때문에 발생하며, 이는 단위학교의 관심과 지원으로 극복될 수 있는 것으로 여겨졌다. 하지만 기초학력미달 현상은 사회적 양극화, 가정의 해체, 사교육 등으로 인한 교실 내 교육격차 심화에 따른 문제 등이 종합적으로 작용한 결과로서 인식됨에 따라 인지적 측면의 문제일 뿐만 아니라 정서적 · 사회적 측면의 문제로 나타난 것으로 해석되었다. 이에 교육복지의 차원에서 정부차원의 종합적 지원이 이루어졌다. 기초학력을 보장하려는 교육정책은 학력부진보다는 우수학생을 위한 수월성 교육이 교육정책의 추구가치로서 강조되던 상황에서 학습부진학생의 교육받을 권리의 실질적 보장을 위한 새로운 교육정책의 방향을 제시했다는 성과를 보여 주었다.

(2) 기초학력미달 비율의 감소

기초학력미달을 측정하는 국가수준학업성취도 평가결과를 살펴보면 2008년 8%였던 기초학력미달 학생비율이 2012년 2.6%까지 감소된 후 그 수치가 점차 높아져 2016년 4.1%를 기록하였다. 비록 2012년 이후 기초학력미달 비율이 점차적으로 높아지고 있다는 한계를 보이고 있지만 2008년과 비교했을 때 기초학력미달 비율이 50% 정도 감소하였다.

보다 구체적으로 기초학력보장정책의 핵심 사업으로 진행된 학력향상형 창의경영학교(2009~2014년)의 성과를 살펴보면 2009년 1,440개교로 운영된 학력향상형 창의경영학교가 2010년(1,660개교)로 증가한 후에 2011년 1,517개교, 2012년 629개교, 2013년 460개교, 2014년 216개교로 지속적으로 줄어든 것으로 보아 기초학력미달 학생이 밀집한 학교에서 교육개선을 통해 학생들의 기초학력수준을 보장해 주는 데 성공했다고 평가된다. 기초학력미달학교로서 지정된 이후 사업운영이 성공적이어서 기초학력미달학교 지정에서 탈출하게 되기 때문에 학력향상형 창의경영학교 수가 줄어든 것은 사업운영에 성공적인 학교들이 늘어났다는 것을 의미하기 때문이다. 특히 학력향상형 창의경영학교로 지정된 학교의 경우 지정되지 않은 학교보다 기초학력미달률을 줄이는 데 큰 영향을 미치고 있다(이화진 외, 2015).

특히 학력향상형 창의경영학교 지정기준이 초등학교급에서 중등학교급보다 엄격하게 설정되어 약 24%의 초등학교가 학력향상형 창의경영학교 사업을 운영하였다는 점은 초등학교에서의 기초학력보장을 강조했다고 볼 수 있다(이화진 외, 2015). 그 결과 2012년에는 초등생의 기초학력미달 비율이 1% 미만(0.77%)으로 감소한 성과를 이루어 냈다.

(3) 학교 밖 지원시스템 구축

기초학력을 보장하기 위한 교육부의 정책의 방향은 2012년부터 학교단위의 단기적 프로그램 제공에서 교육청 단위의 체계적인 학교 밖 지원시스템 구축으로 전환되었다. 기초학력미달을 지속적으로 줄이기 위해서는 학교 내의 노력과 더불어 학교 밖 지원이 필요하다는 점을 고려한 결과로서 학습종합클리닉센터, 기초학력 진단-보정 시스템 등을 구축함으로써 학교 및 학생에 대한 직접지원을 시행하였다. 2012년 5개 교육청을 시작으로 2013년부터 전체 교육청(교육지원청 포함)이 학습종합클리닉센터(교육지원청별 설치), 기초학력 진단-보정 시스템 구축, 기초튼튼행복학교 운영을 위한 예산을 특별교부금으로 지원하였고 각 시 · 도교육청에서도 자체예산으로 기초학력보장정책을 시행하도록 독려하였다.

2) 과제

(1) 기초학력미달의 기준의 재검토

교육부의 국가수준학업성취도 평가결과 보도자료(2016)에 따르면 최근 기초학력 비율 다소간 증가하고 있으나 기초학력보장정책이 본격적으로 시행되기 시작하기 전인 2008년의 8%에 비해 상당 수준 비율을 줄이는 데 기여했다고 평가한다. 하지만 기초학력미달 기준이 너무 낮고 그 기준이 불분명하다는 문제가 존재한다. 기초학력보장의 개념은 교육과정상 기초교육의 최소수준의 달성여부를 측정해야 하는 것인데 20%의 성취수준을 보이기만 하면 기초학력을 보유하고 있다고 판단하는 것은 문제가 있다. 또한 기초학력미달의 기준이 명확하지 않기 때문에 종단적인 관점에서 실제 기초학력미달 비율이 줄어든 것이 기초학력미달 현상이 줄었다는 것을 담보하지 못한다고 주장하기도 한다(좋은 교사 교육정책포럼, 2016).

교육과정평가원에서 정의하는 기초학력미달은 과목별 성취수준이 20% 미만인 것을 의미하는데 이것이 곧 국어, 영어, 수학과목에서 5지선다형 위주의 시험결과가 20점 미만인 것을 의미하는 것은 아니다.[7] 일반적으로 상(30%), 중(40%), 하(30%) 정도로 출제되는 문항에서 하 수준의 문제 약 9문제가 기초학력미달을 결정하는 중요한 기준이 된다고 알려져 있지만 분명하게 제시된 적은 없다. 이에 대한 명확한 기준 제시가 필요하다.

또한 기초학력미달률의 기준이 너무 낮다는 점도 문제이다. 2016년 기준으로 기초학력미달률은 4.1%이다. 하지만 국제성취도 평가인 PISA 2015에서 우리나라 학생(만 15세) 중 읽기, 수학, 과학 세 영역에서 모두 학위수준인 경우가 7.7%로 나타났다(교육부, 한국교육과정평가원, 2016c). 과목별로 살펴보면 읽기의 경우 가장 낮은 등급의 학생비율 13.6%(1수준 이하와 1a 수준, 1b 수준)였으며, 수학에서는 15.4%(1수준 미만 및 1수준), 과학은 13.4%(1수준 이하와 1a 수준, 1b 수준)로 나타났다. 국제비교평가 결과와 비교했을 경우 우리나라의 국가수준 학업성취도 평가에서 나타난 기초학

7) http://goodpolicy.tistory.com/436.

력미달비율은 매우 작은데, 이는 우리나라의 기초학력미달 기준이 너무 낮다는 것을 보여 준다. 이는 기초학력에 대한 개념적 정의와 관련된 것으로 지능정보화사회인 미래사회에서 살아갈 학생들의 기초학력을 새롭게 정의할 필요성을 보여 준다.

(2) 조기개입의 원칙의 적용

사회적 약자로서 기초학력미달 학생의 문제를 정책적으로 해결하기 위해서는 기초학력미달 현상이 나타난 후 사후적으로 개입하기보다는 사전적인 예방을 통해 기초학력미달 학생이 더 이상 나타나지 않도록 해야 한다. 현재의 국가수준학업성취도 평가 체제에서의 기초학력미달은 시험과목에서 목표성취수준의 20%에 도달하지 못한 것으로 정의한다. 앞에서 논의한 기초학력미달 기준의 문제점을 차치하고라도 목표성취수준의 20%에 미달하는 기초학력미달 학생은 교육과정 중 가장 큰 비중을 차지하는 국, 영, 수 과목에서 학습소외 현상을 겪을 수밖에 없으며, 학교생활에 적응하지 못할 가능성이 높다.

중3 또는 고2에 기초학력미달 학생으로 분류되는 경우 학습부진 문제가 누적적 학습결손의 결과이기 때문에 문제를 해결하기가 쉽지 않다. 그럼에도 불구하고 많은 문제점으로 폐지된 초등학생 대상 국가수준 학업성취도 평가를 원래대로 부활시키는 것은 정책의 연속성 측면 등의 이유로 적합하지 않을 수 있다. 하지만 초등학교 단계 혹은 초등학교에 입학하는 단계에서 기초적인 학습능력을 진단하고 학습부진 가능성이 있는 집단들에 대해 미래에 발생할 수 있는 학습부진현상을 예방하는 데 필요한 다양한 프로그램이 선별적으로 제공될 필요가 있다. 이러한 노력은 서울시교육청의 초3, 중1 기초학력 평가 실시 계획(서울시교육청, 2019) 등으로 나타나고 있지만 정부 차원에서 에듀테크(edutech) 기술을 통한 맞춤형 조기 개입 프로그램을 개발 · 운영할 필요가 있다.

현재 초등학교에서 학습부진에 대한 프로그램들이 학교운영의 중요한 요소로서 진행되고 있기는 하지만 이러한 노력이 학교 내에서 특정 담당자에 의해서만 이루어진다면 과거 학습부진 학생 책임 지도제가 담당자의 역량부족, 전담강사에게 책임회피, 교사가 학습부진 학생지도를 전담할 수 있는 여건 부족 등의 문제점으로 효과적이지 않았던 사례를 따를 수 있다.

(3) 관련된 프로그램과의 협동적 조정

기초학력미달 현상은 개인적인 노력의 차원이 아닌 가정배경, 학교에서의 교수 · 학습과정 등에 의해 발생하는 것이기 때문에 교육부, 교육청 및 학교의 전면적인 개입이 필요하다. 2012년 이래로 교육부는 기초학력보장 사업에서 학교의 비중을 줄이고 학교 밖 지원시스템(교육청 및 교육지원청 차원)을 구축하려고 노력하고 있다. 이러한 흐름은 교육적 책무성의 관점에서 학교의 기능을 지원하기 위한 교육행정기관의 역할을 적절히 수행하기 위한 것으로 판단된다. 하지만 학교 내에서 기초학력보장이 실질적으로 이루어지기 위해서는 학교에서의 기초학력보장을 위한 노력이 교육행정기관과의 협력뿐만 아니라 외부의 지방자치단체의 노력, 그리고 교육부나 교육청에서 교육복지 차원에서 이루어지고 있는 다른 사업과의 연계체제 속에서 협력적으로 이루어져야 한다.

현재 학교단위에서 이루어지는 목적형 사업들의 원천은 매우 다양하다. 기본적으로 교육청이나 교육부의 사업성 예산 이외에 다른 중앙부처(여성가족부, 보건복지부, 문화체육관광부 등)와 지방자치단체 등의 예산지원이 이루어지고 있다. 하지만 각 사업들은 각각의 목적을 지닌 체 이루어지기 때문에 사업 간의 중복현상이 나타나게 되면 학교에서 예산의 집행과정에서 비효율성이 나타나게 된다.

학교의 기초학력보장을 위해 자체적으로 운영되는 사업 및 외부의 예산지원으로 운영되는 사업의 통합관리가 필요하다. 우선적으로 교육복지우선지구 사업 등이나 혁신지구 사업 등에서 교육청 및 지방자치단체의 사업 간의 통합, 조정이 필요하다. 이 과정에서 다양한 사업이 학교 내 기초학력보장 프로그램을 운영하는 데 어떻게 활용되고 있는지 그 결과 학교 내 기초학력미달 비율이 줄어들고 있는지에 대한 모니터링이 필요하다.

이와 더불어 학교 내 기초학력미달률을 줄이기 위해 외부기관 및 지역사회의 노력이 병행되어야 한다. 예컨대, 초등학교에서 기초학력미달의 원인은 주로 가정의 역할이 제대로 이루어지지 않기 때문에 일어날 가능성이 높다. 이런 경우 가정방문을 통해 부모교육을 실시하고 학부모가 학생의 학업에 관심을 기울일 수 있는 여건을 마련해 줘야 하는데 이런 일들은 학교 내 인적자원보다는 학교 밖 전문가들을 활용하는 것이 바람직하다.

(4) 사업차원의 접근이 아닌 학교교육과정 변화

기초학력미달 학생의 교육적 수요는 일반학생에 비해 상당히 높다. 일반적으로 기초학력미달 학생에 대한 지원인 보충학습, 멘토링, 방과 후 학교 등은 매우 제한된 시간 내에서 이루어진다. 실제로 대부분의 기초학력미달 학생이 학교에서 생활하는 것은 일반교실로서 이들은 기초학력이상 학생들과 수업을 같이 듣게 된다. 결국 기초학력미달 학생의 변화는 일반적인 수업의 변화에서 시작되어야 하는데 이는 수준별 수업과 맞춤형 학습을 통해 해결되어야 한다. 현재의 학생의 수준차를 고려하지 않고 중간 이상의 학업성취 수준을 보이는 학생들을 위한 수업이 지속된다면 기초학력미달 학생을 위한 얼마간의 추가적인 교육적 서비스는 그 효과를 달성하지 못할 것이며, 학생이 기초학력미달에서 기초학력으로 개선되는 데 한계를 보일 것이다.

교육부(2017)는 2017년 국가수준 학업성취도 평가 결과를 통해, 2015 개정 교육과정이 적용됨에 따라 기존의 전통적 학력의 개념에서 역량중심 교육에 적합한 학업성취도 패러다임을 측정하는 방법을 구안하겠다고 발표한 바 있다. 또한 2019년 교육부가 발표한 '행복한 출발을 위한 기초학력 지원 내실화 방안'에는 기초학력 개념에 대한 이견이 표출되고 있다고 제시하면서 인지적 · 정의적 · 사회적 역량 중심의 새로운 학력의 중요성을 제시하고 있다. 이는 미래교육에 적합한 미래형 인재를 양성하기 위해 교육의 성과를 새롭게 재정의한다는 점에서 필요한 일이다. 하지만 어떤 형태로 학생의 미래교육 역량이 정의되든지 간에 학생들이 12년이라는 초 · 중등 교육과정에서 수업에서 소외받지 않도록 최소한의 기초학력을 보장해야 한다는 점은 변하지 않는다. 수업혁신, 학교운영방법 혁신 등을 통해 기초학력미달 학생이 학교에서 진정한 배움을 얻을 수 있는 기회가 적극적으로 보장되어야 한다.

참고문헌

교육과정평가원(2016. 10. 1.). 학력향상형 창의경영학교 소재자료. 홈페이지 자료.

교육과학기술부(2007). 이명박 정부, 교육복지 페달에 가속. 보도자료.

교육과학기술부(2008). 기초학력 진단 및 학업성취도평가 기본 계획(안).

교육부(2014). 2014년도 기초학력 지원 사업 계획.

교육부(2015). 학생들의 꿈과 끼를 살리는 행복교육 실현을 위한 2015 기초학력향상 지원 사업 기본계획(안).

교육부(2016). 국가수준 학업성취도 평가 실시. 보도자료.

교육부(2017). 국가수준 학업성취도 평가 실시. 보도자료.

교육부(2018). 국가수준 학업성취도 평가 실시. 보도자료.

교육부(2019). 2019년 국가수준 학업성취도 평가 결과.

교육부(2019). 행복한 출발을 위한 기초학력 지원 내실화 방안.

교육부, 한국교육과정평가원(2012). 2012년 국가수준 학업성취도 평가 결과. 보도자료.

교육부, 한국교육과정평가원(2014). 2014년 국가수준 학업성취도 평가 결과. 보도자료.

교육부, 한국교육과정평가원(2015). 2015년 국가수준 학업성취도 평가 결과. 보도자료.

교육부, 한국교육과정평가원(2016a). 2016년 국가수준 학업성취도 평가 결과. 보도자료.

교육부, 한국교육과정평가원(2016b). 2015년도 기초학력 향상 지원사업 성과 공유 워크숍.

교육부, 한국교육과정평가원(2016c). 대한민국, OECD PISA에서 상위 성취 수준 유지: OECD, 학업성취도 국제 비교 연구(PISA 2015) 결과 발표. 보도자료.

김경근, 성열관, 김정숙(2007). 학력 부진 아동의 특징 및 발생 원인에 대한 면담 연구. 교육사회학연구, 17(3), 27-52.

김경희, 김희경, 상경아, 신진아, 이봉주, 권점례, 우석진, 류성창, 송경오(2011). 한국과 미국의 기초학력보장 정책 비교 분석. 한국교육개발원.

김병찬, 박남기, 박선형, 변기용, 송경오, 정동욱, 최정윤(2014). 한국 교육책무성 탐구. 교육과학사.

김성숙, 김경희, 김완수, 최인봉, 상경아, 김희경, 신진아, 김미경, 조윤동, 김도남, 김혜숙, 이영주, 김현(2011). 기초학력보장 정책 성과 분석 및 향후 과제. 2011 KICE 이슈페이퍼.

김순남, 이병환(2011). 기초학력 책임지도 책무성 논리 탐색. 교육행정학연구, 29(2), 159-183.

김지은, 김지하(2012). 학력향상 중점학교 사업의 기초학력 향상 효과 분석.

김태은(2013). 학습종합클리닉 구축, 운영 개관. 2013 기초학력향상 지원 사업 워크숍. 한국교육과정평가원.

류방란, 김성식(2006). 교육격차: 가정배경과 학교교육의 영향력 분석. 서울: 한국교육개발원.

박주형(2011). 학력부진학교 개선을 위한 미국 연방정부의 지원정책과 책무성 확보방안: NCLB하의 Title Ⅰ을 중심으로. 비교교육연구, 21(2), 1-22.

박현정, 정동욱, 이진실, 박민호, 조성경(2013). 서울시 초중등교육의 교육격차 구조요인 분석. 교육행정학연구, 31(4), 149-174.

서울시교육청(2019). 2019 서울 기초학력 향상 기본계획.

이대식(2015). 학습부진학생의 기초학력 향상을 위한 정부 지원 사업의 특징과 발전 방향. 학습장애연구, 12(3), 101-132.

이덕난, 유지연(2019). 미국의기초학력보장강화모든학생성공법(Every Student Succeeds Act)의 제정을중심으로. 외국입법동향과분석, 11호.

이상희, 김은영, 정승환, 박세진, 윤선미(2015). 경기도 기초학력보장정책 추진현황 진단 및 정책방향 제안. 경기교육연구원.

이화진, 김민정, 이대식, 손승현(2009). 학습부진학생 지도, 지원의 실효성 제고를 위한 대안 탐색: 학습부진학생 지도, 지원 종합계획(안) 제안을 중심으로. 한국교육과정평가원.

이화진, 오상철, 김태은, 김영빈(2011). 학력향상형 창의경영학교 운영 성과 분석 및 기초학력 미달 학생 지도, 지원 체제.

이화진, 오상철, 김태은, 노원경(2015). 절규와 도전, 그리고 희망을 쏘다. 한국교육과정평가원.

정동욱, 이호준, 조성경, 이현국, 정승환(2013). 학교 책무성 정책과 교육재정 지원의 적정성: 학력향상중점학교 정책을 중심으로. 교육재정경제연구, 22(4), 35-54.

좋은 교사 교육정책포럼(2016). 학업성취도 평가 기초학력미달 판정 기준에 문제 있다. 성명서 보도자료.

Deming, D. J., & Figlio, D. (2016). Accountability in US Education: Applying Lessons from K-12 Experience to Higher Education. *Journal of Economic Perspectives 30* (3), 33-55.

Lingard, B., Martino, W., Rezai-Rashti, G., & Sellar, S. (2016). *Globalizing Educational Accountabilities*. New York: Routledge.

제 8 장

학업중단 및 학교 밖 청소년

1. 학업중단: 무엇이 문제인가

우리나라의 교육열은 세계적으로 높은 수준이며, 상급학교 진학률도 세계에서 최고의 수준을 유지하고 있다. 초등학교 취학률, 중학교와 대학교의 진학률은 거의 100%에 가깝고, 대학진학률도 70% 안팎을 유지하고 있다. 국제 학업성취도 평가인 PISA(The Programme for International Student Assessment)나 TIMSS(The Trends in International Mathematics and Science Study) 순위를 살펴보면, 우리나라는 세계 최상위권을 유지하고 있다. 하지만 우리나라 교육의 양적인 성과가 놀라운 수준임에도 불구하고, 학교교육 운영의 획일성, 교육과정의 경직성, 입시위주의 교육으로 인한 학생들 간의 지나친 경쟁 등의 어두운 면도 존재한다(정제영, 2018). 학교교육의 다양한 문제는 학생들에게는 행복하지 않은 학교, 흥미를 느낄 수 없는 시간과 공간으로 귀결된다. 학교생활에서 의미를 찾을 수 없는 학생들은 학교에 부적응하고, 일탈 행동을 하게 되는 요인으로 작용하게 된다.

외국의 학업중단 비율을 살펴보면 미국은 7.4%(2010), 독일은 6.5%(2010), 일본은

1.3%(2011)로 우리나라의 학업중단 비율인 1% 수준에 비해서 상대적으로 높다. 우리나라에서 학교에 부적응하거나 다른 사유로 인해 학교를 그만두는 학업중단 비율은 계속 증가하는 추세를 보여 왔지만 중요한 교육문제로 다루어지지 않은 이유는 다른 나라에 비해 상대적으로 낮은 수준이었기 때문이다. 하지만 우리나라는 학력 중시 문화로 인해 학업을 중단할 경우에 건전한 사회인으로 성장하기 어려운 환경이다. 성장기의 청소년들이 학교를 이탈할 경우 당연히 누려야 할 교육적 혜택을 받지 못하게 되고, 비행이나 범죄 등 위험 요인으로부터 보호받기 어려운 상황에 놓이게 된다는 점에서 우리나라에서도 학업중단에 대한 정책적 관심이 필요한 상황이었다. 교육부와 여성가족부는 학업중단의 문제에 대해 심각하게 인식하고 2013년에 '학업중단 예방 및 학교 밖 청소년 지원방안'을 발표하였다. 교육부를 중심으로 교육청과 학교에서 학업중단숙려제 등의 학업중단 예방 정책을 본격적으로 추진된 이후부터 학업중단 비율이 조금씩 감소하고 안정되는 추세를 보이고 있다.

2013년부터 정부에서 학업중단의 문제를 중요하게 다루게 된 데에는 여러 가지 배경이 있다. 초·중등학교에 재학해야 할 학령기 청소년 중에서 학교를 그만두고 현재 어디에서 무엇을 하고 있는지 공식통계로 파악되지 않는 학업중단 청소년은 약 28만여 명에 이르는 것으로 추정되었다(윤철경, 김신영, 유성렬, 임지연, 2013a). 더 심각하게 고려해야 할 문제는 학교 안에 적을 두고 있는 청소년일지라도 학업을 포기한 채로 몸만 교실에 있을 뿐 언제든지 학교 밖으로 빠져나갈 가능성이 있는 '학업중단 위기 학생'은 더 많다는 사실이다(정연순, 이민경, 2008). 학교에 재학 중인 학생들 가운데 51%의 학생들이 학업중단 위기를 경험하였으며(김옥엽, 이연숙, 원유미, 2004), 학교를 그만둘 때까지 걸리는 시간이 1주일 이내인 경우(38.9%)가 가장 많은 것으로 나타났다(김영희, 최보영, 이인회, 2013). 학교 안에 머물러 있다고 하더라도 상당수의 학생이 즉흥적으로 학교를 떠날 가능성 또한 무시할 수 없는 상황이라는 것을 의미한다.

학업중단 청소년에 대해 더욱 많은 관심을 기울이며 적극적으로 개입을 해야 하는 이유는 청소년의 학업중단이 개인적 차원의 문제일 뿐 아니라 사회적 차원의 문제로 확대될 수 있기 때문이다. 특히 학력을 중시하는 우리나라의 경우에 고등학교 단계에서의 학교를 그만두는 경우에 개인적으로 8,142만 원의 순수 생애 근로소득을 감소시키는 것으로 나타났다(남기곤, 2011). 고등학교를 졸업하지 않았을 때 발생하는 개인적 · 사회적 비용의 생애 가치는 총 9,724만 원으로 추정된다(한국청소년정책연구원, 2014). 최상근, 양수경과 남기곤(2010)은 근로소득 및 세수입 감소 등을 고려할 때 학업을 중단한 학생 한 명당 약 1억 원의 사회적 비용이 발생하는 것으로 분석하였다. 학업중단 청소년 중에서도 적응을 잘하지 못하고 있는 부적응형의 청소년은 사회적으로 많은 관심과 개입이 시급한 것으로 강조된다(권해수, 서정아, 정찬석, 2007). 이들은 학업중단 이후 학교를 대신할 대안을 찾지 못한 채 불편함과 불안감에 시달리며(김상현, 양정호, 2013), 필요한 금전적 요구를 노동시장에서 마련하지 못하거나 체계적인 지원을 받지 못할 경우, 유흥업소, 성매매 · 성폭력, 가출, 폭력, 비행, 사회적 범죄 등에 연루될 비율이 증가하는 것으로 보고되고 있다(금명자, 2008).

학교를 다니지 않는 고등학생 연령의 청소년뿐 아니라 초등학교와 중학교 연령의 아이들은 의무교육 단계로서 당연히 교육받을 「헌법」상 권리를 누려야 함에도 이러한 교육 지원을 받지 못하게 된다. 학업을 중단한 학교 밖 청소년들이 제대로 관리되고 보호받지 못할 경우에는 개인적 문제뿐 아니라 사회적 문제를 유발할 수 있고, 이로 인해 큰 사회적 비용이 발생할 수 있다. 특히 우리나라는 매우 빠른 속도로 저출산으로 생산가능인구가 감소하고 있으며, 고령화로 인해 생애 주기가 훨씬 늘어나고 있는 상황이다. 청소년들이 제대로 학습의 기회를 갖도록 하는 것의 사회적 의미가 더욱 중요하게 받아들여져야 하는 이유이다.

2. 학업중단의 개념 및 현황

1) 학업중단의 개념

'학업중단 청소년'과 '학교 밖 청소년'과 관련하여 학계나 법조계, 교육계 등 주체에 따라 다양한 용어가 혼재되어 사용되고 있다. 따라서 학업중단의 개념에 대해서 명확하게 규정하는 것이 필요하다. 우선 법령에 명시된 개념과 학계에서 논의하고 있는 개념들을 중심으로 '학업중단 청소년'과 '학교 밖 청소년'의 개념을 구분하여 살펴보고자 한다.

'학업중단'은 정규학교 교육과정을 끝내지 않고 중도에 학교를 떠나는 것을 의미한다. 학생이 학교를 중간에 그만두는 상황을 지칭하기 위해 이전에는 '학교거부' '학교중도탈락' 등의 용어가 사용되어 왔다. 2001년 교육인적자원부 장관이 주재하는 인적자원개발회의에서 '학업중단 청소년 종합대책 수립 계획'이 안건으로 상정된 이후, 2002년 교육인적자원부가 공식적으로 '학업중단 청소년'이라는 용어를 사용하고 있다. 2003년 개정된 「청소년 기본법」 제42조에서 '학업중단'을 공식 용어로 규정한 이후 학업중단을 나타내는 용어가 통일되어 사용되고 있다(김상현, 양정호, 2013; 윤여각, 박창남, 전병유, 진미석, 2002; 이현주, 김용남, 2012). '학교중도탈락'이라는 용어가 학생이 학교를 그만두게 되는 원인을 학생 개인에게 귀책하고 있는 의미를 가지는 반면, 학업중단은 그 귀책사유를 학교와 사회에 두려는 점에서 차이를 발견할 수 있다(유진이, 2009). 이는 학업중단 자체는 학생의 개인적 결정이지만 그러한 결정을 미리 예방할 수 있도록 하는 학교나 사회적 제도의 중요성을 강조하는 방향으로 가는 과정이라고 할 수 있다(이현주, 김용남, 2012).

'학교 밖 청소년'의 법령상 개념을 살펴보면 「초 · 중등교육법」 제2조에 따라 고등학교 또는 이와 동일한 과정을 교육하는 학교에서 제적 · 퇴학 처분을 받거나 자퇴한 청소년과 초등학교 또는 이와 동일한 과정을 교육하는 학교에 취학하지 않은 청소년, 중학교 · 고등학교 또는 이와 동일한 과정을 교육하는 학교에 입학하지 않은 청소년 모두를 포괄하는 의미로 해석하고 있다. '학교 밖 청소년'이란 '만 19세 미만의 학령기 아동으로서 학교를 다니지 않는 청소년'을 의미하며, 일반적으로 학업중단자를 뜻하지만, 실제로는 입학여부를 기준으로 의무교육기관에 입학하지 않은 '미취학자', 입학 후 학업을 중단한 '재학 중 학업중단자', 상급학교로 진학하지 않은 '미진학자'를 모두 포함하는 개념이라고 정의하였다. 정리해 보면 '학교 밖 청소년'이라 함은 '학령기에 있지만, 미취학, 미진학, 학업중단의 이유로 학교에 다니지 않는 청소년'을 의미한다.

학교 밖 청소년이 되는 주요 이유 중의 하나인 학업중단은 일반적으로 자발적 혹은 비자발적 상황으로 인해 학업을 중단하는 것을 뜻한다(김민, 2001; 이경상, 2004). 비자발적 상황이란 학업을 계속하고 싶지만 조건이 여의치 않거나, 학교 부적응, 비행 및 범죄 등의 일탈적 행위에 의해 학교를 그만두는 상황을 의미한다. 그러나 이러한 포괄적인 정의로서의 '학업중단'이라는 용어는 일부 학자들에 의해 문제가 제기되기도 한다. 학교를 그만두었다고 하더라도 학업을 계속할 수 있기 때문에, 학업중단이라는 용어보다는 학교 밖 청소년이라는 명칭을 사용하는 것이 더욱 적합하다는 것이다(금명자, 권해수, 이문희, 이자영, 이수림, 2004; 서정아, 권해수, 정찬석, 2006). 따라서 '학업중단'이라는 용어를 학교 밖 청소년을 모두를 지칭하는 포괄적인 용어로 사용하기보다는, '학교를 재학하던 중에 학업을 중단한 경우'로 제한하여 사용하는 것이 바람직하다고 할 수 있다. '학업중단'이라는 용어는 학업 자체를 중단하였다기보다 더욱 엄밀하게 정규 학교에서의 재학을 중단한 것으로 정의할 수 있다.

관련된 용어로서 '위기 청소년'이란 '일련의 개인적 · 환경적 위험에 노출되어 행동이나 심리적으로 문제를 경험할 가능성이 높으며, 적절한 교육적 개입이 없이는 정상적인 발달을 이루기 어려운 상황에 있는 청소년으로, 가출, 학업중단 및 실업, 폭력, 성매매, 약물오남용 등의 비행 및 범죄, 불안, 우울 등 심리적 장애, 자살의 위험이 높은 청소년'들을 의미한다(구본용 외, 2005). 이러한 위기 청소년들의 위험행동을 제어해 줄 수 있는 중요한 보호요인으로서, 학교라는 제도적 시스템이 작동하여야 한다(차명호, 한상철, 김인규, 양종국, 정경용, 2009). 학업중단 학생들이 모두 위기 청소년이 되는 것은 아니지만, 학업중단 학생들이 위기 청소년이 될 가능성이 높은 것을 고려할 때 청소년이 '학교'라는 울타리 안에 있는가, 그렇지 않은가는 중요한 문제가 될 수 있기 때문이다.

정제영 등(2013)의 연구에서는 '학생' '학교 밖 청소년' '위기 청소년' '학업중단' '학업중단 위기학생'의 개념을 구분하여 정의하였다. '학생'은 「초 · 중등교육법」에 규정되어 있는 정규 학교에 재학 중인 청소년'을 의미한다. '학교 밖 청소년'은 '만 19세 미만의 학령기 아동으로서 학교를 다니지 않는 청소년'의 의미한다. '위기청소년'은 '일련의 위험 환경에 노출되어 일탈, 비행, 범법행위의 가능성이 높은 청소년'을 의미한다. '학업중단'은 '자퇴, 퇴학, 제적으로 인하여 학교의 정규 교육과정을 중단하는 행위'이며, '학업중단 청소년'은 '정규학교 재학을 중단하여 현재 학교 밖 청소년이 된 경우'를 의미한다. '학업중단 위기학생'은 '학교에 재적하고 있는 학생 가운데 제적이나 자퇴를 명목으로 학교 밖 청소년이 될 가능성이 높은 학생'이라고 할 수 있다.

이러한 개념 구분을 통해 정책적 대상 집단을 명확하게 구분할 수 있으며, 관련 정부기관의 역할 규정도 이루어질 수 있다. 교육부와 학교 차원에서는 학업을 중단할 위기에 있는 학업중단 위기학생에 대해 학업중단 예방 정책을 수립하고 개별적인 지원을 해야 할 것이다. 또한 이미 학교를 벗어나 있는 학교 밖 청소년에 대해서는 여성가족부와 지방자치단체를 중심으로 학업을 지속하여 건전한 사회인으로 성장할 수 있는 지원이 이루어져야 할 것이다. 특히 최근 청소년 문제와 관련하여 화두가 되고 있는 위기청소년은 상당수가 학업중단자라는 사실을 살펴볼 때 학업을 중단하기 이전 단계인 학업중단 위기학생에 대한 적극적인 지원이 필요한 상황이다.

지금까지 살펴본 '청소년'의 구분을 [그림 8-1]로 표현할 수 있다. 이 장에서는 학교 안에서 밖으로 나가려는 학업중단 위기학생에 대한 논의를 중심으로 하되, 학교 밖 청소년에 대한 지원 방안에 대해서도 살펴보고자 한다.

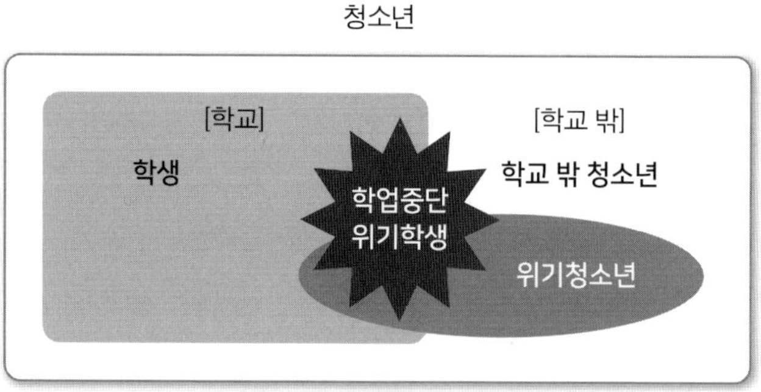

[그림 8-1] 청소년 및 학업중단 위기학생의 개념 및 범주

출처: 정제영 외(2013).

2) 학업중단 현황 및 실태

학업중단 위기는 여러 가지 요인에 의해 나타날 수 있다. 먼저 학업중단 위기 학생의 규모를 추정할 수 있는 연구를 살펴보면, 한유경 등(2012)은 초등학생 28.8%, 중학생 40.9%, 고등학생 48.6% 등 초 · 중 · 고생 전체의 40.3%가 학교를 그만두고 싶다는 생각을 해 본 적이 있는 것으로 나타나 학업중단 위기에 노출된 정도는 심각한 수준인 것으로 볼 수 있다. 학교에 다니기 싫은 이유는 '학업성적, 재미없는 학교생활, 친구관계' 순으로 나타나고 있으며 '학교교육의 문제'가 83.5%를 차지하는 것으로 나타났다. 하지만 단순히 학교를 그만두고 싶은 마음을 가졌던 것만으로 학업중단 위기학생으로 진단하기는 어렵다.

실제로 정규학교에서 학업을 그만두는 학생의 추이를 살펴보면, 2010학년도에 76,589명(1.1%), 2011학년도에 74,365명(1.1%), 2012학년도에 68,188명(1.0%), 2013학년도에 60,568명(0.9%), 2014학년도에 51,906명(0.8%), 2015학년도에 47,070명(0.8%), 2016학년도에 47,663명(0.8%), 2017학년도에 50,057명(0.9%), 2018학년도에 52,539명(0.9%)으로 나타나고 있는데, 재적 학생 수가 감소하는 것을 감안하면 1% 안팎의 비율을 유지하는 것으로 볼 수 있다. 학교급에 따른 학업중단 비율을 살펴보면, 2018학년도에는 초등학교 0.7%, 중학교 0.7%, 그리고 고등학교 1.6%로 상위 학교급으로 올라갈수록 학업중단 비율이 상대적으로 높아지는 것을 확인할 수 있다.

〈표 8-1〉 연도별 학업중단율 변화 추이 (단위: 명, %)

연도	전체			초등학교			중학교			고등학교		
	학생 수	학업 중단자	학업 중단율	학생 수	학업 중단자	학업 중단율	학생 수	학업 중단자	학업 중단율	학생 수	학업 중단자	학업 중단율
'18년	5,584,249	52,539	0.9	2,711,385	17,797	0.7	1,334,288	9,764	0.7	1,538,576	24,978	1.6
'17년	5,725,260	50,057	0.9	2,674,227	16,422	0.6	1,381,334	9,129	0.7	1,669,699	24,506	1.5
'16년	5,882,790	47,663	0.8	2,672,843	14,998	0.6	1,457,490	8,924	0.6	1,752,457	23,741	1.4
'15년	6,088,827	47,070	0.8	2,714,610	14,555	0.5	1,585,951	9,961	0.6	1,788,266	22,554	1.3

'14년	6,285,792	51,906	0.8	2,728,509	14,886	0.5	1,717,911	11,702	0.7	1,839,372	25,318	1.4
'13년	6,481,492	60,568	0.9	2,784,000	15,908	0.6	1,804,189	14,278	0.8	1,893,303	30,382	1.6
'12년	6,721,176	68,188	1.0	2,951,995	16,828	0.6	1,849,094	16,426	0.9	1,920,087	34,934	1.8
'11년	6,986,847	74,365	1.1	3,132,477	19,163	0.6	1,910,572	17,811	0.9	1,943,798	37,391	1.9
'10년	7,236,248	76,589	1.1	3,299,094	18,836	0.6	1,974,798	18,866	1.0	1,962,356	38,887	2.0

주 1) 학업중단율(%) = 학업중단자 수 / 학생 수
2) 구분의 연도는 학년도임.
3) 초등학교와 중학교는 유예 및 면제자를 학업중단자로 봄.
4) 고등학교의 학업중단 사유는 자퇴(질병, 가사, 부적응, 해외출국, 기타), 퇴학(품행), 유예, 면제, 제적임.
5) 학업중단자에 사망자는 포함되지 않음.

출처: 교육부(2019).

학업중단의 주요 사유가 학교부적응인 것을 고려할 때, 학교에 재학하고 있는 학생 중 위기행동을 하거나 위기상황에 노출된 위기학생의 비율을 고려해 보는 것은 유의미할 수 있다. 윤철경 등(2013a)의 연구에 의하면 전체 학생 가운데 위기학생은 23.9%로서, 이 중에서 고위기 학생은 4.5%(335,122명)이었으며, 잠재위기학생으로서 준위기 학생은 전체 학생의 19.4%(1,444,749명)인 것으로 나타났다. 집단 유형별로 살펴보았을 때, 고위기 학생은 남학생(5.1%)이 여학생(3.6%)에 비해 많고, 초등학교(2.3%)에서 중학교(6.4%)로 넘어가는 시기에 급격하게 많아지며, 일반계열(4.8%)보다는 직업계열(9.5%) 학생이 가장 많은 것으로 나타났다. 지역적 특성을 보았을 때 읍 · 면지역(5.2%)이 대도시(4.2%)와 중소도시(4.5%)에 비해 많고, 가정의 특성과 관련하여서는 한부모 가정(9.6%)과 재혼가정(11.6%)의 학생이 친부모가정(3.8%)의 학생보다 더욱 많은 것으로 조사되었다. 본드 및 가스 흡입, 성병 및 임신, 성매매, 성폭력과 같은 고위험행동을 할 가능성이 다른 학생들에 비해 현저하게 높게 나타난 위기학생의 위험행동을 제어시키는 보호요인 중 가장 큰 영향력을 미치는 것이 '학교의 긍정적 경험'으로 나타난 것을 고려할 때, 학교 차원에서 이들을 대상으로 적극적인 개입과 보호를 하는 것이 중요한 요인으로 볼 수 있다.

학업중단의 사유를 살펴보면 학교급별로 약간의 차이가 있음을 알 수 있다. 중학교의 학업중단은 경우 유예와 면제로 나누어 살펴볼 수 있다. 「초 · 중등교육법」 제14조 제1항에서 '질병 · 발육 상태 등 부득이한 사유로 취학이 불가능한 의무교육대상자에 대하여는 대통령령으로 정하는 바에 따라 제13조에 따른 취학 의무를 면제하거나 유예할 수 있다.'라고 규정하고 있다. 면제는 의무교육을 이행하지 않아도 되는 것을 의미하고, 유예는 의무교육의 이행을 일시적으로 연기하는 것을 의미한다. 중학교 유예의 경우에는 기타의 사유를 제외하고, 미인정 유학(32.0%)과 질병(3.6%)이 대부분을 차지하고 있고, 장기결석에 의한 유예는 0.4%를 차지하고 있다. 면제의 경우에는 해외 출국으로 인해 인정 유학에 해당하는 경우가 23.0%를 차지하고 있다.

〈표 8-2〉 중학교 학업중단 사유(2017학년도) (단위: 명, %)

합계	유예					면제			
	소계	질병	장기 결석	미인정 유학	기타	소계	질병	해외 출국	기타
9,129	6,758	325	41	2,921	3,471	2,371	14	2,103	254
	74.0	3.6	0.4	32.0	38.0	26.0	0.2	23.0	2.8

출처: 교육부, 한국교육개발원(2018).

의무교육에 해당하지 않는 고등학교의 경우에는 중학교와는 조금 다른 양상을 보이고 있다. 고등학교의 학업중단은 자퇴, 퇴학, 유예, 면제, 제적으로 구분할 수 있다. 특히 학업중단의 문제로 보는 것은 자퇴와 퇴학이라고 할 수 있다. 2017학년도의 통계를 살펴보면 자퇴한 학생은 23,506명으로 95.9%를 나타나고 있고, 그중에서 학교 부적응에 해당하는 사유는 7,042명으로 28.7%를 차지하고 있다. 퇴학은 780명으로 0.6%에 해당하는데 세부 원인은 학교폭력이 135명(0.6%), 학칙위반이 645명(2.6%)을 기록하고 있다.

〈표 8-3〉 고등학교 학업중단 사유(2017학년도) (단위: 명, %)

합계	자퇴										퇴학			유예	면제	제적
	소계	질병	가사	학교 부적응					해외출국	기타	소계	학교폭력	학칙위반			
				소계	학업관련	대인관계	학교규칙	기타								
24,506	23,506	997	280	7,042	3,414	331	326	2,971	3,629	11,558	780	135	645	98	9	113
	95.9	4.1	1.1	28.7	13.9	1.4	1.3	12.1	14.8	47.2	3.2	0.6	2.6	0.4	0.0	0.5

출처: 교육부, 한국교육개발원(2018).

윤철경, 류방란과 김선아(2010a)는 전문가협의회 및 워크숍, NEIS 시스템을 통한 학업중단 사유조사, 설문조사, 전문가조사 등을 통하여 학업중단현황에 대해 심층적으로 분석을 실시하였다. 초등학생 12,280명, 중학생 14,572명, 고등학생 34,305명의 학업중단자가 대상이 되었다. 이 연구에서 밝히고 있는 초 · 중 · 고 학교급별 학업중단 세부 사유를 살펴보면, 초등학교의 경우 미인정 유학이 66.5%로 가장 많고 다음으로는 대안교육(8.2%)으로 나타났다. 그 외에 정서장애 · 신체장애 등 질병(2%), 주거불안정(0.8%), 행방불명(0.7%), 사고(0.4%), 학습부진(0.7%), 가정불화(0.3%), 종교(0.2%), 가출(0.1%) 등의 순으로 나타났다. 특히 초등학교 1학년에 질병과 부적응에 의한 유예가 집중적으로 나타났는데, 정서장애 및 신체장애 등을 보이는 경우가 많았다. 또한 초등학교 저학년 시기에 학교부적응 현상이 심함을 알 수 있는데, 학습부진과 학업기피 등으로 인한 부적응은 1학년, 6학년, 4학년 순으로 많이 나타났다. 기타 사유 중 미인정 유학(해외 어학연수 등) 사유는 학년이 올라갈수록 많아지며 이는 고학년이 될수록 어학연수를 목적으로 한 장기결석이 많아짐을 의미한다. 중학교에서는 미인정 유학이 39.6%로 가장 많았으며 다음으로는 학습부진(18.2%), 대안교육(5.5%), 정서장애 · 신체장애 등 질병(4.2%), 검정고시 준비(2.2%), 가출(2.1%), 엄격한 교칙(1.8%), 가정불화(1.4%), 사고(0.9%), 행방불명(0.8%), 친구나 교사와의 관계 악화(0.7%) 순으로 나타났다. 학년별 특징으로는 학습부진 및 학업기피 등 학업관련 부적응으로 인한 학업중단비율이 학년이 올라갈수록 뚜렷하게 증가(1학년 473명, 2학년 986명, 3학년 1,188명)한 것으로 나타났다. 고등학교의 경우, 학습부진 · 학업기피 등이 34.8%로 가장 많고, 다음으로 검정고시 준비(8.8%), 해외 어학연수(8.1%), 경제사정, 정서장애 · 신체장애 등 질병(4.2%), 가정불화(3.2%), 엄격한 교칙(2.5%), 주거불안정(2.4%), 가출(1.5%), 대안교육(1.3%), 인간(친구, 교사)관계 악화(0.7%) 등의 순으로 나타났다. 학년별 특징은 부적응 사유로 인한 학업중단 대부분이 1학년에 집중되어 있고, 특히 학습부진 및 학업기피 부적응으로 인한 학업중단은 그러한 추세(1학년 7,301명, 2학년 3,697명, 3학년 957명)가 뚜렷하다는 점이다. 다시 말하여, 고등학교에서는 1학년에 대한 학업중단 관련 조기 개입과 대응이 상당히 중요하다는 것을 알 수 있다.

MetLife(2002)가 2002년 미국의 고등학생을 대상으로 실시한 설문조사에서 한 번이라도 학업중단을 고려해 본 적이 있는 학생들에게 왜 그러한 생각을 하게 되었는지에 대한 질문에, 응답자의 76%가 '학교가 지루하기 때문.'이라고 답하였다. 또 응답자의 42%는 '학교에서 충분히 배우고 있지 않다.'고 답하였다. 이와 같은 설문조사의 결과로 미루어 보아, 학교와 관련된 요인들이 한 개인의 학업중단 여부를 결정하는 데 있어 큰 비중을 차지함을 알 수 있다. 〈표 8-4〉는 1980년대, 1990년대, 2000년대 국가수준 설문조사에서 반영된 학업중단 학생들이 학교를 떠나게 된 다섯 가지 결정적 이유를 제시한 것이다.

〈표 8-4〉 학업중단 학생들이 학교를 떠나게 된 다섯 가지 결정적 이유

1980 High School and Beyond 10학년 코호트 (Ekstrom et al., 1986)	1998 National Education Longitudinal Study 8학년 코호트 (Jordan et al., 1999)	2005 Nonrepresentative Sample of Dropouts (Bridgeland et al., 2006)
• 학교가 싫어서(33%)	• 학교가 싫어서(51%)	• 수업이 흥미가 없어서(47%)
• 성적이 나빠서(33%)	• 낙제점수를 받아서(44%)	• 결석을 많이 하여 학교 수업을 따라갈 수가 없어서(43%)

• 취업을 해서(19%)	• 교사와 잘 지낼 수 없어서(34%)	• 학교에 관심이 없는 사람과 시간을 많이 보내서(42%)
• 결혼을 해서(18%)	• 학교수업을 따라갈 수가 없어서(31%)	• 너무 많은 자유를 가졌고 삶에 있어 충분한 규정이 없어서(38%)
• 교사와 잘 지낼 수 없어서(15%)	• 학교에 속하지 않은 느낌 때문에(25%)	• 낙제 점수를 받아서(35%)

출처: Hammond, Linton, & Drew (2007), p. 38.

정제영 등(2013)의 학교 밖 청소년 현황 및 생활실태 조사에 따르면, 청소년들이 정규학교를 떠나게 되는 원인은 청소년복지센터에 있는 아이들과 비인가 대안교육시설에 있는 아이들에게서 서로 다르게 나타났다. 두 집단 모두 '나 자신이 원해서' 학업을 중단하였다고 응답하는 비율이 가장 높았지만 좀 더 심층적으로 들여다보면 매우 대조적 경향을 보였다. 전자의 경우 본인이 학업중단을 원한 세부적인 이유로 '지나친 학업 부담에서 벗어나고 싶어서'라든가 '놀고 싶어서'라고 응답하는 경우가 많았는데, 이는 달리 말하면 '학교 및 학업에 대한 부적응'이 학교 밖 청소년이 되는 주된 이유임을 의미한다. 후자의 경우 '내 특기나 소질을 살리려고'라고 응답한 경우가 많아 대조를 이루었다. 학업중단의 주된 이유 중 하나로서 '가정문제나 가정의 요구'가 의미하는 것은 역시 두 집단에서 다른 것으로 나타났는데, 전자에서는 '집안 경제사정의 어려움' '가정불화' '가정에서의 방임 · 학대 · 폭력' '가족들의 의견/바람' 등이 고루 나타났지만, 후자에서는 주로 '가족들의 의견/바람'을 의미하는 것으로 나타났다. '학교 문제' 역시 전자에서는 '학교/선생님이 싫고, 가야 할 필요성을 못 느껴서'가 다수에 의해 선택되었지만, 후자에서는 '학교에서 해 주지 않는 새로운 교육을 받고 싶어서'라고 응답한 경우가 많았다. 이를 통하여 청소년 지원시설에 있는 청소년과 대안교육시설을 다니는 청소년들은 학업중단 이유가 명확히 다름을 알 수 있다.

3) 학교 밖 청소년의 생활

청소년들은 학업중단 이후 가족과 주변사람들의 부정적 인식으로 인한 불편함과 자신의 미래에 대해 막연한 불안감을 경험하기도 하고(김상현, 양정호, 2013), 집에 은둔하여 생활하는 NEET형(Not in Education, Employment or Training)으로 살아가기도 하며(윤철경, 김영지, 유성렬, 강명숙, 2013b), 아르바이트 형태의 임시일용직 근로를 시도하지만, 최저임금보다도 낮은 임금을 받거나 부당행위를 당하는 등의 어려움을 겪는 것으로 보고되었다(이상준, 이수경, 2013). 더욱 심각한 문제는 금전적인 필요가 있는 상황에서 노동시장에 정착하지 못할 경우, 비행과 연결될 가능성 또한 증가하게 된다는 것이다(김영희 외, 2013; 금명자, 2008; 남미애, 2006; Sweeten, 2006). 학업중단 청소년은 시간이 경과할수록 권태로운 생활의 반복 속에서 일탈 행동이 늘어가는 특징을 보이곤 하는데, 학업중단 1년 이후에는 잦은 비행 행동으로 보호관찰을 받거나 소년원에 들어가는 사례가 늘어나는 것으로 나타났다(금명자 외, 2004). 학업중단 자체가 비행행동이라고 할 수는 없지만, 학교를 떠난 이후 가출을 하거나 유흥업소에 취직하면서 쉽게 유해 환경에 노출되고 급기야는 금전적 어려움이나 친구의 유혹으로 비행에 연결될 가능성이 커진다는 것이다(남미애, 2006).

학교를 어떠한 이유에서 그만두게 되었는지에 관한 동기는 이후의 생활에도 영향을 미치는 것으로 나타나고 있다. 스스로 학업을 중단한 청소년은 학교를 그만둔 이후에도 자신의 진로를 개척하는 데 적극적인 태도를 보이지만, 자신의 문제에서 도피하거나 불가피한 이유로 학업을 중단한 청소년들은 자신의 계획에 대한 의지가 불투명하여 학업중단 이후 방황하거나 심리적인 갈등을 겪으며 문제행동을 행할 가능성이 상대적으로 높은 것으로 나타났다(김기태, 류기형, 최송식, 최인욱, 홍봉선, 남미애, 1996; 남미애, 2006). 학업중단 이후의 전형적인 반응은 허탈감과 아쉬움, 분노와 짜증, 소외와 위축감 등 부정적인 감정이 증가하게 되는데(오혜영, 지승희, 박현진, 2011), 자퇴 이후 경과 기간에 따라 이러한 막막함과 불안함 등 부정적인 정서의 강도가 갈수록 강해질 수 있다는 것이다(권해수 외, 2007). 상당수 학교 밖 청소년은 「근로기준법」에 의해 보호받지 못하거나 열악한 상황에서 일하는 것으로 나타났다(이선희, 2014). 또한 학업중단 이후 사회에 적응하지 못하면 비행과 연결되는 경향이 높아져, 학업중단 이후 음주, 유흥업소 출입, 이성과의 혼숙, 타인의 물건 훔치기 등의 비행행동이 학업중단 이전과 비교하면 약 2배 정도 증가한 것으로 조사되었다(김기태 외, 1996).

그러나 남미애(2006)는 학교 밖 청소년을 모두 우범자집단으로 고려하려는 생각에 대해 경고한다. 이전에는 학업중단 이후 청소년의 적응 유형을 적응형과 부적응형으로 나누고 부적응 유형의 청소년에 관심을 기울였으나, 최근에는 학업중단 이후 성공적으로 자신의 삶을 개척하는 청소년들이 많아지면서 학업중단 이후 생활 유형 또한 다양화되고 있다는 것이다. 따라서 최근의 연구들은 학교 밖 청소년들의 학업중단 이후의 생활 유형을 세분화하여 논의하는 데 관심을 기울이고 있다. 예컨대, 허철수(2004)는 학교 밖 청소년의 유형을 '적응형, 부적응형, 요치료형, 자유방임형'으로 구분하였고, 이경상과 조혜영(2005)은 학교 밖 청소년을 '순수진학형, 아르바이트형, 취업형, 진로미결정중심형, 기타형'으로 세분화하였으며, 윤철경 등(2013b)은 '학업형, 직업형, 니트형(NEET), 비행형'으로, 오은경(2014)의 경우는 '학업유지형, 취업형, NEET, 진로탐색형'으로 각각 구분하여 논의하고 있다. 이러한 연구들은 기존에 학교 밖 청소년을 적응형과 부적응형 청소년으로 이분화하여 보던 관점에서 탈피하여 학업중단 이후 청소년들의 삶의 유형이 다양화되고 있음을 강조하고 있다고 볼 수 있다.

윤철경, 서정아, 유성렬과 조아미(2014b)의 연구에서는 학업중단 청소년의 학업중단 이후의 경로를 '학업형, 직업형, 무업형, 비행형' 등 네 가지 범주로 구분하여 분석하였다. 학업형은 복학하여 학교를 다니거나, 대안학교에 다니거나 검정고시를 공부하는 경우로 조사 대상의 71.5%가 경험한 것으로 나타났다. 직업형은 직업기술을 배우거나 아르바이트를 하루 8시간 이상 하는 경우로 52.1%가 경험한 것으로 나타났다. 무업형은 특별한 일을 하지 않으며 혼자 지내거나 친구들과 돌아다니는 경우로 59.8%가 경험하는 것으로 나타났고, 비행형은 가출하여 지내거나 보호시설, 보호관찰, 소년분류심사원 등에서 생활하는 경우로 20.5%가 경험한 것으로 나타났다. 복수 응답을 구분하여 전체를 구분할 경우 학업형이 47.6%, 직업형이 18.9%, 무업형이 21.6%, 비행형이 11.9%인 것으로 나타났다.

정제영 등(2013)의 연구에서 학업중단 청소년들이 가장 도움을 받고 싶은 항목에 대해 조사한 결과에 의하면 청소년 복지시설이나 쉼터에 있는 경우에는 '생활비 지원' '검정고시 준비 지원' '직업 훈련' '진로 · 진학 상담' '직업 소개' 등의 순으로 답하였고, 대안교육시설에 있는 청소년의 경우에는 '생활비 지원' '진로 · 진학 상담' '직업 훈련' '식사 지원' '검정고시 준비 지원'의 순으로 응답하였다. 가장 필요한 도움이 생활비 지원으로 나타난 것은 현재 경제적으로 어려움을 겪고 있음을 보여 주는 결과라고 할 수 있다. 한편, 검정고시 준비 지원, 직업훈련, 진로 · 진학 상담 등의 경우에는 학업을 지속하고자 하는 요구가 반영된 결과라고 할 수 있다. 이러한 결과는 학교 밖 청소년들이 지속적으로 학업을 유지할 기회가 부족하다는 것을 의미하며 이를 위한 정부의 지원이 필요한 상황이라고 할 수 있다.

3. 학업중단의 원인

학업중단은 어느 한 요인에 의해 발생하는 것이 아니라 상당히 다차원적인 요인들이 복합적으로 작용하여 발생하는 것으로 볼 수 있다(Franklin, 1992; Levin, 1984). 연구들에도 학업중단의 원인은 학생을 둘러싼 개인 요인, 가정 요인, 학교 요인, 지역사회 요인 등 다양한 원인에 의해 발생하는 것으로 보고하고 있다(김지혜, 안치민, 2006; 배영태, 2003; 성윤숙, 2005; 정제영 외, 2015b; Brush et al., 2011; Dupper, 1993; Hammond et al., 2007; Jerald et al., 2006; Rumberger, 2004). 이 장에서는 기존 연구들을 토대로 학업중단의 원인을 크게 개인 요인, 가정 요인, 학교 요인, 지역사회 요인으로 나누어 살펴보고자 한다.

1) 개인 요인

(1) 개인 배경

미국의 많은 선행연구는 학생 개인의 인구학적인 특성이 학업중단에 결정적인 요인으로 작용하고 있음을 밝히고 있다. 구체적으로, 여학생에 비해 남학생이, 백인에 비해 소수인종이, 그리고 같은 학년 또래 친구들보다 나이가 많을 경우에 학업중단을 할 확률이 높아지는 경향이 있다(Astone & McLanahan, 1991; Farmer et al., 2003; Rumberger & Larson, 1998; Swanson & Schneider, 1999). 또한 고등학교 재학 중 결혼을 하여 아이를 가지게 되거나, 혹은 일을 하게 되면서 성인으로서의 책임을 떠안게 된 청소년의 경우, 학업을 다 마치지 못하고 중도 포기할 가능성이 높은 것으로 나타났다(McNeal, 1997; Rumberger, 2004).

미국에서 수행된 많은 연구는 인종(Battin-Pearson Newoomb, Abbott, Hill, Batalano, & Hawkins, 2000; Ekstrom, Goertz, Pollack, & Rock, 1986; Rumberger, 2004; Teachman et al., 1996), 성별(Battin-Pearson et al., 2000; Goldschmidt & Wang, 1999; Rumberger, 2004), 이민여부(Rumberger, 1995), 제한된 영어능력, 인지, 신체, 행동장애 등의 장애 여부(Lehr et al., 2004; Lloyd, 1978; Wagner, Blackorby, Cameto, Hebbeler, & Newman, 1993) 등이 학업중단 경험과 밀접한 관계가 있음을 밝히고 있다.

(2) 정서적 · 행동적 특성

학업중단과 관련한 정서적 특성을 분석한 연구들을 살펴보면 학업중단 청소년은 그렇지 않은 청소년에 비하여 자아통제 및 자기조절 기능이 부족한 경향이 있었으며(김혜영, 2002), 높은 공격성과 낮은 자아개념 또 대인관계 기술 수준이 낮고, 미래기대 수준이 낮으며, 의사소통 기술이 부족하고, 자아존중감이 낮으며, 권위에 대한 반사회적 성격이 나타나는 특성이 있다(배영태, 2003; 신현숙, 구본용, 2002; 양미진, 지승희, 이자영, 김태성, 2007; 이숙영, 남상인, 이재규, 1997; 이자영, 강석영, 김한주, 이유영, 양은주, 2010).

이소희, 노경선, 김창기와 고복자(2000)의 연구에 따르면 등교거부의 경향이 높은 청소년들은 대조군의 청소년들에 비하여 우울한 정도가 유의미하게 높은 것으로 나타났으며, 이러한 불안과 우울은 청소년의 일탈과 관련이 높다(박영신, 김의철, 2003). 이러한 연구 결과들은 우울과 불안이 학교생활 적응을 어렵게 하고, 부적응의 한 형태로 등교거부를 나타낼 수 있다는 것을 의미한다.

미국의 연구는 학업중단 가능성을 높이는 학생들의 일반적 특성과 행동도 분석하였다. 이들 연구에 따르면, 폭력, 약물 사용, 범법행위 등과 같은 반사회적 행동은 학업중단 가능성을 크게 높이는 것으로 나타났다(Battin-Pearson et al., 2000; Ekstrom et al., 1986). 또한 반사회적 행동을 일삼는 또래 친구들과 가까이 지낼 경우 학업중단의 가능성이 높아진다(Battin-Pearson, & Neckerman, 2000; Cairns et al., 1989; Catalano & Hawkins, 1995; Elliott & Voss, 1974). 한편, 이른 성경험 역시 학업중단의 가능성을 증가시키며(Battin-Pearson et al., 2000), 직업포부가 낮거나(Rumberger, 2004), 자존감이 낮을 경우에도(Rosenthal, 1998) 학업중단의 가능성이 높은 것으로 나타났다.

(3) 학업성취도와 출결

학업중단과 관련한 미국의 연구들은 학교성적, 시험성적 등으로 측정된 학업성취가 학업중단에 결정적인 영향을 미치고 있음을 밝히고 있다(Alexander, Entwisle, 2001; Battin-Pearson et al., 2000; Ensminger & Slusarcick, 1992; Rumberger, 2004; Wagner et al., 1993). 학업성취는 저학년 때부터(Alexander et al., 2001), 초등학교(Lloyd, 1978), 중학교(Battin-Pearson et al., 2000; Cairns et al., 1989; Gleason & Dynarski, 2002; Ingels et al., 2002), 고등학교(Alexander et al., 2001; Ekstrom et al., 1986; Elliott & Voss, 1974; Gleason & Dynarski, 2002)에 이르기까지, 전 학년에 걸쳐 학업중단여부를 예측하는 데 있어 매우 중요한 변수로 작용한다. 학업성취는 또한 유급(retention)과 같은 학업중단의 가능성을 높이는 다른 요인들과도 밀접한 관련성을 가지고 있다(Alexander et al., 2001; Cairns et al., 1989; Janosz et al., 1997; Rumberger, 2004; Wagner et al., 1993).

Obondo와 Dadphale(1990)의 연구에 의하면 여러 요인이 등교거부에 영향을 미치며, 그중에서 개인의 학업성취도가 등교거부성에 가장 큰 영향을 준다고 보고하고 있다. 국내의 연구에서도 개인의 학업성취도가 등교거부성에 영향을 주는 주요인으로 보고 있는데 수업의 내용을 전혀 이해하지 못하는 학생들은 멍하게 앉아서 머릿속으로 여러 가지 공상하기, 만화그리기, 들키지 않고 만화책 보기 등의 행동을 하며, 이러한 행동을 하다가도 지루한 시간을 견딜 수 없으면 결국 엎드려서 잠을 잔다(류방란, 신희경, 2011). 내용을 이해할 수 없는 수업시간을 들으며 계속 버티고 견디는 것이 힘든 학생들은 그렇게 버티기 위해서라도 가끔씩 조퇴, 무단결과, 결석 등의 방법으로 쉬어 줘야 한다는 이유로 등교거부 성향을 나타낸다(류방란, 신희경, 2011). 이러한 등교거부 성향을 가진 학생들은 이른바 졸업장을 따기 위하여 최소한의 출결관리를 통해 학교생활을 버티고 있는 것이라고 볼 수 있다.

학업중단 청소년은 공부가 싫거나 학업에 흥미가 없어진 경우가 많았다(금명자 외, 2004; 신현숙, 구본용, 2002; 조아미, 2002). 학습에 대한 흥미가 떨어지면서 학업을 따라갈 수 있는 능력이 부족하게 되고 이것은 낮은 학업성취도로 이어져 학업중단에 영향을 미치는 것으로 나타났다(구자경, 2003). 우리나라 특유의 입시위주의 교육환경에서 지속되는 학업에 관한 스트레스는 무기력, 우울, 불안과 같은 심리적 부적응을 유도하고 이는 등교거부, 학습부진, 교칙위반, 신체적 공격, 비행행동이나 가출, 무단 장기결석 등을 유발하여 학업적응에 좋지 않은 영향을 미친다. 즉, 학업에 관한 스트레스가 오랫동안 지속될 경우 학업부적응을 겪을 것이며, 이러한 학업부적응은 청소년들의 학업중단의지에도 영향을 미치게 될 것이라고 가정할 수 있다.

더불어 학업중단과 관련한 선행연구를 살펴보았을 때 학업중단사유로 학업과 관련한 부적응 사유가 많았다. 안현의, 이소영과 권해수(2002)의 연구에서는 학업중단을 결정하는 주요한 요인으로 수업에 대한 이해가 어려워지면서 학교를 왜 다녀야 하는지 회의감을 느끼거나 엄격한 출결 단속 등의 학교 규칙에 대한 준수의 어려움을 호소하는 등 학업 및 학교와 관련한 이유를 들고 있다. 신현숙과 구본용(2002)은 학업중단과 관련하여 잠재적 학업중단 학생과 실제 학업중단 학생 간의 변인 차이를 연구한 결과 무엇보다 학업과 관련한 이유로 학업중단의 충동을 느낀다고 보고하였다.

2) 가정 요인

학업중단에 영향을 미치는 가정 요인은 가정의 낮은 소득, 부모의 낮은 교육수준, 한부모가족 · 조손 가족 등의 구조적 결손, 가족의 학업중단 경험, 가족 구성원의 폭력 및 약물 사용, 자녀에 대한 낮은 성취기대, 부적절한 양육태도, 가족의 낮은 화목도, 가족 간의 대화 단절의 특성 등이 선행연구에서 보고되고 있다. 손충기, 배은자와 김영태(2012)는 청소년 학업중단의 가정 환경적 요인 분석을 위하여 상담센터에 접수된 120여 명의 위기청소년을 대상으로 관련 변인을 측정 후 자료를 분석한 연구결과, 첫째, 가족 구조적 변인으로서 가정경제수준과 결손가정 유무는 학업중단 행동에 영향을 미치고, 둘째, 가족 심리적 변인으로서 가족 유대감은 일탈친구, 무단결석 요인과 결합되어 학업중단 행동에 영향을 미친다는 것이다. 즉, 가족의 유대감, 경제수준, 구성형태 등이 학생의 무단결석요인 등과 결합하여 결국에는 학업중단으로 이어질 수 있다는 것이다. 학업중단에 영향을 미치는 가정 요인을 가정 배경, 가족 관계 및 교육적 환경으로 나누어 살펴보고자 한다.

(1) 가정 배경

학업중단에 영향을 미치는 주요한 요인으로 학생이 속한 가정의 SES(Socioeconomic Status)를 들 수 있다. 특별히 보호자의 교육수준과 소득이 자녀교육에 미치는 영향은 주로 인적 자본론(human capital theory)에 의해 설명되기도 한다. 인적 자본론에 따르면 학생의 보호자는 자신이 가지고 있는 자원 및 목표, 제약 조건에 따라서 아이들에게 어느 정도의 시간과 자원을 투자할 것인지를 결정한다. 예를 들어, 부모가 소득이 높을수록 자녀를 비교적 양질의 학교에 보내고 아울러 다양한 사교육 등에 참여시키며, 자녀의 가정 안에서의 교육을 위해서도 더 많은 지원을 할 수 있고(Haveman & Wolfe, 1994), 그 결과 부모의 소득이 높은 그룹에서 상대적으로 낮은 학업중단이 나타난다. 또는 학업에서 중도 탈락하는 학생들은 가정으로부터 받는 경제적 지원이 비교적 낮은 것으로 나타났다(Ekstrom et al., 1986). 즉, 사회경제적으로 불우한 가정 출신의 학생들이 부유한 가정 출신의 학생들에 비해 일반적으로 학습기술이 능숙하지 못하고 그것은 낮은 학업성취도로 이어지며, 장기적으로 경제적으로 불우한 가정 출신의 학생들의 학업중단 비율이 일반 학생에 비해서 3배에 달한다(Hahn, 1987). 이러한 결과는 가정의 사회경제적 요인이 학업중단의 주요 원인 중의 하나가 되는 것을 반영한다. 송복, 손승영, 조혜정, 황창순, 김병관, 정경희(1996)의 연구에 의하면 청소년들의 생활방식은 서로 비슷하고, 평소에 입는 의복으로 자신의 신분적 위치를 드러낸다고 한다. 그러므로 이러한 유행에 따라가지 못하면 집단에 소속되기 어렵고 따돌림을 당하기 쉬우며, 이것은 학업중단으로 연결되어 가정의 경제적인 배경이 학업중단에 영향을 미친다고 보고하고 있다.

가족 구성도 학업중단에 영향을 미치는데, 부모의 사망, 이혼, 별거, 재혼, 학업중단을 경험한 가정, 결손가족이 학업중단에 부정적인 영향을 미치게 된다(Ekstrom et al., 1986). 또한 가족형태도 한부모 또는 계부, 계모와 함께 사는 청소년들이 양친이 있는 경우보다 학업중단 비율이 높게 나타났다(Astone & McLanahan, 1991). 윤명숙, 이묘숙과 민수영(2012)의 연구에서는 동거가족 형태에 따라 학교 부적응의 원인이 되는 학교폭력 가해경험에 유의미한 차이가 나타났다. 부모님과 함께 살거나 어머니와 함께 살거나 조부모와 함께 사는 집단에 비하여 친척이나 아버지와 함께 사는 청소년 집단이 학교폭력 가해행동이 더 많은 것으로 나타났다.

(2) 가족 관계 및 교육적 환경

가정의 높은 스트레스도 학업중단에 영향을 미칠 수 있다(Rosenthal, 1998). 가정의 스트레스는 약물 사용(Rosenthal, 1998), 가정불화(Catalano & Hawkins, 1995; Rosenthal, 1998), 가정의 경제적 또는 건강 문제(Rosenthal, 1998) 등으로 초래될 수 있다. 또한 잦은 이사도 학업중단에 영향을 미칠 수 있다(Ensminger et al., 1996; Lehr et al., 2004). 이 밖에 가족 구성원의 죽음, 부모의 이혼 혹은 재혼 등과 같은 가정의 여러 변화도 학업중단에 영향력을 미친다(Alexander et al., 2001).

Kearney와 Wendy(1995)는 학업중단 청소년들의 가족 간의 관계가 등교거부의 주요한 요인이라고 보았는데, 등교를 거부하는 청소년의 경우 부모와 자녀 간의 관계에 있어서 매우 불안정하고 갈등이 심한 관계가 형성되어 있다고 하였다. 부부갈등, 가정폭력에의 지속적인 노출로 인해 나타나는 학생들의 대표적인 심리적 문제는 우울감이다. 학생은 우울감을 매개로 무단결석, 조퇴 등의 학교부적응 행동을 보일 수 있다. 선행연구들에 의하면 비합리적이고 부정적인 부모 사이의 갈등에 대한 스트레스는 아동의 우울, 불안 등과 같은 정서적 문제에 유의미한 영향을 주는 것으로 나타났다(윤명숙, 조혜정, 2008; 이민식, 오경자, 2000). 남영옥(2008)의 연구에서는 가정에서 신체적 폭력 및 정서적 폭력을 경험한 청소년들이 폭력을 경험하지 않은 청소년들에 비하여 우울감과 불안감, 적대감 등의 증상을 더 심하게 경험하는 것으로 나타났다.

윤명숙과 이재경(2010)의 초기청소년을 대상으로 하는 종단연구에 따르면 부모와의 애착정도가 높고 안정적인 관계를 형성할수록 우울함을 느끼는 정도가 낮아지는 발달 상태를 보이는 것으로 나타났다. 자녀의 어린 시절 양육 방식이나 어머니와 자녀 사이의 친밀성은 학업중단에 유의미한 영향을 미치는 것으로 나타났다(Jimerson et al., 2000). 자녀의 일상생활에 대해 야간 통금시간과 같은 방식으로 감시 · 감독을 전혀 하지 않거나(Ensminger et al., 1996; Ensminger & Slusarcick, 1992), 이와는 반대로 지나치게 자녀의 일상생활에 간섭할 경우(Janoszet al., 1997) 자녀의 학업중단은 높은 것으로 나타났다. 그뿐만 아니라, 지나치게 관대한 양육 스타일도 자녀의 학업중단 가능성을 높이는 것으로 나타났다(Lehr et al., 2004; Rosenthal, 1998).

또한 가정에서 폭력을 당한 학생들은 학교에서도 학교폭력의 가해학생이 될 확률이 높아 학교부적응의 원인이 될 수 있다. 가정폭력 노출경험이 높은 청소년들의 경우 가정폭력을 경험하지 않은 청소년들에 비하여 과잉행동이 늘어나며, 공격성이 높아져 타인이나 또래 친구에게 가해행동을 행사하는 가능성이 높은 것으로 보고되었다(아영아, 정원철, 2007).

부모가 교육에 대해 가지고 있는 태도, 가치, 믿음은 자녀의 교육에 대한 기대에 영향을 미치며, 이는 그 자녀가 학업중단을 결정하는 데에 영향을 미친다. 구체적으로, 부모의 낮은 기대 교육 수준은 자녀의 학업중단 가능성을 높이게 된다(Alexander et al., 2001; Ensminger & Slusarcick, 1992; Kaufman et al., 1992; Rumberger, 1995). 또한 부모가 학업을 중도 포기한 경험이 있는 경우 그들의 자녀 또한 학업을 포기할 가능성이 높다(Catalano & Hawkins, 1995; Elliott & Voss, 1974). 그리고 가족 구성원 가운데 누군가 학업을 포기하게 되면, 그들의 형제자매 역시 학업중단을 할 가능성이 높다(Gleason & Dynarski, 2002; Kaufman et al., 1992).

자녀의 학업중단을 예방하는 것에 있어 중요한 역할을 하는 것은 부모의 기대뿐만 아니라 교육과 관련된 부모의 실제적 행동이다. 구체적으로, 자녀가 학업중단을 한 부모들의 특성을 보면, 자녀의 학업성취도나 학교생활과 관련하여 학교와 거의 소통을 하지 않으며(Jimerson et al., 2000; Rumberger, 1995), 자녀와도 그에 대해 거의 대화를 하지 않는 경향이 있다(Gleason & Dynarski, 2002; Teachman et al., 1996). 또 이들 부모가 학교에서 주최하는 학부모 모임 등에 참여 하는 빈도도 매우 낮은 것으로 나타났다(Kaufman et al., 1992). 몇몇 연구들은 부모가 집에서 자녀의 공부를 도와주지 않거나(Ekstrom et al., 1986), 숙제에 대해 무관심한 태도를 보이는 행위(Goldschmidt & Wang, 1999) 등도 학업중단과 연관이 있음을 밝혔다.

3) 학교 요인

학업중단을 유발하는 학교 요인으로는 학교 자체에 대한 부정적 인식, 교사나 교우와의 부정적 관계, 학교폭력, 학습흥미상실 등(류방란, 신희경, 2011; 박지현, 2009; 한영희, 2008; Kearney & Wendy, 1995)을 들 수 있다. 미국의 연구들은 학생 차원의 학업중단 위험요소가 동일하다고 가정할 경우, 전교생의 숫자가 적고, 학생-교사(혹은 학교 내 다른 성인)의 관계가 원만하며, 학생들을 물심양면으로 도와주는 교사 비율이 높은 학교, 그리고 엄격한 교육과정을 시행하는 학교일수록 학업중단율이 낮음을 보여 주고 있다(Hammond et al., 2007).

학업중단에 미치는 학교 요인의 영향은 학업성취도가 낮은 학생들 그리고 저소득층 학생들에게 특히 더 크게 나타난다. Croninger와 Lee(2001)는 학생들을 전폭적으로 지원해 주는 교사의 비율이 높은 고등학교는 재학생의 학업중단 가능성을 절반 가까이 줄인다고 보고하고 있다. 이와 같이, 학교의 특성은 학생들의 학업중단 비율을 높이는 위협요인으로 작용할 수도 있지만, 학업중단 비율을 낮추고 예방할 수 있는 매우 중요한 보호요인으로 작용할 수 있음을 의미한다.

(1) 교사 및 교우와의 관계

많은 연구에서 학교생활 중 교사나 교우들과의 관계가 등교거부에 영향을 미치는 요인으로 꼽고 있다(박지현, 2009; 한영희, 2008; Kearney & Wendy, 1995). 박지현(2009)은 교사와의 관계에서 학생이 교사에게 관심을 받지 못할 때, 허탈하고 울적하다고 느끼고, 무시를 당한다는 생각과 함께 허무감을 느껴 이러한 감정들이 결국 학교를 가기 싫어하게 되는 원인이 된다고 보았다. 한영희(2008)의 연구에서는 교사와의 관계보다 교우관계에 대한 문제가 등교거부 경향에 더 큰 영향을 미치는 것으로 나타났다. 이경호(2012)는 위계적 회귀분석을 통하여 부모관계, 교사관계, 교우관계가 9.4% 정도 등교거부를 설명할 수 있다고 하였다. 또한 등교거부 경향의 예측에 통계적으로 유의미한 영향을 주는 요인들의 상대적 영향력을 살펴보았을 때, 교우관계가 등교거부성에 가장 큰 영향력을 보이는 것으로 나타났다. 이러한 결과는 교우관계가 등교거부성에 가장 큰 영향을 준다는 한영희(2008)의 선행연구와 결과가 같다.

꾸준히 발생하고 있는 학교에서의 또래 괴롭힘 역시 피해학생에게 불안증가, 외로움, 통제감 상실 등 정서적 문제를 통해서 학교에 대한 강한 거부감으로 등교거부와 같은 학교 적응에 심각한 어려움을 지니는 것으로 나타났다(Egan & Perry, 1998). 특별히 학교폭력 피해학생의 경우 폭력 발생장소인 학교에 대해 두려움과 불안, 공포 등의 감정을 느끼게 되어, 등교를 거부하거나 학교에서의 활동을 회피하고 학교적응에 부정적 영향을 받을 가능성이 크다(이상균, 1999). 학업중단 청소년의 또래특성은 비행또래와 접촉이 높은 특성과 또래와의 관계에서 어려움을 겪는다는 것이다. 비행또래와의 접촉이 높고, 재학생에 비해 중퇴한 친구들이 많고 비행또래 또는 중퇴한 또래와 어울리거나, 재학 중에도 학교를 중퇴한 친구들과 어울리면서 학교 밖 활동에 많은 시간을 보내는 청소년들이 학업중단율이 높다(배영태, 2003; 서우석 외, 2007; 신현숙, 구본용, 2002; 이숙영 외, 1997; 조아미, 2002). 불량친구가 아니더라도, 또래와의 관계에서 스트레스를 받거나 또래들로부터 따돌림을 당하여 소외감을 느끼거나 폭행을 당한 경험이 청소년들의 학업중단 원인이 된다(서우석 외, 2007; 이숙영 외, 1997; 이자영 외, 2010; 조아미, 2002).

(2) 출결 등 학교생활

출결은 학업중단을 예측하는 주요 변수 중 하나이다. 등교거부 행동이 반복될 경우, 학교에서 멀어지면서 학업중단으로 진행되기 쉽다. 우리나라의 중등학교 학업중단 학생들의 평균비율은 다른 나라에 비해 비교적 낮은 수준이지만 학교에 적은 두고 있으나 출석을 하지 않거나 잦은 지각, 조퇴로 인하여 등교거부 의사표시를 하는 학생들은 훨씬 많다(조아미, 2002). 구본용, 신현숙과 유제민(2002)의 연구에서는 결석이나 지각과 같은 수업결손이 학업중단에 영향을 미친다고 하였다.

미국의 연구 결과에서는 출결은 학업성취도와 밀접한 관련이 있는데 학교에서 소외되거나 학교 교육에 흥미를 느끼지 못하는 학생들은 학업을 중단할 가능성이 높다(Alexander et al., 2001; Rumberger, 2004). 이러한 학교에 대한 흥미가 떨어지는 이탈 현상은 다음과 같이 학업, 행동적 · 심리적 · 사회적 이탈 행위로 표출된다. 학업 이탈(academic disengagement)은 학생들이 학교에 잘 적응하지 못하고 있다는 것으로, 이와 관련한 주요 지표중의 하나는 결석률이다. 학업 이탈을 보여 주는 다른 지표는 수업을 빼먹는 행위, 무단결석, 숙제를 해 오지 않는 행위, 수업 준비를 해 오지 않는 행위 등이다. 행동적 이탈(behavioral disengagement)을 보여 주는 대표적인 지표는 청소년 비행이다. 일탈행동을 하거나 범법행위를 하는 경우가 이에 해당한다. 심리적 이탈(psychological disengagement)은 학교생활에서 심리적으로 이탈하는 것으로 교육포부 수준이 낮고, 학교를 싫어하게 되는 등의 형태로 나타난다. 사회적 이탈(social disengagement)은 또래 친구들과 잘 어울리지 못하거나, 사교기술이 부족할 경우 발생되며, 이는 학업중단으로도 이어지는 요인이 된다(Jimerson et al., 2000). 반면에 학업중단이 학생들이 사회적으로 고립되어 있는 것 자체보다는, 학업중단 가능성이 큰 친구들과 주로 어울리기 때문이라고 밝힌 연구도 있다(Cairns et al., 1989).

(3) 학교의 특성

학교 규모가 학업중단에 미치는 영향에 대한 연구는 현재 많지 않고, 그 의견 또한 갈리고 있다. 학교의 규모의 효과성에 관한 일부 연구에서는 대규모의 학교들이 중간 및 소규모의 학교들보다 학업성취도가 낮고 학업중단율이 높은 것으로 나타났다(서우석, 정철영, 이광호, 채영병, 허영준, 김재호, 2007; Lee & Burkam, 2003). 하지만 다른 연구에서는 학교 규모가 학업중단에 유의미한 영향을 미치지 않는 것으로 보고되고 있다(McNeal Jr, 1997; Phillips, 1997). 또한 학교의 규모와 더불어 학교의 구조적 특성 중 하나인 지역적 특성에 관련한 연구에서는 학교가 도심의 빈민가에 있거나 도심에서 거리가 떨어진 시골에 위치한 경우, 학업중단율이 그렇지 않은 지역의 학교에 비하여 높다고 보고하고 있다(서우석 외, 2007).

Rumberger(2004)는 학교를 구성하고 있는 학생들의 배경적 특성이 학업중단에 영향을 미치는 것으로 제시하였다. 구체적으로, 저소득 계층 혹은 소수인종 학생들이 밀집된 학교의 경우 개인 수준의 배경적 특성과 학업성취를 통제한 후에도 여전히 높은 학업중단율을 보였다(Goldschmidt & Wang, 1999; Kaufman et al., 1992; Rumberger, 1995). 개인차원의 학업성취뿐만 아니라, 학교 수준의 학업성취 역시 학업중단에 영향을 미침을 밝혀내었다. 구체적으로, 유급을 당한 학생이나 수학 성취가 낮은 학생들이 많이 모여 있는 학교일수록 학업중단율이 높은 것으로 나타났다(Goldschmidt & Wang, 1999; Kaufman et al., 1992). 학교 차원의 결석률이나 비행률이 높은 학교의 경우 학생들의 학업중단 가능성은 커지게 된다(Goldschmidt & Wang, 1999).

학교가 안전하지 않다고 느끼는 것 역시 학업중단 가능성을 높이는 위험 요인이다(Kaufman et al., 1992). 또한 학교가 훈육에 있어 문제가 있다고 생각하거나 교사들의 지원이 낮다고 인식하는 학생들의 비율이 높은 학교일수록 학업중단율이 높은 것으로 나타났다(Rumberger, 1995). 그뿐만 아니라, 강제적인 정학이나 퇴학, 전학 등이 빈번하게 일어나는 학교의 경우에는 전반적으로 학업중단에 있어서 부정적인 작용을 할 수 있으며, 이러한 부정적 환경으로 인해 학생들의 학업중단 가능성은 커질 수 있다.

4) 지역사회 요인

미국에서는 학업중단에 영향을 미치는 지역사회 요인에 대해서도 연구가 다양하게 진행되어 왔다. 교외 외곽(suburban)이나 시골 학교보다 도심 내의 학교에서 학업중단율이 높은 것으로 나타난다(Lehr et al., 2004). 또한 서부나 남부 주(state)에서 상대적으로 학업중단 비율이 높은 것으로 나타난다(Ekstrom et al., 1986; Lehr et al.,

2004; Rosenthal, 1998). 학업중단율은 가난한 계층이 밀집되어 있는 지역(Rosenthal, 1998; Rumberger, 2004)이나, 소수인종 혹은 이민자 비율이 높은 지역(Rosenthal, 1998)에서 높게 나타나는 경향이 있다. 또한 한부모 가정의 비율이 높거나 학업중단 경험이 있는 어른들이 모여 사는 지역(Rosenthal, 1998), 그리고 교육 수준이 낮은 어른들이 밀집되어 있는 지역일수록 학업중단율은 높게 나타난다(Goldschmidt & Wang, 1999).

지역 환경 또한 학생들의 학업중단에 영향을 미친다. 우선, 높은 학업중단율은 불안정하거나 이사가 잦은 지역에서 주로 나타나는 경향이 있다. 도심 지역의 빈곤 지역은 높은 수준의 폭력이나 마약 관련 범죄 등과 관련되어 있으며 이는 학교 참여나 학업성취 수준, 나아가 학업중단에 영향을 미치게 된다(Catalano & Hawkins, 1995; Rosenthal, 1998).

4. 학업중단 예방 및 학교 밖 청소년 지원 방안과 향후 과제

우리나라의 교육열은 세계적으로 높은 수준이다. 거의 모든 학부모가 자녀의 교육을 위해 최선을 다해 노력하고 있다. 우리 사회에는 치열한 교육 경쟁 속에서 부모의 전폭적인 지원을 받고 있는 아이와 교육적 지원을 전혀 받지 못하는 아이들이 함께 살고 있다. 학교 안에 있는 학생 중에서 학교를 그만두고 싶다는 생각을 해 본 학생은 약 40%로 나타났다. 이 중에서 학교를 그만두려는 적극적인 의사를 가진 학생도 상당수 있고, 실제로 학업을 중단하는 학생들도 있다.

하지만 대부분의 국민은 교육정책에 대한 관심이 상급학교 진학을 위한 경쟁에 맞춰져 있고, 이에 따라 교육정책도 소외 받는 학업중단 청소년에 대해서 소홀히 대해 왔던 것이 사실이다. 최근 학교 밖 청소년에 대한 정책적 관심이 높아진 것은 늦었지만 다행스러운 일이라 할 수 있다. 학교의 학생들을 담당하고 있는 교육부와 학교 밖 청소년을 담당하고 있는 여성가족부가 함께 고민하고 문제해결의 방안을 찾는 모습도 매우 반가운 일이라 할 수 있다.

체계적 지원을 받지 못하고 있는 학교 밖 청소년들에게 기본적인 학습 지원이 이루어질 수 있는 체계를 만드는 것은 하루아침에 이루어질 수 없을 것이다. 지속적인 정책적 관심과 노력을 기울여야 하며, 이에 수반되는 재정적 지원이 우선순위에서 밀리지 말아야 하는 것도 중요한 조건이라고 할 수 있다. 제도적 지원 초기에는 정부의 강력한 의지와 지속적 관심이 절대적인 필요조건이라고 할 수 있다.

교육부와 여성가족부는 2013년 11월에 학업중단 예방을 위한 학교의 적극적 대응과 학교 밖 청소년에 대한 부처 간 협력을 통한 유기적인 지원체제 구축을 주요 내용으로 하는 '학업중단 예방 및 학교 밖 청소년 지원방안'을 수립하여 발표하였다. 이는 우리나라에서 학업중단 예방을 담당하는 교육부와 학교 밖 청소년 지원을 담당하는 여성가족부가 협력적으로 정책을 마련한 사례라고 할 수 있다. 우리나라의 기본적인 정책 내용을 살펴보고 개선을 위한 향후 과제를 제시하고자 한다.

1) 학업중단 및 예방 및 학교 밖 청소년 지원 정책

(1) 학업중단 예방 체계 구축

위기징후 발견, 대응, 보고, 사후 지원 등 학교와 교육청의 역할이 강화되고, 상담 의무화 등 학업중단 숙려제가 전면 도입하였다. 학업중단 위험요인을 사전에 예측할 수 있는 체크리스트를 개발하여 활용하도록 하였다. 위기요인에 따라 교육복지 지원(경제적 어려움), 또래 조정 · 상담 등 학생 자치활동(또래 간 갈등), 진로 지도(진로 탐색), 기초학력 증진(학습 결손), 학업중단 숙려제(학업중단 위기) 등을 지원한다. 장기결석자 등 학업중단 발생 시 교육청 보고가 의무화되고 교육청은 '희망 손잡기' 프로젝트를 추진한다. 시범운영 중인 학업중단숙려제가 2014년부터 전면 시행되고(「초 · 중등교육법 시행령」 개정), 프로그램도 다양하게 제공된다. 학업중단숙려제는 학업중단 위기 학생이 학교를 그만두기 전에 상담, 인성 · 체험 등 프로그램을 통해 숙려 기간을 부여하는 제도이다. 위기학생 상담을 위하여 교육지원청에 설치되어 있는 Wee 센터의 기능을 확대 · 강화하도록 하였다. 학교 안에서 꿈과 끼를 키우는 교육을 할 수 있는 대안교실을 확대하고, 학교 안에서 제공할 수 없는 보다 다양한 꿈 · 끼

교육을 위하여 위탁형 대안교육을 활성화하도록 하였다.

(2) 학업중단 실태 파악 및 협업 · 연계 강화

정기적인 학업중단 실태조사 결과를 토대로 정책을 지속 보완하고 중앙 · 지역 단위 협업체계를 구축하였다. 교육부는 학업중단 후 어디서 무얼 하고 있는지를 알기 위하여 이행경로를 매년 정기적으로 조사하도록 하였다. 범정부 · 지역추진체계 구성 · 운영하기 위해서 중앙단위에서는 학업중단 청소년의 체계적 지원을 위해 여성가족부와 교육부를 주무부처로 하되, '청소년정책 관계기관 협의회'를 중심으로 정책 수립—집행—점검 추진하도록 하였다. 지역단위에서는 학교—시 · 도교육청—지방자치단체-CYS-Net(청소년상담복지센터) 간 정보 공유를 통해 청소년에 대한 서비스의 연결고리를 마련하도록 하였다. 학교 밖 청소년에 대한 빅데이터 분석을 통해 적시 대응 방안을 마련하도록 하였는데, CYS-Net 정보망(개인상담, 전화 · 문자 · 사이버상담 정보 등), 청소년쉼터정보시스템(가출원인, 성별, 연령, 상담정보 등), 각종 소셜데이터, 인구, 소득수준 등 국가통계를 활용하여 데이터 간 상호 연관성을 도출하여 분석하려는 계획이다. 빅데이터 분석 결과는 위기청소년 발생 추이, 행태, 특성변화를 예측하고, 가출 · 학교 밖 청소년 패턴분석을 통한 맵(map)을 개발하여 아웃리치 활동에 적극 활용할 계획이다.

(3) 학교 밖 청소년 지원 강화

학교 밖 청소년들이 두 번째 기회를 얻을 수 있는 기회를 제공하도록 한다. 학업복귀, 자립 등 청소년 욕구와 희망에 기반한 다양한 서비스 제공하여 검정고시, 자격증 취득 등 재도약의 발판을 마련하도록 하고, '스마트 교실'(청소년상담복지센터) 운영을 통해 지역 내 학교 밖 청소년의 소속감, 정서적 지지, 안정적인 학습 및 자립 지원을 시행한다. 취업 취약 계층을 대상으로 개인별 취업역량 등 진단을 토대로 단계별 통합적 취업지원서비스를 제공하도록 한다. 보호자의 실질적 보호를 받지 못하는 청소년이 겪을 수 있는 생활 · 의료 · 주거 지원 등 여러 유형의 어려움을 지원하는 특별지원사업을 확대하여 추진한다. 흡연 · 음주 · 약물복용의 비율이 높고, 위생관리가 취약한 거리배회 청소년을 위한 의료지원 전문 아웃리치 등을 추진한다. 각 지방자치단체의 학교 밖 청소년 지원 우수프로그램을 적극 발굴 · 확산하여 전방위적 지원을 위한 선순환 구조를 마련하도록 한다.

(4) 학교-정부-사회 협력을 통한 지원 체제 구축 및 가족 기능 회복

사회적 참여 유도 및 나눔네트워크 활성화를 위하여 멘토링, 교육 기부 등을 통한 사회적 참여를 유도하도록 한다. 교육청, 지방자치단체, 민간단체 등과 연계하여 학업중단 예방 및 학교 밖 청소년 지원을 위한 MOU 체결, 교육 기부 · 나눔 활동, 캠페인 등 협력체계를 구축하고, 뜻 있는 민간단체 또는 단체의 연합체에 대한 법인 등록 등 활동을 지원하도록 하였다. 현금기부, 현물지원과 더불어 민간 기업의 기반을 활용한 교육자료 개발, 재능나눔 등을 적극 활용하여, 민간협력을 위한 나눔네트워크를 활성화한다. 가출청소년과 부모의 집단상담, 주말농장 · 문화체험 · 직업체험 등 가족 어울림 활동을 통해 가족관계 개선 및 가출 재발 방지를 지원한다. 아동학대로 신고 · 접수된 사례 중 보호자에 의한 교육적 방임이 이루어진 경우 처벌을 강화하고, 학대 피해 아동의 교육기회가 중단되지 않도록 주소지 이외의 지역에서 취학할 수 있는 방안을 마련한다.

2) 향후 과제

(1) 학업중단 위기의 조기 발견 및 체계적인 예방 시스템 구축

학업중단자를 보호하고 지원하는 것도 중요하지만 그보다는 먼저 학업중단이 발생하지 않도록 사전에 예방하는 것이 더 근본적인 대책이라고 할 수 있다. 그러나 지금까지 많은 학업중단 예방 정책이나 제도는 사전에 학업중단의 징후나 위기요인을 체계적으로 발견하고 대처하기보다는 학교에서 폭행이나 장기결석 등 사안이 발생하고 나서야 대처하는 정책들이었다고 할 수 있다. 학업중단숙려제도와 같은 조치는 매우 유의미하지만 이것도 사안 발생 후의 조치라 할 수 있다.

사전에 학업중단의 징후나 중단요인을 감지할 수 있는 학교부적응 진단도구를 개발하는 등 위기학생을 조기에 진단할 수 있는 체계적인 시스템을 갖출 필요가 있다. 앞으로의 학업중단 대책은 이러한 예방조치를 강화하는 방향에서 마련되어야 할 것이다. 호주의 SMT(Student Mapping Tool)나 미국의 EWS(Early Warning System)는 학업중단을 위해 조기에 발굴하는 시스템이고 우리나라에서도 학업중단 예측모형을 개발하여 적용하는 단계에 있다. 사전에 학업중단 위기학생을 발굴하여 개별 학생의 위기 요인과 원인에 따라 적절한 교육적 지원이 필요하다고 할 수 있다. 특히 학업중단 위기학생을 학교에 억지로 끼워 맞추려는 시도는 상황을 더욱 악화시킬 수 있으므로 학생에게 맞추어 주는 지원이 더욱 유용하다고 할 수 있다.

(2) 질 관리에 기반한 맞춤형 대안교육 기회 제공

현재까지 많은 대안학교가 운영되고 있다. 「초 · 중등교육법」 제60조의3에 의한 각종학교로서의 법정 대안학교도 있지만 사회에서 통상적으로 말하는 대안학교는 법령상 대안교육시설을 포함하여 지칭하고 있으며, 평생교육시설 중에 위탁교육을 실시하는 대안교육 기관이 있지만 지금까지 이러한 교육기관에 대해 최소한의 질적 관리를 하거나 구체적 기준에 의한 평가인증은 이루어지지 않고 있다. 어떻게 학생들을 가르치고 있고, 어떤 교육적 성과를 얻고 있는지, 혹은 어떤 문제점이 있는지, 학생들이나 학부모, 교원들의 만족도는 어느 정도인지에 대해서 객관적으로 알 수 있는 평가결과가 없다. 물론 평가가 교육의 과정을 획일화하는 위험성이 있을 수 있지만 각 대안학교들이 어떤 특성화된 프로그램을 운영하고 어떤 성과를 낳고 있는지에 대해서 그 시설에 자녀를 보내고 있거나 앞으로 보내고 싶은 수요자들에게 제공할 정보를 만들어 내고 있지 못한 것은 문제가 아닐 수 없다.

현재 시행되고 있는 위탁교육도 질 관리가 제대로 되지 않는다면 학교에서 보내진 아이들이 교육적인 기회를 잃고 있는 것으로 볼 수 있다. 따라서 학생들의 교육적 수요에 맞는 다양한 교육적 경험을 제공하는 대안교육체제가 마련되어야 한다. 우선, 미국에서 운영되고 있는 '학교 안 학교(School Within-a-School)' 프로그램을 참고할 수 있을 것이다. 이 프로그램은 학교 안에 특별한 필요를 가진 학생들을 위하여 다소 독립적인 행정체제, 인력 및 시설을 배치하고 독특한 학업 및 사회성 프로그램을 운영하는 경우로서, 학교 안의 대안교실(alternative classroom) 운영 확대 차원에서 고려할 필요가 있다. 둘째, 대안교육을 위한 공립학교 확대가 이루어져야 한다. 공립대안학교가 확대되어 운영되고 있는 추세라고 할 수 있지만 아직도 상당히 부족한 상황이다. 대안교육의 특성상 소규모학교로 운영되므로 학생정원은 전교생 120명 내외이다. 일반학교에 비해 상대적으로 비용이 많이 드는 것이 사실이다. 따라서 재정 여건과 성과를 모두 고려하여 적정한 수준에서 설립을 추진할 필요가 있다. 셋째, 대안교육을 시행하고 있는 위탁교육기관의 확대와 질 관리 체계 구축이 시급하다. 위탁교육은 정규학교와 달리 다양한 기관이나 시설들이 그 역할을 맡을 수 있다는 점에서 '사회적 학습시스템'으로서의 '민 · 관 협력형 대안학교 모델'을 제공한다는 의의도 있다. 다만 위탁교육기관에서 제공하는 교육의 질적 관리를 위한 시스템도 함께 고민될 필요가 있다.

(3) 학교 밖 청소년에 대한 체계적인 지원 체제 구축

학교를 벗어난 청소년은 누구에게도 보호받지 못하는 경우가 많다. 숙식을 보장받지 못하는 경우에서부터, 교육적 기회가 단절된 아이들까지 다양하다. 이들에게 체계적 지원을 제공하기 위해서는 우선, 학교 밖 청소년 중에서 다양한 위험에 노출되어 있는 청소년들에 대해 적극적으로 찾아나서는 아웃 리치(outreach)를 확대할 필요가 있다. 또한 학교 밖 청소년에 대한 데이터베이스를 구축하여 청소년들의 위기 징후를 조기에 포착하고 적시에 대응하는 체제를 구축해야 한다.

학교 밖 청소년들의 학업지속과 사회적 자립을 위해서는 다음 두 가지 방향에서 정책이 추진될 필요가 있다. 첫째, 학업중단 청소년들에 대해 통합적으로 교육적 경험을 제공하는 제도가 더 많이 확충되어야 한다. 학업중단을 결심하고 학교 밖으로 나간 학생들에 대해서는 교육청 차원에서 적극적인 보호와 교육적 조치가 필요하다. '학교부적응 학생 관리카드'와 연계하여, 학업이 중단된 시점부터 시 · 도교육청에서 대상 학생에게 사전에 제공을 동의한 개인 정보를 통해 이메일, 우편, 문자메시지 등을 활용하여 수시로 진학 · 취업 훈련 · 취업 등 진로 정보를 제공해야 한다. 복학 및 편입학, 청소년 지원 기관, 검정고시, 취업 훈련 기관, 취업 연계 등 관련 정보도 제공할 필요가 있다. 이를 위해서는 시 · 도교육청별 '학업중단 학생 지원' 전담부서 신설 등 지원 체계를 구축하도록 해야 한다. 둘째, 학교 밖 청소년이 독립적인 사회인으로 생활해 나갈 수 있는 자립지원도 확대되어야 할 것이다. 위기청소년을 위한 지역사회 허브기관인 청소년상담복지센터가 2013년 현재 196개소가 운영되고 있다. 이를 모든 기초 지방자치단체별로 1개소 이상 설치하여 운영할 필요가 있으며, 청소년쉼터도 확대할 필요가 있다. 성별, 유형별 청소년쉼터를 지역에 균형 있게 확대하여 배치하고, 민관협력을 통한 쉼터 환경개선을 추진하여 거리배회 · 가출청소년의 이용률을 제고해야 한다.

(4) 학업중단예방 및 학교 밖 청소년 지원 종합관리체제 마련

학업중단 및 학교 밖 청소년에 대하여 여러 정부 부처가 나름대로의 대책을 수립하여 발표하고 추진하고 있다. 교육부는 물론이고 여성가족부, 보건복지부, 법무부, 고용노동부, 행정안전부 등 관련되지 않은 부처가 거의 없을 정도로 복잡하게 이루어지고 있다. 따라서 그 정책들이 다소 분절적으로 작동하고 있지 않나 살펴볼 필요가 있다. 교육부나 여성가족부에서 지원하는 상담기관이나 프로그램들이 제각각 실행되고 있지만 부처 간 연계가 부족하다. 학업중단 위기학생이나 학업중단자의 통합적인 접근이 이루어지지 못하기 때문이다.

학교 내에서 학업중단 위기학생을 관리하고, 대안적 교육경험을 체계적으로 제공하여 학업중단이 이루어지지 않도록 교육부와 교육청이 최대한 노력해야 할 것이다. 또한 일단 학교 밖으로 나간 청소년들에 대해서는 교육적 경험이 최대한 계속되고 보호와 관리가 체계적으로 이루어질 수 있도록 하는 것도 필요하다. 학교 안과 밖의 체계적인 관리 시스템이 연계되어 어디에서든지 원하는 교육기회를 지원받을 수 있도록 종합적으로 관리하는 체제가 구축되어야 한다. 학업중단 예방과 학교 밖 청소년에 대한 지원을 강화하는 체제를 구축하고 이를 관리하기 위해서는 각 주체별 책무성을 확보하는 것도 필요하다.

학업중단 예방과 학교 밖 청소년에 대한 지원을 강화하기 위해서는 교육 기부 활성화 등 사회적 참여 유도가 필수적이라고 할 수 있다. 학업중단 예방 컨설팅, 캠페인 전개, 상담 지원 등 활동에 민간 부문의 적극적인 참여를 유도해야 한다. 또한 학업중단 예방 및 학교 밖 청소년 지원에 대한 범국민적 관심을 제고해야 한다.

참고문헌

교육부(2013). 2012학년도 초중고 학업중단 현황 조사결과 발표. 교육부 보도자료(2013. 9. 4.).

교육부(2015). 2014년도 학업중단학생, 전년대비 8,662명 (14.3%) 감소. 교육부 보도자료(2015. 9. 8.).

교육부(2019). 교육기본통계 주요내용.

구본용, 금명자, 김동일, 김동민, 남상인, 안현의, 주영아, 한동우(2005). 위기 (가능) 청소년 지원모델 개발연구. 청소년위원회.

구본용, 신현숙, 유제민(2002). 데이터마이닝을 이용한 중퇴 모형에 관한 연구. 청소년상담연구, 10(2), 35-57.

구자경(2003). 청소년의 심리사회적 특성이 학교자퇴생각에 미치는 영향. 청소년학연구, 10(3), 309-330.

권해수, 서정아, 정찬석(2007). 대안학교와 소년보호교육기관 청소년의 학교 밖 경험 비교: 개념도 방법론을 통하여. 상담학연구, 8(2), 657-674.

금명자(2008). 우리나라 학업중단청소년에 대한 이해. 한국심리학회지: 사회문제, 14(1), 299-317.

금명자, 권해수, 이문희, 이자영, 이수림(2004). 학교 밖 청소년 욕구 조사 결과. 한국청소년상담원(편). 학교 밖 청소년 길찾기. 청소년상담문제 연구보고서(50).

김기태, 류기형, 최송식, 최인욱, 홍봉선, 남미애(1996). 부산지역 중 · 고등학교 중퇴생의 생활과 욕구에 관한 조사연구. 사회복지연구, 6(1), 165-198.

김민(2001). 자발적 학업중도탈락 현상 발생요인에 대한 분석 연구. 한국청소년개발원.

김상현, 양정호(2013). 학업중단 경험이 있는 고등학생의 학업중단 배경과 복교 후 학교생활에 대한 연구. 한국교육문제연구, 31(1), 81-113.

김성기(2013a). 학교 밖 청소년에 대한 정책적 보호 방안. 학교 밖 청소년 문제 대책 마련 토론회. 교육부, 여성가족부, 이화여자대학교 학교폭력예방연구소.
김성기(2013b). 학업중단 및 학교부적응 학생에 대한 이해와 지원방안. 교육정책포럼. 한국교육개발원.
김영희, 최보영, 이인회(2013). 학교 밖 청소년의 생활실태 및 욕구분석. 청소년복지연구, 15(4), 14-29.
김옥엽, 이연숙, 원유미(2004). 전라북도 청소년 학업중단에 대한 의식 및 위험요인과 보호요인의 분석. 상담학연구, 5(3), 725-741.
김지혜, 안치민(2006). 가출청소년의 학업중단 영향 요인과 대책. 한국청소년연구, 17(2), 133-157.
김혜영(2002). 학교중도탈락의 사회적 맥락에 관한 연구. 청소년학연구, 9(3), 213-242.
남기곤(2011). 고등학교 단계 학업중단의 경제적 효과 추정. 서강경제논집, 40(3), 63-94.
남미애(2006). 학교 밖 청소년의 욕구와 사회적 지원 방안. 사회과학논문집, 24(2), 147-196.
남영옥(2008). 청소년이 가정폭력경험이 정신건강에 미치는 영향에 대한 보호요인에 대한 중재효과. 미래청소년학회지, 5(3), 199-218.
류방란, 신희경(2011). 학교 부적응 학생의 학교다니기: 전문계 여자고등학교 학생을 중심으로. 교육학연구, 49(2), 41-72.
박영신, 김의철(2003). 부모-자녀 관계 변화가 청소년에게 미치는 영향. 교육학연구, 38(2), 109-147.
박지현(2009). 교사관계 및 또래관계가 청소년의 학업중단에 미치는 영향: 학업중단생과 재학생 비교를 통하여. 경상대학교 일반대학원 석사학위논문.
배영태(2003). 학교 중도탈락의 선행요인과 판별. 청소년상담연구, 11(2), 23-35.
서우석, 정철영, 이광호, 채영병, 허영준, 김재호(2007). 실업계 고등학교 학생의 중도탈락 개선을 위한 진로지도 및 상담 활성화 방안. 직업교육연구, 26(1), 106-133.
서정아, 권해수, 정찬석(2006). 학교 밖 청소년의 실태와 정책적 대응방안. 한국청소년개발원.
성윤숙(2005). 학교중도탈락 청소년의 중퇴과정과 적응에 관한 탐색. 한국청소년연구, 16(2), 295-343.
손충기, 배은자, 김영태(2012). 청소년 학업중단의 가족 및 사회환경적 요인 분석 연구. 한국산학기술연구, 13(6), 2504-2513.

송복, 손승영, 조혜정, 황창순, 김병관, 정경희(1996). 학업중퇴자 연구: 실태와 대책. 연세대학교 사회발전연구소.

신현숙, 구본용(2002). 중퇴생, 중퇴 고위험 및 저위험 재학생의 비교: 개인 및 사회 · 환경 변인들을 중심으로. 청소년학연구, 16(3), 121-145.

아영아, 정원철(2007). 부모위험요인이 학교폭력 가해행위에 이르는 발달경로. 청소년학연구, 14(3), 29-52.

안현의, 이소영, 권해수(2002). 학교 중도탈락 청소년의 욕구와 심리적 경험 조사. 한국청소년상담원(편). 학교를 떠나는 아이들. 청소년상담문제 연구보고서(46).

양미진, 지승희, 이자영, 김태성(2007). 아동, 청소년상담: 학업중단청소년의 사회적응력향상을 위한 캠프프로그램 개발연구. 상담학연구, 8(4), 1657-1675.

오은경(2014). 학교 밖 청소년 유형별 사회적지지, 진로준비행동, 사회적 배제 및 우울 간의 차이. 청소년시설환경, 12(2), 65-80.

오혜영, 지승희, 박현진(2011). 학업중단에서 학업복귀까지의 경험에 관한 연구. 청소년상담연구, 19(2), 125-154.

윤명숙, 이묘숙, 민수영(2012). 청소년이 지각한 부모의 부부갈등이 학교폭력 가해경험에 미치는 영향: 우울의 매개효과 검증. 청소년복지연구, 14(4), 237-259.

윤명숙, 이재경(2010). 부모애착이 초기 청소년 우울에 미치는 종단적 영향 분석. 사회과학연구, 26(2), 69-92.

윤명숙, 조혜정(2008). 청소년의 폭력경험이 우울 및 음주행위에 미치는 영향: 가정폭력, 학교폭력, 중복폭력 피해경험 중심으로. 정신보건과 사회사업, 29, 295-329.

윤여각, 박창남, 전병유, 진미석(2002). 학업중단청소년 및 대안교육 실태조사. 한국교육개발원.

윤철경, 김신영, 유성렬, 임지연(2013a). 학업중단 청소년 패널조사 및 지원방안 연구 I. 한국청소년정책연구원.

윤철경, 김영지, 유성렬, 강명숙(2013b). 학업중단 학생 종단정책 연구. 한국청소년정책연구원.

윤철경, 류방란, 김선아(2010a). 학업중단현황 심층분석 및 맞춤형 대책 연구. 한국청소년정책연구원.

윤철경, 서정아, 유성렬, 조아미(2014a). 학업중단 청소년 패널조사 및 지원방안 연구 II. 한국청소년정책연구원.

윤철경, 서정아, 유성렬, 조아미(2014b). 학업중단 청소년의 특성과 중단 후 경로: 학업중단 청소년 패널조사 I 데이터 분석 보고서. 한국청소년정책연구원.

윤철경, 조홍식, 김향초, 이규미, 우정자(2010b). 위기청소년 지역사회 안전망 실태와 발전방안. 한국청소년개발원.

이경상(2004). 국가발전과 청소년대안교육: 학업중단 청소년들의 진로설정 실태 및 지원방안: 대안교육 확대보안의 필요성. 한국청소년개발원.

이경상, 조혜영(2005). 학업중단 청소년들의 진로설정 및 준비실태에 관한 연구. 진로교육연구, 18(2), 41-64.

이경호(2012). 고등학생 등교거부성에 정서 · 행동 문제 및 관련 변인이 미치는 영향. 정서 · 행동장애연구, 28(1), 45-72.

이민식, 오경자(2000). 부부갈등이 아동의 내면화 및 외현화 문제에 미치는 영향: 아동의 지각된 부부 갈등과 양육태도의 매개효과. 학국심리학회지: 임상, 19(4), 727-745.

이상균(1999). 학교에서의 또래폭력에 영향을 미치는 요인. 서울대학교 일반대학원 박사학위논문.

이상준, 이수경(2013). 2013년 비진학 청소년 근로환경 실태조사. 한국직업능력개발원 보고서.

이선희(2014). 노동경험이 있는 학업중단청소년의 학업복귀 경험: 근거이론에 의한 접근. 미래청소년학회지, 11(2), 157-181.

이소희, 노경선, 김창기, 고복자(2000). 등교거부 청소년의 환경 및 심리상태. 신경정신의학, 39(6), 1036-1044.

이숙영, 남상인, 이재규(1997). 중도탈락학생의 사회적응 상담정책 개발연구. 한국청소년상담복지개발원.

이자영, 강석영, 김한주, 이유영, 양은주(2010). 학업중단 위기청소년이 지각한 학업중단의 위험 및 보호요인 탐색. 개념도 연구법의 활용. 청소년상담연구, 18(2), 225-241.

이현주, 김용남(2012). 고등학교 학업중단율 변화의 지역별, 학교유형별 현황 및 학교 관련 요인 탐색. 아시아교육연구, 13(1), 149-185.

정연순, 이민경(2008). 교사들이 지각한 잠재적 학업중단의 유형과 특성. 한국교육, 35(1), 79-102.

정제영(2018). 디지털 시대와 4차 산업혁명에 대비한 교육의 시대. 박영스토리.

정제영, 강태훈, 김성기, 류성창, 이덕난, 이주연, 황준성(2013). 정규학교 학업중단학생 지원 사업 정책 연구. 전라남도교육청.

정제영, 강태훈, 류성창, 박주형, 변수용(2015a). 학업중단 위기학생 진단도구 개발 연구. 한국청소년정책연구원.

정제영, 정예화, 장선희, 김수정, 이민숙, 이승아(2015b). 고등학생의 학업중단에 영향을 미치는 학교요인 탐색. 2015년 한국교육학회 학술대회 발표자료집.

조아미(2002). 청소년의 학교중퇴 의도 결정요인. 청소년학연구, 9(2), 1-22.

차명호, 한상철, 김인규, 양종국, 정경용(2009). 위기학생 실태조사 및 지원방안 연구. 교육과학기술부.

최상근, 양수경, 남기곤(2010). 학업중단위기 학생의 실태와 지원방안 연구. 한국교육개발원.

한국청소년정책연구원(2014). 학교 밖 청소년 사회적 비용 추계 연구. 2014년 청소년정책리포트, 3, 1-40.

한영희(2008). 청소년의 정신건강이 등교거부 경향성에 미치는 영향. 명지대학교 일반대학원 박사학위논문.

한유경, 오인수, 정제영, 박효정, 윤철경, 정찬호(2012). 위기학생 진단 및 교육적 지원에 관한 연구. 교육과학기술부.

허철수(2004). 학교 밖 청소년을 위한 서비스 자원개발 및 적용. 한국청소년상담원(편). 학교 밖 청소년 길찾기. 청소년상담문제 연구보고서(50).

Alexander, K. L., Entwisle, D. R., & Kabbani, N. S. (2001). The Dropout rocess in life course perspective: Early risk factors at home and school. *Teachers College Record, 103*(5), 760-822.

Battin-Pearson, S., Newoomb, M. D., Abbott, R. D., Hill, K. G., Gatalano, R. F., & Hawkins, J. D. (2000). Predictors of early high school dropout: a test of five theories. *Journal of Educational Psychology, 92*(3), 568-582.

Cairns, R. B., Cairns, B. D., & Neckerman, H. J. (1989). Early school dropout: Configuratioins and determinants. *Child Development, 60*, 1437-1452.

Dupper, D. R. (1993). Preventing school dropouts: Guideline for school work in practice. *Social Work in Education, 12.*

Egan, S. K., & Perry, D. G. (1998). Does low self-regard invite victimization?. *Developmental Psychology, 34,* 299-309.

Ekstrom, R., Goertz, M. E., Pollack, J. M., & Rock, D. A. (1986). Who drops out of high school and Why? Findings from a national study. *Teachers College Record, 87,* 356-373.

Franklin, C. (1992). Family and Individual Patterns in a Group of middle-class dropout youths. *Social Work in Education, 37*(4), 338-344.

Hammond, C. D., Linton, J. S., & Drew, S. (2007). Dropout Risk Factors and Exemplary Program. A Technical Report. National Network: Communities In Schools Inc.

Kearney, C. A., & Wendy K. S. (1995). Family environment of youngsters with school refusal behavior: A synopsis with Implications for assessment and treatment. *The American Journal of Family Therapy, 23*(1), 59-72.

Levine, R. (1984). An Assessment tool for early intervention in case of truancy. *Social Work in Education, 6,* 133-150.

Obondo, A., & Dadphale, M. (1990). Family study of Kenyan children with school refusal. *The East African Medical Journal, 62*(7), 100-108.

Rumberger, R. W. (1995). Dropping out of middle school: A multilevel analysis of students and schools. *American Educational Research Journal, 32*(3), 583-625.

Rumberger, R. W. (2004). Why students drop out of school. In G. Orfield (Ed.), *Dropouts in America: Confronting the graduation rate crisis* (pp.131-155). Cambridge, MA: Harvard Education Press.

Sweeten, G. (2006). Who will graduate? Disruption of high school education by arrest and court involvement. *Justice Quartely, 23*(4), 462-480.

Wagner, M., Blackorby, J., Cameto, R., Hebbeler, K., & Newman, L. (1993). The transition experiences of young people with disabilities. A summary of findings from the National Longitudinal Transition Study of Special Education Students. Menlo Park, CA: SRI International for the Office of Special Education Programs, U.S.

Department of Education.

Waldfogel, J., I. Garfinkel., & B. Kelly. (2005). "Public assistance programs: How much could be saved with improved education?", Working Paper for Education Symposium, Teachers college, Columbia University.

제9장

사회적 약자를 위한 대입전형제도※

1. 대학입학에 적극적 우대 조치는 왜 필요한가

일반적으로 '적극적 우대 조치(affirmative action)'는 어떤 그룹에 속하는 개인을 특정한 절차를 통해 선택적 고등교육기회, 직업, 승진 등의 사회적 재화의 배분에 영향을 미치는 일련의 우대 조치들을 의미한다. 미국과 프랑스 등 해외에서는 국가적 차원에서 혹은 기관차원에서 오래전부터 체계적으로 소외계층의 고등교육기회 확대 정책을 실시하고 있다. 국제사회에서 대학입학의 과정에서 사회적 약자를 우대하는 것을 적극적 우대 조치라는 이름으로 널리 시행하고 있다. Sabbagh(2011)에 따르면 소외계층에 대한 지원정책의 명칭은 국가별로 다양하게 나타나고 있는데, 미국에서는 'affirmative action' 혹은 'preferential treatment'로 표현하고 있고, 영국과 프랑스에서는 'positive discrimination'으로 지칭하고 있다.

교육 분야에서의 적극적 우대 조치는 과거의 정책이라는 인식과는 달리 현재 전

※ 이 장은 '정제영, 김성기, 박주형(2014). 고른기회 입학전형 개선 및 대상 학생에 대한 지원방안 연구. 이화여자대학교 입학처.'의 연구내용을 바탕으로 재구성한 것임.

세계적으로 시행되고 있다(Moses, Jenkins, Paguyo, & Wei, 2014). 특히 고등교육 분야에서는 적극적 우대 조치의 급격한 확장이 이루어져 왔다. 인도(1950년대), 미국(1960년대), 탄자니아(1970년대)는 조금 더 일찍 제도를 도입했지만, 대부분 국가에서는 1990년 이후에 적극적 우대 조치가 시행되기 시작하였다. 현재 대학의 입학 과정에서 전 세계 국가 중 23.2%가 일종의 적극적 우대 조치를 시행하고 있다. 하지만 국가별로 적극적 우대 조치를 시행하고 있는 주체(연방, 지방정부차원, 기관차원 등)나 대상 집단(인종, 민족, 계층/소득수준, 장애, 성별, 지역, 학교 등)은 다르다. 전반적으로 여성을 고등교육에 있어서 주요한 소외계층으로 간주하는 경향이 있는 반면, 적극적 우대 조치 시행 초기 국가에서 소외계층을 규정하는 중요한 관점이었던 인종은 차츰 법적 문제와 사회적 비판에 따라 적극적 우대 조치의 고려대상에서 제외되는 것이 고려되고 있는 상황이다.

우리나라에서는 대학입학의 과정에서 공정성이 다른 어떤 가치보다 강조되고 있다. 우리나라의 뿌리 깊은 학벌주의(學閥主義)로 인해서 대학입학의 결과가 전 생애에 미치는 영향이 너무 크기 때문에 공정한 경쟁을 최고의 가치로 인정하고 있는 상황이다. 대학입학 경쟁으로 인해 하급학교의 교육 운영이 제대로 되지 않는 문제가 오랫동안 지속되어 왔지만 국민들의 여론은 항상 공정성이 대학입학에 적격자를 선발해야 한다는 타당성보다 항상 더 상위의 가치로 인정받고 있는 것이다. 그래서 우리나라에서는 대학입학 과정에서의 적극적 우대 조치에 대해 소극적인 상황이었다고 할 수 있다.

21세기에 접어들면서 우리나라에서 사회적 양극화 문제가 새로운 사회적 이슈로 부각되고 있다. 사회적 양극화의 심화는 경제적 양극화와 깊은 관련을 맺고 있으며, 교육의 양극화를 통해 격차가 더욱 심화되고 계층 간 세습되는 악순환의 고리가 될 수 있다는 점에 관심을 갖게 된 것이다. 사회적 양극화는 지속가능한 국가 발전에 치명적인 저해요인이 될 수 있다는 인식이 담겨 있다. 교육 양극화와 경쟁 심화에 따른 사회적 갈등을 완화하기 위해 사회통합 차원에서 교육적 · 사회적 배려가 필요한 학생들에게 고등교육 진학 기회를 실질적으로 제공할 필요성에 대한 국민적 공감대가 형성되었다고 할 수 있다. 모든 국민은 경제적 · 사회적 차이에 따른 불평등이 없도록 능력에 따라 균등하게 교육받을 권리를 갖는다는 우리나라의 「헌법」 정신이 담겨 있다.

이 장에서는 대학입학의 과정에서 사회적 약자에 대해 적극적 우대 조치를 취하는 것에 관해서 국내외 사례를 중심으로 살펴보고, 문제점과 미래 정책의 방향에 대해 논의하고자 한다.

2. 외국의 사례 분석: 미국과 프랑스를 중심으로

1) 미국의 사례

(1) 적극적 우대 조치의 개념과 유래

미국에서 사회적 약자에 대해 대학입학 과정에서 활용되는 특별전형의 기반은 '적극적 우대 조치(affirmative action)'라고 할 수 있다. 고등교육 분야에서의 적극적 우대 조치는 주로 고등교육 입학과정에서 역사적으로 배제되거나 충분히 교육기회를 얻지 못한 소수인종이나 여성에 대해 동등한 교육기회를 부여하는 것을 의미한다. 이런 맥락에서 적극적 우대 조치는 우리나라의 대학입학 전형제도 중에서 지역우수학생할당제, 기회균등선발, 특별전형제도, 사회통합전형 등을 모두 포괄하는 개념으로 이해될 수 있다.

적극적 우대 조치는 인종이나 민족 등 개인의 능력이나 노력 이외의 것들에 의해 차별하는 것을 반대하는 점에서 '동등한 기회균등(equal opportunity)' 개념과 다르지 않다. 하지만 동등한 기회균등은 만약 차별이 발견되면 그것을 용인하지 않을 것이라는 수동적인 정책인 반면에 적극적 우대 조치는 기관들이 적극적으로 차별을 뒤집고 사회적 약자에 대한 배려를 포함하는 조치를 취한다는 점에서 차별성을 갖는다(Crosby & Cordova 1996). 적극적 우대 조치는 단순히 현재 진행 중인 차별을 중단하는 것을 넘어서서 누적되어 온 차별의 결과를 적극적으로 시정하는 것까지를 포함하는 개념으로 일정 수준의 우대조치 사용을 허용하는 것이다(장지연, 2006).

본래 적극적 우대 조치는 교육 분야에서 발전된 개념이 아니라 사회의 다양한 분야에서 미국의 소수민족인 흑인과 아메리칸 인디언을 보호하고 이들이 겪은 차별을 철폐하기 위해 활용되기 시작한 적극적 차별 철폐 정책을 아우르는 개념으로 시작되었다. 이러한 적극적 우대 조치는 다양한 영역에서 시행될 수 있는데 주로 고등교육과 노동시장에서 널리 적용되고 있으며, 적극적 우대 조치의 대상으로 인종(흑인, 아메리칸 인디언)과 성(여성), 계층(인도의 과거 카스트제도 등)이 가장 널리 활용되고 있다(Sowell, 2004). 미국의 적극적 우대 조치에서 사회적 약자에 대한 개념은 주로 인종적 측면을 강조하고 있다. 특히 흑인의 경우 오랫동안 사회구조적으로 차별받았다는 점, 그리고 20세기 중반 미국 사회가 사회통합적 관점에서 흑인에 대한 배려를 최우선 정책의제로 삼았다는 점에서 흑인에 대한 적극적 우대 조치에 초점이 맞추어졌다.

미국에서 적극적 우대 조치는 1960년대 초반의 시민사회 운동(civil rights movement)의 영향을 받아 시작되었다. 흑인을 비롯한 소수인종 및 여성에 대한 동등한 기회균등 보장을 달성하기 위한 요구가 커짐에 따라 미국의 연방정부가 이를 정책의제로 논의하기 시작하였다(Crosby, Iyer, & Sinchanroen, 2006). 1961년 Kennedy 대통령이 행정명령에서 'affirmative action'이라는 단어를 가장 먼저 사용하였다(National conference of state legislatures, 2014. 2. 7.). 행정명령 제10925에서 정부와 계약관계를 맺고 있는 기관들이 노동자들을 인종, 신념, 피부의 색깔, 국적과 관계없이 동등하게 대우해야 한다고 규정하였으며, 대통령 직속 위원회인 '노동기회평등위원회(Equal Employment Opportunity Commission)'를 설립하였다. 이후 1964년 Johnson 대통령 시절 통과된 「인권법(Civil right act)」은 소수민족에 대한 차별금지를 규정하였고 이를 구체적으로 실현하기 위해 시작된 위대한 사회 프로그램(the great society program)을 통해 적극적 우대 조치가 본격적으로 시행되기 시작하였다.

(2) 적극적 우대 조치의 논리적 근거

적극적 우대 조치의 필요성은 다음의 세 가지 접근법에 의해 설명될 수 있다(문미경, 김복태, 정수연, 류도암, 2012). 첫째, 보상적 정의 차원에서 적극적 우대 조치가 필요하다. 이는 과거의 편견이나 차별로 상처받고 고통받았던 소외계층에서 보상을 한다는 목표를 실현하기 위한 수단으로서의 적극적 조치의 필요성을 강조하는 것이다.

둘째, 구조적 합리성 차원에서 차별의 원인을 고려하지 않더라도 사회적 · 구조적 차원에서 이루어지고 있는 소외계층에 대한 배려를 강조하는 것이다. 결과의 평등이라는 공리주의적 관점을 이루기 위해서 개인이 극복할 수 없는 불평등과 사회적 차별을 완화하는 장치로 적극적 우대 조치를 내세울 수 있다. 예컨대 교육 분야에서 가정의 경제적 배경이 학생의 학습 성과를 좌우한다면 저소득층 자녀는 사회적으로 인정받는 우수한 대학에 입학할 가능성이 매우 낮게 된다. 학벌이 사회적 진출에 큰 영향을 미치고 있다는 점을 고려할 때 저소득층 자녀는 사회계층 이동의 사다리에서 낙오할 가능성이 높다. 이러한 문제를 해소하지 못하면 결국 사회적 계층구조가 고착화되고 이는 사회적 불안요소가 될 수 있다. 이런 점을 고려할 때 적극적 우대 조치를 통해 현재의 구조적 모순을 해결하는 것이 필요하다.

셋째, 다양성 측면에서 적극적 우대 조치의 필요성이 논의되고 있다. 고등교육기관과 같이 상위수준의 사고력과 창의적인 능력이 필요한 기관에서는 학생들을 포함한 대학구성원들이 다양한 특색을 가질 때 보다 발전적인 교육기회를 제공할 수 있다는 것을 강조하는 것이다.

적극적 우대 조치의 위헌성에 대한 논란이 계속되고 있고 여러 차례의 판결을 통해 특정한 형태의 적극적 우대 조치가 위헌적이라고 결론이 나오기도 했다. 하지만 미국 대법원(Grutter v. Bollinger, 2003 판결에서의 다수의견)은 적극적 우대 조치의 필요성을 인정하고 있다. 특히 입학사정관 전형의 과정에서 인종을 하나의 요소로 활용하는 것은 합헌이라고 결정하였다. 이는 "시민의 입장에서 정당성을 가진 지도자들을 길러 내기 위해 리더가 될 수 있는 경로를 재능과 자격을 갖춘 모든 인종과 민족 개개인에게 개방할 필요가 있다."라는 판결문에서 드러나듯이 대학구성원의 다양성에 대한 필요성을 강조하기 때문이다. 즉, "한 국가나 개개인의 꿈이 실현되기 위하려면 미국의 모든 인종과 민족 구성원의 효과적인 참여가 필수적이다."라는 판결은 적극적 우대 조치에 대한 합헌성을 보여 주고 있다(Grutter v. Bollinger, 2003, Gratz v. Bollinger, 2003).

(3) 적극적 우대 조치의 교육 분야 적용

교육 분야에서의 적극적 우대 조치는 노동 분야에서와 유사하게 이루어져 왔다. 특히 교육 분야에서는 미국의 교육 관행이었던 흑백분리 교육이 1954년 연방정부의 판례(The Supreme Court's Brown v. Board of Education decision)에 의해 위헌으로 판결 난 후 이에 대한 차별을 시정하기 위한 방안으로 활용되었다. 1960년 후반부터 대학들은 대학입시에서 소수인종(흑인과 라티노)에 대한 우대를 하는 정책을 시행하기 시작하였다(염철현, 2011). 비록 1978년 이후에 대학들은 입시과정에서 쿼터제 등과 같이 특정 인원을 특정 인종만을 위해 할당하는 조치들을 취하지 않았지만 인종을 특별히 고려해야 할 대상으로 간주하였으며 장학금 정책에서도 우대조치를 시행하였다.

특히 교육 분야에서 적극적 조치는 국가의 미래에 큰 영향을 주는 미래 인재를 양성하는 과정에서 다양성이 큰 역할을 할 수 있기 때문에 과거 교육기회를 제약받았던 집단에 대한 적극적 조치의 필요성이 널리 인정받았다. 즉, 대학캠퍼스의 다양성은 학생들의 안목과 학습결과를 높여 사회에 나가서도 다양한 집단과 조화롭게 생활할 수 있는 역량을 키워 준다는 신뢰가 형성되었다. 대학입학의 과정에서 적극적 조치는 이전부터 자율성을 바탕으로 입학사정과정에서 다양한 전형요소를 활용했다는 점에서 대학이 새로운 하나의 전형요소로서 인종을 추가함으로 이루어졌다(Wikipedia, 2014a).

하지만 적극적 우대 조치는 법적 논란의 중심이 되어 왔다(문미경 외, 2012). 우대조치의 대상으로 어떤 그룹을 선정할 것인가의 문제, 어떤 조치를 어떻게 시행할 것인가의 문제 그리고 어느 수준까지 적극적 우대 조치를 시행할 것인가로 인해 적극적 조치는 1960년대 후반 시행 이후 법적 · 논리적 논쟁이 끊이지 않았다. 교육 분야에도 적극적 우대 조치의 위헌여부에 대한 판결이 지속적으로 이루어지고 있으며, 최근 들어 '직접적인' 적극적 우대 조치보다는 실질적으로 소외계층에 대한 배려를 시행하면서도 위헌여부의 문제를 피해 가는 '간접적인' 적극적 우대 조치가 시행되고 있다.

2) 프랑스의 사례

(1) 도입배경: 고등교육기회의 불평등 심화

프랑스의 고등교육기관은 기능 인력 양성을 위한 단기 기술대, 학문 연구 중심의 일반대학 그리고 실무적인 전문 지식을 가진 인재를 기르기 위한 그랑제콜(grandes écoles)로 나뉘어진다(전학선, 2013). 통상적으로 바칼로레아(Baccalaureate)라는 대학 입학자격시험에 합격한 학생들에게는 국가가 고등교육기회를 보장한다. 하지만 그랑제꼴의 경우에는 엘리트 교육기관으로 우수한 학생을 선발하기 위해 별도의 선발시험을 요구한다. 일부 그랑제꼴의 경우 고등학교 졸업 후 2년간 그랑제꼴 입시를 준비하기 위한 준비 학교(Classes Preparatoires aux Grandes Écoles)에 의무적으로 등록하는 것을 요구하기도 한다.

역사적으로 프랑스는 북부 아프리카에서 이민 온 무슬림들이 도시의 교외지역(Banlieues)에서 자리를 잡고 살아갔는데 이 지역은 가난, 폭력, 실업 등의 사회적 문제가 가득 찬 지역으로 간주되었다. 이 지역에서 자란 학생들의 경우 낮은 교육수준과 가정의 경제적 배경으로 사회적으로 성공할 가능성이 원천적으로 배제되어 왔다. 프랑스에서의 이민자 후손들은 인구의 약 10% 이상을 구성하고 있는 데 비해 사회의 상위계층에 편입하는 경우가 극히 드물었다. 이러한 사회구조적 불평등성은 프랑스 사회의 불안정성을 확대하고 일련의 폭력사태를 발생시킨 원인으로 지적되어 왔다(Ledford, 2011).

이러한 불평등은 고등교육 기회의 사회 계층 간 차이로 나타났다. 이민자 후손은 프랑스의 복선형 학제로 인해 교육의 초기단계에서 직업학교 등을 선택하는 경우가 많고 고등교육 단계에서도 엘리트 교육기관인 그랑제꼴에 입학하는 비율이 매우 제한되었다. 그랑제꼴의 입학과정이 2년간의 준비과정이 필요한데, 통상적으로 1년 과정(9개월)에 약 8,000달러의 비용이 드는 고비용의 과정이라고 할 수 있다. 또한 고난이도의 시험의 통과 등을 요구하는 매우 경쟁적인 과정이기 때문에 일부 부유층의 자녀들과 같이 가정·경제적 지원을 갖춘 학생들에게만 교육기회가 주어지는 경향이 있었다.

예컨대, 1998년의 경우 높은 수준의 그랑제꼴인 Sciences Po에 합격한 약 81.5%가 중상층 이상이었다. 특히 53.5%의 학생은 부모가 상위 관리자 혹은 학자, 그리고 약 28%는 전문직 종사자 혹은 기업가의 자녀로 분석되었다. 오직 1% 미만의 노동자 계층 자녀만이 교육기회를 얻을 수 있었다(Ledford, 2011). 이러한 사회구조적인 불평등이 소외계층의 고등교육기회에도 영향을 미치고 있다는 점을 해소하고자 적극적 우대 조치가 시행되었다.

프랑스에서 고등교육에서 적극적 우대 조치가 시행된 것은 2000년대 들어서이며 주로 대학입시과정과 고등학교와의 연계 프로그램을 통해 적극적 우대 조치가 실현되고 있다(Sabbagh & Zanten, 2007). 프랑스에서의 적극적 우대 조치는 주로 인종적으로 차별대우를 받아 오던 집단에 대해 우선적인 조치들을 시행하는 미국과는 달리 지리학적 위치, 즉 주거지역에 초점을 맞추어 이루어지고 있다. 이는 1958년 프랑스 「헌법」(Article 1 of the 1958 French Constitution)에 명시적으로 피부색에 따른 차별조치(color-blindness)를 금지하였기 때문인데 이로 인해 프랑스에서는 인종이나 성별에 따른 기준보다는 사회경제적으로 열악한 지역을 대상으로 적극적 우대조치가 실행되고 있다(Sabbagh, 2014).

프랑스에서의 적극적 우대조치는 초기에는 엘리트 고등교육 기관에 의해 시행되었으며 차츰 정부의 개입을 통해 확대되었다. 이 장에서는 이를 처음 시행한 Sciences Po의 사례를 중심으로 살펴보고자 한다.

(2) 파리정치대학(Sciences Po)의 적극적 우대 조치

프랑스의 고등교육 분야에서 적극적 우대조치는 그랑제꼴 중 하나인 파리정치대학(Sciences Po, Institut d'Études Politiques de Paris, Paris Institute for Political Studies)의 실험적 입시제도로 본격적으로 시행되었다(Ledford, 2011). 2001년 9월 Sciences Po의 학교 이사회는 학생 구성의 다양성을 추구하고자 일련의 입시개혁을 실행하였다. 2001년 당시 Sciences Po의 학생 중 노동자 계층이 차지하는 비율은 약 1%인 반면, 다른 공립대학교의 경우 약 12.5%에 달하였다(Sabbagh, 2014). 이사회는 학교 구성원의 다양성을 높이기 위해 결의안 2와 3을 통해 새로운 입학전형계획(Procédure

Conventions Éducation Prioritaire: CEP[1])을 통과시키고 시행하였다.

이러한 이사회의 결정은 정책적 배려가 필요한 집단을 위한 독립된 입학전형 과정을 신설하는 것이 목적이었다. 하지만 기존의 일반전형에는 영향을 미치지 않았는데, CEP의 정원은 별도로 설정되었기 때문에 일반 학생들의 입학에는 영향을 미치지 않은 것이다. 즉, CEP의 핵심요소는 파트너십 고등학교의 학생들에게는 다른 일반 학생에게 요구되는 매우 경쟁적인 시험을 면제해 줌으로써 그들만을 위한 덜 경쟁적인 선발절차를 진행하는 것이었다(Sabbagh, 2014).

파리정치대학의 새로운 입학전형계획인 CEP의 기반이 되는 결의안은 프랑스 정부(the French Constitutional Council)가 2001년 7월「교육법(Education Code)」에 새롭게 도입한 규정에 의해 가능했다. 새로운 규정은 고등교육 기관으로 하여금 학내 구성원을 다양화하기 위한 특별한 전형절차를 가능케 하였다("[An institution] can adopt admission procedures containing specific provisions aimed at ensuring a diverse recruitment of high school students.")(Ledford, 2011).

이사회의 결의안 2는 각 고등학교에서 이루어지는 학생 선발 절차, 고등학교에서 개별 학생을 평가하는 평가단의 구성, 구두 인터뷰 절차 및 인터뷰 평가에 대한 준거를 구체적으로 기술하고 있다. CEP에서는 파트너십 고등학교의 학생을 대상으로 입학절차로서 구두 인터뷰를 볼 기회를 부여하였다. 학교에서의 학업성취 수준, 바칼로레아 성적 등을 종합적으로 고려하여 최종적으로 합격생을 선발하였다(Ledford, 2011).

CEP는 파리정치대학의 일반전형에 비해 간소화되고 학생들의 준비과정 부담을 완화해 주었다. 파리정치대학의 일반적인 전형 과정은 20세기 역사와 관련된 주제에 대한 에세이, 지문 분석, 외국어 언어능력, 새로운 주제를 기반으로 한 에세이와 구두시험으로 구성되어 있다(Bowen, 2011). 반면, CEP에서는 학생에게 두 개의 페이퍼를 요구하는데 하나는 본인이 선택한 주제에 관한 언론의 견해를 종합하는 것이고 다른 하나는 주어진 주제에 대해 학생이 취할 견해를 비판적으로 기술한 것이

1) CEP의 직접적인 이름은 'Conventions zep: l'excellence dans la diversité'로서 이는 다양성을 통한 수월성을 의미함.

다. 이후 학생은 본인 학교 교사와 행정가로 구성된 심사단 앞에서 두 개의 논문에 대해 자신의 의견을 말하고 질문에 응답하는 절차를 갖는다. 이 과정을 통과한 학생은 Sciences Po에서 5명의 심사단 앞에서 약 30~40분간 구두 인터뷰를 하게 된다. 학생의 평가 기준은 성숙성, 동기, 창의성 및 Sciences Po에서 성공할지 여부 등이다(Bowen, 2011).

CEP의 가장 큰 특징은 정부가 만든 교육우선지구(Zones d'Éducation Prioritaire: ZEP)[2)]에 위치한 고등학교와의 파트너십을 통해 해당 학교 학생에게 교육기회를 더 넓게 보장하는 것이다(Sabbagh, 2014). 이를 위해 이사회 결의안 3은 파리정치대학의 이사회가 ZEP 지역의 학교와 협약을 맺을 수 있는 권한을 부여하였는데, 교육부가 제시한 우선적 지위를 선발하기 위한 객관적인 기준에 기반하여 학교를 선택하도록 하였다. 또한 협약은 5년마다 새롭게 체결되어야 하며 해당 프로그램은 약 10년간 지속된다고 규정하였다(Ledford, 2011).

CEP에서 파트너 학교를 선정하는 것은 매우 중요한 절차이므로 결의안 3은 구체적인 가이드라인을 제시하고 있다. 먼저, 파트너 학교는 공립 · 사립 여부와 상관없이 정부의 특별한 배려대상을 지원하기 위한 정책프로그램인 ZEP, 교육투자우선망(a priority education network, Reseaux d'Éducation Prioritaire: REP)[3)]과 문제 지역 혹은 폭력 예방을 위한 프로그램 적용 지역(a problem neighborhood or a neighborhood with a prevention of violence program)에 위치해야 한다. 두 번째로 학교 내 사회경제적으로 열악한 계층으로 분류된 학생의 비율이 국가 평균보다 약 70% 더 높은 경우, 마지막으로 ZEP, REP 및 문제 지역 혹은 폭력 예방을 위한 프로그램 지역(a problem neighborhood or a neighborhood with a prevention of violence program)에 위치한 중학교(junior high school) 출신의 학생 비율이 60% 이상인 경우에 파트너 학교로 선정

2) 교육기회의 불평등을 극복하고자 소외계층의 교육기회를 실질적으로 보장하기 위해 1981년부터 프랑스 정부가 지원하고 있는 대표적인 복지사업. 사회지표와 학업지표를 종합적으로 고려하여 지역을 선정하고 이 지역에 위치한 학교와 교육우선협력을 체결한 후 구체적인 사업을 진행함. 처음에는 임시적으로 시행된 정책이었으나 현재 수십 년간 지속적으로 시행되고 있음.

3) 교육투자우선지역의 한계를 극복하기 위해 지역이라는 폐쇄적 개념을 지역 간 연결이 가능한 연결망이라는 용어로 확장시킴.

될 수 있다(Bowen, 2011).

CEP 과정을 통해 입학한 학생은 매년 평균 약 8,500달러 정도의 재정지원을 받게 된다. 기본적으로 합격한 후 이러한 학생들은 일반 학생과 동일하게 파리정치대학이 요구하는 엄격한 기준을 충족해야 한다. 하지만 엘리트 학교로서 파리정치대학에 적응하지 못할 수 있다는 점을 고려하여 특별한 개인교습을 받거나 다양한 교육적 경험을 할 수 있도록 재정지원을 받게 된다(Ledford, 2011). 이러한 재정지원은 프랑스 정부의 지원과 더불어 파리정치대학이 이 프로그램을 위해 협력하고 있는 기업체(L'Oreal, BNP Paribas, Suez, PriceWaterhouseCoopers, Accor)의 지원으로 이루어진다(Bowen, 2011).

(3) 파리정치대학의 조치에 대한 평가와 이후의 정책

파리정치대학의 이러한 실험적 입시제도는 당시 미국의 적극적 우대 조치의 프랑스식 적용이다. 도입의 과정에서 CEP를 통해 입학한 학생들의 학업능력이 다른 학생에 비해 뒤떨어져 학교 내에서 2급 집단으로 간주될 것이며, 졸업 후에도 취업이 힘들 것이라는 비판이 있었다. 하지만 현재까지는 CEP가 매우 성공적이라고 평가받고 있다(Sciences Po., n.d.). Sciences Po는 파리정치대학을 통해 2001년부터 2011년까지 85개의 고등학교에서 약 860명의 학생을 받았으며 약 20개의 기업이 이 프로젝트를 지원하고 있다.

이 프로그램으로 인해 2011년 기준으로 파리정치대학의 약 28.5%의 학생이 노동자 계급이나 비특권 계층 출신이며, 10년 전 약 6%의 재정지원 대상자가 현재는 약 27%로 늘어났다. 졸업한 학생들을 분석한 자료에 따르면 CEP 과정을 통해 교육기회를 가진 학생들의 수준이 일반 학생과 유사하다고 평가되었으며, 졸업생의 취업률과 수준도 일반 학생과 대등하다고 평가되었다(Sciences Po., n.d.). 이러한 이유로 현재 프랑스에서는 소외계층의 사회이동 통로의 대표적인 경우로 파리정치대학이 인식되고 있다.

하지만 이러한 소외계층을 위한 고등교육기회의 확대 노력으로서 CEP는 프랑스에서 비판에 처해 있다. CEP는 프랑스 민주공화국의 정신인 '자유, 평등, 박애'에 어긋

나기 때문에 폐기되어야 한다는 주장이 있다(Ledford, 2011). 이에 따라 파리정치대학의 입학정책인 CEP는 여러 번에 걸쳐 위법 소송이 제기되었지만 명시적으로 프랑스「헌법」이 금지한 인종이나 성을 입학전형의 요소로 사용하지 않은 점에서 위법이라고 판결되지는 않았다. CEP에 대해 이의를 제기한 소에서 법원은 파리정치대학의 결의안 2가 ZEP를 선정하는 과정과 CEP에서의 학생선발 과정의 기준을 분명하게 규정하였다는 점에서 어떤 법도 위반하지 않았다고 판결하였다. 하지만 결의안 3이 ZEP 내의 어떤 학교를 파트너로 삼을 것인지와 ZEP 내의 사립학교에 대해 CEP를 어떻게 적용할 것인지 그리고 CEP의 성과를 어떻게 평가할 것인지가 부족하다는 점에서 문제가 있다고 판결하였다. 이후 파리정치대학은 이러한 지적을 반영하여 CEP를 수정하였다. 하지만 CEP가 근본적으로 ZEP 지역의 학교 학생들을 소외계층으로 정의하고 있기 때문에 ZEP 지역의 일반 학생들에게도 특별한 전형절차를 제공하게 된다. 이로 인해 CEP 프로그램을 통해 합격한 학생의 16.5%가 노동 계층의 자녀였고 약 34%만이 비사무직 계층이었다는 점에 대한 비판이 제기되고 있다.

소외계층의 고등교육 기회를 확대하기 위한 방안은 파리정치대학의 사례로 살펴본 바와 같이 주로 고등교육 기관 중심으로 시행되었다. 차츰 국가적 차원에서 이러한 기관 차원의 적극적 우대 조치를 이어받아 지원하고 있다. 대표적인 프로그램으로 성공의 밧줄(Cordées de la réussite)을 들 수 있다. 프랑스의 고등교육연구부와 도시개발부가 2008년에 대학이 개별적으로 지원하고 있는 고교-대학 협력 사업을 정부차원에서 시행하기 위해 성공의 밧줄 정책을 도입했다(정광희 외, 2010). 저소득층 학교를 지원하는 기존의 ZEP 및 REP 정책과 연계하여 고등교육 기관(일반대학, 전문대학, 그랑제꼴 등)과 고등학교 및 중학교 간의 연계를 체계화시켰다.

소외계층의 고등교육 기관 입학의 기회를 확대함으로써 고등교육 기회의 형평성을 높이기 위한 프로그램으로서 고등교육기관과 중등학교 간의 협력으로 선정이 되며, 방과 후 학교 참여, 튜터 제도 및 문화 활동 지원 등의 다양한 활동으로 구성된다. 이 외에도 파리정치대학과 같이 입학전형에 소외계층을 배려한 학교들이 생겨났는데 ESSEC(a business school), ENSAM(an engineering school) 등의 그랑제꼴에 의해 유사한 입학전형이 시행되기 시작했다(정광희 외, 2010).

3. 우리나라의 적극적 우대 조치: 고른기회전형

2000년대 들어서면서 우리나라에서는 교육 양극화와 경쟁 심화에 따른 사회적 갈등을 완화하기 위해 사회통합 차원에서 교육적 · 사회적 배려가 필요한 학생들에게 고등교육 진학 기회를 실질적으로 제공할 필요성이 제기되어 왔다. 2007년 입학사정관 전형제도가 시범적으로 도입된 이후 대학마다 학생 선발의 자율성을 가지고 전형을 계획하여 시행함에 따라 수능 위주의 전형에서 탈피하여 점차 다양해지는 양상을 띠고 있다.

대학의 입학전형은 「고등교육법 시행령」 제34조에 따라 크게 일반전형과 특별전형으로 구분된다. 일반전형은 일반 학생을 대상으로 보편적인 교육적 기준에 따라 학생을 선발하는 전형이며 특별전형은 특별한 경력이나 소질 등 대학이 제시하는 기준 또는 차등적인 교육적 보상기준에 의한 전형이 필요한 자를 대상으로 하여 학생을 선발하는 전형으로 정의되어 있다. 특별전형 중 차등적 보상기준에 의한 전형은 일반적으로 '사회통합 전형' '사회적배려자 전형' 등으로 불리며 최근 들어 교육을 통한 사회적 불평등 완화에 대한 사회적 관심이 높아지면서 대부분의 대학에서 적극적 우대 조치를 시행하여 학생들을 선발하고 있다. 「고등교육법 시행령」 제29조 제2항은 사회적 배려대상자 관련 전형에 대한 조항으로 입학정원의 별도로 배정하여 정원 외로 선발하여 고등교육을 받을 수 있도록 하는 조건에 대해 명시하고 있다.

교육부(2013)는 양극화와 경쟁 심화에 따른 사회적 갈등을 완화하기 위해 사회통합 차원에서 교육적 · 사회적 배려가 필요한 학생들에게 고등교육 진학 기회를 실질적으로 제공할 필요성을 제기하였고, 이를 적극적으로 시행해 줄 것을 대학에 당부하였다. 특히 2015학년도부터의 변화는 정원 외 전형은 물론 정원 내 전형에서도 대학들이 고른기회전형을 통해 학생 선발을 확대하도록 유도하고 균등한 진학기회 제공 및 사회통합 측면에서 고교 유형, 지역, 소득 계층 등에서 다양한 학생을 균형적으로 선발하고, 이러한 대학의 노력과 실제 선발 결과를 재정지원과 연계하여 평가하고자 하였다(교육부, 2013). 교육부는 2013년 8월 27일, '대입전형 간소화 및 대입제도 발전방안(시안)'을 발표한 이후 5회의 공청회, 14회의 간담회, 토론회, 온라인

의견수렴 등을 거쳐 2013년 9월 23일에 '15학년도 및 '16학년도 대입제도'를 확정하였다(한국대학교육협의회, 2014).

〈표 9-1〉 사회적 배려대상자에 대한 특별전형 (「고등교육법 시행령」 제29조 제2항)

제29조(입학 · 편입학 등) ② 다음 각호의 어느 하나에 해당하는 자의 입학의 경우에는 제28조 제1항에도 불구하고 그 정원이 따로 있는 것으로 본다. 이 경우 제2호 · 제3호 · 제8호 · 제9호 또는 제11호부터 제14호까지에 해당하는 자의 총학생 수는 별표 1의 기준을 따른다. 4. 각종 장애 또는 지체로 인하여 특별한 교육적 요구가 있는 자로서 대학의 장이 정하는 자 6. 북한이탈주민 및 부모가 모두 외국인인 외국인 14. 고등교육을 받을 기회를 균등하게 제공하기 위하여 소득 · 지역 등의 차이를 고려하여 선발할 필요가 있는 자로서, 다음 각 목에 해당하는 자 가. 학교의 장이 정하는 농어촌지역 또는 「도서 · 벽지 교육진흥법」 제2조에 따른 도서 · 벽지의 학생 나. 「초 · 중등교육법 시행령」 제91조 제1항에 따른 특성화고등학교 중 자연현장실습 등 체험위주의 교육을 전문으로 실시하는 고등학교를 제외한 학교의 졸업자(법 제2조 제1호 · 제2호 · 제4호 및 제6호에 따른 학교에 입학하는 경우로서 해당 학교의 장이 졸업자가 이수한 학과와 동일 계열이라고 인정하는 모집단위만 해당한다) 다. 「초 · 중등교육법 시행령」 제90조 제1항 제10호의 산업수요 맞춤형 고등학교 또는 같은 영 제91조 제1항에 따른 특성화고등학교 중 자연현장실습 등 체험위주의 교육을 전문으로 실시하는 고등학교를 제외한 학교(이하 "산업수요맞춤형고등학교등"이라 한다)를 졸업한 후 산업체 근무경력이 3년 이상인 재직자(법 제2조 제1호 · 제2호 · 제4호 및 제6호에 따른 학교에 입학하는 경우에 한정한다) 라. 「국민기초생활 보장법」 제2조 제1호에 따른 수급권자 및 같은 조 제11호에 따른 차상위계층

교육부의 정책적 선언은 대학들의 입장에서 매우 의미 있는 것으로 재정지원과의 연계를 통해 강력한 영향력을 발휘하고 있다. 이러한 정책이 반영된 2015학년도 대입전형 계획의 주요 특징을 살펴보면, 대학의 사회적 책무성 차원에서 농어촌 출신 학생, 저소득층 학생, 고졸 취업자 등을 대상으로 하는 고른기회전형을 적극 확대하도록 한 것이다. 이에 따라 전국적으로 고른기회전형의 모집인원은 정원 내와 정원 외를 합하여 전년대비 1,492명(5.2%)으로 소폭 증가하였다. 전년도에는 정원 내 모집인원이 없었으나, 4,805명으로 증가하였고, 28,904명이던 정원 외 모집인원은 25,591명으로 3,313명 감소하였다(한국대학교육협의회, 2014).

2018년 5월에 한국대학교육협의회가 발표한 전국 198개 4년제 대학교의 「2020학년도 대학입학전형 시행계획」에 의하면 정원 내 고른기회전형은 지속적으로 인원이 늘어나고 있는 것을 볼 수 있다. 고른기회전형은 정원 내와 정원 외로 구분할 수 있는데, 2014학년도에 정원 내에서는 한 명도 뽑지 않았으나 2020학년도에는 22,442명으로 전체 정원의 6.5%에 이르는 수준이다. 오히려 정원 외의 경우에는 2014학년도에 28,904명이었으나 2020학년도에는 23,885명으로 줄어든 것을 볼 수 있다. 각 대학에서는 사회적 취약 계층을 대상으로 정원 외에서 뽑던 인원을 정원 내로 전환하였다고 해석할 수 있다. 고른기회전형의 확대는 2014학년도 28,904명으로 전체

〈표 9-2〉 고른기회전형 모집인원 변화 추이

구분	고른기회전형 모집인원						
	2014학년도	2015학년도	2016학년도	2017학년도	2018학년도	2019학년도	2020학년도
정원 내	0명 (0%)	4,805명 (1.3%)	14,803명 (4.1%)	15,005명 (4.2%)	16,500명 (4.6%)	19,337명 (5.5%)	22,442명 (6.5%)
정원 외	28,904명 (7.6%)	25,591명 (6.8%)	24,513명 (6.7%)	24,078명 (6.8%)	23,806명 (6.8%)	24,034명 (6.9%)	23,885명 (6.9%)
합계	28,904명 (7.6%)	30,396명 (8.1%)	39,316명 (10.8%)	39,083명 (11.0%)	40,306명 (11.4%)	43,371명 (12.4%)	46,327명 (13.3%)

출처: 한국대학교육협의회(각 연도). 대학입학전형 시행계획.

정원의 7.6%에 머물렀으나 2020학년도에는 46,327명으로 전체 정원의 13.3%에 이르는 것으로 나타났다.

고른기회전형 등 다양한 경제적 · 사회적 배경의 학생에게 교육기회를 확대하기 위한 제도적 노력은 교육평등을 실현하기 위한 하나의 조치라 할 수 있다. 평등한 교육기회만으로 실질적 교육평등을 실현하는 데는 한계가 있으며, 이를 극복하기 위해 교육조건, 교육결과의 평등이 필요하다는 데 사회적 공감대가 형성된 것이다.

우리나라의 기회균형선발제, 사회통합전형 등은 사회적으로 불평등한 환경에 속한 개인에 대한 일종의 배려 정책으로 적극적 평등실현 조치로 볼 수 있다. 우리나라에서는 고른기회전형과 같은 적극적 우대 조치에 대해서 주로 입학 후의 적응과 관련된 연구가 이루어지고 있다. 이제봉(2009)의 연구에서는 2007년 당시 시행된 기회균형선발제가 교육 평등을 위한 실질적 효과가 있는지에 대한 논란, 정책 수립과정에서 교육문제의 진단, 재원의 확보 등 체계적으로 고려해야 할 교육정책의 선행조건 미비, 역차별 논쟁, 다양한 선발기준과 평가 척도를 확보하는 문제, 온정주의 등이 쟁점으로 제기된다고 논의하였다. 이러한 문제들을 보완하기 위해 기계적이고 경직된 할당방식에서 벗어나 목표를 설정하여 소외집단을 선발할 필요가 있으며, 학생선발 시 다양하고 체계적인 기준의 모색이 필요하다고 제언하였다. 또한 무엇보다도 중요한 것은 사회적 약자로 선발한 학생에 대하여 지속적 배려가 이루어져야 할 것이라 밝혔다(이제봉, 2009).

김안나와 김성훈(2009)은 대학입학 전형유형에 따라 대학생들의 학업성취도에 차이가 있는지를 알아보기 위해 서울 소재 한 대학의 입학생(2006년부터 2008년까지)의 학업성취도(평균학점)를 분석하였다. 그 결과 사회통합전형 입학생들의 학업성취도가 일반전형 입학생보다 낮게 나타나는 경향을 보이는 것으로 나타났다. 이에 김안나와 김성훈(2009)은 교육의 형평성 제고라는 사회통합전형의 취지에 부합하도록 사회통합전형 입학생에게 대학차원의 관심과 교육지원이 필요함을 논의하였다.

한편, 박미희와 홍백의(2010)는 사회통합전형 입학생의 학업성취도 및 학업성취 저해요인에 대해 알려진 바가 없다는 문제인식하에 사회통합전형 입학생의 학업성취도의 변화양상을 밝히고, 이들의 학업수행 저해요인을 파악한 뒤 대학차원의 지원방안을 제안하였다. 이를 위해 사회통합전형 입학생의 세부전형별 학업성취도(학기별 평균평점) 분석을 통하여 학업성취도 변화경향을 파악하였고, 표적집단 면접법(focus group interview)을 실시하여 학업성취 저해요인을 탐색하였다. 이 연구에 의하면 전체 평점평균은 일반전형 입학생이 가장 우수한 것으로 나타났고, 사회기여자와 특수교육대상자 전형의 입학생의 평점평균이 다소 낮은 것으로 나타났다. 그리고 사회통합전형 입학생은 열등감, 사교육 경험부족, 학비 및 생활비 마련을 위한 아르바이트 활동으로 인한 학습시간의 부족 등의 이유로 자신의 전공기초지식과 영어능력이 부족하다고 인식하고 있는 것으로 나타났다. 이에 박미희와 홍백의(2010)는 사회통합전형 입학생의 성공적 대학생활 적응을 위하여 대학차원에서 재정지원, 입학 전후의 학업지원, 학교생활 적응을 돕기 위한 멘토링 사업지원, 사회통합전형 입학생을 위한 전담인력 배치 및 부처 간 협조체계 마련, 기숙사 우선 배정권 부여와 같은 각종 복지혜택 제공 등을 제안하였다. 박미희와 홍백의(2010)의 연구는 사회통합전형 입학생의 성공적인 대학생활을 위해 대학차원의 적극적인 교육지원 방안 마련이 필요함을 시사하고, 그 구체적 방안을 제시하고 있다는 점에서 의의가 있다.

저소득층 대학생의 대학생활 적응과정을 분석한 연구에서 7명의 저소득층 대학생들을 대상으로 사례연구를 수행한 결과, 연구 참여자들은 사회적 약자 배려 전형 등을 통해 명문대 진학에 성공했으나 입학 후에는 출발선 격차와 대학교육의 환경적 요인으로 인해 소속 대학에 원만하게 적응하지 못하고 있다고 분석하였다(이지혜, 채재은, 2013). 이 연구에서는 대학이 학생선발과정에만 기회균등을 한정하고, 교육과정과 교육결과 측면의 기회균등을 간과하고 있기 때문이라 지적하였다. 또한 대학교육의 책무성 제고가 필요하며, 대학교육을 학생 중심으로 전환하여 대학 내 약자를 배려하는 교육 시스템 구축이 필요하다고 제언하였다.

김미란(2014)은 사회통합전형 학생들의 대학생활에 관한 연구에서 농어촌특별전형 입학생을 중심으로 이들의 성장과정과 대학생활 경험을 분석하였다. 이를 위해 서울 소재 여자대학교에 재학 중인 농어촌전형 입학생 5명을 연구참여자로 선정하고, 2011년부터 2013년까지 약 2년간 심층면담을 진행하였다. 이 연구에 의하면 농어촌전형 입학생들은 고등학교의 수업과 다른 대학의 수업상황에서 혼란과 좌절, 실패에 대한 불안 등을 경험하였고, 이후 적응과정을 통해서 '서울애들' '외고출신'에 대한 열등감을 내면화한 것으로 나타났다. 농어촌전형 입학생은 진로선택 과정에서도 자신들이 사회 · 경제 · 문화적으로 취약하다고 인식하고 있으며 이들의 불안한 대학생활에서 삶을 지탱하는 원리는 '가족'과 '지역' 그리고 '자기극복 및 성장 의지'라고 보았다. 김미란(2014)의 연구는 농어촌전형 입학생이 대상이므로 사회통합전형 입학생의 일반 경험으로 설명하기에는 한계가 있어 보이나 사회통합전형 중 농어촌전형 입학생의 대학생활의 경험을 심층 분석함으로써 이들에게 적절한 대학지원방안 마련의 방향을 제시하고 있다는 점에서 의의가 있다. 사회통합전형은 농어촌전형 외에도 다양한 세부전형이 존재하므로 세부전형별 입학생의 대학생활 경험을 심층적으로 분석한다면 전형에 따른 적절한 교육지원방안 마련이 가능할 것이다.

대학생들의 학업과 대학생활에 대한 관심은 높은 데에 비해 대학 내 소수집단인 사회통합전형 입학생에 대한 국내 연구는 활발한 수준으로 이루어지고 있지 않은 실정(김대현, 박윤경, 이수영, 2012; 김미란, 2014)으로 고른기회전형 대상 학생들의 대학입학 및 대학생활 적응 관련 연구들이 더 활발하게 수행될 필요가 있을 것이다.

4. 적극적 우대 조치의 주요 이슈

1) 적극적 우대 조치에 대한 논란: 판례를 중심으로

대학입학과정에서의 적극적 우대 조치에 대해서는 여러 가지 입장이 있고, 이에 대해 지속적인 갈등이 유발되고 있다. 찬성하는 측은 적극적 우대 조치가 입학정책이라기보다는 과정으로 이해해야 하며 대학은 대표성이 약한 집단이나 소외계층 자녀들의 대학입학을 장려할 필요성에서 적극적 조치를 이해해야 한다고 주장한다. 이는 대학에서 소외계층에 대한 재정적 지원이나 학업을 돕기 위해 여러 지원 프로그램을 제공하는 것과 동일하게 이해되어야 한다고 설명한다.

또한 적극적 우대 조치의 결과 고등교육의 기회를 누리는 소외계층의 수가 증가하였고 이는 대학이 사회구성원의 비율구조를 더 잘 대표할 수 있게 만들었다고 말한다. 특히 대학교육에서의 다양성은 소외계층뿐만 아니라 대학구성원 전체에 해택을 준다고 강조한다. 그리고 적극적 우대 조치의 혜택을 받은 졸업생들은 고등교육으로 인해 보다 나은 삶의 기회를 얻었다고 논의한다(National conference of state legislatures, 2014).

반면, 적극적 우대 조치의 반대자는 벌써 고등교육기회에서의 차별이 철폐되었기 때문에 적극적 우대 조치의 필요성이 존재하지 않다고 주장한다. 또한 학업 결과보다는 인종 등의 다른 요소에 대한 배려로 인해 대학입학과정에서의 공정성이 훼손되었고 이로 인해 백인이나 아시아 계열 학생들이 입학과정에서 상대적으로 피해를 입었다고 주장한다. 더욱이 교육과정에서의 소수계층에 대한 배려로 인해 그들은 학업에 대해 덜 집중하게 되고, 그 결과 우수한 교육 성과를 얻지 못한다고 주장한다. 특히 인종, 즉 흑인이나 라티노들에 대한 적극적 우대 조치는 경제적 측면에 대해 제대로 된 고려를 하지 못해 중산층 이상의 흑인이나 라티노들만 혜택을 보고 있다고 강조하며, 결국 적극적 우대 조치는 역차별의 문제로 인해 동등한 대우를 보장하고 있는 미국 헌법에 위배된다고 주장한다(National conference of state legislatures, 2014).

이러한 적극적 우대 조치에 대한 논란에 따라 고등교육기관에서 시행하고 있던 소수인종을 위한 특별 입학전형의 합헌성 여부를 따지는 사법부의 판결이 지속되어 나타나게 되었다. 이 중 고등교육 입학과정에서의 적극적 우대 조치에 대한 중요한 판례를 살펴보고자 한다.

(1) Bakke 판결(1978년)

1978년의 'Regents of the University of California v. Bakke' 판결에서 연방대법원은 대학이 소수인종의 대학입학을 위해 할당제를 도입한 것을 위헌으로 판결하였다. University of California at Davis는 의과대학의 신입생의 16%가 소수민족으로 구성되어야 한다고 규정했는데 이 규정은 미국 「수정헌법」 제14조의 평등보호조항

(the Equal Protection Clause of the 14th Amendment)[4]을 위반했다고 판결한 것이다(Sabbagh, 2014).

하지만 이 과정에서 대법원의 Powell 판사는 입학사정의 요소 중 하나로서 인종을 활용한 것에 대해서는 대학입학생의 다양성을 확보하는 관점에서 문제될 것이 없다고 판결하였다. 즉, 인종이나 민족성에 대한 고려가 유연하고 개인 중심적인 방법으로 시행된다면 평등보호조항을 위배하지 않는다고 판결하였다. 이로 인해 Bakke 판결은 대학이 인종이나 민족성을 대학입학의 여러 사정자료 중 하나로 활용하는 것이 가능하다는 것을 제시함으로써 대학의 입학정책으로 적극적 우대 조치의 적용의 정당성을 확보한 것으로 인정받고 있다.

(2) Hopwood 판결(1996년)

Hopwood가 적극적 우대 조치가 「헌법」상 평등보호조항에 위배한다고 State of Texas에 대해 제기한 소에 대해 1996년 연방순회법원은 입학전형과정에서 인종을 요소로 활용한 것은 위헌이라고 판결하였다. 이 판결은 대학입학과정에서 인종에 따라 점수를 차별화시키는 것을 금지하는 것으로 해석되었다. 이와 유사하게, 2001년 'Johnson v. University of Georgia'판례에서도 대학이 소수인종 학생에게 무조건 일정 정도의 가점을 부여하는 것이 학교의 다양성을 달성하기 위한 적절한 방법이 아니라고 판결하였다. 이러한 판결은 고등교육기관들이 활용하고 있는 적극적 우대 조치의 위헌성을 경고하는 것으로 향후 대학들의 소수인종에 대한 입학전형에 큰 영향을 미치게 되었다(오대성, 2011).

(3) Michigan 판결(1995년, 1997년)

1995년 Gratz와 1997년 Grutter가 각각 미시간 대학교 학사과정과 법학대학원에 지원했다 불합격한 것에 대해 인종을 고려한 적극적 우대 조치가 위헌이라고 소송을 제기하였다. 반면, 미시간 대학교는 적극적 우대 조치의 필요성에 대해 주장하였다.

---

4) "no state shall deny to any person within its jurisdiction the equal protection of the laws."

이에 대해 2003년 연방대법원은 학교 구성원의 다양성 확보를 위한 미시간 대학 법학대학원의 제도에 대해 합헌을 결정한 반면, 학부 과정의 대학입학사정정책에 대해서는「헌법」에 위배된다고 결정하였다. 이는 다양성의 측면에서 인종이 고려될 수는 있지만 이는 지원자 개인적 관점에서 이루어져야 한다는 것을 판결한 것으로, 법학대학원과 달리 학부과정에서는 소수민족 전체에 대한 보상으로 입학 프로그램이 설계 되었기 때문에 위헌이라고 규정하였다(김성기, 2004).

이 판결에서도 소수인종에 대한 특별전형이 필요한 이유로 다양성이 언급되었는데 "다양성이 교육적 실익을 갖는다."라는 판결문을 통해 인종을 고려할 때의 중요한 근거로 다양성을 인정하였다. 하지만 Gratz와 Grutter의 판결이 엇갈린 이유는 선발과정에서 인종적 고려를 인정하지만 인종에 대한 고려가 개별적 심사를 통해 개개인의 성장환경을 고려해야 된다는 점이었다. 즉, 상황에 따라서는 열악한 환경에서 자란 백인이 부유한 가정배경을 지닌 흑인보다 배려해야 할 대상이 될 수도 있다는 점을 강조함으로써 무조건적인 배려는 위헌이라고 지적하였다.

(4) Texas 판결(2014년)

Grutter 판결 이후 미국의 고등교육기관들이 학교 내 학생구성원의 균형을 유지하기 위해 일정 수준에서 인종을 전형과정에서 하나의 입학사정요소로 고려한 적극적 우대 조치를 시행하게 되었다(염철현, 2011). 하지만 텍사스 대학에 대해 이의를 제기한 Fisher의 소 제기에 대해 2013년 텍사스의 적극적 우대 조치(University's raceconscious admissions)가 위헌이라고 판결됨으로써 소수인종을 우대하는 대학들의 입학정책이 위기에 빠지게 되었다.

Fisher는 2008년 텍사스 대학 지원과정에서 소수인종에 대한 적극적 우대 조치를 시행한 대학의 입학정책으로 인해 입시에 실패했다고 소를 제기하였다. 이에 텍사스 대학은 이전의 판결을 고려하여 대학의 소수인종에 대한 입학사정 요소를 수정했기 때문에 큰 문제가 없다고 주장하였다. 텍사스 대학이 시행하던 적극적 우대 조치가 백인인 Fisher의 대학입학 탈락에 부정적인 영향을 미쳤다는 점이 밝혀지면서, 소수인종 우대정책이 학생 구성원의 다양성에 어떤 영향을 미쳤는지를 엄밀하게 심사하라고 판결함으로써 이제까지 시행되던 고등교육기관의 적극적 우대 조치에 대한 논란을 다시 불러일으키게 되었다(염철현, 2013).

특히 연방대법원이 하급심(제5 순회법원)의 판결인 '대학의 적극적 우대 조치를 인정한 Fisher 케이스'에서 엄격한 심사(strict scrutiny)가 부족했으므로 재심리하라고 요구함에 따라 적극적 우대 조치의 합헌성 여부의 논란을 심화시켰다. 결국 2014년 제5 순회법원이 2대 1로 텍사스 대학의 입학전형을 합헌으로 판결함으로써 기존의 적극적 우대 조치에 대한 지지를 유지하였다(Wikipedia, 2014b).

2) 적극적 우대 조치의 최근 동향

고등교육 입학과정에서의 적극적 우대 조치에 대한 법원의 판결과 주민들의 부정적 인식으로 현재 미국의 많은 주에서는 적극적 조치를 법률로 금지하는 움직임이 계속되고 있다(염철현, 2011). 미국에서 최초로 1996년 캘리포니아 주에서 주민이 직접 입안하여 주민투표를 통해 반소수인종우대법안을 통과시켰다(오대성, 2011). 이 법은 인종을 차별하거나 우선권을 주지 말아야 한다는 것을 주 내용으로 하고 있다. 반소수인종우대법안의 통과는 대학입학과정에서 직접적으로 소수인종에게 부정적 영향을 미치게 되었다. 이 법이 통과된 캘리포니아 워싱턴주의 주립대학에서는 흑인이나 라티노 출신 학생의 비율이 현저히 줄어들었다(오대성, 2011).

이러한 분위기 속에 이후 고등교육기관은 직접적인 형태로 대학의 입학과정에서 인종을 중요한 요소로 간주하기보다는 소수인종에 대한 교육적 배려를 하되 간접적인 형태의 적극적 조치를 시행하기 시작하였다. 즉, 소수인종에 대한 고등교육기회를 확대하되 입학전형과정에서 인종을 중요한 전형요소로 활용하기보다는 이전 교육단계인 고등학교의 교육현실과 연계하여 자연스럽게 소수인종이 대학입학과정에서 특별한 배려를 받을 수 있는 정책 및 프로그램들이 개발 · 시행되고 있다.

결과적으로 주민들의 반발과 위헌성이 존재하는 대학입학전형과정에서의 적극적 우대 조치를 폐기하였지만 실제로 적극적 우대 조치의 목표인 '소수인종의 고등교육기회 확대'를 달성하는 다양한 정책들이 각 주에서 시행되고 있다.

〈표 9-3〉 고등교육 입학에서의 적극적 우대 조치의 변화

주	법령명	시행연도	내용
캘리포니아	SP-1	1995년	캘리포니아 대학 연합 시스템에서 입학 시 인종, 민족성, 성별을 전형요소로 사용하지 못하도록 함. 단, 2001년 대학은 이 규정을 폐지함.
	Four percent plan	1999년	주 전체의 4% 혹은 학교 교실에서 4% 이내의 성적으로 졸업하고 여러 요건을 갖춘 학생들이 캘리포니아 대학 시스템의 적어도 하나의 학교에 입학할 수 있게 규정함. 2012년부터 9% 이내로 적용 대상이 확대됨.
텍사스	10 percent plan	1997년	텍사스 공립 대학들에서의 적극적 우대 조치를 금지한 Hopwood vs. Texas 판결 이후 텍사스주는 공교육 시스템을 상위 10% 성적으로 졸업한 학생에게 텍사스 내 공립대학에 입학할 권리를 줌.
워싱턴	Initiative 200	1998년	캘리포니아의 proposition 209와 유사함.
플로리다	Executive Order 99-281, 'One Florida'	1999년	행정명령 99-281은 플로리다 주립대학 및 공공기관이 적극적 우대 조치를 사용하는 것을 금지함. 대학입시에서는 Talented Twenty program(주 내 공립학교를 상위 20% 이내에 졸업한 학생이 주 내의 11개 공립대학시스템에 입학할 수 있는 권한을 부여)을 도입함. 특히 One Floirda에서는 저소득층에 대한 장학금 지원을 확대하고 소외계층의 대학입학 역량을 증가시키기 위한 대학준비 프로그램을 시행함.
미시간	proposal 2	2006년	공교육, 공공업체, 공공계약에서 인종, 성, 피부색, 민족 또는 국적에 기반하여 어떤 개인이나 집단에 대해 우선적인 조치를 시행하는 것을 금지함. 교육분야에서는 고등교육 입학 시 인종에 기반한 적극적 조치를 금지를 규정함.
네브래스카	Initiative 424	2008년	적극적 우대 조치의 실행을 금지함.
애리조나	proposition 107	2010년	
뉴햄프셔	House Bill 0623	2011년	
오클라호마	State question 759	2012년	

출처: National Conference of State Legislatures (2014), http://www.ncsl.org/research/education/affirmative-action-state-action.aspx의 내용을 표로 구성함.

〈표 9-3〉에서 보듯이 미국의 각 주에서는 주민의 발의로 대학입학에서의 적극적 우대 조치를 금지하는 법률이 채택되고 있다. 하지만 일반적 의미에서의 사회경제적 배려대상자를 대상으로 하는 고등교육기회의 확대 정책의 일환으로 다양한 교육정책들이 시행되고 있다. 예컨대 캘리포니아와 플로리다의 사례를 보듯이 소수인종 및 사회경제적 소외계층이 밀집한 공립고등학교의 경우에도 그 학교에서 우수한 성적(10% 혹은 20%)을 거둔 학생에게 주의 공립고등교육기관에 입학할 기회를 부여함으로써 여러 법적 논란에서 벗어나고 있음을 알 수 있다.

5. 적극적 우대 조치의 발전 방향

우리나라는 대학이 우수한 학생을 확보하기 위해 경쟁하는 과정에서 대입전형이 지나치게 복잡해지고 자주 변경되는 등의 문제점이 지속되면서, 대입전형을 대폭 간소화하고 예측가능성을 높이는 방향으로 개선해야 한다는 사회적 요구가 확산되었다(교육부, 2013). 또한 교육 양극화와 경쟁 심화에 따른 사회적 갈등을 완화하기 위해 사회통합 차원에서 교육적 · 사회적 배려가 필요한 학생들에게 고등교육 진학 기회를 실질적으로 제공할 필요성이 제기되었다(교육부, 2013). 교육부의 고른기회전형 확대 방침에 따라 2015학년도 대입전형부터 대학의 사회적 책무성 차원에서 농어촌 출신 학생, 저소득층 학생, 고졸 취업자 등을 대상으로 하는 고른기회전형이 확대되었다(한국대학교육협의회, 2014).

우리나라에서 사회적 양극화 문제는 새로운 사회적 이슈로 부각되고 있는데, 사회적 양극화의 심화는 경제적 양극화와 깊은 관련을 맺고 있으며, 또한 교육의 양극화와도 연계된 문제라고 할 수 있다. 고른기회전형의 개선을 통해 사회적 · 경제적 지원이 필요한 학생들에게 교육기회를 제공하고, 적절한 선발 및 지원을 통해 사회적 통합을 제고할 수 있다. 이는 교육 양극화의 해소를 통해 사회적 양극화를 실질적으로 둔화시키는 선순환 구조의 구축에 기여할 수 있을 것이다.

이 장에서는 고른기회전형에 대한 국내외 선행연구를 분석을 통해 소수집단

(minority group)에 대한 배려 정책이 대학의 입학전형에서 시행되고 있는 미국, 프랑스 등 해외 사례 조사를 통해 우리나라의 고른기회전형에 반영할 수 있는 시사점을 살펴보았다. 미국의 역사 속에서 억압받아 온 흑인의 고등교육기회를 확대하기 위한 방안으로 시작된 미국의 적극적 우대 조치는 사법부에 의해 지속적으로 도전받았지만 결국 인종에 기반을 두는 원칙을 포기하지 않되 다소 유연한 형태로 변화해 왔다. 예컨대 고등교육 입학전형과정에서 특정 인종을 할당하는 정책은 「헌법」상 평등권에 위배되지만, 입학전형자료의 하나로서 인종을 활용하는 것 그리고 대학이 그 과정을 엄정하게 관리하며 개인기준으로 자료를 활용할 때는 위헌적 요소가 없다고 판결되고 있다. 더욱이 몇몇 주에서 시작된 간접적 형태의 적극적 우대 조치, 즉 인종을 배제(color-blind)하는 정책이지만 실제로는 흑인과 같은 소수인종의 고등교육기회를 확대하기 위한 정책들이 새롭게 디자인되어 시행되고 있다는 사실은 미국사회가 법적 테두리에서 소외계층을 위한 적극적 우대 조치를 지지하고 있음을 보여 준다.

반면, 프랑스의 경우 「헌법」에 규정된 이유로 인종은 적극적 우대 조치의 판단기준으로 활용되지 못한다. 대신 이민사회의 형성과정을 고려하여 사회경제적 불평등이 지역을 중심으로 이루어진다는 점을 고려하여 지역을 소수계층 판단의 기준으로 삼고 있다. 특히 국가정책인 ZEP와 REP를 통해 명시적으로 소외계층이 모여 사는 곳이라고 지정받은 지역의 학생들을 대상으로 고등교육기회 확대를 위한 적극적 우대 조치를 시행하고 있다. 특히 정부차원의 고등교육입학과정의 적극적 우대 조치가 선제적으로 시행된 것이 아니라 엘리트 고등교육기관인 Sciences Po의 개혁조치로 시작된 특징이 있다. 비록 프랑스가 중앙집권적인 행정시스템을 구축하고 있지만 사회적 논란의 여지가 있는 적극적 우대 조치를 기관차원에서 자율적으로 시행하고 이를 정부가 지원을 통해 확대하는 과정을 거침으로써 논란을 최소화하고 있다.

앞에서 살펴본 두 국가의 사례에서 소외계층의 범위는 우리나라에서 규정하고 있는 고른기회전형 대상인 농어촌학생, 특성화고교 졸업생, 기초생활수급자 및 차상위계층, 장애인대상자, 사회기여자와는 다소 차이가 있다. 하지만 국가적 맥락에 따라 다르게 규정될지라도 공통적으로 소외계층에게 적극적 우대 조치를 시행함으로써 고등교육 기회를 확대한다는 목적은 동일하다. 이러한 점을 고려할 때 앞의 두 국가

사례를 통해 우리나라의 고른기회전형에 대한 많은 시사점을 제공한다.

정제영, 김성기, 박주형(2014)의 연구에서는 고른기회전형 입학생과 일반전형 입학생의 학점 평균을 분석한 결과, 대체로 고른기회전형 입학생의 학점 평균이 일반전형 입학생의 학점 평균보다 낮은 것으로 나타났다. 그러나 고른기회전형 입학생과 일반전형 입학생의 학점 평균 차이가 입학 초기에 비해 학년이 높아질수록 줄어드는 경향을 보이고 있어 출발선 격차를 해소하는 데 대학교육이 일정 부분 기여하고 있다고 평가할 수 있다. 정제영 등(2014)은 고른기회전형 입학생을 대상으로 입학전형 준비 및 입학전형 과정, 입학 이후 대학생활 적응에 대해 심층 면담조사를 실시한 결과, 학생들은 고른기회전형에 대한 정보 습득 경로가 제한적이었으며, 불필요한 전형자료나 전형방법에 대해 개선이 필요하다고 의견을 제기하였다.

우리나라에서 고른기회전형이 더 발전적으로 정착하기 위해서는 다음 세 가지 방향을 고려해야 할 것으로 본다. 첫째, 적극적 우대 조치의 대상이 되는 집단을 선정하는 과정은 사회적 합의를 거쳐야 하며 그 대상은 사회변화와 요구에 따라 변화되어야 한다. 이는 보상적 차원으로 적극적 우대 조치가 활용될 때 매우 중요한 다루어져야 한다. 비록 우리나라에서는 미국과 달리 인종적 요소가 고른기회전형의 고려대상이 되지 않았으며, 고른기회전형이 정원 외로 관리되는 경우가 많아 법적으로 평등성 논란이 크지 않았다. 하지만 우리나라에서 고른기회전형이 정원 내로 진행되는 경우 대학입시에서 역차별을 받는 집단이 생기게 될 때는 문제가 커질 수 있다. 이러한 상황을 고려할 때 국가적 차원 그리고 기관차원에서 적극적 우대 조치의 대상을 선정하는 과정이 지속적으로 논의되어 발전하는 과정을 거쳐야 한다. 소수의 결정자들에 의해 임의적으로 대상이 선정되기보다는 사회적 요구를 수용한 합의과정을 통해 소외계층에 대한 정의가 이루어져야 한다.

둘째, 입학 전 지원방안으로 고른기회전형에 대해 홍보를 강화할 필요가 있다. 고교 교사들을 대상으로 고른기회전형에 대한 연수를 강화하고, 권역별 대학합동설명회 등을 통해 고른기회전형에 대해 안내할 수 있을 것이다. 또한 대학입학정보시스템의 다양화 및 연계가 필요하다. 대학별 입학관련 홈페이지의 입학정보시스템과 대교협의 입학정보시스템이 연계될 수 있도록 하고, 학생들이 보다 편리하게 정보를 탐색할 수 있도록 개선이 필요하다. 그리고 고입과 대입에서의 전형유형의 일관성을 제고할 필요가 있다. 대학 진학 단계에서 고교 사회통합전형 학생들이 자신의 상황에 맞는 유형에 지원할 수 있도록 할 필요가 있다.

셋째, 학교에서 이루어지는 고른기회전형의 절차가 투명하고 공정하게 이루어질 수 있는 제도적 장치가 갖추어져야 한다. 프랑스 사례에서 볼 수 있듯이 국가는 기관에서 학생 선발의 권한을 부여하는 규정을 명확히 하고 대학은 고른기회전형 선발과정을 대학의 규정을 통해 상세히 설명해야 한다. 국가적 차원의 법령체계에서 허용된 고른기회전형이라도 대학차원에서 보다 자세하게 그 과정을 설계해야 한다. 특히 가능하면 사전에 그 기준과 절차를 대중에서 알림으로써 고른기회전형의 예측가능성을 높이고 일반 학생도 고른기회전형에 대해 이해하고 수긍할 수 있도록 해야 한다.

넷째, 적극적 우대 조치는 특정계층의 대학입학의 기회를 확대하는 것으로 그쳐서는 안 되며, 대학이 입학한 학생들의 학업과 학업 후 사회진입과정의 성공이 보장될 수 있도록 지원해야 한다. 프랑스의 경우 Sciences Po는 CEP 과정을 통해 입학한 학생의 학업역량이 일반 학생보다 낮을 수 있다는 점을 인정하고 입학 전에 그 격차를 좁히기 위해 특별한 조치들을 시행하고 있다. 또한 일반 학생과 적극적 우대 조치를 통해 입학한 학생들의 학업성취 수준과 사회진입의 성공여부를 지속적으로 모니터링하여 적극적 우대 조치가 실질적인 고등교육기회의 확대를 보장할 수 있는 장치가 될 수 있도록 피드백을 제공하고 있다. 이와 유사한 지원방안들이 우리나라의 고른기회전형을 통해 입학한 학생에게 적용되어야 한다. 입학 과정에서 고른기회전형 유형에 따라 학생들의 인지 · 정서 · 사회적 차원에서 진단이 이루어져야 하며, 대학의 수업을 따라갈 수 있는 역량을 키워 주기 위해 입학 전 · 후의 다양한 보완적 조치가 멘토링, 코칭, 집중연수 등의 형태로 이루어져야 한다. 예산의 문제가 생기는 경우 Sciences Po와 같이 기업들의 지원을 받아 보다 적극적으로 고른기회전형을 통해 입학한 학생이 학교에서 성공할 수 있도록 지원해야 한다. 또한 프랑스의 사례와 같이 고른기회전형에 대한 지속적인 모니터링 시스템을 구축함으로써 고른기회전형을 통해 입학한 학생의 성공여부를 주의 깊게 관찰한 후 지속적인 개선안을 마련할 필요가 있을 것이다. 구체적으로 살펴본다면, 고른기회전형 대상자 지원제도에 대해 안내를 강화하고, 학생지원 프로그램 참여 시 고른기회전형 대상자의 우선권을 확대하여 기숙사 배정, 장학금 지원, 상담 등 필요한 경우 우선적으로 지원할 수 있을 것이다. 고른기회전형의 합격자를 대상으로 예비대학 등을 통한 기초학업능력배양 프로그램 운영으로 학생들의 수요에 맞는 교육을 실시하고 학습 결손을 해소할 수 있다. 또한 바우처 방식을 통해 대학 내에서 이루어지는 다양한 교육프로그램에 참여할 수 있도록 학습지원 체제를 구축할 필요가 있다.

고른기회전형으로 입학한 학생들에게 실질적 도움을 주는 방안을 마련하는 것은 국가 수준에서 제도를 잘 만드는 것과 더불어 대학에서 학생 구성을 다양화하여 다원주의적 관점에서 학생들이 다양한 가치를 인정하고 상호 이해할 수 있도록 하는 것이 필요하다. 고른기회전형의 제도를 설계하고 구축하는 과정에서 학생, 학부모 및 교사 등 교육수요자의 요구에 관심을 기울이고, 실질적으로 도움이 될 수 있는 방향으로 개선이 이루어져야 한다. 아울러 형식적으로 학생 선발에만 집중할 것이 아니라 대상 학생들에 대한 지속적인 지원이 이루어질 수 있도록 노력해야 할 것이다.

참고문헌

교육부(2013). 대입전형 간소화 및 대입제도 발전방안(시안) 발표.

교육부(2014). 고교교육 정상화 기여대학 지원사업 선정결과 발표.

김경근 외(2009). 자율형사립고등학교 사회적 배려대상자 선발 방법 및 지원 방안. 교육부.

김대현, 박윤경, 이수영(2012). 경희대학교 신입생 입학전형별 사후관리 프로그램 활성화 방안 연구. **입학전형연구, 1**, 181-204.

김미란(2014). 사회통합전형 학생들의 대학생활에 관한 연구: 농어촌특별전형 학생을 중심으로. **청소년학연구, 21**(5), 269-302.

김성기(2004). 대학입학특별전형의 제도적 원칙: 미국 판례 분석을 중심으로. **교육법학연구, 16**(1), 55-70.

김안나, 김성훈(2009). 대입전형 유형별 학업성취도의 차이와 그 의미. **교육사회학연구,**

19(2), 91-106.

문미경, 김복태, 정수연, 류도암(2013). 한국의 적극적 평등실현조치(Affirmative Action)에 관한 연구. 한국여성정책연구원.

박미희, 홍백의(2010). 사회통합전형 입학생의 학업성취도 변화에 관한 탐색적 연구. 교육사회학연구, 20(3), 27-50.

염철현(2011). 미국의 공립대학입학정책에서 Affirmative Action 운영 사례와 법원 판결의 최근 동향. 교육법학연구, 23(1), 123-147.

염철현(2013). 소수자우대정책의 최근 동향 및 시사점: 미국과 브라질의 사례를 중심으로. 교육법학연구, 25(2), 109-134.

오대성(2011). 미국의 대학에서 소수인종우대정책(affirmative action). 법학논총, 31(3), 641-671.

이제봉(2009). 대학교육에서 기회균형선발제의 근거와 쟁점. 한국교육논단, 8(1), 125-143.

이지혜, 채재은(2013). 저소득층 대학생의 대학생활 적응과정. 평생학습사회, 9(1), 1-27.

장지연(2006). 미국의 적극적 조치 논쟁과 시사점. 한국여성학, 22(2), 165-208.

전학선(2013). 프랑스 교육제도와 교원의 정치활동의 자유. 세계헌법연구, 19(3), 53-85.

정광희 외(2010). 고교-대학 연계를 위한 대입전형 연구(Ⅶ): 고교-대학 연계 실천 모델 및 운영 방안 개발. 한국교육개발원.

정광희 외(2011). 소외계층 학생 고등교육지원 방안: 대학 선발 전후 교육지원 프로그램을 중심으로. 한국교육개발원.

정제영, 김성기, 박주형(2014). 고른기회 입학전형 개선 및 대상 학생에 대한 지원방안 연구. 이화여자대학교 입학처.

조석훈(2003). 차등적인 교육적 보상기준에 의한 대학입학 특별전형의 법적 논리와 한계. 교육행정학연구, 21(2), 431-454.

차종천 외(2004). 차별해소를 위한 적극적 우대 조치. 한국보건사회연구원.

한국대학교육협의회(2014). 2015학년도 대입전형 기본사항 안내 및 전형계획 주요 특징. 한국대학교육협의회.

Bowen, J. R. (2011). When discrimination is positive: Breaking hanit(us) and diversifying the French Elite at Sciencse Po. A thesis at Wesleyan University.

Crosby F. J., & Cordova D. (1996). Words worth of wisdom: toward an understanding of affirmative action. *Journal of Social Issues*, 52(4), 33-49.

Crosby, F. J, Iyer, A., & Sinchanroen, S. (2006). Understanding affirmative action. *Annual Review of Psychology*, *57*, 585–611.

Jacobeen, J. (2013). 미국 적극적 조치의 현재와 미래. 국제사회의 적극적 조치 현황과 발전방안. 한국여성정책연구원.

Ledford, D. (2011). Is race neutrality a fallacy?: A comparison of the U.S. and French models of affirmative action in higher education. *Texas international law journal*, Texas, v. 46, 355–378.

Moses, M., Jenkins, L. D., Paguyo, C., & Wei, L. (2014). Assessing affirmative action programs on six continents. In L. D. Jenkins & M. S. Moses (Eds.), *Affirmative action matters: Creating opportunities for students around the world* (International studies in higher education). New York: Routledge.

National conference of state legislatures (2014. 2. 7.). Affirmative action: Overview. Retrieved at 2014. 12. 1. from http://www.ncsl.org/research/education/affirmative–action–overview.aspx.

Sabbagh, D. (2011). The Rise of indirect affirmative action: Converging strategies for promoting "diversity"in selective institutions of higher education in the United States and France. *World Politics*, *63*(3), 470–508.

Sabbagh, D. (2014). Affirmative action in the United States and France: The case of higher education. Retrieved at 2014. 12. 10. from www.isid.ac.in/~pu/conference/dec_08_conf/Papers/DanielSabbagh.doc.

Sabbagh, D., & Zanten, A. V. (2007). The specter of affrimative action in French Higher education. *Center for Studies in Higher Education*. Retrieved at 2014. 12. 10. from www.cshe.berkeley.edu/specter–affirmative–action–french–higher–education.

Sceiences Po (2015.). 10 years of promoting students diversity at Seicnces Po: A progra "that has proved its work". Retrieved at 2015. 1. 3. from http://www.sciencespo.fr/

en/content/7686/10-years-promoting-student-diversity.

Sowell, T. (2004). *Affirmative action around the world: An empirical study*. New Haven: Yale U. Press.

Wikepedia (2014a). Affirmative action. http://en.wikipedia.org/wiki/Affirmative_action_in_the_United_States.

Wikipedia (2014b). Fisher v. University of Texas http://en.wikipedia.org/wiki/Fisher_v._University_of_Texas.

제3부

사회적 약자를 위한 교육제도의 현황과 과제

제 10 장

사회적 약자를 위한 교육법제

1. 교육복지의 법적 근거

교육복지의 법적 근거는 최상위 규범인 「헌법」, 그 하위법으로서 법률, 명령, 자치법규 등이 있다.

1) 헌법

「헌법」은 모든 법규범의 최상위에 존재하는 최고의 법규범이다. 따라서 교육복지 법령의 최상위 법원(法源)이다. 하위 법령처럼 구체적인 집행내용을 규정하고 있지는 않지만 교육복지와 관련된 기본적 권리와 의무 사항을 규정하고 있기 때문에 하위 법령을 규제하는 속성이 있다.

(1) 헌법 전문

「헌법」 전문을 보면 "정치 · 경제 · 사회 · 문화의 모든 영역에 있어서 각인의 기회를 균등히 하고, 능력을 최고도로 발휘하게 하며…….”라는 조문이 있다. 교육은 한 사회의 구성원을 육성하는 중요한 활동으로서 정치, 경제, 사회, 문화적 영역과 고루 관련된다. 이러한 영역에서 각인의 기회를 균등하게 한다는 것은 그러한 영역에 관여함에 있어 소외되거나 차별받는 사람이 없어야 함을 천명한 것이다. 또한 능력을 최고도로 발휘하게 한다는 것은 개인의 능력을 신장시킬 수 있도록 국가가 보장해야 한다는 취지를 담고 있다.

이 조항은 「헌법」 제31조 제1항, 즉 교육헌법이라 할 수 있는 조항에 그대로 반영되고 있다. 즉, 동 조항에서는 “모든 국민은 능력에 따라 균등하게 교육을 받을 권리를 가진다.”라고 하였다. 모든 국민이 능력에 따라 균등하게 교육받을 권리를 가진다는 것은 반대급부로 국가는 모든 국민이 그렇게 교육받을 수 있도록 보장해야 한다는 의미를 가지고 있다. 이러한 능력에 따라 균등하게 교육받을 권리와 함께 그것을 보장할 의무를 규정하고 있는 것이 바로 교육복지법제이다.

(2) 복지 관련 조항

앞에서 말한 「헌법」 제31조 제1항 외에도 「헌법」에는 복지 일반에 대한 규정들을 두고 있는데 이러한 조항들도 교육영역에서 배제되지 않는다. 즉, 일반복지에 관한 규정은 교육복지와 직접 관련된 것이 아니라도 학교와 같은 교육기관에서 동일하게 적용되어야 하기 때문이다. 예컨대 여성의 복지와 권익 향상을 위한 조항은 학교에서 그대로 적용된다. 이와 같이 일반적인 복지 관련 조항들은 다음과 같다.

제10조 모든 국민은 인간으로서의 존엄과 가치를 가지며, 행복을 추구할 권리를 가진다. 국가는 개인이 가지는 불가침의 기본적 인권을 확인하고 이를 보장할 의무를 진다.

제11조 ① 모든 국민은 법 앞에 평등하다. 누구든지 성별 · 종교 또는 사회적 신분에 의하여 정치적 · 경제적 · 사회적 · 문화적 생활의 모든 영역에 있어서 차별을 받지 아니한다.

제34조 ① 모든 국민은 인간다운 생활을 할 권리를 가진다.

② 국가는 사회보장 · 사회복지의 증진에 노력할 의무를 진다.

③ 국가는 여자의 복지와 권익의 향상을 위하여 노력하여야 한다.

④ 국가는 노인과 청소년의 복지향상을 위한 정책을 실시할 의무를 진다.

⑤ 신체장애자 및 질병 · 노령 기타의 사유로 생활능력이 없는 국민은 법률이 정하는 바에 의하여 국가의 보호를 받는다.

⑥ 국가는 재해를 예방하고 그 위험으로부터 국민을 보호하기 위하여 노력하여야 한다.

여기서는 인간으로서의 존엄과 가치, 행복추구권, 기본적 인권, 평등권, 인간다운 생활을 할 권리, 사회보장 · 사회복지, 여성복지, 노인과 청소년 복지, 신체적 약자 보호, 재해 예방 의무 등을 규정하고 있다. 앞에서 말한 것처럼 이러한 권리와 의무는 교육현장에서도 그대로 적용된다. 즉, 모든 학습자는 교육을 받는 과정에서 인간으로서의 존엄과 가치를 가지고 행복을 추구할 권리를 가진다. 이에 비추어 보면 과거에 학교에서 자행되었던 무자비한 체벌은 복지적 관점에서 보았을 때도 매우 비정상적인 행위였다고 할 수 있다.

모든 학습자는 성별 · 종교, 사회적 신분에 의해 차별을 받지 않는다고 하였는데 형식적으로는 이러한 요인에 의한 차별은 없다고 볼 수 있으나 교육기회를 얻는 데 있어 이러한 요인들이 실질적으로 차별을 만드는 것은 없는지 돌아볼 일이다.

제34조 제4항에서 국가가 청소년복지정책을 실시할 의무를 천명한 것을 주목할 필요가 있다. 이를 교육과 관련지어 생각해 보면 청소년이 학생 신분을 갖고 있지 않다고 하더라도 그들의 복지를 향상시키기 위해서 국가가 노력해야 한다는 것이다. 이때 그 복지내용에 교육이 포함되어야 한다. 왜냐하면 청소년이 설령 학교를 그만두었다고 하더라도 시민으로서 살아가는 데 필요가 최소한의 교육을 받지 못한다면 사회에 정상적으로 진입하기 어려운 개인적 문제를 가져올 뿐만 아니라 국가적 · 사회적 측면에서 보더라도 교정과 재교육 비용을 발생시키는 등의 비용을 발생시키기 때문이다. 따라서 청소년복지정책의 중요한 영역으로서 교육복지내용이 포함되어야 한다.

제34조 제6항에서 국가는 재해를 예방해야 한다는 의무를 규정하고 있다. 안전은 인간의 생존과 관련된다. 학교가 안전하지 않다면 교육활동 자체가 불가능할 수 있다. 지금까지 우리는 수혜대상을 기준으로 교육복지영역을 발굴하는 경향이 많았다. 그러나 교육시설의 안전은 교육구성원의 생존과 관련된 것으로서 중요한 교육복지영역이라 할 수 있다. 그런데 우리의 현실은 어떠한가? 1982년에 「건축물의 구조기준 등에 관한 규칙」이 만들어지기 전까지는 건축물을 만들 때 내진설계를 해야 한다는 규정이 없었다. 따라서 그 이전에 세워진 학교들은 매우 위험한 상황에 놓여 있는 것이다. 우리나라도 지진으로부터 완전히 안전한 나라가 아니다. 강진 규모 2.0 이상의 지진이 해를 거듭할수록 증가하고 있다. 1978년부터 1998년까지 11년간 19.1회 발생했는데 1999년부터 2010년까지 11년간 42.8회가 발생했다(기상청, http://web.kma.go.kr/upload/artimage/2011/04/06/images/img06.jpg). 앞으로는 이러한 시설안전영역도 교육복지영역으로서 관심을 둘 필요가 있다.

(3) 교육복지 관련 조항

「헌법」 제31조 6개항은 교육헌법이라 불린다. 이 중에서 특히 제1항의 교육평등과 제2항과 제3항의 무상의무교육, 제5항의 평생교육진흥, 제6항의 교육제도법정주의는 교육복지와 직접 관련된 조항이다.

제31조 ① 모든 국민은 능력에 따라 균등하게 교육을 받을 권리를 가진다.
② 모든 국민은 그 보호하는 자녀에게 적어도 초등교육과 법률이 정하는 교육을 받게 할 의무를 진다.
③ 의무교육은 무상으로 한다.
④ 교육의 자주성 · 전문성 · 정치적 중립성 및 대학의 자율성은 법률이 정하는 바에 의하여 보장된다.
⑤ 국가는 평생교육을 진흥하여야 한다.
⑥ 학교교육 및 평생교육을 포함한 교육제도와 그 운영, 교육재정 및 교원의 지위에 관한 기본적인 사항은 법률로 정한다.

무상의무교육과 관련해서는 교육복지정책 중 하나인 무상급식과 관련된 논의가 있다. 즉, 무상의 범위에 급식비가 포함되는가 하는 것이다. 이를 살펴보기 위해서는 먼저 무상의무교육에 있어 무상의 범위가 어디까지인지에 대해 살펴볼 필요가 있다. 여기에는 다양한 학설이 존재한다. '수업료무상설' '취학필요비무상설' 그리고 '무상범위법정설' 등이 그것이다.

수업료무상설은 무상의 범위를 수업료(입학비는 수업료와 같은 용도로 쓰이므로 포함)로 한정해야 한다는 주장이다. 취학필요비무상설은 무상의 범위에 수업료, 입학금, 교과서, 교재비, 학용품비, 기숙사비, 교통비 등 교육활동에 필요한 일체의 금품이 포함된다는 주장(정현승, 2005: 238)이다. 이러한 맥락에서 보면 논란이 되고 있는 급식비도 무상의 범주에 포함된다고 볼 수 있다. 무상범위법정설은 무상의 범위를 정하는 것은 국회의 입법재량에 속한다는 것이다. 정현승(2005: 236)은 무상의 범위는 국가가 국민의 취학의무를 강제하는 것에 대한 조치로서 국가의 재정 사정 등에 따라 국가의 정치 채무로서 단순히 선언한 것에 불과하다고 하여 무상의 범위에 관하여 직접 국가 및 지방자치단체를 상대로 소송을 제기할 수 없다는 일명 프로그램(program) 규정설로 소개하고 있다(김성기, 김형근, 2014: 23).

무상범위법정설이 다수설이다. 김윤섭(2003: 111)도 기본적으로 복지국가의 이상 실현을 향한 노력을 국가가 하는 것인 이상 취학필요비무상이 실천되도록 정책목표를 갖되, 현실적으로는 무상의 범위를 국가재정 형편에 따라 정할 수 있는 무상범위법정설이 적합하다고 하였다. 그러나 무상범위법정설의 경우 「헌법」의 규정을 공동화시킬 염려가 있다는 비판이 있는 것도 사실이다.

무상의 범위와 관련하여 헌법재판소는 '「초 · 중등교육법」 제30조의2 제2항 제2호 등 위헌소원'에서 이와 비슷한 입장을 취하고 있다.

> "의무교육 무상의 범위는 학교 교육에 필요한 모든 부분을 완전 무상으로 제공하는 것이 바람직한 방향이라고 하겠으나, 교육을 받을 권리와 같은 사회적 기본권을 실현하는 데는 국가의 재정상황 역시 도외시할 수 없으므로, 원칙적으로 「헌법」상 교육의 기회균등을 실현하기 위해 필수불가결한 비용, 즉 모든 학생이 의무교육을 받음에 있

어서 경제적인 차별 없이 수학하는 데 반드시 필요한 비용에 한한다고 할 것이다. 따라서 의무교육에 있어서 무상의 범위에는 의무교육이 실질적이고 균등하게 이루어지기 위한 본질적 항목으로, 수업료나 입학금의 면제, 학교와 교사 등 인적 · 물적 시설 및 그 시설을 유지하기 위한 인건비와 시설유지비, 신규시설투자비 등의 재원 부담으로부터의 면제가 포함된다 할 것이며, 그 외에도 의무교육을 받는 과정에 수반하는 비용으로서 의무교육의 실질적인 균등보장을 위해 필수불가결한 비용은 무상의 범위에 포함된다. 한편, 의무교육에 있어서 본질적이고 필수불가결한 비용 이외의 비용을 무상의 범위에 포함시킬 것인지는 국가의 재정상황과 국민의 소득수준, 학부모들의 경제적 수준 및 사회적 합의 등을 고려하여 입법자가 입법정책적으로 해결해야 할 문제이다(헌재 2012. 4. 24. 2010헌바164, 공보 187, 787, 789)."

헌법재판소가 무상의 범주로 일차적으로 고려하고 있는 것은 '수업료나 입학금의 면제, 학교와 교사 등 인적 · 물적 시설 및 그 시설을 유지하기 위한 인건비와 시설유지비, 신규시설투자비 등'으로 공교육기관으로서 학교를 설립 · 운영하고, 학교에서 교육을 받는 대가로서의 입학금과 수업료 면제이다. 즉, 앞의 비용은 취학필요비무상설의 입장을 취하고 있다. 한편, 이 외의 비용은 국가 재정상황 등을 고려하여 법률로 정해야 한다는 무상범위법정설을 채택하고 있는 것이다.

2) 교육기본법

「교육기본법」은 교육에 관한 국민의 권리 · 의무 및 국가 · 지방자치단체의 책임을 정하고 교육제도와 그 운영에 관한 기본적 사항을 규정한 법률이다. 이 법에서는 교육복지에 관한 명시적 규정을 두고 있다.

「교육기본법」

제27조(보건 및 복지의 증진) ① 국가와 지방자치단체는 학생과 교직원의 건강 및 복지를 증진하기 위하여 필요한 시책을 수립 · 실시하여야 한다.

② 국가 및 지방자치단체는 학생의 안전한 주거환경을 위하여 학생복지주택의 건설에 필요한 시책을 수립 · 실시하여야 한다.

제1항에 따라 국가와 지방자치단체는 학생과 교직원의 복지증진을 위한 시택을 마련하고 있다. 제2항의 학생복지주택은 대학 교지 외 건립되는 기숙형 주택으로 학생들의 주거환경확보를 위하여 정부 또는 대학이 건립, 운영하는 시설로서 주로 대학생들의 주거 안정을 위한 주택을 말한다. 즉, 대학생 복지 정책의 일환으로 볼 수 있는데 잘 추진되고 있다고 보이지 않는다.

요컨대, 「교육기본법」에서는 학교 구성원의 복지 증진을 위한 시책을 마련하여야 한다는 선언을 하고 있다. 이에 근거를 두고 「초 · 중등교육법」 등 교육 관련 법령에서 교육복지와 직간접적으로 관련된 규정을 두고 있다.

3) 초 · 중등교육법

「초 · 중등교육법」에서는 명시적으로 교육복지에 관한 규정을 두고 있지 않다. 그러나 동법 시행령 제12조에서 시 · 도교육청 및 교육지원청 평가 항목으로 '학생 및 교원의 교육 복지'를 포함시키고 있다. 「교육기본법」에서 천명한 지방자치단체의 교육복지책무를 교육감이 이행하도록 규정한 것이라 볼 수 있다.

이 외에도 제54조에서 '학습부진아 등에 대한 교육 및 시책'으로서 교육부장관과 교육감은 '학습부진아 등이 밀집한 학교에 대하여 교육 · 복지 · 문화 프로그램 등을 제공하는 사업'을 실시하도록 규정하고 있다. 이에 따라 교육청에서는 일반적으로 교육부로부터 특별교부금을 교부 받아 학습부진학생을 위한 교육복지 프로그램을 전개하고 있다. 제64조에서는 학교발전기금 중 일부를 '학생복지' 지원에 사용하도록 규정하고 있다. 이 조항이 들어가기 전인 2000년 이전에는 사실상 교원복지제도만 있었지 학생복지제도에 대해서는 관심이 소홀했다. 이 조항이 들어간 이후 직간접적으로 학생인권이나 학교폭력, 학업중단 등의 문제에 대한 사회적 관심이 많이 일어났다.

2. 대상별 교육복지 관련 법령

교육복지 대상은 매우 다양하다. 여기서는 이 책에서 다루고 있는 대상으로 한정하여 그에 대한 교육복지 관련 법령의 내용을 제시하고자 한다.

1) 저소득층

(1) 장학금 제도

저소득층의 교육복지는 사실상 교육비 지원에 초점을 두고 있다. 「교육기본법」 제28조에서는 국가와 지방자치단체의 장학제도 실시 의무를 규정하고 있다.

「교육기본법」

제28조(장학제도 등) ① 국가와 지방자치단체는 경제적 이유로 교육받기 곤란한 자를 위한 장학제도(奬學制度)와 학비보조제도 등을 수립 · 실시하여야 한다.

이러한 장학금의 지급 방법 및 절차, 지급받을 자의 자격 및 의무 등에 관해서는 대통령령으로 정한다고 되어 있고, 이에 해당하는 대통령령이 「장학금규정」이다. 그런데 이 규정은 구 「교육법」에 따라 1957년에 제정되어 시행되고 있는 규정으로서 그 내용도 이미 폐지된 '교육위원회' 등이 등장하는 등 실질적으로 장학금법제로서 제대로 작동하고 있지 않다.

(2) 교육비 지원 제도

「초 · 중등교육법」에서는 다음과 같이 국가와 지방자치단체가 저소득층 등에 대해 교육비를 지원할 수 있음을 명시하고 있다.

「초 · 중등교육법」

제60조의4(교육비 지원) ① 국가 및 지방자치단체는 다음 각 호의 어느 하나에 해당

하는 학생에게 입학금, 수업료, 급식비 등 대통령령으로 정하는 비용(이하 "교육비"라 한다)의 전부 또는 일부를 예산의 범위에서 지원할 수 있다.

1. 본인 또는 그 보호자가 「국민기초생활 보장법」 제12조 제3항 및 제12조의2에 따른 수급권자인 학생
2. 「한부모가족지원법」 제5조에 따른 보호대상자인 학생
3. 그 밖에 가구 소득 등을 고려하여 교육비 지원이 필요하다고 인정되는 학생으로서 대통령령으로 정하는 학생

② 제1항에 따른 교육비 지원은 소득수준과 거주 지역 등에 따라 지원의 내용과 범위를 달리할 수 있다.

③ 「국민기초생활 보장법」 「한부모가족지원법」 등 다른 법령에 따라 제1항과 동일한 내용의 지원을 받고 있는 경우에는 그 범위에서 제1항에 따른 교육비 지원을 하지 아니한다.

이 규정은 의무사항이 아니라 임의사항을 규정한 것으로서 사실상 교육부장관이나 지방자치단체장, 교육감의 의지에 따라 그 시행여부 및 규모가 달라진다. 대표적인 것이 바로 급식비이다. 지방자치단체장이 어떤 복지관을 갖고 있는가에 따라 무상급식정책이 바뀌는 것을 볼 수 있다. 제3항에서 규정하고 있는 것은 중복지원을 예방하기 위한 것이다. 대표적으로 바로 뒤에서 서술할 교육급여를 받는 경우에는 위에서 제시한 교육비 지원을 받지 못한다는 것이다.

(3) 교육급여 제도

저소득층에 대해 가장 직접적으로 관련된 교육복지법령은 「국민기초생활 보장법」의 교육급여규정이다.

「국민기초생활 보장법」

제12조(교육급여) ① 교육급여는 수급자에게 입학금, 수업료, 학용품비, 그 밖의 수급품을 지급하는 것으로 하되, 학교의 종류 · 범위 등에 관하여 필요한 사항은 대통령

령으로 정한다.

② 교육급여는 교육부장관의 소관으로 한다.

③ 교육급여 수급권자는 부양의무자가 없거나, 부양의무자가 있어도 부양능력이 없거나 부양을 받을 수 없는 사람으로서 그 소득인정액이 제20조 제2항에 따른 중앙생활보장위원회의 심의 · 의결을 거쳐 결정하는 금액(이하 "교육급여 선정기준"이라 한다) 이하인 사람으로 한다. 이 경우 교육급여 선정기준은 기준 중위소득의 100분의 50 이상으로 한다.

④ 교육급여의 신청 및 지급 등에 대하여는 「초 · 중등교육법」 제60조의4부터 제60조의9까지 및 제62조 제3항에 따른 교육비 지원절차를 준용한다.

제12조의2(교육급여의 적용특례) 교육급여 수급권자를 선정하는 경우에는 제12조 제1항의 교육급여와 「초 · 중등교육법」 제60조의4에 따른 교육비 지원과의 연계 · 통합을 위하여 제3조 제2항 및 제12조 제3항에도 불구하고 소득인정액이 교육급여 선정기준 이하인 사람을 수급권자로 본다.

「국민기초생활 보장법」 제3조에서는 급여의 기본원칙으로서 "다른 법령에 따른 보호의 수준이 이 법에서 정하는 수준에 이르지 아니하는 경우에는 나머지 부분에 관하여 이 법에 따른 급여를 받을 권리를 잃지 아니한다."고 규정하고 있어 충분히 지원되지 않았다고 볼 여지가 있는 경우에는 소득인정액을 감안하여 추가적인 지원이 가능함을 명시하고 있는 것이다.

2) 특수교육대상자

「교육기본법」에서는 다음과 같이 국가와 지방자치단체가 장애인을 위한 교육적 배려를 해야 함을 명시하고 있다.

「교육기본법」

제18조(특수교육) 국가와 지방자치단체는 신체적 · 정신적 · 지적 장애 등으로 특

별한 교육적 배려가 필요한 자를 위한 학교를 설립 · 경영하여야 하며, 이들의 교육을 지원하기 위하여 필요한 시책을 수립 · 실시하여야 한다.

앞에서 말한 학교가 바로 특수학교인데 이에 대해서는 「초 · 중등교육법」 제55조에서 규정하고 있다. 그뿐만 아니라 고등학교 이하 각급학교에 특수교육이 필요한 학생을 위한 특수학급을 둘 수 있도록 규정하고 있다.

장애인에 대한 가장 직접적인 복지규정은 「장애인 등에 대한 특수교육법」이다. 이 법에서는 특수교육대상자의 선정 및 학교배치, 교육단계별 교육내용 등을 규정하고 있다. 이 외에도 「장애인복지법」과 「정신보건법」에서 교육과 관련된 조항을 두고 있다.

3) 탈북학생

탈북학생에 대해서는 교육부에서도 별도의 정책, 특히 학업중단을 줄이고 사회적 응력을 키우기 위한 정책을 펼치고 있지만 통일부에서도 탈북학생을 위한 교육복지적 지원을 펼치고 있다. 「북한이탈주민의 보호 및 정착지원에 관한 법률」 제15조(사회적응교육 등)에서 통일부장관은 보호대상자가 대한민국에 정착하는 데 필요한 기본교육을 실시하여야 하고, 기본교육 외에 보호대상자에게 거주지에서 별도의 적응교육을 추가로 실시할 수 있다고 규정하고 있다.

물론 앞의 규정은 단지 탈북학생만이 아니라 탈북자 전체를 대상으로 하는 것이다. 여기에 탈북학생이 포함된다. 탈북학생에 대한 직접적 규정은 다음과 같다.

「북한이탈주민의 보호 및 정착지원에 관한 법률」

제24조(교육지원) ① 통일부장관은 대통령령으로 정하는 바에 따라 보호대상자의 나이, 수학능력(修學能力), 그 밖의 교육 여건 등을 고려하여 보호대상자가 교육을 받을 수 있도록 필요한 지원을 할 수 있다.

② 통일부장관은 예산의 범위에서 대통령령으로 정하는 바에 따라 북한이탈주민을 대상으로 초 · 중등교육을 실시하는 학교의 운영에 필요한 경비를 지원할 수

있다.

③ 통일부장관은 교육부장관과 협의하여 보호대상자의 교육을 위한 전문인력을 확보하고, 보호대상자의 학력 진단 · 평가, 교육정보관리, 교육, 연수 및 학습활동의 지원 등 보호대상자의 교육지원과 지도를 위하여 노력하여야 한다.

제24조의2(북한이탈주민 예비학교의 설립) ① 통일부장관은 탈북 청소년의 일반학교 진학을 지원하기 위하여 교육부장관과 협의하여 정착지원시설 내에 북한이탈주민 예비학교를 설립 · 운영할 수 있다.

② 제1항에 따른 북한이탈주민 예비학교의 교육기간, 프로그램 운영방법 등에 관한 사항은 대통령령으로 정한다.

앞의 제24조 규정에 따라 현재 탈북학생이 재학 중인 학교에 대한 교육경비 지원이 이루어지고 있다. 제24조의2 규정에 따라 현재 예비학교가 운영되고 있다. 예비학교의 운영에 대해서는 동법 시행령에서 정하고 있다. 예비학교의 교육기간은 정착지원시설에서 기본교육을 받기 시작한 때부터 1년 이내이다. 예비학교에 입학할 수 있는 사람은 정착지원시설에서 기본교육을 받고 있거나 그 과정을 수료한 북한이탈주민 중 입학을 희망하는 만 6세 이상 만 24세 이하인 사람이다. 이러한 예비학교에서는 다음과 같은 프로그램을 운영한다.

① 학력진단 및 진로 · 진학 상담
② 학력 인정 등 편입학 지원
③ 준비학습 · 보충학습
④ 심리 진단 및 상담 등을 통한 학교 · 사회생활 적응교육

교육부에서도 한국교육개발원의 '탈북청소년교육지원센터'(http://www.hub4u.or.kr)를 통하여 탈북학생에 대한 교육지원사업과 함께 '탈북청소년민간교육시설 지원사업'도 펼치고 있다.

4) 학습부진아

학습부진아에 대해서는 국가와 지방자치단체가 교육상 필요한 시책을 마련하도록 규정하고 있다.

「초 · 중등교육법」

제28조(학습부진아 등에 대한 교육) ① 국가와 지방자치단체는 다음 각 호의 구분에 따른 학생들을 위하여 대통령령으로 정하는 바에 따라 수업일수와 교육과정을 신축적으로 운영하는 등 교육상 필요한 시책을 마련하여야 한다.

1. 성격장애나 지적(知的) 기능의 저하 등으로 인하여 학습에 제약을 받는 학생 중 「장애인 등에 대한 특수교육법」 제15조에 따른 학습장애를 지닌 특수교육대상자로 선정되지 아니한 학생
2. 학업중단 학생

② 국가 및 지방자치단체는 제1항에 따른 학습부진아 등에 대한 교육의 체계적 실시를 위하여 실태조사를 하여야 한다.

③ 국가와 지방자치단체는 제1항에 따른 학습부진아 등에 대한 정책에 필요한 예산을 지원할 수 있다.

④ 교육부장관 및 교육감은 제1항에 따른 학습부진아 등을 위하여 필요한 교재와 프로그램을 개발 · 보급하여야 한다.

⑤ 교원은 대통령령으로 정하는 바에 따라 제1항에 따른 학습부진아 등의 학습능력 향상을 위한 관련 연수를 이수하여야 하고, 교육감은 이를 지도 · 감독하여야 한다.

여기서 유의해야 할 것은 학습부진을 장애로 보지는 않는다는 것이다. 물론 성격장애 등으로 인한 학습부진이 발생할 수는 있지만 학습부진 그 자체가 장애는 아니라는 것이다. 학습장애에 대해서는 앞에서 말한「특수교육법」에서 규정하고 있다.

5) 학업중단

앞에서 제시한「초 · 중등교육법」제28조 제6항과 제7항에서는 학업중단을 예방하기 위한 법적 장치로서 학업중단숙려제를 규정하고 있다. 2013년 10월 30일에「초 · 중등교육법 시행령」에 다음과 같이 관련조항이 삽입되고, 2016년 12월 20일에「초 · 중등교육법」제28조에 다음과 같이 법제화되었다.

「초 · 중등교육법」
제28조(학습부진아 등에 대한 교육)
⑥ 학교의 장은 학업중단의 징후가 발견되거나 학업중단의 의사를 밝힌 학생에게 학업중단에 대하여 숙려할 기회를 주어야 한다. 이 경우 학교의 장은 그 숙려기간을 출석으로 인정할 수 있다.
⑦ 제6항에 따른 학생에 대한 판단기준, 숙려기간, 숙려기간 동안의 출석일수 인정범위 등에 필요한 사항은 교육감이 정한다.

「초 · 중등교육법 시행령」
제54조(학습부진아 등에 대한 교육 및 시책)
⑤ 학교의 장은 학업을 중단할 뜻이 있거나 가능성이 있다고 인정되는 학생에게는 전문상담기관의 상담이나 진로 탐색 프로그램 등을 안내하거나 제공하여 학업중단에 대하여 숙려(熟慮)할 기회를 주어야 한다. 이 경우 학교의 장은 그 숙려기간을 출석으로 인정할 수 있다.
⑥ 제5항에 따른 학생에 대한 판단기준, 숙려 기간, 숙려 기간 동안의 출석일수 인정 범위, 전문상담기관의 범위와 프로그램의 내용, 그 밖에 학업중단 숙려에 필요한 사항은 교육감이 정한다.

현재 학업중단숙려제는 대안교실제도, 위탁교육제도 등과 연계하여 전국적으로 활발하게 시행되고 있고, 그 효과가 큰 것으로 나타나고 있다. 2015년 학업중단 숙려제 참여학생 43,854명 중 37,935명(86.5%)의 학생들이 학업을 지속하는 높은 성과를 거두었다. 또한 교육부 자체 모니터링 결과, 설문대상 교원(2,459명)의 52%가 학업중단 위기학생에게 숙려제가 도움이 된다고 응답하여 현장에서 숙려제가 효과적으로 시행되고 있는 것으로 나타났다(교육부, 2016. 12. 14.).

3. 현행 교육복지 관련 법령의 문제점 및 과제

1) 교육복지 단일법 제정 필요

영역별 개별법에 근거를 두고 교육복지정책이 추진되다 보니 교육복지의 사각지대 혹은 중복으로 인한 비효율이 발생하고 있다. 예컨대, 학교 밖 청소년 대상 교육복지 프로그램이 교육부는 물론이고 여성가족부를 통해 이중으로 이루어지는 경우가 있다. 교육부에서는 학교 밖 청소년을 위한 학습지원 프로그램을 운영하고 있는데 여성가족부에서도 꿈드림과 같은 학교밖청소년지원센터에서 검정고시 준비를 도와주고 있다. 물론 꿈드림 프로그램에서도 검정고시 지원과 같은 활동을 통해 학교 밖 청소년이 복지적 지원을 받을 수 있도록 유도하는 효과가 있으므로 검정고시 지원을 할 필요는 있다. 다만, 그것이 전문성을 갖고 있는 조직과 인력을 통해 이루어지는 것이 바람직하므로 이러한 조직과 인력을 통해 지원이 이루어지도록 법제화할 필요가 있는 것이다.

이처럼 교육복지에 대한 통일된 혹은 일관된 법적 근거가 없이 중앙정부부처별 소관법령에 따라 정책이나 제도가 시행되다 보니 교육복지의 사각지대나 중복이 발생할 수 있다. 교육복지대상은 특별한 대상이므로 중복지원을 추가적인 지원이라고 긍정적으로 생각할 수도 있으나 정부부처가 상황에 따라서는 예산낭비라는 이유로 '사업 떠넘기기'를 하게 되는 명분을 줄 수도 있다. 예컨대, 탈북학생을 교육하는 특성화고등학교에 대해서 인건비는 교육부에서 지원하고, 운영비는 통일부에서 지원하고 있는데, 각종 학교로서의 탈북대안학교에 대해서는 모두 통일부가 지원하고 있다. 일관성 없는 정책이 시행되고 있다. 이런 면에서 교육복지정책의 사각지대나 중복지대는 해소하는 것이 바람직하다.

최소한 기본법의 형식으로라도 교육복지 법제에 관한 단일법이 만들어진다면 이러한 문제는 상당히 해소될 것으로 본다. 기본법은 권리의무사항이나 집행내용을 구체적으로 규율하는 법이 아니라 기본적인 지침과 방향, 토대를 제시하는 법이다. 교육복지에 관한 기본법이 만들어진다면 그것은 모든 개별법에서 다루고 있는 모든 조항을 다 수합한 법이 아니라 각 부처별 소관법령에서 다루고 있는 교육복지 관련조항들의 충돌이나 중복, 공백 등을 해소할 수 있도록 기본적 지침과 방향을 제시하는 법이 될 것이다. 물론 기본법이 아니라 교육복지에 대해 구체적인 기준까지 정하는 종합적 단일법으로 만들어질 수도 있다. 이렇게 되면 부처별 소관법령은 폐지되고 하나의 단일법으로 제정되는 형식을 취할 것이다. 전자는 여러 개별법을 존치시키는 편의성이 있지만 여전히 기존의 문제가 남아 있을 가능성이 있고, 후자는 단일법으로서의 통일성과 일관성을 갖는 장점이 있지만 자칫 부처별 책임을 회피하는 문제를 낳을 수도 있다. 개별법들을 면밀히 분석해서 충돌, 중복, 공백 등을 해소하는 방향으로 교육복지법을 제정하는 것이 필요하다.

2) 정책중심 교육복지로부터 법적 근거를 확보한 교육복지제도 마련

부처별 '정책'에 입각해 사업이나 프로그램 지원 등의 형식으로 교육복지정책이 시행됨으로써 법적 근거가 미약한 문제를 안고 있었다. 한마디로 교육복지에 관한 한 법치행정이 미비한 상태였다. 예컨대, 법적 근거는 없이 먼저 사업성 시책으로 교육복지를 추진하다 보니 조직과 인력, 예산의 안정성이 낮은 상황이었다. 법률에 근거를 두고 있다면 정권이나 장관이 바뀌더라도 안정적으로 운영될 수 있는 제도가 불안정한 사업으로 추진되어 왔다.

심지어 예산마련의 법적 근거가 미비하여 사회적 논란을 가져오기도 했다. 대표적인 예가 누리과정예산이다. 예산의 규모는 물론이고 부담주체가 법적으로 명확히 설정되어 있지 않음으로 인해서 중앙정부와 지방정부 간에 분쟁이 발생하기도 했다. 교육복지 예산도 마찬가지이다. 예산의 규모와 부담주체를 명확히 하지 않으면 정치적 선전효과가 있을 때는 적극적으로 추진하다가도 부담으로 작용한다고 판단했을 때는 떠넘기는 사업이 되기도 한다. 이러한 문제를 방지하기 위해서는 법적으로 어느 정도의 예산을 확보하고 누가 부담하고 추진할지에 대한 명확한 규정이 마련되어야 한다.

또한 필수적 이행이 필요한 부분을 찾아내어 임의조항보다는 강제조항으로 규정하도록 법을 개정해야 한다. 그렇지 않으면 사실상 사업이 추진되지 못하는 문제를 낳을 수도 있다. 아울러 국민의 권리청구권을 명확히 하여 교육복지 수혜가 필요한 사람들이 적극적으로 복지정책을 요구할 수 있는 기회를 제공할 필요가 있다. 그리고 이러한 것이 가능하도록 하기 위해서는 이러한 인식이 자리 잡도록 홍보할 필요고 있다.

3) 실질적 교육평등의 평가와 정책 반영

그동안 수많은 교육복지정책을 실시해 왔다. 이러한 정책은 교육기회의 평등을 실현하는 데 큰 기여를 했다고 본다. 그러나 여전히 교육복지의 사각지대가 존재할 뿐만 아니라 지금까지 진행해 온 교육복지정책이 어느 정도 실질적으로 교육평등에 기여했는지에 대한 평가는 많지 않았다. 그러한 평가를 하지 않으면 예산만 낭비하는 소모성 정책이 될 공산이 크다. 예컨대, 탈북학생의 대학입학시 정부와 대학이 반분하여 등록금을 부담하는 정책을 펴고 있는데 대학이 탈북학생을 제대로 관리하지 않아 학업중단율이 매우 높다. 즉, 형식적 지원보다는 실질적 지원이 더 필요하다.

이러한 사업과 정책이 제대로 시행되고 있는지 평가하고 문제점을 발견하여 차후 정책 및 사업 계획 수립 시에 반영해야 한다. 이를 실효성 있게 추진하기 위해서는 이러한 '교육복지정책평가'에 대한 법적 근거가 마련되어야 한다. 이를 통해 교육복지 대상자의 실질적 교육기회가 확대될 것을 기대할 수 있다.

참고문헌

교육부(2016. 12. 14.). "위기학생의 학교적응을 돕는 학업중단 숙려제 공통 운영기준 마련" 보도자료.

김성기, 김형근(2014). 고등학교 무상교육에 따른 사립고 위상 정립에 관한 연구. 한국사립초중고등학교법인협의회, 대한사립중고등학교장회.

김성기, 조동섭, 전제상(2009). 학업중단 청소년 실태 분석. 부산광역시교육청.

김윤섭(2003). 한국교육법: 원기와 실현. 한올출판사.

장덕호, 김성기, 유기웅, 윤철수(2015). 교육복지론. 박영스토리.

정현승(2005). 의무교육의 무상성. 교육법학연구, 17(1). 233-255.

제 11 장

사회적 약자를 위한 교육재정

1. 사회적 약자를 위한 교육재정의 의미

교육이 추구해야 하는 중요한 가치 중 하나인 평등의 개념은 교육에 대한 균등접근, 동등한 교육적 취급, 교육결과의 평등(윤정일, 송기창, 김병주, 나민주, 2015)으로 구분될 수 있다. 최근 교육결과의 평등에 대한 국가적 책임이 강조되고 있는데 이를 달성하기 위해서는 충분한 교육재정의 확보와 효율적인 교육재정의 배분 및 활용이 필요하다.

그간 개발도상국가로서 우리나라의 재정에서 복지분야가 차지하는 비중은 매우 낮은 수준이었다. 2000년대 초부터 복지분야에 대한 재정확대가 시행되고 있지만 전체 국가예산에서 복지지출이 차지하는 비중과 총조세부담률이 OECD 평균에 미치지 못한다. 또한 GDP 대비 사회복지지출 비율 역시 매우 낮은 편이다(강혜규, 최성은, 2010; 반상진, 2013).

하지만 최근 들어 사회양극화, 인구구조의 변화와 사회적 추구가치로서 복지의 중요성 인식 및 확대에 따라 국가재정에서 복지 분야가 차지하는 비중이 높아지고 있다. 교육 분야에서도 취약계층의 증대, 교육격차의 확대 등의 이유로 교육복지예산이 확대되고 있다. 특히 2010년 초의 무상급식 논란, 반값등록금 논의 그리고 2012년부터 시행(5세 대상, 2013년부터 3~5세 대상)된 누리과정 등 모든 학생 및 아동을 위한 보편적 복지사업들이 교육예산에 편성·운영됨에 따라 교육 분야의 교육복지 예산 비중은 급격히 증가해 왔다.

이러한 교육복지예산의 확대에도 불구하고 교육복지예산의 타당성에 대한 논의는 제한적이었다. 새로운 교육복지정책(2011년 무상급식, 반값등록금, 2012년 누리과정 등)의 등장으로 인해 기존의 교육복지정책에 대한 예산지원금액(비중)이 줄어드는 추세인데, 이것이 교육시스템의 효과성 측면에서 더 바람직한 것인지에 대한 논의는 부족했다.

보편적 교육복지의 확대로 인해 교육적 배려가 더욱 필요한 계층, 즉 사회적 약자들에 대한 지원이 이로 인해 줄어들 수 있다는 지적은 면밀히 검토되지 않았다. 한정된 교육재원을 배분하는 과정에서 무상급식 등으로 인해 학교시설 지원, 학교운영비 감축, 핵심교육서비스 지출에 부정적 영향이 있다면 사회적 약자계층을 위한 맞춤형 교육서비스 제공에는 한계가 있을 것이다.

지방교육재정의 현황을 분석한 유진성(2015)에 따르면 최근 몇 년간 지방교육재정 지출액이 크게 증가하고 있는데 가장 큰 원인은 무상급식, 누리과정 등의 보편적 교육복지에 대한 지원 때문이라고 분석하였다. 지방교육재정알리미에 따르면 시·도 교육청은 무상급식 세출결산액은 2011년도 9,351억 원에서 2016년 1조 7,064억 원을 확대되었다. 지방자치단체의 예산을 포함하면 무상급식에 소요된 예산은 2011년 1조 3,897억 원에서 2016년 2조 7,390억 원으로 확대되었다(지방교육재정알리미시리즈 11, 2016).

이러한 전체적인 교육복지예산 증가는 본 책에서 다루고 있는 사회적 약자계층을 위한 교육예산의 확대를 의미하는 것은 아니라는 점에서 생각해 볼 문제가 존재한다. 즉, 교육복지 예산 항목에는 보편적 복지사업과 선택적 복지사업이 혼재되어 있는데, 다른 지출항목(교육복지 지원은 유아 및 초·중등교육의 다른 항목과의 경쟁구도하에 있음)과의 균형을 고려할 때 보편적 복지의 확대는 선택적 복지의 확대를 저해할 수 있다. 이러한 이유로, 보편적 복지사업의 급격한 증가로 인해 선택적 복지사업은 축소될 수 있다고 판단된다. 예컨대, 기초학력 보장정책에 활용된 예산(학습종합클리닉센터, 기초튼튼 행복학교, 두드림학교, 기초학력 진단-보정시스템 등을 위한 시 · 도 자체사업 결산금액 기준)은 2014년 620억 원에서 2015년 420억 원으로 약 32.8%가 감소되었다(이정미 의원실, 2016).

이 장에서는 사회적 약자를 위한 선별적 측면에서의 교육정책의 재정의 현황을 살펴보고, 이에 대한 문제점 및 과제를 제시하고자 한다. 특히 교육정책맥락의 변화(경제적 양극화, 다문화, 가정의 역할 감소로 인한 학교의 기능 확대 등)에 따른 새로운 교육복지정책(돌봄, 다문화, 취약계층)에 대한 요구가 더욱 증가하는 시점에서 성과중심의 교육복지예산 활용방안에 대해 논의하고자 한다.

2. 사회적 약자를 위한 교육재정의 개념

1) 개념

사회적 약자를 위한 교육정책의 실현을 위해서 가장 중요한 과제는 교육재정을 확보하는 것이다. 국가나 공공단체가 교육활동을 시행하기 위해 필요한 재원을 확보 · 배분 · 지출 · 평가하는 일련의 과정 및 활동을 의미하는 교육재정의 개념(윤정일, 송기창, 김병주, 나민주, 2015)에 비추어 보면 사회적 약자를 위한 교육재정은 '사회적 약자를 위한 적극적 조치를 위해 시행되는 교육정책사업에 필요한 재원을 확보 · 배분 · 지출 · 평가하는 것'으로 정의할 수 있다.

앞 장에서 논의한 바와 같이 사회적 약자를 위한 교육정책은 교육복지정책과 유사성을 가지고 있지만 전자는 선택과 집중에 초점을 둔 특정계층에 의한 교육정책을 의미하는 반면, 후자는 보편적 복지로서 일반 학생에 대한 복지적 접근의 교육정책을 포괄하고 있다는 데서 차이점을 지닌다. 이러한 맥락에서 사회적 약자를 위한 교육재정은 기존에 논의되던 교육복지재정과는 다소 다른 범위를 가진다.

사회적 약자를 위한 교육재정의 재원은 중앙정부와 지방정부차원으로 구분할 수 있다. 중앙정부 재원은 교육부를 비롯한 중앙부처의 사업성 경비로 구성되며, 지방정부재원은 지방교육자치단체인 시 · 도교육청의 재원을 비롯하여 지방자치단체의 재원으로 구성된다. 사회적 약자를 위한 교육재정 재원의 대부분은 교육부 및 교육청 예산으로 마련된다. 교육부의 경우 국가시책사업[1]을 위한 특별교부금 사업(전액부담 또는 교육청과 공동부담사업)으로 사회적 약자를 위한 교육정책을 시행하며, 시 · 도교육청의 경우 교육비특별회계상 지원사업(보통교부금 사업)으로 정책을 집행한다. 또한 일부는 특별교부금 사업으로 추진하다가 시 · 도교육청으로 이양된 사업들이 있다.

특히 2008년 「지방교육재정교부금법」 개정에 따라 교육복지재정의 큰 부분을 차지하는 유아교육과 방과 후 학교지원사업 등이 시 · 도교육청의 사업으로 전환되고 교육부의 대표적인 사회적 약자를 위한 교육사업인 교육복지우선지원사업이 2010년부터 시 · 도교육청의 사업으로 전환되는 등 사회적 약자를 위한 교육재정에서 시 · 도교육청이 차지하는 비중이 커지고 있다(정동철, 김지하, 김영식, 2016). 이는 교육자율화 정책과 교육부의 특별교부금 사업에 대한 원칙인 3년 일몰제에 따라 정부차원에서 새롭게 시도된 국가시책사업이 일정기간 이후에는 시 · 도교육청 자체사업으로 이양되는 경우가 많기 때문이다(정동철 외, 2016).

이러한 논의를 바탕으로 사회적 약자를 위한 교육재정의 구조를 살펴보면 다음과 같다.

---

1) 국가시책사업 특별교부금은 전국에 걸쳐 시행하는 초 · 중등 교육 관련 국가시책사업으로 따로 재정지원계획을 수립하여 지원하여야 할 특별한 재정수요(자유학기제, 학교폭력 예방, 농 · 산 · 어촌 교육지원, 예술 · 체육 교육지원, 특성화고 · 마이스터고 취업지원, 초 · 중등 진로교육 및 체험지원 등)가 있는 때 특별교부금의 60%를 교부함(지방교육재정알리미 시리즈 12).

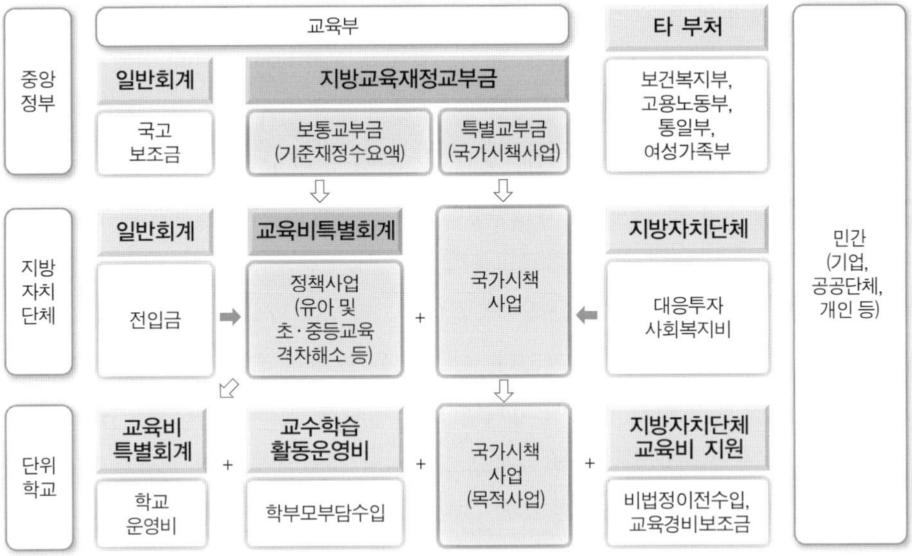

[그림 11-1] 교육재정의 구조

출처: 정동철 외(2016), p. 35.

사회적 약자를 위한 교육정책의 범위를 어떻게 개념화하는가에 따라 교육재정의 현황이 달라질 수 있다. 일반적인 교육복지정책의 분류에서 활용되는 보편적 교육복지사업과 선별적 교육복지사업을 합친 교육재정의 규모는 최근 지속적인 확대현상이 두드러진다. 이러한 증가의 대부분은 보편적 교육복지로서 2011년의 무상급식과 2012년의 누리과정의 시행으로 설명될 수 있다. 하지만 사회적 약자를 위한 교육재정, 즉 사회적 약자를 위한 선별적 교육정책으로 그 범위를 좁힌다면 이러한 기준으로 교육재정의 규모가 커졌다고 평가할 수 없다. 사회적 약자를 위한 교육재정의 규모의 증감을 실질적으로 살펴보기 위해서는 사회적 약자를 위한 교육정책에 해당되는 교육정책들을 구분한 후 이러한 교육정책의 예산을 분석하는 접근법이 필요하다.

선별적 차원 사회적 약자를 위한 교육재정의 규모를 살펴보기 위해서 다양한 교육복지 분야의 교육정책 중 어떤 사업들을 사회적 약자를 위한 교육정책으로 살펴볼 것인지에 따라 교육재정의 범위가 달라진다.

경기도교육청의 예를 살펴보면 경기도교육청의 교육복지 과제는 12대 과제로 제시된다(이근영, 이혜정, 임경선, 하봉운, 2014). 보편적 교육복지 실현을 위해 유 · 초 · 중학교 친환경 무상급식, 공교육비 부담 제로화, 유치원 교육의 공공성 강화, 특수교육 지원 강화, 학교의 돌봄 기능 확대, 학생 건강관리 능력 증진 등 6개의 추진과제가 있으며, 교육 양극화 및 격차 해소라는 정책목표 달성을 위해서 학교부적응 및 소외계층 학생 지원, 취약계층 학생 학교교육비 지원, 농어촌 지역 교육여건 개선, 기초학력 향상 및 영어교육 지원, 다문화 · 북한이탈 · 다자녀 학생 지원, 저학력 교육 지원 등 6개의 추진과제가 진행되고 있다. 이런 경우 12개 과제를 모두 사회적 약자를 위한 교육재정으로 포함할 것인지 아니면 교육 양극화 및 격차 해소를 위한 6개의 과제만을 사회적 약자를 위한 교육재정으로 제시할 것인지에 따라 교육재정의 현황과 추세가 달라질 수 있다.

교육복지 재정을 연구한 학자들도 교육복지 재정의 기준이 되는 교육복지의 범위에 대해 서로 다르게 규정하고 있다. 안병영과 김인희(2009)는 교육복지의 범위를 교육기회의 확대(저소득층 교육지원, 영 · 유아 보육 · 교육, 장애자 및 건강장애자 교육, 새터민청소년 교육 등), 교육불평등 완화(계층 간 · 지역 간 교육격차 해소, 정보화 격차 해소 및 사교육 불평등 완화), 교육부적응 해소(대안교육 활성화 등), 복지친화적 교육환경 조성(학교의 교육복지 역량 강화) 등으로 설정하였다. 송기창(2013)은 박근혜정부의 유 · 초 · 중등 관련 교육복지공약 이행을 위한 재정소요 분석에서 교육복지 지원 정책사업으로 학비지원, 방과 후 등 교육지원, 급식지원, 정보화지원, 농어촌학교 교육여건 개선, 교육복지우선지원, 누리과정 지원, 교과서지원 등을 제시하였다. 또한 이봉주와 우명숙(2014)의 연구에서는 교육복지 영역을 핵심영역, 발달지원 및 기타영역으로 구분하기도 했다. 핵심영역으로는 저소득층 학생(교과서지원, 방과 후 학교 운영, 저소득층자녀 학비지원, 정보화 지원), 장애학생, 학력부진학생, 탈북 및 다문화 학생 지원을 포함하며, 발달지원에는 학교폭력 대상자에 대한 지원, 학교 밖 청소년 지원, 학교급식, 학교안전망구축, 학교스포츠클럽에 대한 지원을 포함한다. 기타영역은 유아교육, 초등돌봄교실 등에 대한 지원을 포함한다.

데이터기반 교육정책 분석연구(정동철 외, 2016)에서는 교육복지사업을 사업의 성격에 따라 지원대상, 소득, 사업내용을 기준으로 분류한 바 있다. 특히 지원대상을 기준으로 보편복지와 선별복지로 구분하였고 선별복지를 소득기준에 따라 저소득층과 필요대상에 지원하는 사업으로 구분하였다. 이러한 구분에 따라 선별적 복지에 포함되는 정책들로 교과용도서무상지원(고등학교), 교육비지원, 교육복지우선지원사업, 급식지원, 돌봄프로그램 운영, 방과 후 학교 운영, 저소득층 정보화지원, 기초학력향상 지원, 농산어촌학교 개선, 다문화가정자녀 지원, 특수교육 지원, 기숙형학교, 부적응학생 지원, 탈북학생 지원을 제시하고 있다.

이 장에서는 사회적 약자를 위한 교육재정의 범위는 교육부의 지방교육재정알리미(http://www.eduinfo.go.kr) 자료를 활용하여 사회적 약자를 위한 교육정책재정을 선별하여 결정하였다. 교육부의 지방자치단체 교육비특별회계 예산편성 운영기준 [별표 3](교육부훈령 제301호, 2019. 8. 13., 일부개정)에 따르면 세출예산 사업별 예산구조는 분야–부문–정책사업–단위사업–세부사업의 기준으로 분류된다. 분야는 교육 분야를 의미하며 부문은 유아 및 초등교육, 평생 · 직업교육, 교육일반으로 구분된다. 시 · 도교육청의 사업별 세출결산항목은 유아 및 초 · 중등교육(인적자원운용, 교수–학습활동지원, 교육복지 지원, 보건/급식/체육활동, 학교재정지원관리, 학교교육 여건개선시설), 평생 · 직업교육(평생교육, 직업교육), 교육일반(교육행정일반, 기관운영관리, 지방채상환 및 리스료, 예비비 및 기타)로 구성된다.

이 중 사회적 약자를 위한 교육재정은 대부분 유아 및 초 · 중등교육 부문에서 다루어지고 있다. 이 부문 중 가장 관계가 깊은 것은 정책사업으로서 교육복지 지원이다. 교육복지 지원의 단위사업으로는 학비지원, 방과 후 등 교육지원, 급식지원, 정보화지원, 농어촌학교 교육여건 개선, 교육복지 우선지원, 누리과정 지원, 교과서 지원이 있다.

여기서 논의된 사회적 약자를 위한 교육사업들은 교육복지 지원 분류에만 해당되는 것이 아니라 다른 분류에 포함된 사업도 해당된다. 특히 교수학습활동지원 분류에 사회적 약자를 위한 사업예산들이 포함되어 있다. 예컨대, 학력신장의 학력향상 지원이나 특수교육진흥, 특별활동지원의 다문화 및 북한이탈주민 등 자녀교육지원이 이에 해당한다. 또한 교육복지 지원 분류의 모든 세부사업들이 모두 본 원고인 사회적 약자를 위한 교육사업들에 포함되는 것도 아니다. 예를 들어, 주5일제 수업지원이나 누리과정지원은 교육복지 지원에 포함되어 있지만 사회적 약자를 위한 교육재정에서 제외될 수 있다. 그 결과 〈표 11-1〉과 같이 사회적 약자를 위한 교육재정 분류가 가능하다.

〈표 11-1〉 지방교육재정 세출결산 항목 중 사회적 약자를 위한 교육재정 분류

교육복지 지원	교과서지원, 저소득층자녀 학비지원, 특성화고 장학금지원, 기타교육비지원, 저소득층자녀 방과 후 자유수강권지원, 학기 중 급식비지원, 토·공휴일 중식지원, 정보화지원, 농어촌학교 교육활성화지원, 기숙형학교지원, 교육복지우선지원
교수학습활동지원 중 사회적 약자 정책사업에 해당되는 경우	학력향상지원, 특수교육 운영, 특수교육 교수학습지원, 특수교육복지지원, 특수교육 여건개선, 다문화 및 북한이탈주민 등 자녀교육지원, 학교폭력 예방지원, 대안교육 운영지원, 방송통신 중·고 운영, 검정고시관리

이러한 분류는 정동철 등(2016) 및 엄문영 등(2014)에서 활용한 소외계층 교육복지 사업 기준과 상당한 유사점을 가진다. 교육소외 계층이 선별적 복지를 의미하며, 이는 곧 본 장에서의 사회적 약자의 범위와 상당히 유사하기 때문이다. 따라서 사회적 약자를 위한 교육재정 현황은 기본적으로 지방교육재정 알리미 자료를 통해 제시하지만 필요에 따라서는 선행연구인 정동철 등(2016)의 연구에서 제시한 현황자료를 사용하기로 한다.

3. 사회적 약자를 위한 교육재정의 규모

정부의 교육복지원 정책 사업의 예산은 최근 급격히 증가하고 있다(이선호, 2017). 교육비특별회계 세출결산액 대비 교육복지 지원 정책사업의 비중은 2012년 6.40%에서 2016년 10.56%까지 확대되었다. 하지만 이러한 재정규모의 확대는 2013년부터 본격적으로 확대된 누리과정지원 예산 때문으로 분석된다.

이런 관점에서 교육복지 지원 정책사업의 범주가 본 연구에서의 사회적 약자를 위한 교육정책의 범주가 다르다는 점을 고려할 때 선별적 복지로서 사회적 약자를 위한 교육정책의 재정이 어떤 변화 추세를 보이고 있는지를 분석할 필요가 있다.

1) 현황

(1) 교육부 특교사업

교육부는 소외계층 교육복지 관련 특별교부금 사업을 교육복지정책(교육복지우선지원, 농산어촌 교육여건개선, 소외계층지원, 학교부적응학생 지원), 방과 후 학교정책, 유아교육정책, 특수교육정책으로 구분하고 있다(정동철 외, 2016). 이 기준에 따라 교육부의 소외계층을 위한 특별교부금 현황을 제시하면 다음과 같다.

〈표 11-2〉 소외계층을 위한 특별교부금 현황 (단위: 억 원, %)

사업구분	합계	연평균 투자액	2012년	2013년	2014년	2015년	2016년	'12~'16 증감
합계	42,744 (100)	8,549 (100)	8,372 (100)	8,733 (100)	8,947 (100)	8,152 (100)	8,540 (100)	168 (2.0)
교육복지예산총계	6,265	1,253	1,217	1,114	1,209	1,941	784	−94
	14.66	14.66	14.54	12.76	13.51	23.81	9.18	−0.37
교육복지정책	3,032 (7.09)	606 (7.09)	620 (7.41)	511 (5.85)	788 (8.81)	637 (7.81)	476 (5.57)	−144 (−23.2)

	교육복지우선지원	8 (0.02)	4 (0.05)	6 (0.07)	–	2 (0.02)	–	–	–
	농산어촌 교육여건개선	1,283 (3.00)	257 (3.00)	103 (1.23)	213 (2.44)	423 (4.73)	351 (4.31)	193 (2.26)	90 (87.4)
	소외계층지원	1,433 (3.35)	287 (3.35)	496 (5.92)	298 (3.41)	363 (4.06)	136 (1.67)	140 (1.64)	−356 (−71.8)
	학교부적응학생 지원	308 (0.72)	103 (1.20)	45 (0.18)	–	–	150 (1.84)	143 (1.67))	128 (853.3)
방과 후 학교정책		2,463 (5.76)	493 (5.76)	428 (5.11)	430 (4.92)	209 (2.34)	1,187 (14.56)	209 (2.45)	−219 (−51.2)
특수교육정책		770 (1.80)	154 (1.80)	169 (2.02)	173 (1.98)	212 (2.37)	117 (1.44)	99 (1.16)	−70 (−41.4)

출처: 정동철 외(2016), p. 38.

(2) 시 · 도교육청 특별회계

정동철 등(2016)의 연구에서는 교육소외 계층을 대상으로 한 복지예산 현황을 보여 주기 위해서 사업을 크게 15가지로 구분하였다. 교과용도서 무상지원, 교육복지우선지원사업, 저소득층자녀 학비지원 사업, 기타교육비 지원사업(교복비, 체험학습비), 특성화고장학금 지원사업, 기초학력향상 지원사업, 농산어촌학교 개선사업, 다문화가정학생 지원사업, 탈북학생 지원사업, 돌봄프로그램 운영사업, 방과 후 학교 운영사업예산, 저소득층 대상 자유수강권 지원사업, 대안교육운영 지원사업(대안교육위탁교육비 지원, 대안교육프로그램 개발, 미인가 대안교육기관 지원, 중퇴청소년 복교지원 관련 제경비, 방송통신중 · 고 운영경비, 학업중단학생 예방 사업 등), 저소득층 정보화 지원사업(저소득층자녀 인터넷 통신비지원, 저소득층자녀 PC지원, 저소득층 자녀 IT교육 참가학생 경비 포함), 특수교육지원사업으로 구분하였다.

〈표 11-3〉 소외계층대상 교육복지사업 재정 현황 (단위: 백만 원, %)

연도	2013년		2014년		2015년		평균 증감률
사업구분	지출액	비중	지출액	비중	지출액	비중	
1. 교과용도서무상지원	293,086,055	0.55	281,615,160	0.50	298,815,295	0.53	1.10
2. 교육복지우선지원사업	164,467,937	0.31	125,908,541	0.22	126,400,442	0.22	−11.53
3. 저소득층자녀학비지원	197,719,951	0.37	178,817,721	0.32	204,252,093	0.36	2.33
4. 기타교육비지원	9,548,684	0.02	7,197,548	0.01	54,094,862	0.10	313.48
5. 특성화고장학금지원	245,100,310	0.46	215,829,125	0.38	172,576,774	0.30	−15.99
6. 기초학력향상지원	94,373,688	0.18	90,478,151	0.16	66,025,117	0.12	−15.58
7. 농산어촌학교개선	88,984,802	0.17	92,590,496	0.16	77,409,266	0.14	−6.17
8. 다문화가정자녀지원	27,125,729	0.05	27,393,705	0.05	23,282,624	0.04	−7.01
9. 탈북학생지원	2,050,091	0.00	2,972,090	0.01	2,521,894	0.00	14.91
10. 돌봄프로그램운영	161,029,623	0.30	345,269,234	0.61	243,354,559	0.43	42.45
11. 방과 후 학교운영	224,891,175	0.42	277,939,863	0.49	123,701,552	0.22	−15.95
12. 자유수강권지원	220,362,176	0.41	181,473,139	0.32	174,443,625	0.31	−10.76
13. 대안교육운영지원	23,590,625	0.04	42,030,310	0.07	44,822,013	0.08	42.40
14. 저소득층정보화지원	63,798,140	0.12	51,257,538	0.09	47,789,420	0.08	−13.21
15. 특수교육지원	264,402,955	0.50	267,679,783	0.47	255,496,243	0.45	−1.66
소계	2,080,531,941	3.89	2,188,452,404	3.86	1,914,985,779	3.38	−3.65
총 세출액	53,247,024,950	100.00	56,750,495,489	100.00	56,598,852,094	100.00	3.16

출처: 정동철 외(2016).

2) 추세

사회적 약자를 위한 교육재정의 추세를 분석하기 위해 지방교육재정에서 세부사업 수준에서 대표적인 두 개의 정책사업을 대상으로 선정하였다. 정책사업인 교육복지지원 중 단위사업이자 세부사업인 교육복지우선지원 사업과 정책사업인 교수–학습활동 지원 중 단위사업인 학력신장 아래의 세부사업인 학력향상지원 사업을 대상으로 5년간(2014~2018년)의 지방교육재정 규모의 추세를 살펴보고자 한다.

(1) 교육복지우선지원사업

교육복지우선지원 사업의 내용은 교육복지 우선지원 사업 경비를 의미한다. 교육복지우선지원 사업의 규모를 2014년부터 2018년까지 살펴보면 전국기준으로 2014년에 1,259억 원에서 2018년 결산금액이 1,348억 원으로 확대되었다. 시 지역은 817억 원에서 753억 원으로 축소된 반면, 도 지역은 443억 원에서 596억 원으로 증가하였다.

하지만 전체 지방교육재정 세출결산액에서 차지하는 비율을 살펴보면 2014년 0.22%에서 2018년 0.19%로 감소하는 것으로 나타났다. 시 지역에서는 0.37%에서 0.27%로 감소하였고 도 지역에서는 0.13%에서 0.14%로 다소 증가한 것을 볼 수 있다.

〈표 11-4〉 교육복지우선지원 사업의 규모 변화(2014~2018년, 결산자료 기준) (단위: 억 원, %)

구분	항목구분		2014년	2015년	2016년	2017년	2018년
전국	세출결산액	금액	567,894	565,979	600,419	656,114	716,127
	교육복지우선지원	금액	1,259	1,269	1,239	1,241	1,348
		비율	0.22	0.22	0.21	0.19	0.19
시 지역	세출결산액	금액	223,397	224,011	236,080	258,738	278,574
	교육복지우선지원	금액	817	796	734	718	753
		비율	0.37	0.36	0.31	0.28	0.27
도 지역	세출결산액	금액	344,496	341,968	364,339	397,376	437,552
	교육복지우선지원	금액	443	473	505	522	596
		비율	0.13	0.14	0.14	0.13	0.14

정동철 등(2016)의 연구에서 제시한 세출결산액 대비 교육복지우선지원사업의 비중이 2013년에 0.31이었다는 점을 고려할 때 교육재정에서 교육복지우선지원사업

이 차지하는 의미가 지속적으로 축소되고 있다는 점을 알 수 있다.

(2) 학력향상지원사업

학력향상지원사업에는 다음과 같은 사업 내용을 포함한다. 즉, 기초 · 기본학력 정착을 위한 보충학습 경비, 농어촌 및 도시 저소득층 학생들에게 보충학습 기회를 제공하기 위한 운영 경비, 귀국학생 특별학급 운영 경비, 단계형 수준별 교육과정 재이수 등 운영경비, 특별보충과정 강사 운영 등 제 경비, 각종 경진대회 및 경연대회 등이 속한다.

학력향상지원사업의 규모를 2014년부터 2018년까지 살펴보면 전국기준으로 2014년에 906억 원에서 2018년 결산금액이 827억 원으로 축소되었다. 시 지역은 473억 원에서 383억 원으로 축소된 반면, 도 지역은 443억 원에서 443억 원으로 동일하였다. 하지만 전체 지방교육재정 세출결산액에서 차지하는 비율을 살펴보면 2014년 0.16%에서 2018년 0.12%로 감소하는 것으로 나타났다. 시 지역에서는 0.21%에서 0.14%로 도 지역에서는 0.13%에서 0.10%로 감소하였다.

〈표 11-5〉 학력향상지원사업의 규모 변화(2014~2018년, 결산자료 기준) (단위: 억 원, %)

구분	항목구분		2014년	2015년	2016년	2017년	2018년
전국	세출결산액	금액	567,894	565,979	600,419	656,114	716,127
	학력향상지원	금액	906	661	682	816	827
		비율	0.16	0.12	0.11	0.12	0.12
시 지역	세출결산액	금액	223,397	224,011	236,080	258,738	278,574
	학력향상지원	금액	473	322	331	412	383
			0.21	0.14	0.14	0.16	0.14
도 지역	세출결산액	금액	344,496	341,968	364,339	397,376	437,552
	학력향상지원	금액	433	339	351	404	443
			0.13	0.10	0.10	0.10	0.10

정동철 등(2016)의 연구에서 제시한 세출결산액 대비 학력향상지원사업의 비중이 2013년에 0.18이었다는 점을 고려할 때 교육재정에서 학력향상지원사업이 차지하는 의미가 지속적으로 축소되고 있다는 점을 알 수 있다.

교육복지우선지원사업과 학력향상지원사업만으로 선별적 복지 정책을 주로 의미하는 사회적 약자를 위한 교육정책 재정이 축소되었다고 판단하기에는 쉽지 않다. 또한 기존의 교육복지우선지원사업과 학력향상지원사업에서 이루어지고 있는 다양한 교육활동을 지원하기 위한 예산이 시 · 도교육청에서 새롭게 시행하는 사업(예: 혁신학교 등)에서 보완됨으로써 이 두 사업의 규모가 줄었다고 판단할 수 있다. 그럼에도 불구하고 2014년부터 2018년까지 지방교육재정 세출예산이 약 15조 원 증가하는 데 비해 두 사업의 재정규모는 큰 변동이 없거나 다소 축소된 모습을 보이고 있고 세출결산액 대비 비율은 지속적으로 축소되고 있다는 점을 볼 때 사회적 약자를 위한 교육재정의 충족성은 달성되지 않는 것으로 판단된다. 정동철 등(2016)의 연구에서도 소외계층대상 교육복지사업 재정으로 뽑은 15개 사업 중 10개의 사업(교육복지우선지원사업, 특성화고 장학금지원, 기초학력 향상지원, 농산어촌학교 개선, 다문화가정 자녀 지원, 방과 후 학교 운영, 자유수강권 지원, 저소득층 정보화지원, 특수교육지원)에서 2013년에 비해 2015년 세출이 줄었다는 것을 보여 주고 있다.

4. 사회적 약자를 위한 교육재정의 문제점과 개선방안

1) 문제점

(1) 사회적 약자를 위한 교육정책의 규모 축소

교육재정의 확보측면에서 본다면 국가경제규모의 확대에 따른 내국세 규모의 증대 그리고 2019년 지방교육재정교부금의 내국세 교부율 인상(20.46%) 및 특별교부금 비율 축소에 따른 보통교부금의 비율의 확대 등으로 인해 학생 수와 관계없이 최근 몇 년간 교육재정의 총액은 지속적으로 확대되어 왔다. 지방교육재정의 규모는 2014년 약 56.7조 원에서 2018년 71.6조 원으로 증가하였다. 비록 이러한 재정규모의 증가는 누리과정이나 무상급식 등 새로운 환경변화에 따른 신규 교육재정의 수요를 충족시키기 위해서이기도 하지만 교육정책을 시행하는 중요한 자원으로서 교육재정의 차원에서 보면 교육재정적 여력이 풍부해졌다고 평가된다.

그러나 앞서 현황에서 본 것처럼 사회적 약자를 위한 교육재정의 규모는 정체되거나 오히려 축소되고 있다는 점이 드러났다. 이러한 선별적 복지지원의 축소 흐름(송기창 외, 2018)은 새로운 시대변화나 정치적인 차원에서의 교육공약과 관련된 보편적 무상교육의 흐름 속에 나타난 것으로 볼 수 있으나 사회적 약자 계층을 위해 충분한 교육재정을 확보하고 있지 못하다는 평가를 받을 수밖에 없다.

(2) 교육재정의 중복지원 문제

사회적 약자를 위한 교육정책 추진체계가 복잡하고 교육정책의 실현을 위한 전달체계(delivery system)가 중복되기 때문에 교육정책의 중복성 문제가 발생하게 된다. 이로 인해 교육정책 사업의 교육재정이 중복되어 투자되거나 비효율적으로 집행되는 현상이 나타나게 된다. 유사한 사업대상으로 비슷한 내용의 사업이 중복되어 현장학교 실시됨으로써 재정지원의 중복성 문제가 불거지고 있다. 일반적으로 새로운 정책사업, 예컨대, 교육감 공약사업이나 교육부의 특별교부금 사업 등은 기존의 사업과의 중복성 등을 검토하여 사업이 기획 · 집행되기보다는 기존의 사업구조를 활용하여 추가적인 사업으로 진행될 때가 많다. 이런 경우 정책을 최종적으로 집행하는 학교에서는 유사한 학생집단에게 비슷한 형태의 교육프로그램을 중복되게 실시하는 경우가 많다.

2) 개선방안

(1) 사회적 약자를 위한 교육재정의 적절성 추진

교육재정의 적절성이란 학교교육에서 학생들을 정해진 수준의 교육목표에 달성하도록 재원을 확보하는 것을 의미한다(윤정일 외, 2015). 교육정책의 대상이 되는 사회적 약자 학생들이 정해진 학업적 기준에 도달하기 위해서는 일반 학생에 비해 보다 높은 수준의 교육재정의 확보가 필요하다. 교육재정 배분에 있어서는 교육을 하기 힘든 대상에 대한 고려가 포함되어 있다. 「지방교육재정교부금법 시행규칙」(교육부령 제188호, 2019. 9. 17., 타법개정)의 별표 2에서는 기준재정수요액을 결정할 때 학교, 교육과정 운영비로서 학생경비를 산출할 때 학교급에 따라 단위비용을 다르게 하고 있으며 일반 학생에 비해 특수학교의 학생당 단위비용을 높게 설정하고 있다.

사회적 약자를 위한 교육정책은 일반적인 교육정책의 시행에 비해 효과를 달성하기 어렵다는 점을 고려할 때 예산의 확보를 보다 충분히 해야 한다. 비록 사회적 약자로서의 학생을 일정 수준 이상으로 교육시키기 위한 교육경비가 정교하게 산출될 수는 없겠지만 예산을 편성 · 운영하는 과정에서 교육재정의 적절성이 교육재정의 효율성보다 우선시될 필요가 있다.

(2) 사회적 약자를 위한 교육재정 사업의 통합

사회적 약자를 위한 교육정책은 교육부뿐만 아니라 중앙부처 수준에서 보건복지부, 여성가족부 등이 참여하고 있으며 지방수준에서도 시 · 도교육청 및 광역, 기초지방자치단체 등의 다양한 방식으로 사업과정에 참여하고 있다. 사회적 약자를 위한 교육정책을 시행하는 과정에서 다양한 사업 프로그램이 운영되는데 이러한 프로그램들은 담당기관의 성격과 목적에 맞게 구성되고 정책대상자들에게 집행된다.

이러한 사회적 약자를 위한 교육정책의 추진체계의 복잡성과 사업시행기관의 다양성으로 인해 사업의 효과를 가장 능률적으로 달성할 수 있도록 재정을 지원하는 것이 큰 문제로 대두되고 있다. 사업의 중복성과 비효율성으로 인해 교육재정의 낭비현상이 광범위하게 일어나고 있다. 이러한 문제를 해결하기 위해서는 여러 사업이 유형별, 목적별로 통합되어 프로젝트 단위보다는 프로그램 차원, 즉 보다 종합적인 차원에서 현장에 전달될 필요가 있다.

예컨대 단위학교에서 교육복지를 담당하는 교사의 입장에서는 대상학생과 프로그램의 내용이 확정된다면 그 예산이 교육부의 특별교부금 사업인지, 교육청의 공모형

사업인지 혹은 지방자치단체의 교육경비보조금 사업인지 중요하지 않다. 하지만 각각 다른 기관에서 지원한 사업은 사업비를 집행하는 과정에서 각기 다른 형태의 행정처리를 요하기 때문에 일선 담당자로서 업무 부담이 증대하는 경향이 나타난다. 학교를 중심으로 사회적 약자를 대상으로 하는 교육정책들이 통합 운영될 수 있는 제도가 구축하는 것이 필요하다.

(3) 선택과 집중을 통한 교육재정의 효율성 확보

교육재정 사업의 통합과 사업시행기관의 자율성을 부여하는 것은 반드시 책무성 시스템이 결부되어야 한다. 통합형, 단위학교 자율적 사업을 위해서는 추진과정과 성과를 모니터링하고 평가하며 그 결과에 대한 책무성을 확보할 수 있는 평가 시스템도 마련되어야 한다.

이러한 시스템을 통해 정해진 교육재정 범위 내에서 사회적 약자 학생에게 가장 효과적인 교육정책의 우선순위를 선정해야 한다. 사회적 교육정책의 우선순위 결정은 교육정책을 기획하는 단계에서 합리적 의사결정과정을 통해 사전에 결정될 수도 있지만 대부분의 사회적 약자를 위한 교육정책이 연속사업임을 고려할 때 지속적인 사업평가를 통해 사업을 개선하고 사업평가의 결과를 반영해 사업의 우선순위를 정하고 교육재정을 효율적으로 배분하는 과정이 끊임없이 이루어져야 한다.

참고문헌

강혜규, 최성은(2010). 사회복지 재정 및 전달체계의 현황과 정책과제. **보건복지포럼**, 8, 94-104.

김경애, 박재국, 오성배, 이향규(2012). **불리한 학생을 위한 맞춤형 교육지원 정책 검토 및 향후 과제**. 한국교육개발원 포지션페이퍼.

김민희(2012). 교육복지재정의 방향과 과제. **교육재정경제연구**, 21(1), 91-124.

김영삼(2016). **교육복지정책 추진체제의 발전방안**. 한국교원대학교 교육정책전문대학원 제14회 교육정책세미나.

김혁연(2015). 교육복지재정의 규모와 특성 분석. 충남대학교 대학원 박사학위논문.

반상진(2013). 고등교육분야의 복지 공약 실천을 위한 재정 지원의 방향과 과제. 교육재정경제연구, 22(4), 121-148.

송기창(2013). 박근혜정부의 유 · 초 · 중등 관련 교육복지공약 이행을 위한 지방교육재정 소요전망 및 확보방안. 2013 교육재정정책 포럼 "박근혜 정부, 교육공약 실천을 위한 교육재정 지원의 방향과 과제".

송기창, 김병주, 김용남, 나민주, 남수경, 엄문영, 오범호, 우명숙, 윤홍주, 이선호(2018). 2017 교육재정백서. 한국교육개발원.

안병영, 김인희(2009). 교육복지정책론. 다산출판사.

안선회(2010). 초중등교육의 질 향상을 위한 지방교육재정 효율화 방안. 2010~2014년 국가재정운용계획: 교육 분야. 공개토론회 자료집. 국가재정운용계획 교육 분야 작업반.

안종석(2014). 보편적 교육복지 확대에 따른 교육재정 구조 변화와 개선 방안. 2014년도 지방교육재정 정책 포럼. 지방교육재정의 위기 원인 분석과 효율화 방안.

엄문영, 이선호, 김혜자, 김민희, 오범호, 윤홍주(2014). 교육복지투자 실태 및 효율화 방안 연구. 한국교육개발원.

유진성(2015). 지방교육재정의 현황과 문제점: 지출구조 변화를 중심으로. KERI 정책제언.

윤정일, 송기창, 김병주, 나민주(2015). 신교육재정학. 학지사.

이근영, 이혜정, 임경선, 하봉운(2014). 경기도 교육복지 정책 분석 및 발전 방안: 경기도교육청 12대 교육복지과제를 중심으로. 경기도교육연구원.

이봉주, 우명숙(2014). 교육복지 재정 규모 및 우선순위 분석: 서울시교육청을 중심으로. 교육재정경제연구, 23(4), 75-104.

이선호(2017). 교육복지재정실태와 과제. 제5차 미래교육정책포럼.

이정미 의원실(2016). 기초학력 보장, 지역별로 6배 증가부터 95% 감소, 격차 극심.

이혜영, 류방란, 김경애, 김경희, 김민희(2011). 교육복지 통합적 지원체제 구축 방안 연구(연구보고 RR 2011-03). 한국교육개발원.

정동철, 김지하, 김영식(2016). 데이터기반 교육정책 분석연구(Ⅴ): 교육소외 계층을 위한 교육지원 실태 분석. 한국교육개발원.

지방교육재정알리미 시리즈 11(2016). '16년 추경예산을 반영한 시도교육청 무상급식 예산 현황 분석.

지방교육재정알리미 시리즈 12(2016). 특별교부금 어떻게 배분되고 어디에 쓰이고 있나?

천세영, 김혁연, 을지새항(2013). 교육복지 재정의 정책 논리와 규모 추정. **교육재정경제연구**, 22(1), 51-70.

천세영, 백성준, 최준렬(2013). 교육복지재정정책. **한국교육재정경제학회 2013 연차 학술대회 자료집**, 173-195.

하봉운(2016). **교육복지재정의 진단과 향후 과제**. 한국교원대학교 교육정책전문대학원 제14회 교육정책세미나.

제 12 장

사회적 약자를 위한 교육정책 추진체제

1. 교육정책 추진체제의 중요성

사회적 약자를 위한 교육정책이 결정되고 난 후 이러한 정책은 정책집행자들에 의해 정책대상자에게 시행되는 과정을 거친다(강대구, 장현진, 이변환, 장덕호, 2013; 박주호 외, 2013). 사회적 약자를 위한 교육정책 추진체제는 결정된 교육정책을 현장에서 의도대로 시행될 수 있도록 하는 구조로 이해될 수 있다. 최근 들어 정책의 성공을 위해서 정책집행의 중요성이 강조되고 있다(Viennet & pont, 2017). 과거에는 정책문제를 해결할 수 있는 합리적인 정책이 결정되기만 하면 정책은 현장에서 그대로 시행될 것이라는 견해가 지배적이었으나 최근에는 정책의 효과성에 큰 영향을 미치는 것은 정책결정과정뿐만 아니라 정책집행과정이라는 의견이 커지고 있다(이종재, 이차영, 김용, 송경오, 2015).

정책집행의 성공과 실패에 영향을 주는 요소를 다양하지만 기본적으로 정책집행을 위한 제반 여건의 마련은 필수적인 요소이다. 즉, 사회적 약자를 위한 교육정책이 현장에서 성공적으로 실현될 수 있는 데 필요한 교육정책 추진체제가 확립되어야 한다.

사회적 약자를 위한 교육정책이 학교현장에서 학생들을 대상으로 시행되는 과정은 결정된 교육정책사업의 종류와 특성에 따라 매우 다양하게 이루어진다(이혜영 외, 2011). 주요한 교육정책을 담당하는 교육부뿐만 아니라 복지정책을 담당하는 보건복지부 그리고 청소년 정책을 담당하는 여성가족부들의 정책행위자들이 각각의 정책 집행 구조 안에서 사회적 약자를 위한 교육정책 집행을 위해 노력하고 있다. 최근에는 사회적 약자의 범위가 확장됨에 따라 법무부, 문화체육관광부 등도 다양한 활동을 통해 사회적 약자를 위한 교육 사업을 시행하고 있다.

일반적으로 사회적 약자를 위한 교육정책사업은 교육부나 시 · 도교육청의 예산으로 단위학교 차원에서 교원이나 학교에서 고용된 인력이 대상 학생들에게 시행한다(박주호, 2014). 예컨대 저소득학생밀집학교를 지원하는 교육복지우선지원사업의 경우 시행기관인 단위학교가 교육부/교육청으로부터 배분받은 사업예산을 활용하여 직접 학생들을 위한 서비스를 제공한다. 반면, 보건복지부, 여성가족부 및 지방자치단체 등이 담당하고 있는 사업들은 학교 외부의 독립기관에 의해 사업이 시행되는 경우가 많다. 보건복지부 사업인 드림스타트 사업과 여성가족부 사업인 CYS-NET(Community Youth Safety-Network)의 경우 드림스타트센터나 청소년상담지원센터에 의해 서비스가 제공된다.

사회적 약자를 위한 교육정책의 실행을 위해 다양한 기관이 관여한다는 것은 보다 많은 집단이 사업의 대상이 될 수 있으며, 서비스 제공기관으로부터 개별된 프로그램을 지원받을 수 있다는 장점이 있다. 하지만 현재 너무 복잡한 구조 속에서 여러 기관이 각자의 목표를 달성하기 위해 사업을 진행하고 있기 때문에 사업의 효과성이 떨어지고 사업의 수요자들이 파편화된 서비스를 받게 될 수도 있다. 특히 사업을 궁극적으로 시행하게 되는 일선관료인 현장의 인력들이 체계화되지 못한 행정시스템과 각 기관과의 유기적 연계가 부족한 상황에서 보다 나은 서비스를 학생들에게 제공하지 못할 가능성도 높아진다.

이 장에서는 사회적 약자를 위한 교육정책의 추진체제의 현황을 살펴보고 보다 효율적인 사업의 추진을 위해 필요한 추진체계 형성을 위한 과제를 제시하고자 한다.

2. 교육정책 추진체제의 개념 및 현황

1) 개념

사회적 약자를 위한 교육정책 추진체제는 정책을 결정하고 집행하는 구조를 뜻하는 것으로 사회적 약자를 위한 교육정책과정(결정, 집행, 평가, 환류)을 총괄하는 구조를 의미한다. 즉, 교육정책 추진체제는 정책을 결정, 집행하는 체제를 의미하는 것으로 사회적 약자를 위한 교육서비스가 학생에게 전달되는 과정에 대한 시스템을 의미한다. 교육 추진체제의 이해를 통해 누가, 어떻게 교육복지 프로그램을 형성, 결정, 집행하고 있는지에 대한 답을 제공함으로써 보다 효율적인 사회적 약자를 위한 교육정책 실현을 위한 정보를 제공할 수 있다.

2) 현황

우리나라의 사회적 약자를 위한 교육정책 추진체제는 중앙정부차원, 지방정부차원 및 현장차원으로 구분할 수 있다. [그림 12-1]에서 제시된 바와 같이 중앙부처, 지방행정기관, 학교, 기초자치단체 및 중앙부처 산하기관인 복지시설 등으로 구성되어 있다. 이를 교육담당기관으로 좁힌다면 교육부, 교육청, 학교로 구분할 수 있다.

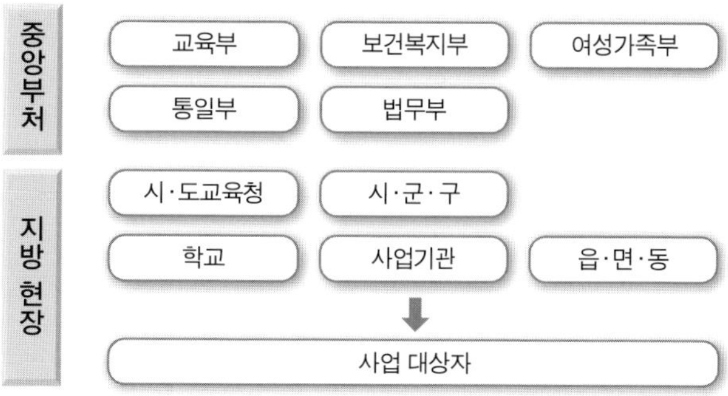

[그림 12-1] 사회적 약자를 위한 교육정책 추진체제

교육부에서 담당하는 사회적 약자를 위한 교육정책 사업의 경우 교육부가 직접 시행하는지, 시 · 도교육청에 특별교부금 형태로 지원하여 국가시책사업으로 시행하는지에 따라 시행담당기관이 달라진다. 교육부가 직접 시행하는 경우에는 시행위탁기관(한국교육개발원이나 한국교육과정평가원 등의 국책연구기관 내에 사업부서)을 지정하고 이 기관을 통해 사업 프로그램을 진행하게 된다. 이 과정에서 교육부는 시행위탁기관의 정책집행 과정을 관리하게 된다. 교육부 예산으로 진행되는 특별교부금 사업의 경우에도 사업의 성격에 따라 집행기관이 다소 차이가 날 수 있다. 즉, 교육부의 특별교부금 예산으로 전액 운영되는 사업의 경우와 시 · 도교육청의 대응투자를 바탕으로 공동부담사업으로 운영되는 경우의 추진체제는 다소 차이가 나타날 수 있다(안병영, 김인회, 2009).

반면, 시 · 도교육청의 사업의 경우 보통교부금으로 지원받은 예산으로 자체사업으로 운영되기 때문에 교육청이 주된 추진담당기관이 된다. 이런 경우 본청이나 교육지원청 혹은 학교 등이 사업을 시행하게 된다. 사회적 약자를 위한 교육정책의 추진체제를 중앙부처, 지방, 현장 차원에서 중요한 역할을 하는 부처 및 기관들을 중심으로 보다 구체적으로 살펴보기로 한다.

(1) 중앙부처

사회적 약자를 위한 교육정책은 교육부만 시행하고 있는 것이 아니라 다양한 중앙부처 차원에서 부처의 목적에 적합한 사업들이 발굴 · 운영되고 있다. 교육부 이외에 보건복지부나 여성가족부, 통일부, 법무부 등이 적극적으로 사회적 약자 학생 및 청소년을 위한 사업들을 시행하고 있다. 이 중 교육부, 보건복지부 및 여성가족부를 중심으로 중앙부처 차원에서 사회적 약자를 위한 교육정책을 담당하는 부서를 살펴보기로 한다.

① 교육부

교육부의 경우 사회적 약자를 위한 교육정책과 관련한 담당관은 교육복지정책국장 및 학생지원국장이며, 교육복지정책국 내 교육복지정책과, 방과 후 돌봄정책과 학생지원국 내 교육기회보장과, 학생생활문화과, 특수교육정책과 등이 주도적인 역할을 담당하고 있다. 과거 교육부 장관의 자문기구로서 교육복지분과가 존재했으나 2013년부터 운영되고 있는 교육부 정책자문위원회에서는 학교교육분과로만 운영되며 독립적으로 운영되고 있지 않다(교육부, 2013; 장덕호 외, 2015).

교육부와 그 소속기관 직제 시행규칙(교육부령 제195호, 2019. 11. 12., 일부개정)에 따른 사회적 약자를 위한 교육정책을 담당하는 주요부서의 관련 업무는 〈표 12-1〉과 같다.

〈표 12-1〉 사회적 약자를 위한 교육정책 주요부서의 관련 업무

교육복지정책과장	교육기회보장과장	학생생활문화과
1. 초·중등학교 학생복지정책의 총괄 2. 교육복지 종합계획의 수립·시행 및 교육복지 및 교육격차 해소 관련 법령의 제·개정 3. 「국민기초생활 보장법」에서 정하는 교육급여에 관한 사항 4. 초·중등학교 저소득층 학생 교육비 지원 제도의 운영 4의2. 한부모가족 자녀 교육비 지원 제도의 운영 5. 교육복지 지원을 위한 정책의 전달체계 구축 6. 교육복지 우선지원사업 추진 7. 초·중등학교 의무교육 기본정책의 수립·시행 8. 아동학대 예방을 위한 제도 개선 및 교육 지원·총괄 9. 고등학교 무상교육 추진에 관한 사항 10. 농어촌 초·중등학교 지원계획의 수립·시행	1. 교육소외 계층·지역 지원 계획의 수립·시행 2. 학력인정 다양화 기본정책의 수립·시행 3. 학업중단 위기학생 등에 대한 교육 지원 4. 대안학교 운영 지원 및 대안교육 제도 5. 대안교육 위탁교육기관의 운영 지원 6. 초·중등학력 검정고시제도의 수립·시행 7. 방송통신중학교 및 방송통신고등학교의 설치·폐지 및 관련 법령·제도의 운영·개선 8. 북한이탈학생 교육 지원 9. 다문화가정 학생 교육 지원 10. 학생·학부모의 다문화 이해 제고를 위한 정책의 수립·시행	1. 학교폭력(성폭력은 제외) 예방 종합 대책의 수립·시행 2. 학교폭력 근절을 위한 조사·연구·교육 및 지도 3. 학교폭력 실태조사 실시 지원 및 분석·활용 4. 피해학생에 대한 치료·재활 등의 지원 5. 학교폭력 관련 행정기관 및 교육기관 간의 협조·지원 6. 학교폭력대책위원회의 구성·운영 7. 학교폭력 대응 매뉴얼의 개발·보급 ...... 15. 학교부적응 예방 종합 대책의 수립·시행 16. 학생안전통합시스템(Wee 프로젝트)의 구축·운영 17. 위기학생 지원 기본계획의 수립·시행

11. 도서 · 벽지 교육기관의 지정 · 해제	12. 국가수준 학업성취도 평가 계획의 수립 · 시행 및 관련 법령 · 제도의 운영 · 개선 13. 국가수준 학업성취도 평가 시행 관리 및 지원 14. 기초학력 미달학생에 대한 기초학력 향상 지원	18. 위기학생 지원을 위한 학교상담실 지원 및 평가 20. 위기학생 장기위탁교육 지원 및 평가 21. 위기학생 지원에 관한 법령의 제 · 개정 22. 위기학생 지원을 위한 부처 간 및 국가단위 네트워크 구축 · 운영

② 보건복지부

보건복지부는 다양한 교육복지사업을 시행하고 있지만 독립적으로 교육복지만을 담당하는 부서는 존재하지 않는다. 부서별 업무 추진 중 교육과 관련된 사안이 있는 경우 업무를 개별적으로 처리하고 있다. 예컨대, 기초생활보장제도의 일환으로 시행하고 있는 교육급여와 초 · 중 · 고 교육비 지원을 담당하는 부서는 복지정보과가 주무부서이며, 아동복지에 관련된 사항(빈곤아동종합대책의 수립 및 조정 등)은 아동복지정책과에서 담당하고 있다.

③ 여성가족부

여성가족부 직제에 따르면(대통령령 제30559호, 2020. 3. 31., 일부개정) 사회적 약자를 위한 교육정책 관련 업무는 주로 청소년가족정책실에서 담당한다. 청소년가족정책실은 실장 1명을 두고, 실장 밑에 청소년정책관 및 가족정책관 각 1명을 구성되어 있다.

〈표 12-2〉 청소년가족정책실의 관련 부서 및 업무

청소년가족정책실
12. 청소년복지에 관한 종합계획의 수립 · 조정 및 지원 13. 가출 등 위기청소년을 위한 사회안전망 구축 등 보호 · 지원

14. 폭력 · 학대 · 비행 등과 관련된 청소년에 대한 예방, 상담, 치료 및 법률적 지원 등에 관한 사항

……〈중략〉……

21. 인터넷 중독 등 매체의 역기능 피해의 예방 · 치료 및 재활 지원
21의2. 학교 밖 청소년 지원계획의 수립 및 시행
21의3. 학교 밖 청소년의 상담지원, 교육지원 및 취업 · 자립지원에 관한 사항
21의4. 학교 밖 청소년 지원센터의 설치 및 운영에 관한 사항
22. 다문화가족정책을 포함한 가족정책에 관한 계획의 수립 및 중앙행정기관 · 지방자치단체 가족정책 협의 · 조정

(2) 지방차원

지방차원의 교육정책 추진체제는 시 · 도교육청과 지방자치단체 차원으로 살펴볼 수 있다. 서울, 경기 지역을 중심으로 살펴보기로 한다.

① 시 · 도교육청

교육부에서 국고로 지원하는 사업 혹은 개별적으로 사회적 약자를 위한 교육정책 사업을 기획하고 시행하는 기관으로 시 · 도교육청이 있다. 시 · 도교육청별로 교육복지 사업을 추진하는 체계가 다르지만 기본적으로 교육정책국 소속이 아닌 기획조정실 라인으로 사업 부서가 배치되어 있다. 이는 교육복지정책이 10여 년 이상 시행되어 오고 있지만 통합된 부서가 총괄하여 담당하고 있기보다는 부분적인 사업으로 이행되고 있는 현실을 보여 준다(김영삼, 2016). 교육복지사업은 현실적으로 예산의 상황에 따라 종료될 수도 있는 것으로 아직까지 학교의 기본적인 교육활동과는 다소 다른 것으로 받아들여지고 있는 것을 의미한다.

업무를 추진하는 담당자 역시 교육담당자라기보다는 사업의 조정자들인 교육복지사 혹은 교육복지조정자들이 담당하고 있기 때문에 일반직이나 전문직들에게 교육복지사업이 중요하고 꼭 필요한 학교교육활동으로 받아들여지는 데 한계를 보이고 있다(김영삼, 2016).

• 서울시교육청

서울시교육청의 조직 중 사회적 약자를 위한 교육정책을 주관하고 있는 부서는 초등교육과, 학생생활교육과, 민주시민교육과 등이 있다. 〈표 12-3〉에서 보여 주는 업무들이 각 과에서 시행하고 있는 교육복지 업무이다.

〈표 12-3〉 서울시교육청의 관련부서 및 업무

초등교육과	민주시민생활교육과
• 기초학력향상 지원 및 서울학습도움센터 운영 • 방과 후 학교 및 돌봄교실 운영 지원	• 회복적 생활교육 추진 • 학교폭력 예방 및 근절 대책 추진 • 학교폭력 관련 학교 안전망 구축 • 피 · 가해 학생을 위한 상담 지원 • 학업중단 예방 및 위기학생 지원 • 서울Wee센터 운영 총괄 • 북한이탈학생 지원 업무 및 국제이해교육 • 다문화교육 지원 업무 및 세계시민교육과정 개발 • 특수교육 교육과정 운영 • 장애학생 진로직업교육 • 특수교육지원센터 운영 총괄

서울시교육청 본청 조직 이외에 교육복지를 담당하는 기관으로서는 지역교육복지센터가 있다. 지역교육복지센터는 교육복지특별지원학교 이외의 비사업학교의 저소득층 학생 지원의 필요성에 따라 설립되었으며, 지역에 산재해 있는 여러 교육복지 서비스 기관에 대한 네트워크를 형성함으로써 교육청, 학교, 자치구, 민간기관과의 협력시스템을 구축하기 위해 존재한다(김정봉, 2014). 지역교육복지센터는 서울특별시교육청 교육복지 민관협력 활성화 조례(서울특별시조례 제5941호)에서 정해진 역할을 수행한다. 교육복지를 모든 학생에게 일정한 교육을 받을 수 있는 기회를 제공하며, 개인 및 사회경제적 요인에 의한 교육소외 · 부적응 현상을 해소하여 모든 학생이 각자의 교육적 요구에 맞는 교육을 받음으로써 잠재 능력을 최대한 계발할 수

있도록 제반사항에 대하여 지원하는 것(제2조)으로 정의하고 이를 시행하는 주요 기구로서 지역교육복지센터를 둔다고 규정하고 있다.

조례 제6조(지역교육복지센터)는 교육감은 교육복지 협력체계 구축을 위하여 교육지원청 또는 자치구 단위로 지역교육복지센터(이하 '센터'라 한다)를 운영할 수 있다고 규정하고 있으며, 센터의 사업으로, 1. 해당지역 내의 교육복지 자원 조사 및 개발, 2. 지역사회 내 교육복지 지원기관 간 협력체계 구축, 3. 교육복지 지원이 필요한 아동 · 청소년에 대한 지역기관 간 공동사례 관리, 4. 교육복지 지원을 위한 지역주민을 활용한 자원봉사자 양성, 5. 그 밖의 지역사회 자원을 활용한 교육복지 지원사업 등을 규정하였다. 지역교육복지센터는 교육감이 자치구와의 협의를 통해 운영된다.

• 경기도교육청

경기도교육청은 교육복지 운영 · 지원에 관한 조례(경기도조례 제4853호)를 통해 교육복지에 대한 교육감의 책무를 명확하게 규정하고 있다. 교육감은 학생의 교육복지 증진을 위하여 필요한 정책을 수립 · 시행하고 재정을 확보하여 지원하여야 한다(제4조). 구체적으로 교육복지사업의 계획 수립 및 시행(제6조)을 해야 하며, 실태조사를 3년 주기로 정기적으로 시행해야 한다(제7조). 또한 예산의 범위 내에서 1. 교육과정이나 학습 기회 보장을 위한 사업, 2. 친환경 무상급식 사업, 3. 공교육비 부담 경감을 위한 사업, 4. 유치원 교육을 위한 사업, 5. 특수교육을 위한 사업, 6. 학교의 돌봄기능 확대를 위한 사업, 7. 학생의 건강관리 증진을 위한 사업, 8. 학교부적응 및 소외계층 학생을 위한 사업, 9. 취약계층 학생의 교육비 사업, 10. 농 · 산어촌 지역 교육여건 개선을 위한 사업, 11. 다문화, 북한이탈, 다자녀 학생 지원 사업, 12. 그 밖에 교육감이 교육복지와 관련하여 필요하다고 인정하는 사업을 교육복지사업으로 지원해야 한다(제8조)로 규정하고 있다.

또한 교육복지를 총괄하는 기관으로 교육감 산하의 교육복지정책위원회를 둔다(제11조). 위원회는 1. 교육복지사업의 총괄 계획에 관한 사항, 2. 교육복지사업의 선정, 3. 교육복지사업의 지원 및 평가, 4. 그 밖에 교육복지사업과 관련하여 교육감이 정하는 사항을 담당한다.

경기도교육청 본청에서 교육복지 업무를 담당하는 주무 부서는 복지법무과로, 1. 교육복지정책 기획 · 운영에 관한 사항, 2. 교육복지우선지원사업에 관한 사항, 3 .저소득층 지원(고교학비 감면, 교육정보화 등)에 관한 사항, 4. 저소득층 학생 교육비 통합 서비스 지원, 5. 다자녀 학생 지원에 관한 사항을 담당하고 있다.

② 지방자치단체

지방자치단체도 교부금 예산이나 자체예산으로 교육복지사업을 활발하게 진행하고 있다. 서울특별시는 교육 · 복지 민관협의회 설치 및 운영에 관한 조례(제5687호)를 통해 민관협의회 설치 및 운영에 관한 사항을 규정하였다. 민관협의회는 서울특별시장과 서울특별시교육감을 포함한 20명 이내의 위원으로 구성된다. 민관협의회와는 별도로 정책협의회를 운영하며, 시장은 교육지원 및 협력 사업을 체계적으로 추진하기 위하여 교육 · 복지 종합지원센터의 설치 및 위탁을 할 수 있다. 종합지원센터는, 1. 교육 · 복지 종합지원센터 사업계획의 수립 및 시행, 2. 교육지원 및 협력 사업의 기초조사, 사업분석 · 평가 · 연구, 3. 교육지원 및 협력 민간단체의 네트워크 사업, 4. 어린이 청소년 방과 후 활동 종합계획의 수립 및 시행, 5. 어린이 청소년을 위한 프로그램 지원, 6. 교육지원 및 협력 사업 관련 교육 · 홍보 · 전파, 7. 그 밖에 교육지원 및 협력에 관해 시장이 필요하다고 인정하는 사항을 시행한다. 현재 서울시 교육 · 복지 종합지원센터는 아름다운학교운동본부에 위탁되어 운영되고 있다.

서울시 자치구 단위에서도 교육 · 복지협의회가 설치 운영되고 있다. 성북구의 경우 조례(서울특별시성북구조례 제985호)에 의거 성북구청장과 성북교육지원청 교육장을 포함한 15명 이내의 위원회로 교육 · 복지협의회를 운영하고 있다.

③ 중앙부처 산하기관

학교 이외에 지역에서 교육복지사업을 직접 시행하고 있는 일선관료조직은 지역사회의 아동, 청소년 복지 시설 등이 있다. 지역아동센터, 청소년 방과 후 아카데미, 학교 밖 청소년 지원센터, 청소년상담복지센터, 종합사회복지관 등을 포함하여 청소년쉼터, 아동보호전문기관, 다문화가정지원센터 등이 존재한다(김정봉, 2014).

3. 사업시행기관 현황

사업별로 교육복지 추진 및 전달체제는 다소 차이가 난다. 사업담당 부처에 따라 사업의 시행기관이 달라질 뿐만 아니라 사업의 특성에 따라 사업의 전달과정이 달라질 수도 있다. 이에 따라 주요 사업별 현황을 살펴볼 필요가 있다.

교육복지에 관한 주요 사업은 분류하는 기준과 분류자에 따라 다르게 나타날 수 있다. 강대구 등(2013)의 연구에서는 교육복지 주요 사업을 현재 중앙정부에서 교육복지를 가장 적극적으로 담당하고 있는 교육부 학생복지정책과의 정책사업을 중심으로 소개하고 있다. 다문화가정 학생 맞춤형 교육지원, 탈북학생 교육지원, 학업중단학생 교육지원 및 대안교육 지원, 교육복지우선지원사업, 농어촌 전원학교 사업, 방과 후 학교 사업, Wee 프로젝트(학교안전통합시스템), 저소득층 학생 교육비 지원을 소개하고 있다. 교육부 이외의 중앙부처의 교육복지사업으로는 농림축산식품부의 농어촌 교육 활성화 정책, 보건복지부의 드림스타트, 지역아동센터 사업, 여성가족부의 청소년 통합지원 사업(CYS-Net) 사업 등을 제시하고 있다. 또한 박주호, 김진숙, 장연진, 김정덕(2013)의 연구에서는 중앙부처의 주요한 교육복지 사업을 〈표 12-4〉처럼 정리하여 제시하고 있다.

〈표 12-4〉 교육부 · 보건복지부 · 여성가족부 주관 교육복지 관련 사업

주관	사업명	내용
교육부	교육복지우선지원 사업	학교를 중심으로 지역사회와 연계된 학습, 문화체험, 심리 정서, 보건 등 통합적 지원 체제를 구축하여 교육취약 아동 · 청소년을 위한 교육적 성장을 도모하고 교육격차를 해소
	방과 후 학교 사업	교육과정 외 수요자의 요구와 선택에 따라 수익자 부담 또는 재정 지원으로 이루어지는 교육 및 보호 프로그램으로, 다양한 교육서비스 수요를 흡수하고 계층 간 교육격차를 해소하며 사교육비를 경감
	초등돌봄교실	학부모의 보육부담을 경감하고, 초등학교 저학년을 대상으로 안전하고 편안한 공간과 식사(간식, 석식) 제공, 다양한 교육프로그램을 지원

교육부	Wee 프로젝트	학교, 교육청, 지역사회가 연계하여, 부적응 학생 예방, 진단, 상담, 치유 등 학생들의 건강하고 즐거운 학교생활을 지원하는 다중 통합지원 서비스망
	다문화 학생 교육 지원	급증하는 다문화가정 학생의 조기 적응 · 교육적 성취를 위한 개인별 맞춤형 교육을 지원하고, 다문화 친화적 환경 조성
	탈북청소년 교육 지원	탈북청소년 입국자의 특성과 필요를 고려한 단계별 맞춤형 교육지원을 통해 학교와 사회적응력을 제고, 성장과 자립 지원, 탈북청소년 친화적 인프라 구축
	창의경영학교	교육과정에서 요구하는 기초학습 능력을 갖출 수 있도록 학습부진 학생에 대한 총체적 예방-진단-관리 시스템 구축, 학습, 정시, 심리지도 강화
	전원학교사업	취약계층 비율이 높은 농어촌 면 소재 학교에 지역 · 학교 · 학생의 특성을 고려한 맞춤형 교육복지를 강화하고 교육 · 문화 · 복지 프로그램을 종합적으로 지원함으로써 돌봄 기능 및 교육복지 지원 강화
보건복지부	드림 스타트	모든 아동이 공평한 양육여건과 출발 기회를 보장받음으로써 빈곤의 대물림을 차단하고, 건강한 사회구성체제원으로서 성장할 수 있도록 하는 능동적 복지사업. 아동발달에 필요한 필수 서비스 제공
	지역아동센터	지역사회 아동의 보호 · 교육, 건전한 놀이와 오락의 제공, 보호자와 지역사회의 연계 등 아동의 건전육성을 위하여 종합적인 복지서비스 제공
	희망복지지원단	복합적 요구를 가진 대상자에게 맞춤형 통합사례관리를 제공하고, 지역 내 자원 및 방문형서비스사업을 총괄 관리함으로써 지역단위 통합서비스를 제공
여성가족부	CYS-Net	위기 청소년들의 심리적, 경제적, 학업적, 대인 관계적 어려움을 해결할 수 있도록 지원하는 지역사회 네트워크. 위기청소년에게 적합한 맞춤형 서비스를 원스톱으로 지원
	청소년 방과 후 아카데미	저소득 · 맞벌이 · 한부모 등 취약계층 가정의 방과 후 홀로 시간을 보내는 청소년들에 대한 학습능력 배양 · 체험 · 활동 · 급식 · 건강관리 · 상담 등 종합 학습지원 및 복지 · 보호를 통해 건전한 성장 지원

1) 사업별 운영시스템

앞에서 언급한 주요 사업이 실제로 어떻게 시행되고 있는지를 살펴보기 위해서는 운영시스템을 살펴보아야 한다. 주요 사업별 운영조직과 사업진행과정을 간략하게 소개하면 다음과 같다.

〈표 12-5〉 교육복지 주요 사업의 운영조직과 사업진행과정

교복우선 지원사업	조직	○ 주무부처: 교육부, 시 · 도교육청 ○ 사업 수행기관: 단위학교(초 · 중 · 고) – 선정: 시 · 도교육청에서 관내 학교 상황(저소득층을 비롯한 다문화 가정 학생, 북한이탈주민 학생, 학업부진학생 등 다양한 수준의 교육적 취약성을 지니거나 교육적 성취에 있어 상대적으로 불리한 상황에 있는 교육취약 아동 · 청소년 수와 비율 등)을 고려하여 자체적으로 기준을 마련하고, 이를 통해 교육취약 아동 청소년 밀집 학교를 선정
Wee 프로젝트	조직	○ 사업시행주체: 교육부, 시 · 도교육청 – 사업지원: KEDI, Wee프로젝트 총괄팀(선정, 운영, 관리 총괄) ○ 사업수행기관: – 시 · 도교육청(Wee 스쿨) – 교육지원청(Wee 센터) – 단위학교(Wee 클래스)
다문화학생 교육지원	조직	○ 사업시행주체: 교육부, 시 · 도교육청 ○ 사업수행기관: 글로벌 선도학교로 지정된 학교(초 · 중 · 고교)
탈북학생 교육지원	조직	○ 사업시행주체: 교육부, 시 · 도교육청 – 사업지원: KEDI 탈북청소년지원센터(탈북청소년 교육지원 세부계획 수립지원, 교육부 지정과제 및 자율과제 수행 및 결과 보고, 시 · 도교육청, 교원대상 연수 지원 등) ○ 사업수행기관 – 시 · 도교육청: 자체사업 수행, 탈북청소년교육지원센터 운영 지원, 맞춤형 교육 지원사업(특교 지원사업) 추진, 특별교부금 집행결과 보고 – 특수학교: 하나원 하나둘학교, 한겨레 중 · 고등학교 – 일반학교: 탈북학생 재학 학교

드림 스타트	조직	○ 사업시행주체: 보건복지부, 지방자치단체 ○ 사업수행기관: 드림 스타트 센터(시 · 군 · 구 직영) – 시 · 군 · 구 내 취약계층 아동 밀집지역(대상아동 300명 이상) 중심 – 사업실시 연수가 오래된 시 · 군 · 구('10년 이전 사업시작) 등은 전체 읍 · 면 · 동을 사업대상으로 하고 지원대상은 단계적으로 확대
지역아동센터	조직	○ 사업시행주체: 보건복지부, 지방자치단체 ○ 사업수행기관: 지역아동센터 – 시설을 설치하고자 하는 자는 지역적 여건, 지역아동센터 설치기준 등에 관하여 관할 시장 · 군수 · 구청장과 사전 협의 후 설치 검토 – 시설을 설치하고자 하는 자는 '아동복지시설설치신고서'와 관련 서류를 구비하여 관할 시 · 군 · 구청장에게 신고하며, 관할 시 · 군 · 구청장은 설치 신고를 받고 심사를 거쳐 신고수리 후 아동복지시설 신고증을 교부 – 신고서를 받은 시 · 군 · 구 담당공무원은 신고심사를 하는 경우, 지역적 특성, 아동 수요, 입지 조건, 관련 규정 등을 충분히 고려하여 지역사회 내 센터의 균형 있는 설치 및 재원의 효율적인 배분 등을 모색

출처: 박주호 외(2013).

2) 개별사업의 운영 조직

사업을 시행하고 있는 현장의 추진체제를 보다 구체적으로 살펴보기 위해 사회적 약자를 위한 대표적인 교육정책사업인 교육복지우선지원사업과 저소득층 학생 교육비 지원 사업 그리고 서울시교육청의 기초학력향상 정책 사례를 통해 살펴보고자 한다.

(1) 교육복지우선지원사업

교육복지우선지원사업은 2003년 교육부 특별교부금 사업으로 2년간 서울과 부산의 저소득층 밀집 지역 학교 및 학생을 지원하기 위해 시작된 교육복지투자우선지역지원 사업의 명칭이 변경된 것으로 2011년부터 보통교부금 사업으로 시 · 도교육청에 이양되어 시행되어 오는 대표적인 사회적 약자 학생을 위한 사업이다.

교육복지우선지원사업의 운영과 관련된 조직들은 〈표 12-5〉에 나타난 것처럼 시 · 도교육청, 교육지원청, 단위학교, 한국교육개발원(KEDI) 등이다.

〈표 12-6〉 교육복지우선지원사업 관리 · 운영에 관한 규정

구분	규정	비고
사업 학교 지정 및 지원	제4조(사업학교의 지정 및 지원) ① 사업학교는 「지방교육재정교부금법 시행령」 [별표 1]의 보통교부금 기준재정수요액의 산정기준을 참고하여 시 · 도교육감이 정하되, 지역의 여건 및 사업대상 학생의 수, 비율 등을 고려할 수 있다. ② 사업학교로 지정받은 학교의 장은 시 · 도교육감이 정한 바에 따라 당해 학년도의 사업계획서를 시 · 도교육감에게 제출하여야 한다. ③ 시 · 도교육감은 지정된 사업학교의 사업수행에 필요한 예산, 조직, 인력, 시설 등을 지원하여야 한다. ④ 시 · 도교육감이 사업학교에 예산을 지원할 때 「지방교육재정교부금법 시행규칙」 [별표 1]에 따른 보통교부금 기준재정수요액의 산정금액을 참고하되, 지역의 여건과 사업학교의 규모 · 특성 등을 고려하여 조정할 수 있다.	교육감
사업 운영	제5조(사업학교장의 책무) ① 사업학교로 지정된 학교의 장은 교육격차 완화, 학업성취도 제고, 교육기회 균등 제공, 교육복지 증진 등을 위하여 다음 각호의 사항을 추진하여야 한다. 1. 사업의 기획 · 운영을 주관하는 교육복지 전담부서의 지정 또는 구성 2. 교육격차 해소와 교육복지 구현을 위해 필요한 사업 계획 수립 · 시행 3. 지역사회 유관기관과의 연계 · 협력 활성화 4. 사업에 관한 주요 사항을 협의하기 위한 교내 교육복지위원회의 구성 · 운영 ② 사업학교의 장은 효과적인 사업 운영을 위하여 사업학교에 지원되는 방과후 학교 사업 등 관련 사업과 프로그램, 인력, 예산 등을 연계하여 운영할 수 있다.	학교장, 교육복지위원회, 교직원, 지역사회 교육 전문가
사업 지원 (중앙)	제6조(중앙교육복지연구지원센터) ① 교육부장관은 시 · 도교육청의 교육 복지우선지원사업을 전문적으로 지원하기 위해 중앙교육복지연구지원센터(이하 “중앙연구지원센터”라 한다)를 지정할 수 있다. ② 중앙연구지원센터는 교육복지 관련 자료의 수집 · 관리 · 분석, 정책연구 및 정책자문, 사업 관련 프로그램 개발 및 전문인력 연수, 기타 교육부장관 또는 시 · 도교육감이 위탁하는 사업 등을 수행한다. ③ 교육부장관과 시 · 도교육감은 제2항에 따른 사업수행을 위해 중앙연구지원센터에 국고 및 분담금 등 재정을 지원할 수 있다.	KEDI

사업 지원 (지역)	제7조(시 · 도 교육복지센터 등) ① 시 · 도교육감은 사업을 효과적으로 운영하기 위하여 사업학교 지정, 교직원의 연수, 사업평가, 사업운영 등에 관한 지원을 수행하는 시 · 도 교육복지센터 등 필요한 기구나 조직을 설치 · 운영할 수 있으며, 시 · 도 교육복지센터 등의 설치, 구성 및 운영에 관한 사항은 시 · 도교육감이 정한다. 제8조(지역교육복지센터) ① 교육지원청은 사업학교의 사업이 효과적으로 운영될 수 있도록 지원하여야 하며, 사업학교에 속하지 않은 사업대상 학생들에 대한 지원 사업을 직접 실시할 수 있다. ② 교육지원청은 사업을 지원하거나 수행하기 위하여 필요한 예산, 조직, 인력, 시설 등을 갖추어야 한다. ③ 교육지원청은 사업을 지원하거나 수행하기 위하여 지역교육복지 지원센터를 설치 · 운영할 수 있다. 지역교육복지센터의 설치, 구성 및 운영에 관한 사항은 시 · 도교육감이 정한다.	교육청 교육지원청
사업 협의	제9조(교육복지협의의 설치 및 기능) 시 · 도교육감은 사업을 효과적으로 운영하기 위한 다음 각호의 사항을 협의하기 위하여 특별시 · 광역시 또는 도(이하 "시 · 도"라 한다) 교육청에 교육복지협의회를 둘 수 있다. 1. 시 · 도교육청 사업기본계획에 관한 사항 2. 사업학교 지정에 관한 사항 3. 시업 관계자 연수 등 전문성 신장에 관한 사항 4. 사업운영 및 평가에 관한 사항 5. 시 · 도교육청의 사업에 소요되는 예산의 확보 및 경비의 지원에 관한 사항 6. 그 밖에 해당 시 · 도교육청의 사업 진흥을 위하여 필요한 사항	

(2) 저소득층 학생 교육비 지원 사업[1]의 경우

저소득층 학생에 대한 대표적인 직접지원 사업인 저소득층 학생교육비 지원사업은 [그림 12-2]에서 나타나듯이 중앙부서인 교육부, 보건복지부, 지방수준의 시 · 도교육청, 시 · 도, 그리고 실행 및 지원기구인 각급학교, 시 · 군 · 구청, 읍 · 면 · 동, 한국교육학술정보원, 한국보건복지정보개발원 등이 관여하고 있다.

1) 저소득층자녀 학비 지원 사업에서 명칭이 변경됨.

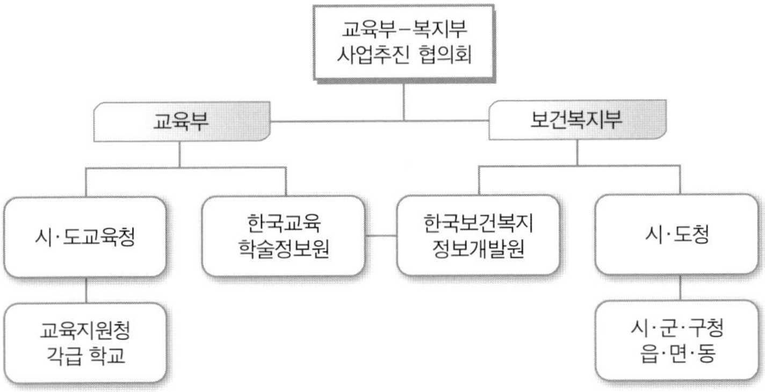

[그림 12-2] 저소득층 학생 교육비 지원사업의 영 구조

출처: 교육부(2014).

저소득층 학생 교육비 지원사업의 업무 담당 조직 및 기관의 구체적인 역할과 기능은 다음과 같다(교육부, 2014).

〈표 12-7〉 사업담당 현황

구분	기관명/부서	주요 역할 및 기능
교육부	• 학생복지정책과(총괄) • 학생건강지원과 • 방과후학교지원과 • 이러닝과	• 기본계획 수립 및 정책 지원 • 관련 법령 및 제도 개선 추진 • 관련 기관 및 부서 간 업무 협의 및 조정 • 지방자치단체-교육청 협조 체제 구축 • 사업 예산 편성 · 지원
한국교육학술정보원 (KERIS)		• 나이스-행복e음 연계 시스템 고도화 • 교육비 원클릭 신청 시스템 운영 • 중앙상담센터 조직 · 운영 • 홍보자료 제작 · 보급
보건복지부	복지정보 통합관리추진단	• 기본계획 수립 협조 및 정책 지원 • 교육비 지원 대상 시뮬레이션 협조 • 지방자체단체 업무 담당자 교육 • 지방자치단체-교육청 협조 체제 구축

한국보건복지정보개발원 (KHWIS)		• 통합 시스템 구축 지원 및 인프라 제공 • 나이스–행복e음 연계 시스템 고도화 • 교육비 지원 대상 시뮬레이션 협조 • 복지로 시스템(인터넷 신청) 운영 및 유지보수
시 · 도 교육청 (교육 지원청)	교육비 지원 총괄부서	• 교육청 예산(읍 · 면 · 동 지원 예산 포함) 편성 · 집행 • 사업수행관리, 검사 및 결과 평가 • 학부모 · 학생 · 교원 대상 홍보 • 매뉴얼 보급 및 단위학교 담당자 교육 • 지역 상담센터 운영 및 산하기관 문의 대응 • 단위학교 지도 · 감독
각급학교		• 교육비 지원 대상 선정 · 지원 • 담임추천 대상자 선정 · 지원 • 교육비 지원 절차 상담 • 교육비 지원 대상 선정 관련 민원 상담
지방자치단체 (시 · 도청, 시 · 군 · 구청)		• 지방자치단체 업무 담당자 교육 • 읍 · 면 · 동 근무 인력 지원 계획 수립 · 추진 • 소득 · 재산 조사, 변동 · 확인조사 수행
읍 · 면 · 동 주민센터		• 교육비 신청서 검증 및 접수 (온라인, 오프라인 신청 포함) • 교육비 지원 절차 상담 • 소득 · 재산 조회 관련 민원 상담

(3) 서울시교육청의 기초학력 향상 사업

교육청에서 실시되는 사회적 약자를 위한 교육정책은 해당 정채의 특성과 담당부서 및 관련 기관의 연계성에 따라 각기 다른 추진 체계를 띠게 된다. 2019년 서울시교육청이 발표한 '2019 서울 기초학력 향상 기본 계획'에 따르면 [그림 12-3]과 같이 서울시교육청과 교육지원청 그리고 학교의 협력을 통해 서울지역 학생을 위한 기초학력 보장 정책이 추진되게 된다.

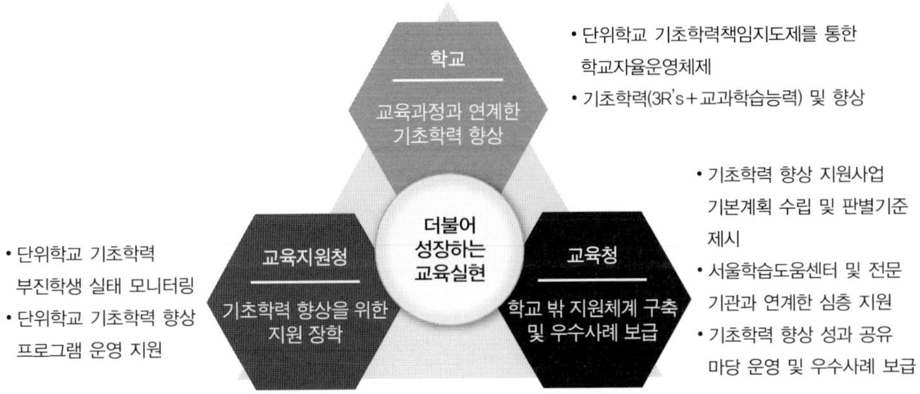

[그림 12-3] 기초학력 향상 사업 추진 체계

출처: 서울시교육청(2019).

이를 보다 구체적으로 구분해 보면 [그림 12-4]와 같이 본청의 담당과인 초 · 중등과를 중심으로 교육혁신과, 체육건강과 간의 협력이 이루어지고 있으며 외부의 전문기관 및 자문기관과의 지원을 받으면서 사업을 기획, 시행하게 된다. 외부기관으로서 교육연수원과 하위기관으로서 교육지원청은 이러한 사업이 단위학교에서 효과적으로 이루어질 수 있도록 역할을 담당하고 있으며, 학교 내 관련부서에서 최종적으로 학생들을 대상으로 필요한 교육프로그램을 집행하는 역할을 수행하게 된다.

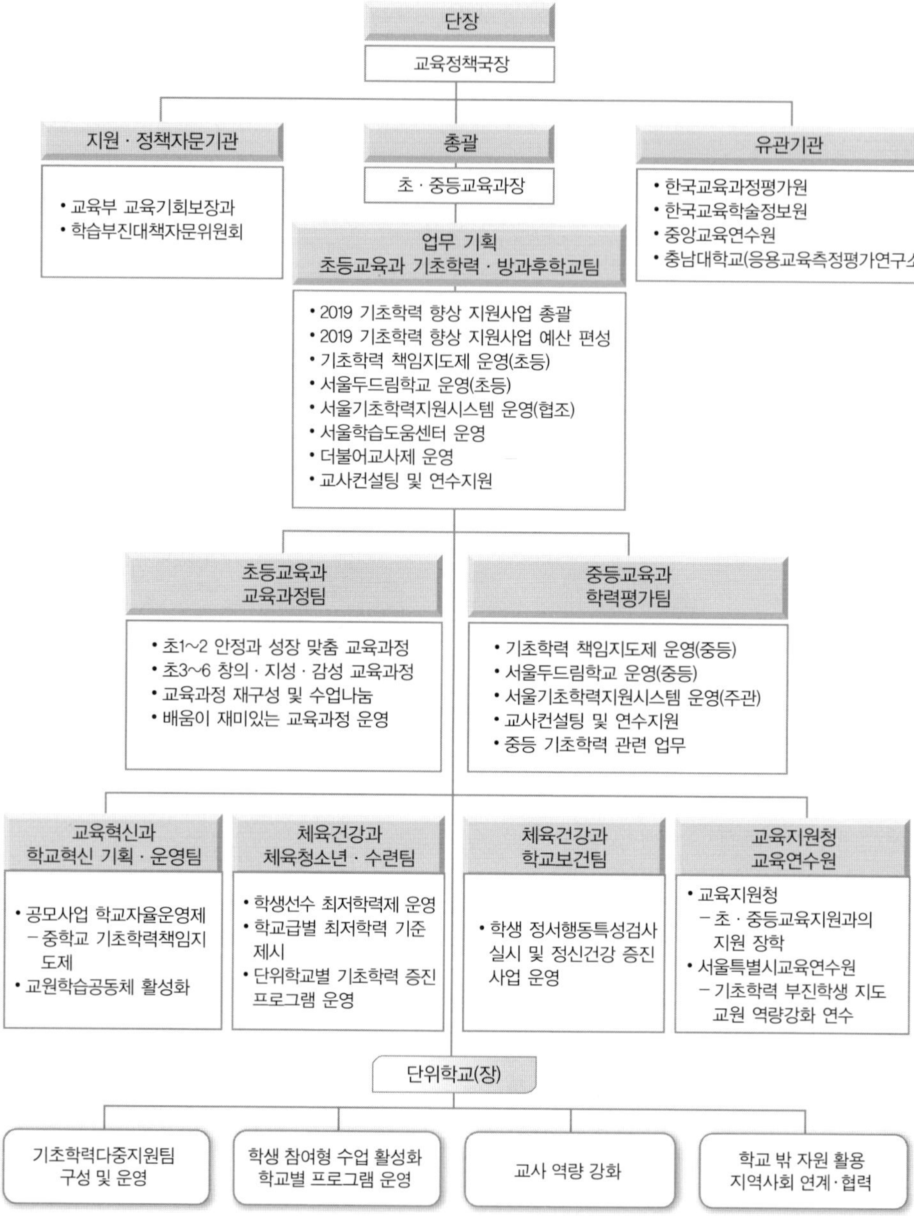

[그림 12-4] 기초학력 보장 사업기획 및 집행조직

출처: 서울시교육청(2019).

4. 사회적 약자를 위한 교육정책 추진체제의 문제점 및 개선방안

1) 문제점

(1) 교육정책의 총괄 위원회의 부재

사회적 약자를 위한 교육정책의 추진체계의 문제점으로 인해 정책이 사회적 약자계층 학생을 위한 교육환경을 개선하고 학생들의 실질적 교육기회를 보장하기 위해 미흡하다는 비판은 오래전부터 있어 왔다(박주호 외, 2012; 안병영, 김인희, 2009; 이태수 외, 2004). 가장 큰 비판은 사회적 약자를 위한 교육정책을 체계적으로 추진할 총괄 기관이 부재하고 각 부처별, 사업시행기관별로 시행하고 있는 사업의 유기적 연계가 부재하여 종합적으로 실질적인 사회적 약자를 위한 교육정책이 실현되고 있지 않다는 것이다.

2006년에 교육인적자원부가 교육격차해소전문위원회를 두어 관련부처의 교육복지사업을 총괄 조정토록 하고 동년 12월 회의를 개최한 바 있으나(한만길, 김인희, 류방란, 우명숙, 김숙이, 2008) 이후 제 기능을 하지 못하고 2008년 폐지되었다. 이태수 등(2004)은 교육복지사업의 양적 팽창에 따라 사업적 중복현상이 일어나고 있으며, 양적 팽창에도 불구하고 교육복지사업을 충분히 수혜하지 못한 교육약자 집단이 광범위하게 발생하고 있다는 것을 보여 주면서 그 주요 원인으로는 사업기획 및 집행기관 간의 연계 및 협력의 부재를 들고 있다. 즉, 기관 간 수평적 · 수직적 소통의 부재는 효과적인 교육복지 업무의 전달을 방해하고 있다고 주장하였다.

이는 교육부(2017)의 교육복지 종합대책에서 제기된 교육복지정책의 총괄, 조정에 필요한 컨트롤 타워가 필요하다는 지적에도 나타나 있다. 교육복지를 시행하고 있는 여러 부처 및 조직이 존재함에도 불구하고 이에 대한 누적된 통계도 존재하지 않고 각 사업별 목적과 사업내용을 비교분석할 수 있는 제도적 장치가 없어서 사업 간 연계 부족 현상으로 예산의 낭비가 일어나고 있다.

현재 사회적 약자를 위한 교육정책에 관여하는 조직 및 기관들은 매우 많다. 중앙부처 차원에서는 교육부, 보건복지부, 여성가족부, 통일부, 법무부 등이 있으며, 지방 차원에서는 시 · 도 및 시 · 도교육청이 기능을 수행하고 있다. 하지만 종합적인 거버넌스의 부재로 인해 행정기관 간 그리고 행정기관과 민간기관과의 협력시스템이 부족하여 사업간 중복 및 효율적 사업시스템의 조직화하기 힘든 구조였다. 이로 인해 현장에서 사회적 약자 학생을 위한 교육서비스의 질이 낮고 사각지대도 발생하게 된다(박주호 외, 2013).

또한 사회적 약자를 위한 교육 정책을 총괄할 수 있는 조직의 부재로 인해 사업들에 대한 종합적인 효과성을 검증하고 운영기관들의 책무성을 확보할 수 있는 시스템이 부족하다. 최근 초 · 중등교육 관련 권한이나 예산은 상당부분 시 · 도교육청이나 단위학교에 분권화되고 있음에도 불구하고 교육복지 분야에서는 중앙정부 차원의 행정기능이 강화되고 있다(박주호 외, 2012). 하지만 교육부는 다양한 부처에서 사회적 약자를 위한 다양한 사업이 벌어지고 있는데, 이에 대한 종합적인 성과를 관리하기 위한 권한과 기능을 가지고 있지 못하다.

(2) 현장 인프라 부족: 교육정책 통합지원센터의 부재

교육복지를 전달하는 체제가 복잡하고 전달과정이 복잡하기 때문에 발생하는 비효율성에 대한 문제제기는 오래전부터 지속되어 왔다. 이태수 등(2004)은 교육복지 관련 사업이 다수 부처에 의해 이루어지기 때문에 종합적이고 효율적인 교육복지 서비스 제공이 어렵고, 시 · 도교육청 및 교육지원청의 교육복지 전담부서 및 인력의 부재로 시행과정을 모니터링하고 개선하는 데 한계를 지닌다고 지적하였다.

사회적 약자를 위한 교육정책의 실질적인 사업시행기관으로서는 학교와 기초자치단체(시 · 군 · 구) 그리고 중앙행정기관 산하단체(드림 스타트, 지역아동센터, 청소년상담복지센터 등) 등이 있다. 이 외에도 민간단체나 국책연구기관 등이 사업을 위탁받아 시행하고 있다. 이렇듯 사업의 시행에 있어서 교육기관인 학교 이외에도 공공기관 및 각종 민간단체들이 예산을 배분받아 다양한 영역에서 사회적 약자를 위한 교육사업들을 활발히 벌리고 있다. 즉, 사회적 약자를 위한 교육 지원체제는 상당히 복잡하게 구성되어 있으며 다양한 사업관계자가 폭넓은 분야에서 협력적으로 활동하고 있음을 알 수 있다.

이러한 다양한 교육 지원체제의 존재는 사회적 약자를 위한 촘촘한 교육서비스를 제공할 수 있다는 장점을 가진다. 각 부처 및 기관의 장점을 활용하여 그 분야의 전문성을 갖춘 조직들이 사업을 집행함으로써 다양한 관점에서 사회적 약자를 위한 교육서비스를 개발 · 지원함으로써 보다 다양한 대상이 필요한 교육서비스를 제공받을 수 있다. 하지만 행정의 효율성 차원에서 유사한 교육서비스의 중복문제와 종합적이지 못한 서비스 제공 문제가 나타날 수 있다. 그리고 책임의 혼재로 인해 사업의 성과를 관리하는 측면에서 예산사용의 책무성을 확보하는 시스템을 구축하기가 어렵다는 비판이 있어 왔다.

예컨대, 사회적 약자 학생을 위한 교육정책은 교육부와 시 · 도교육청이 특별교부금이나 보통교부금을 활용하여 학교 내에서 전문인력 고용을 통해 시행하고 있을 뿐만 아니라 타 부처의 CYS-NET과 담당사업기관 들에 의해 이루어지고 있다. 교육부(2017)에 따르면 다문화 학생에 대해 제공되는 교육서비스로 교육부의 한국어 향상 및 기초학력 지원(대학생 멘토링 및 기초학습 지원을 통한 한국어, 교과학습, 학교생활 및 진로 상담, 문화체험 지원), 여성가족부 자녀생활서비스 지원(만 3세~12세 이하 초등학생 대상 독서코칭, 숙제지도, 문화인식, 진로 지도 등 1:1 생활지원), 여성가족부 Rainbow School 프로그램(이주배경 청소년 대상 한국어, 기초학과교육, 문화체험, 교우관계 개선 프로그램 제공을 통해 한국사회 초기적응 지원) 등이 존재하는데 이들 간의 연계가 부족하다고 지적하였다.

(3) 현장 자원 및 사업시행인력의 역량 부족

교육정책은 합리적으로 결정되기만 한다고 정책목표를 달성할 수 있는 것이 아니라 정책집행이 효과적으로 이루어져야 한다는 것이 강조되고 있다(정일환, 주철안, 김재웅, 2016). 정책집행자가 정책의 내용을 이해하고 올바른 형태로 시행한다는 것은 정책을 구체화하기 위해 필요한 정책결정을 지속적으로 수행하는 것을 의미한다. 이런 관점에서 정책의 시행자로서 사업시행인력의 역량이 매우 중요하다. 이들이 정책의 목적에 대해 이해하고 충분한 자원을 바탕으로 사회적 약자를 위한 교육정책을 실행할 수 있는 조건이 구비되어야 하는데 현재는 이러한 여건이 부족한 상황이다. 중앙부서의 특별교부금 사업으로 진행되거나 시 · 도교육청이나 현장에서 진행되는 사업이 한시적인 경우 필요한 자원이나 인력을 고용하는 데 한계를 보인다. 또한 사업시행인력의 역량이 사업에 필요한 기준에 충족하지 못하거나 다른 업무 부담으로 인해 해당 업무에 집중할 수 있는 여건이 마련되어 있지 못한 경우가 많다.

예컨대, 기초학력부진을 위한 정책이나 다문화대상 학생을 위한 다양한 프로그램을 제공하는 경우 대부분 현장 교사가 사업의 집행자가 된다. 하지만 현장 교사의 경우 교원양성과정이나 교직에 입문한 후 이러한 업무를 잘 수행하기 위한 체계적인 교육을 받지 못한 채 한두 번의 전달연수를 통해 업무 추진에 필요한 최소한의 정보만 전달받은 상태에서 사업을 시행하게 된다. 업무 시행자로서 교사는 부여받은 업무가 교사로서의 업무인지에 대한 의문을 가지게 되는 경우도 많고 매년 다른 업무 배정으로 인해 해당 분야의 전문성을 갖추지 못하게 되는 경우도 많다. 또한 해당 업무 수행과정에서 교사의 본질적인 업무인 수업과 학생지도에 지장을 받는 경우가 많은데 이러한 경우 사회적 약자 정책 집행자로서의 교사는 해당 업무에 최선을 다하지 못할 가능성도 많다.

2) 개선방향

(1) 범부처 간 사회적 약자를 위한 교육정책 총괄 위원회 수립

정책의 시행에 있어서 부서별 협력이 필요한 경우에는 국무총리실 산하나 담당 부처 내에 총괄 위원회를 두는 경우가 많다. 학교폭력에 대응하기 위한 범부처별 노력을 총괄하기 위해 국무총리 소속으로 학교폭력대책위원회를 두고 있으며 정부의 국제개발협력을 총괄하기 위해 '국제개발위원회 규정'에 따라 2006년 1월, 국무총리 소속하에 국제개발협력위원회가 설치된 바 있다. 특히 국제개발협력위원회는 산하에 실무위원회와 소위원회를 둠으로써 실제적인 총괄 및 업무 조율 업무를 효과적으로 수행하고 있다고 판단된다.

사회적 약자를 위한 교육정책의 경우에서 포함되는 교육정책의 유형과 내용이 다양하고 이러한 교육정책과 관련된 중앙부처의 수가 많고 추진체계가 시 · 도교육청이나 학교단위 그리고 전문기관과 관련 있다는 점에서 사회적 약자 교육정책을 총괄하는 위원회가 필요하다. 교육복지정책의 추진과 관련하여 부처 간 교육복지정책 협의를 강화하기 위해 안병영와 김인회(2009)는 교육부 차관을 위원장으로 하는 교육복지정책협의회를 설치, 운영하는 것을 제안한 바 있다.

하지만 교육복지정책의 범위보다 사회적 약자를 위한 교육정책의 범위가 더 넓고 과거에 비해 교육정책에 관련된 중앙부처나 관련 기관의 수가 늘었다는 점을 고려할 때 총괄위원회의 위상을 높여야 할 필요가 있다. 또한 정책의 기획단계뿐만 아니라 정책의 시행과정에서 실제 집행기관이 공무원 조직 외부의 기관들이 관여하는 경우가 늘어나고 있다는 점을 고려할 때 지역단위에서도 조정기능과 사업 모니터링을 담당할 기구가 필요하다. 교유복지우선지원사업의 시행과정에서 유사사업인 위(Wee) 프로젝트, 방과 후 돌봄학교 사업과 중복성으로 인해 예산의 낭비가 나타난 바 있다는 연구(우명숙, 2018)는 이러한 중간단계의 정책조정기능의 필요성을 보여 주고 있다. 효율적인 사회적 약자를 위한 교육정책 체제 구축을 위해서는 사회부총리 산하에 총괄 위원회를 두고 시 · 도교육청 별로 지역 내 관계기관간의 협력체인 중간단계 업무 협력위원회를 구성함으로써 정책의 집행단계를 효율적으로 관리하려는 노력이 필요하다.

(2) 정책집행기관의 자율성 확대

사회적 약자를 위한 교육정책의 집행이 일어나는 현장은 다양한 정책 이해관계자가 얽혀 있고 효과적인 정책시행을 위한 환경이 끊임없이 변화하고 있는 곳이다. 학교의 측면에서 본다면 학교자율화 정책의 시행과 지방자치제도의 활성화로 인해 시 · 도교육청으로의 교육권한 이양이 활발해지고 있다. 이러한 맥락에서 사회적 약자를 위한 교육정책을 대상자에게 집행하는 기관의 자율성을 확대하는 방향으로 정책이 기획될 필요가 있다.

정책을 집행하는 기관의 특성, 기관이 속해 있는 지역적 특성, 정책의 대상집단의 특성 등을 고려하여 가장 적합한 정책수단을 결정할 수 있는 권한을 현장기관에 위임하는 것이 필요하다. Top-down 형식으로 상위행정청에서의 교육정책 결정 및 하위행정기관이나 현장기관의 정해진 절차나 내용으로 정책을 실현하는 것은 복잡하고 급변하는 현장과 정책대상집단의 특성을 적절히 반영하지 못할 가능성이 높다.

보다 큰 자율성이 사회적 약자를 위한 교육정책을 집행하는 기관에서 부여되어야 한다. 이러한 제안은 최근 시도교육청이 공모형 사업을 확대하고 있는 흐름과 대학재정지원사업에서 사업의 기획과정에서 대학의 자율성을 보장하고 있는 정책적 흐름과 일치한다.

(3) 정책집행을 위한 자원 및 담당자 역량 함양

사회적 약자를 위한 교육정책을 시행하는 기관들과 업무 담당자의 업무 부담이 점차 늘어나고 있는 추세이다. 교육의 영역에서 사회적 약자의 범주가 확대되고 있으며 이들의 비율이 점차 늘어나는 반면 이들을 올바르게 교육시키기 위한 제도적 기반은 정체되어 있는 상태이다. 예컨대 학교 내 위기학생을 관리하고 학교폭력 가해 · 피해학생에 대한 교육적 프로그램을 담당하는 Wee 센터의 경우 인력은 그대로인 반면 기관의 업무는 Wee 프로젝트가 시작된 이후로 확장되어 가기만 했다. 특히 최근 교육부나 시 · 도교육청이 새롭게 추진하는 교육정책들 중 상당부분이 학교나 교원들에게 새로운 역할을 부여하고 그러한 역할들이 업무분담의 차원을 고려하지 않은 채 부여되고 있다.

또한 사회적 약자를 위한 교육정책을 담당하는 담당자의 역량을 개선하기 위한 노력이 부족했다. 장기적인 계획을 바탕으로 담당인력의 양성과 교육이 선행되기보다는 급하게 수립된 계획을 단기간에 시행하기 위해 형식적인 교육을 통해서만 담당자의 역량 개발이 이루어져 왔다.

정책집행의 효과는 결국 정책집행을 담당하는 현장의 여건과 문화 그리고 담당자의 동기와 역량에 의해 좌우된다(viennet & pont, 2017). 사회적 약자를 위한 정책기획과정에서부터 이러한 정책을 집행하기 위해 필요한 자원에 대한 체계적인 검토가 선행되어야 하며, 사업을 시행하는 담당자에 대한 종합적이고 지속적인 교육이 이루어져야 한다.

점차적으로 학교가 담당하는 업무 중 많은 부분이 사회적 약자의 범주에 들어가는 학생들을 위한 업무를 포함하게 되는 경우가 많아지고 있다. 사업을 시행하기 위해 특별히 고용된 인력에 대한 교육도 중요하지만 현실적으로 교사의 역할과 업무를 동시에 담당하게 되는 교원의 업무 역량도 개선해야 한다. 예비교원 양성과정에서 교원의 역량으로서 업무적 역량인 교육정책에 대한 이해나 조직구성원으로서 업무의 기획 및 시행 능력을 기르기 위한 프로그램을 제공하는 것도 필요하며, 업무 담당자의 전문성을 향상시키기 위해 다양한 형태의 전문성 개발 기회를 제공해야 한다.

참고문헌

강대구, 장현진, 이변환, 장덕호(2013). 학생맞춤형 행복한 교육복지 시스템 구축 방안 연구. 교육부.

교육부(2013). 교육부 정책자문위원회 발족. 보도자료.

교육부(2014). 2015년도 초, 중, 고 학생 교육비 지원 사업 계획(안).

교육부(2017). 경제, 사회 양극화에 대응한 교육복지 정책의 방향과 과제.

김경애, 류방란, 이은미, 강영혜, 김민희(2011). 현장 중심의 자율적 교육복지우선지원사업 추진 방안 연구. 한국교육개발원.

김영삼(2016). 교육복지정책 추진체제의 발전방안. 한국교원대학교 교육정책전문대학원 제14회 교육정책세미나 "교육복지정책의 현황과 과제".

김인희(2012). 교육소외와 격차 해소를 위한 교육복지정책의 과제. 교육소외계층 교육력 제고방안. 2012 교육정책네트워크 교육현장 순회토론회, 전라북도교육청.

김정봉(2014). 교육복지우선지원사업의 서울지역 지역교육복지센터 운영 분석. 한국교원대학교 교육정책전문대학원 석사학위논문.

김정원, 이은미, 하봉운, 이관현(2008). 교육복지정책의 효과적 추진을 위한 법, 제도 마련 연구. 교육과학기술부.

박주호(2014). 교육복지의 논의: 쟁점, 과제 및 전망. 박영스토리.

박주호, 오헌석, 변기용, 배상훈, 장환영, 장덕호, 정제영(2012). 교육복지 강화를 위한 교육행정체제 편성 방향 연구. 교육복지정책중점연구소.
박주호, 김진숙, 장연진, 김정덕(2013). 교육복지 전달체계의 효율성 제고방안: 중복, 편중, 사각지대 개선을 중심으로. 교육복지정책중점연구소 수탁연구.
서울시교육청(2019). 2019 서울 기초학력 향상 기본 계획.
안병영, 김인회(2009). 교육복지정책론. 다산출판사.
우명숙(2018). 교육복지의 현황과 과제. 보건복지포럼.
이종재, 이차영, 김용, 송경오(2015). 교육정책론. 학지사.
이태수, 정무권, 이혜영, 박은혜, 윤철경, 김현숙, 윤철수(2004). 교육복지 구현 종합방안 연구. 교육인적자원부.
이혜영, 류방란, 김경애, 김경희, 김민희(2011). 교육복지 통합적 지원체제 구축 방안 연구. 한국교육개발원.
정일환, 주철안, 김재웅(2016). 교육정책학: 이론과 사례. 동문사.

Viennet, R., & Pont, B. (2017). Education policy implementation: A literature review and proposed framework. *OECD education working paper No. 162*

제 13 장

해외 교육복지정책의 사례

1. 서론

20세기 후반부터 양극화와 계층화로 지칭되는 사회적 불평등이 심화됨에 따라 지역 · 인종 · 계층 간 교육격차와 교육불평등에 대한 논의는 교육복지에 대한 관심과 주의를 환기시켜 왔다. 특히 사회적 불평등이 교육불평등을 낳고, 이러한 교육불평등이 사회적 불평등을 재생산한다는 비판이 학교 · 지역 · 국가적 차원에서 제기됨에 따라 이러한 악순환의 고리를 끊고, '희망의 사다리'를 놓기 위해서는 '국민들의 실질적인 자유와 평등은 물론, 인간다운 생활을 할 권리를 보장하여야 한다는 복지국가'적 관점에서 교육을 이해할 필요가 있다(정필운, 2015). 이러한 맥락에서 단순히 분배 혹은 재분배의 복지 개념을 넘어서 교육이 복지국가 원리에 따른 국가 정책의 중요한 영역으로 등장하기 시작하였고, 이에 따라 교육복지가 각 국가의 핵심 교육 어젠다로 자리하고 있다.

이러한 세계 각국의 교육복지정책은 크게, ① 모든 학생이 반드시 달성해야 할 최소필요조건의 기초교육 수준을 보장하기 위한 정책, ② 사회경제적 요인으로 인해 발생하는 상대적인 교육불평등을 해소하기 위한 정책, ③ 교육 외적인 사유로 인해 실질적인 교육기회를 얻지 못하는 교육취약계층 및 학교부적응 학생들의 학습기회 보장을 위한 정책, ④ 독립적인 교육복지정책이 아닌 교육이 복지체제의 일환으로 기능하는 형태의 네 가지 유형으로 나누어 살펴볼 수 있다(장덕호, 김성기, 유기웅, 윤철수, 2015; 정필운, 2015; 함승환, 김왕준, 2013).

이하에서는 해외 주요 국가들의 교육복지정책을 이해하는 한편, 이들이 우리나라의 교육복지정책에 주는 시사점을 도출하고자 하였다. 이를 위해 미국, 영국, 프랑스, 핀란드, 일본의 교육복지정책 사례들을 국가별로 살펴본 후 앞의 네 가지 교육복지정책 유형에 따라 이들을 분류하고, 이에 근거하여 한국형 교육복지정책 모형의 제안에 유의한 정책적 시사점을 제시하였다.

2. 국가별 사례

1) 미국의 교육복지

다양한 인종, 국적, 문화적 특성이 혼재된 미국은 일찍이 저소득층 및 이주민 자녀 등과 같은 소외 계층의 자녀들을 주요 정책 대상으로 하여 이들의 교육기회를 보장하기 위한 교육복지정책들을 수립 · 시행해 왔다. 미국의 교육복지정책은 큰 틀에서 저학력 학생과 학교들을 대상으로 이들의 학업성취 수준을 높임으로써 교육격차를 해소하고 이에 기반하여 정책의 효과와 책무성을 점검하는 데 초점이 맞추어져 왔다(김경애, 김숙이, 정수정, 이진희, 이병곤, 2012; 박주호, 2015).

(1) 헤드 스타트 프로그램

1965년 도입된 헤드 스타트 프로그램(Head Start Program)은 1964년의 「경제기회법(Economic Opportunity Act)」을 근거로 시작되었으며, 1990년의 「헤드스타트 확대 및 질 개선법(Head Start Expansion and Quality improvement Act)」과 2007년의 취학 준비를 위한「헤드 스타트 질 개선법(Improving Head Start for School Readiness Act)」을 통하여 독자적인 법률 기반을 마련해 오고 있다(염철현, 2010).

미국 연방정부 차원에서 저소득층 아동들의 인지적 · 사회적 · 정서적 발달을 통해 취학 전 학습 능력을 제고시키기 위하여 도입된 헤드 스타트 프로그램은 3세부터 취학 전 연령의 아동들을 대상으로 인지 및 언어발달서비스, 의료 보건 서비스, 영양 및 사회서비스 등이 포함된 종합적인 지원 프로그램을 제공함과 동시에, 이들의 부모들에게도 부모교육을 제공함으로써 아이들의 전인적 성장을 위한 다양한 정책적 노력을 기울이고 있다(장덕호 외, 2015). 이러한 헤드 스타트 프로그램은 연방 보건인적자원부(U.S. Department of Health and Human Serivices) 아동가족국(Administration for Children and Families) 내의 전담부서(Office of Head Start)에서 담당하고 있다.[1)]

헤드 스타트 프로그램에서의 저소득 가정이란 가구총소득이 정부가 제시하는 빈곤선(poverty threshold) 이하인 가정을 의미하며, 총소득이 빈곤선 이상이더라도 공적 부조를 받는 가정 혹은 위탁가정의 아동들은 프로그램에 참여할 수 있다. 1996년 이후에는 헤드 스타트 프로그램 성취 표준(Head Start Program Performance Standards)을 마련하여 현장에서 교사들이 아동의 학습수행능력을 평가하도록 하고 있으며, 각 주에서는 이 기준을 근거로 프로그램의 질적 개선을 위한 노력을 기울이고 있다(김미숙, 배화옥, 2006).

그리고 1996년부터는 조기 헤드 스타트 프로그램(Early Head Start Program)을 통해 프로그램의 적용 대상을 저소득 가정의 3세 미만 영유아로 확대하였으며, 산전 태아 건강 관리 지원, 영유아 발달 지원, 가족 건강 증진 등의 사업을 통하여 빈곤의 세습을 막기 위한 조기 개입 정책을 실시하고 있다(김미숙, 배화옥, 2006; 박주호, 2015).

한편, 헤드 스타트 프로그램 시행지침서에 따르면 헤드 스타트 학급의 10% 이상은 장애를 지닌 아동으로 구성해야 하며, 실제 U.S. Department of Health and Human Service와 U.S. Department of Education(2015)에 따르면 헤드 스타트 프로그램에

---

1) http://www.acf.hhs.gov/ohs. 2019. 1. 16. 접속함.

서 교육받고 있는 아동 중 12%가 개별화 교육계획안을 가지고 있는 장애아동인 것으로 보고되고 있다.

(2) 낙오 학생 방지법과 모든 학생 성공법

1965년 「초 · 중등교육법(Elementary and Secondary Education Act: ESEA)」의 제정 이래 초 · 중등교육에 투입된 막대한 예산과 다양한 교육프로그램에도 불구하고, PISA와 TIMSS 등의 국제학업성취도평가 결과 미국의 학생들이 여전히 타 국가의 학생들에 비해 학업성취 수준이 낮으며, 계층 · 지역 · 인종 간 격차도 큰 것으로 보고되었다.

이에 부시 행정부와 미연방의회는 2001년 기존의 「초 · 중등교육법」을 「낙오 학생 방지법(No Child Left Behind Act: NCLB)」으로 수정 · 재인가하여 2002년부터 시행하였다. NCLB에서 미국의 교육복지정책과 관련하여 직접적으로 적용되는 조항은 101항의 제1부(Title I)로서 이에 따르면 "모든 아동이 수준 높은 교육을 받고, 최소한도로 주정부가 정한 학업성취기준에 도달하기 위해 공정하고 동등한 기회를 갖도록 보장한다."라고 명시함으로써 사회경제적 약자와 소외계층의 학업성취 향상을 위한 지원을 분명히 하였다.

NCLB는 기존의 「초 · 중등교육법」과 네 가지 측면에서 차이점을 보인다. 첫째, 법률의 유연성과 지방통제의 강조(flexibility and local control)로서, 주와 지방정부는 연방교육재원의 사용에 대해 유연성을 갖는 대신에 NCLB에서 요구하는 학업성취도 달성에 대해서는 주차원에서 어느 때보다 많은 권한과 책임을 지니도록 하였다. 둘째, 부모의 선택권 확대(enhanced parental choice)로서, NCLB에서 요구하는 기준에 미달하는 학교에 다니는 학생과 학부모가 학교선택권을 폭넓게 행사할 수 있도록 하였다. 셋째, 효율적인 교수방법의 강조(focuses on what works)로서, 연방정부는 읽기와 쓰기, 수학 과목에서 우수교사를 유치하고 효율적인 교수방법을 개발하여 학교현장에 적용하도록 하였다. 넷째, 결과에 대한 책무성의 강조(stronger accountability for results)로서, NCLB에 따라 주정부는 2013~2014학년도까지 모든 공립 초 · 중등학교의 학생들이 읽기와 수학 과목에서 주(state)가 설정한 학업성취기준을 충족시키도록 했다(염철현, 2012).

그러나 NCLB가 표준화시험과 책무성을 지나치게 강조함에 따라 주마다 학업목표의 연간진척도(Adequate Yearly Progress: AYP)를 낮게 설정하고, 학교의 점수 부풀리기를 조장하며, 많은 학교를 실패한 학교로 낙인찍어 학생과 학부모에게 혼란을 제공하고, 학생의 학업성취도와 교사나 교장의 리더십을 연계시키지 않는다는 등의 문제점들이 지적됨에 따라 2015년 오바마 대통령은 NCLB를 수정 재인가한「모든 학생 성공법(Every Student Succeeds Act: ESS)」에 서명 · 발효시켰다.

ESS는 부시(bush) 행정부와 오바마(Obama) 행정부에서 행해졌던 연방정부의 주와 교육구 교육에 대한 지나친 개입과 간섭을 최소화하고, 교육의 방법과 내용에 대한 의사결정권한을 주와 교육구에 되돌려 주는 것을 전제로 한다. ESS는 NCLB와 같이 주정부가 3~8학년 학생들을 대상으로 매년 수학 · 영어 과목에 대한 표준화된 평가를 시행하도록 규정하고, 연방정부 차원에서 핵심교육과정(common core standards)를 제시하고, 주별로 책무성 계획을 세운 후 연방교육부에 제출하도록 한다. 그리고 저성취 학교에 대한 모니터링 및 관리는 유지함을 원칙으로 한다(염철현, 2016).

그러나 ESS는 NCLB와 달리 연방정부가 낮은 학업성취 수준을 보이는 주와 교육구에 징벌적 처벌을 하지 않는 대신 주와 교육구가 자발적인 대응 방안을 수립하도록 규정하고 있다. 그리고 ESS에서는 학생들의 읽기와 수학 성적을 일정 수준으로 올려야 한다는 기준, 즉 연간진척도(AYP)를 삭제하였다. 이와 함께 연방정부가 지원금을 활용하여 주정부에 학업기준 또는 교육과정을 강제하도록 유도할 수 없으며, 연방정부가 교사평가에 학생들의 학업성취도를 포함하도록 강제할 수 없도록 하고 있다. 이와 같이 ESS는 NCLB 제정 이후 주와 교육구의 교육에 지나치게 개입한 연방정부의 권한을 줄이되 NCLB의 장점은 살리기 위하여 제정된「교육개혁법」으로 이해할 수 있다.

한편, 2017년 도널드 트럼프(Donald Trump)가 미국의 제45대 대통령으로 취임한 이후 미국의 교육복지정책은 기존과 다른 방향성을 지닌 채 변화를 겪어 왔다. 트럼프 정부의 교육정책은 철저히 '자본주의 경쟁논리'에 근거하고 있으며, NCLB, ESS로 이어진 연방정부의 교육 개입에 부정적인 입장을 취하고, 학교와 교사, 학생들에게 경쟁을 요구하는 등 시장주의와 성과주의 개념을 교육에 도입하기 위해 노력하고 있다. 이를 위해 트럼프는 학부모와 학생들의 학교선택권을 강조하여 학교가 아이들을 위해 경쟁하도록 만들며, 다양한 형식의 학교 설립을 유도하고 특히 차터스쿨(Charter school)로 불리는 자율형공립학교를 활성화시키는 한편, 경쟁을 통한 생존, 지역 특성을 살린 자율성과 맞춤형 교육을 강조하는 경향을 보인다(한국교육신문, 2016. 12. 1.).

특히 2017년 3월 트럼프 행정부는 모든 주가 반드시 ESS를 따르도록 되어 있던 의무 이행 규칙을 폐지하는 2개 법안에 서명함으로써 교육에 대한 연방정부의 역할을 약화시키면서 주정부의 권한을 강화하는 한편, 개별 학교에도 자율권을 부여하고자 하였다(Klein, 2017. 5. 13.). 이러한 조치에 대해 주정부의 교육정책에 대한 행정부의 과도한 규제 완화라는 주장과 빈곤층, 성소수자, 장애학생, 비영어권 학습자의 학업성취 저하를 가져올 것이라는 반박이 팽팽히 맞서고 있는 상황이다(박효원, 2017. 5. 26.). 트럼프 정부의 이러한 입장은 2018년 교육예산을 통해서도 여전히 유효한 것으로 나타났는데, 2018년 연방정부 교육예산은 약 590억 달러로 2017년과 비교할 때 13%가량 감소하였고, Supporting Effective Instruction State grants(Title II-A), 21st Century Community Learning Centers program, Comprehensive Literacy Development Grants/Striving Readers 사업 등과 같이 기존에 연방 교육부 담당 프로그램 상당수를 삭제한 반면, 학교 선택 관련 예산은 전년도 대비 약 14억 달러가량 증가된 것으로 나타났다(김지혜, 2018).

그럼에도 불구하고 트럼프 정부는 장애학생 지원(127억 달러), 영어교육 지원(7.36억 달러), 이민 학생 지원(3.74억 달러), 지방 학교 지원(1.75억 달러), 원주민 교육 지원(1.43억 달러), 홈리스 학생 지원(6,990만 달러), 비행 청소년 지원(4,750만 달러) 등의 초·중등교육 영역의 취약계층 학생을 위한 지원 사업을 대부분 유지시킨 것으로 나타났다(김지혜, 2018). 이를 통해 볼 때 트럼프 정부는 주정부와 학교 간의 경쟁을 통해 모든 학생의 교육기회 선택권과 자유를 확대하는 것은 전제로 하되, 교육취약계층 학생 개개인에 대한 지원은 유지하는 교육복지정책을 취하고 있는 것으로 이해할 수 있다.

(3) 이중언어교육법

미국의 「이중언어교육법(Bilingual Education Act: BEA)」은 1968년 「초 · 중등교육법」의 제7편(Title Ⅶ)을 통해 제정되었으며, 이는 연방정부로부터 예산 지원을 받는 공립학교가 대상 학생들에게 이중 언어 프로그램을 제공해야 함을 명시하고 있다. 미국의 이중언어교육은 '모국어 개발을 통해 이들이 교육 과정에 의미 있고 공정하게 접근'하도록 하는 것을 목표로 하고 있다(August & Hakuta, 1997: 16: 모경환, 황혜원, 2013: 54에서 재인용).

「이중언어교육법」은 이민, 언어 환경 등의 이유로 영어 말하기 능력이 부족한 학생들의 교육적 요구를 충족시키고 이로 인한 격차를 해소하기 위하여 '이중 언어 교육 프로그램' '가정-학교 간 협력' '이중언어교육의 대상이 되는 아동의 부모들을 위한 성인 교육' '이중언어교육 대상자의 중도 탈락 예방 프로그램' 등과 같은 다양한 활동을 제시하였다(Wright, 2005: 3-4).

이후 「NCLB 법」에서는 '이중 언어(bilingual)'라는 표현 대신 '영어 구사능력이 부족한 학생(Limited English Proficiency: LEP)'이라는 용어를 사용하고 있다. NCLB 발효와 함께 「이중언어교육법」은 폐기되었지만, 대신 LEP와 이민자 학생을 위한 언어 교수(Language Instruction for Limited English Proficient and Immigrant Students: Title Ⅲ) 관련 조항이 추가로 신설되었으며(모경환, 황혜원, 2013), 이를 통해 이민자를 포함한 영어능력 부족 학생들의 영어 능력 및 학업 성취도 향상을 목표로 하고 있음을 명시하고 있다. 또한 영어 능력 향상과 숙달, 그리고 학습 내용과 핵심 과목에서 성취 기준에 도달하도록 돕기 위하여 설계된 과학적 연구 기반을 갖춘 프로그램을 제공하도록 요구한다. 이와 같이 「이중언어교육법」이 NCLB에 포함된 것에 대해 반대와 우려의 목소리가 존재하기도 하지만[2], 「이중언어교육법」의 본질적인 기능은 유지되고 있는 것으로 평가되고 있다(염철현, 2010).

---

2) http://ourworld.compuserve.com/homepages/JWCrawford/T7obit.htm, Crawford, James, "Obituary : The Bilingual Education Act(1968-2002)", Spring 2002(online).

(4) 프라미스 네이버후드 프로그램

프라미스 네이버후드 프로그램(Promise Neighborhood Program)은 아동의 출생 및 성장, 대학 진학을 거쳐 취업까지 안정적으로 도달하도록 보건, 교육, 사회서비스를 종합적으로 지원하는 프로그램이다. 프라미스 네이버후드 프로그램은 뉴욕의 '빈곤 아동 지역(Harlem Children's Zone: HCZ)' 모델을 2010년 오바마 대통령이 연방정부 정책으로 확장하여 추진한 것으로(이혜숙 외, 2013), '프라미스 네이버후드'는 지역사회의 학교들을 중심으로 한 지역공동체를 의미한다.

프라미스 네이버후드 프로그램은 프라미스 네이버후드에서 성장한 모든 아동이 좋은 학교에서 양질의 교육을 받고, 가족과 지역사회의 지원을 통하여 교육적 성취를 달성하고 대학 진학은 물론 취업에 성공할 수 있도록 지원함을 목적으로 한다. 연방교육부는 프라미스 네이버후드 프로그램을 위하여 2010년 21개 지역사회에 50만 달러씩을 지원하였으며, 2011년에는 3,000만 달러를 책정하여 15개의 기획 보조금(planning grants)에 최대 50만 달러를 지원하고, 6개의 실행보조금(implementation grants)으로 4~6백만 달러를 3~5년간 지원하기로 하였다(이혜숙 외, 2013).[3)]

프라미스 네이버후드 프로그램을 총괄 · 운영하기 위한 조직으로 연방정부 차원에서 'The Promise Neighborhood Institute'[4)]가 설치 · 운영되고 있다. The Promise Neighborhood Institute는 아동들의 학교 입학 준비 지원, 아동과 청소년들의 학교생활 성공 지원, 청소년들의 고등학교 및 대학교 졸업 지원, 가족 및 이웃 자녀들의 건강한 발달과 학업적 성공 지원 등을 주요 목표로 하며, 각 지역사회에서 프라미스 네이버후드 프로그램을 운영하기 위한 가이드라인 개발과 각종 자원 매개 등의 역할을 수행한다. 즉, 지역사회의 아동이 요람에서 학교로, 그리고 학교에서 직장으로 자연스럽게 이어지기 위한 교육, 건강 그리고 사회적 지원을 제공할 수 있도록 리더십, 경영관리, 의사소통 기법 그리고 공공과 민간의 각종 자원들을 프라미스 네이버후드

---

3) 기획보조금(planning grants)은 요람에서 대학/직장까지 지원하기 위한 종합적인 계획을 수립하는 데 지원되는 보조금이며, 실행보조금(implementation grants)은 프로그램을 직접 실행하기 위해 기관에 지원되는 보조금임(이혜숙 외, 2013: 24).

4) http://promiseneighborhoodsinstitute.org/ (2019. 1. 16. 접속).

운영기관에게 제공하는 역할을 수행한다.

2) 영국의 교육복지

영국은 1944년 제정된 「교육법(Education Act)」에 의해 교육복지라는 개념이 도입되었다(이혜숙 외, 2013). 이후 학부모의 학교선택을 강조하는 효율성과 수월성 기조의 「교육개혁법(Education Reform Act)」이 1988년 시행된 후 학교 간 격차가 심화되는 문제점이 제기됨에 따라 교육복지사업을 통하여 모든 학습자의 교육적 욕구 충족과 질 높은 학습기회 제공을 위한 노력을 기울이고 있다(장덕호 외, 2015).

영국의 교육복지는 모든 아동청소년을 대상으로 하지만 교육취약집단을 우선 정책 대상으로 하는 교육복지정책을 통해 교육격차 해소, 학습자의 요구와 필요를 반영하는 맞춤형 학습지원, 특수교육 강화, 인종, 성별, 사회계층으로 인해 발생하는 소외와 차별을 받지 않고 모든 아동의 성장과 복지 향상에 초점을 맞추고 있다. 특히 교육부(Department for Education: DfE)에서 총괄하여 추진하는 교육복지사업은 학교를 중심으로 지역교육공동체의 성장 및 개별 학생들의 학업성취도 향상과 전인적 계발을 목표로 한다(이혜숙 외, 2013).

(1) 교육우선투자지역, 도심지역수월성 사업

교육우선투자지역(Education Action Zone: EAZ)과 도심지역수월성(Excellence in Cities: EiC) 사업은 빈곤 · 소외 지역 내 교육취약계층 학생들의 교육수준을 높임으로써 교육형평성 제고를 위한 지역 중심의 교육복지정책으로 평가받고 있다(이혜숙 외, 2013).

1998년 「School Standards and Framework Act」에 근거하여 도입된 EAZ는 도심의 취약지구 초등학교, 1999년부터 시행된 EiC는 중등학교를 대상으로 학교 경영, 생활지도, 교수학습 방법 개선 등에 초점을 둔 정책으로서 EAZ는 2003년 EiC에 흡수 · 통합되었다.

EAZ는 지역 단위로 이루어졌으며, 무상급식 비율이나 지역의 경제 수준 등을 기준으로 선정되었다(강순원, 2012). EAZ는 높은 결석률, 낮은 학업성취도, 빈곤 가정 증가 등의 지역 교육 문제를 해결하기 위하여 학부모, 기업체, 지역정부, 지역사회가 연계 · 협력하여 파트너십을 구축하여 학생들의 학업성취도 향상을 추구하는 한편, 교육개혁 정책을 공동으로 추진하였다. 이러한 EAZ는 교육부에서 배분된 예산과 함께 민간영역의 투자를 받아 지방교육청 실무자, 학부모, 민간기업 대표, 학교장 및 교사 등으로 구성된 액션 포럼(Action Forum)이 주축이 되어 운영되었다. 해당 지역에서는 조기교육센터를 통한 유아교육과 보육, 빈곤 가정 자녀를 위한 교외 학습 활동과 함께 가족 문맹퇴치 프로그램을 제공하였다. 이와 함께 단위학교에 자율성을 부여하여 국가교육과정을 지역사회와 학교 실정에 맞게 개편하고, 우수교사 확보를 위하여 성과급, 보조교사, 행정업무 감면 등을 제공하였다(이혜숙 외, 2013; 장덕호 외, 2015).

EiC는 '지방정부가 교육서비스에 대한 책임을 진다.'는 「교육법」에 의거하여, 국가교육 운영에 민간 조직을 참여시켰던 EAZ의 문제점을 보완하여 민간투자를 유치하지 않고, 교육부에서 직접 대상 학교를 선정하여 예산을 지원하고 있으며 지방교육청 차원에서 취약계층 학생들의 교육복지 지원 활동에 중점을 두고 있다. 이로 인해 EiC는 각 지방정부의 성향과 지역적 특성에 따라 지역별로 차별화되어 운영되고 있다(강순원, 2012; 김정원, 최영태, 김경애, 김민, 양병찬, 이원희, 2007). 이러한 EiC는 낙후지역 학생들의 학업성취 향상을 위해 학습 멘토(learning mentor) 제공, 학습 지원 기구(learning support units), 영재 학생(gifted and talented) 지원, 도시학습센터(city learning center) 운영, 리더십 인센티브 제공(leadership incentive grant) 등의 내용을 포함하고 있다.

(2) 슈어스타트 프로그램

슈어스타트 프로그램(Sure Start Program)은 빈곤 가정 아동의 학습능력 신장, 사회 · 정서적 발달 및 건강 증진, 가족 역량 강화를 위하여 정부 주도로 1999년부터 추진 중인 정책이다. Sure Start란 '빈곤층 아동들이 인생을 어려서부터 확실하게(Sure) 출발하도록(Start)' 돕는다는 의미로서(김미숙, 배화옥, 2006: 134), 조기 개입을 통하여 교육 불평등 및 성장과정에서의 격차와 이로 인한 사회적 문제를 예방함을 목적으로 한다(장덕호 외, 2015).

슈어스타트 프로그램은 프로그램당 400~800명을 포함하는 지방자치단체 중심의 프로그램으로 빈곤가정의 아동 및 부모들에게 교육, 보육, 건강, 취업 등의 종합적인 가족 지원 서비스를 제공한다. 교육부(DfE)와 노동연금부(Department for Work and Pensions)의 예산 지원하에 각 지방정부는 슈어스타트 센터(Sure Start Children's Centre)를 설치하여 슈어스타트 프로그램(Sure Start Local Programmes)을 개발 · 제공하며, 센터는 이러한 프로그램과 서비스를 저소득 가정과 아동들에게 제공한다(Department for Education, 2013). 이를 위해 슈어스타트 프로그램은 센터를 중심으로 학교, 병원, 도서관 등의 지역 사회 협력을 위한 노력을 중요시한다. 슈어스타트 프로그램은 다음과 같은 주요 원칙에 따라 운영된다.[5)]

- 지역 내의 아동 지원 서비스와 연계성을 강화한다.
- 부모들을 참여시킨다.
- 참여 아동들에게 낙인을 씌우지 않도록 한다.
- 지속적이며 연속적인 지원을 보장한다.
- 지역 가족들의 요구에 민감하게 반응한다.
- 지역 내 모든 가족의 참여를 장려한다.

슈어스타트 프로그램은 초기에는 5세 미만의 취약계층 및 저소득 가정 아동들을 대상으로 이들에게 교육, 상담, 보육 및 의료서비스를 제공하였지만, 이후 저소득 · 빈곤 지역의 0~14세(장애인은 16세) 이하 아동들로 수혜대상을 확대하여 청소년 취업, 미혼모 지원, 빈곤 아동의 부모 직업훈련 및 취업 지원 등의 다양한 지원 서비스를 제공하고 있다. 그리고 이러한 프로그램을 보편적인 서비스로 확대함으로써 프로그램 수혜 학생들의 낙인 효과를 최대한 방지하기 위한 노력을 기울이고 있다.

---

5) http://www.early-years.org/surestart/principles.php. 2019. 1. 16. 접속함.

(3) 학교 기능 확대 프로그램

학교 기능 확대 프로그램(Extended Schools Programme)은 취약계층 학생이나 학업 중단 우려가 있는 학생들의 학업성취도 향상을 목적으로 이들이 자신들의 잠재력을 발휘할 수 있도록 교육 및 관련 서비스를 제공하는 데 초점을 둔다. 특정 지역 내 초중등학생들의 교육력 향상을 위한 EAZ와 달리 학교 기능 확대 프로그램은 학교 자체의 기능 강화를 목적으로 하는 사업으로서 학교 내 학생들의 학업성취도 향상을 목적으로 한다(박선영, 2009).

영국 교육부가 2006년부터 추진 중인 학교 기능 확대 프로그램은 국내의 방과 후 학교와 유사한 형태로서 취약계층 청소년의 학습지원과 방과 후 활동지원을 주요 내용으로 하며, 초등학생과 중 · 고등학생들을 대상으로 학교 수업 시간 이외의 시간에 아침식사 혹은 숙제클럽(breakfast or homework clubs), 스포츠, 예술, 드라마, ICT 지원 프로그램 등을 제공한다. 이를 위해 학교에는 방과 후 활동을 위한 전담인력이 배치되며, 학생의 학업성취도 향상을 위한 각종 지원이 제공된다. 프로그램 적용 대상은 단순히 빈곤 계층의 학생들뿐만 아니라 원하는 모든 학생이 이에 참여할 수 있다(Department for Children Schools and Families, 2009).

그리고 학습 지원 이외에도 부모 및 가족 프로그램 등을 통하여 학생과 가족들이 지역 사회 이웃들과 교류함으로써 지역 생활에 적응할 수 있도록 지원하고, 학교 개방을 통한 지역사회 연계 프로그램 등을 통하여 청소년 보호와 복지의 영역까지 학교 기능을 확대하는 한편, 지역사회와 학교의 사회적 책무성을 강화하고 있다.

3) 프랑스의 교육복지

프랑스는 자유, 평등, 박애의 이념 아래 공화 민주주의 체제를 유지하는 국가로서 프랑스 대혁명이라는 역사적 기원으로 인해 시민권 개념이 강한 국가이다. 이로 인해 사회 불평등에 대한 문제의식에 기반하여 교육기회의 평등을 위하여 오랜 기간 교육복지정책을 운영해 왔다(강순원, 2012).

이에 따라 프랑스는 사회 불평등 구조를 개선하기 위하여 긍정적 차별(positive

discrimination)[6]과 기회 평등에 근거한 교육복지정책을 실행하고 있다(장덕호 외, 2015). 특히 1980년대 이후 사회적 불평등이 프랑스의 주요 사회문제로 대두됨에 따라 취약계층 아동들의 실질적인 교육기회 보장을 위한 교육우선지구(Zones d'Éducations Prioritaires: ZEP) 정책이 1981년 시행됨으로써 프랑스의 교육복지 정책이 본격화되기 시작하였다. 그리고 2000년대 들어 프랑스 학생들의 교육경쟁력 저하가 사회적 이슈로 등장함에 따라 학생들의 학습 역량 제고를 위한 교육성공프로그램(Programme de Réussite Éducative: PRE), 개인교육성공프로그램(Programme Personnalisé de Réussite Éducative: PPRE), 특별지원연계망(Réseaux d'aides spécialisées aux élèves en difficulté: RASED) 등이 시행되어 학생 개개인의 학력 향상을 위한 맞춤형 지원이 이루어지고 있다(장덕호 외, 2015).

(1) 교육우선지구, 교육우선연계망

교육우선지구(Zones d'Éducations Prioritaires: ZEP) 정책은 소외된 취약계층의 자녀들에게 교육, 문화적 혜택을 제공하기 위하여 1981년 미테랑 사회당 정부에 의해 도입되었다. 당시 프랑스 정부는 사회경제적 계층 및 지역적 상황에 따른 교육 환경의 차이가 학교의 성공여부를 좌우함을 지적하며, 교육취약지역에 대한 '선별적'이며 '우선적'인 지원 정책으로서 프랑스 최초의 긍정적 차별 정책인 ZEP를 발표하였다(이영란, 2013).

ZEP는 교육소외 지역을 선발하여, 지역 내의 학교를 중심으로 교육복지 프로그램을 실시하는 것을 주요 내용으로 한다. ZEP를 구성하는 세 가지 주요개념은 다음과 같다(조발그니, 2005: 241-242).

① 지역(Zone): 도시 근교 및 사회경제적으로 낙후된 지역(교외 및 농촌 포함)

---

6) 긍정적 차별은 궁극적으로 평등을 지향해 긍정적인 의도로 차별이라는 방법을 실시한다는 정치사회적 용어로서, "사회문화적 환경이 좋지 못한 이들의 신체, 정서, 인지, 언어 발달 등을 우선적으로 도와 빈곤의 악순환으로부터 그들을 보호하자는 박애주의적 입장에서 제안된" 개념이다(강호순, 1989: 112; 이영란, 2013).

② 교육(Education): 정규 학교교육(보충교육이 아닌 제도교육 자체를 의미함)

③ 우선(Prioritaire): 교육소외가 심각한 지역과 사회경제적으로 열악한 사람들을 우선적으로 지원함.

지역 선정은 유급률 및 진급률, 실업-직업학교 진학률, 외국인 학생 수, 초등-유치원 학급 학생 수, 국어 · 수학 기본학습의 학생당 소요시간 및 지역의 인구사회학적 기준 등에 근거하여 이루어졌다. 이에 따라 1982년 최초로 363개의 우선지역이 선정되었고,[7] 우선지역에는 11,625명의 신규교원인력이 추가적으로 투입됨으로써 ZEP 정책이 시작되었다. 해당 지역에는 교사를 추가적으로 배치하며 학생들을 대상으로 조기 교육을 실시하는 등의 교육적 지원을 제공한다. 교육 프로그램은 아동의 언어 능력 향상, 스포츠 활동 및 보충 지도 등으로 이루어지며, 이들의 학부모들을 대상으로 한 교육은 물론 학교 개방 및 지역 사회와 연계한 학생들의 방과 후 활동 또한 제공하고 있다(장덕호 외, 2015). 이후 ZEP는 교육지원 장려, 학교 교육 외부 개방, 다양한 교육당사자 참여 프로젝트 개발, 기본 교육제도와의 조화로운 연계라는 4가지 기본 노선 속에서 현재까지 이어지고 있다(이영란, 2013).

한편, ZEP 선정 지역에 대한 부정적 이미지가 누적되고, 이로 인해 중산층의 ZEP 기피 현상이 나타남에 따라 이를 극복하기 위하여 ZEP와의 연계를 통해 교육 낙후 지역을 '우수교육거점지역'으로 변화시킨다는 의도에서 1998년 시작된 교육우선연계망(Reseaux d'Éducation Prioritaire: REP) 정책은 ZEP가 너무 넓은 경우 효과적인 정책 수행이 어렵다는 판단하에 학교 단위 연결망 구축을 통해 보다 효율적인 교육 지원을 제공함과 동시에 학교와 지방자치단체 간의 연계를 통한 학교 교류를 강화하고 있다(김정원, 이은미, 하봉운, 이광현, 2008).

ZEP는 1990년, 1997년, 2006년, 2010년, 2015년 5차례에 걸쳐 재활성화 과정을 거쳐 기본 방침의 수정, 보완 과정을 겪어 왔다. 2015년 재활성화되어 현재 프랑스 전역에서 시행 중인 ZEP는 '모든 불평등에 대항한다.'는 프랑스 공교육의 목표를 재

7) 최초의 우선지역에는 전체 초등학생의 8.3%, 일반계 고교생 0.8%, 실업계 고교생 7.4%, 컬리지학생 10.2%가 포함된 것으로 나타났다(이영란, 2013: 174).

천명하는 한편, 각 지역에서 비효율적으로 운영되어 온 ZEP에 정부가 적극적으로 관여하여 정책 개발 및 실행, 교원교육 등에 있어서의 내실화를 위한 강한 정책 의지를 보인다는 점에서 기존의 ZEP와 차이를 보인다(이영란, 2015).

이러한 ZEP 정책은 도입 이래 지금까지 프랑스 사회 내에서 치열한 찬반 논쟁을 가져오고 있다. 그럼에도 불구하고 ZEP는 점차 강화되는 추세를 보이고 있으며 올랑드(Francois Hollande), 자크 시라크(Jacques Chirac), 미테랑(Francois Mitterand) 대통령 등을 배출한 프랑스 정치학의 중심인 파리정치대학(Institut d'études Politiques de Paris)의 경우 ZEP 출신 학생들을 2001년부터 특별 선발하고 있다(경향신문, 2014).[8)]

(2) 교육성공프로그램, 개인교육성공프로그램, 특별지원연계망

지역과 학교 차원에서 교육불평등 해소를 위해 도입된 ZEP, REP와 달리 교육성공프로그램(Programme de Réussite Éducative: PRE)과 개인교육성공프로그램(Programmes personnalises de reussite éducative: PPRE), 특별지원연계망(Réseaux d'aides spécialisées aux élèves en difficulté: RASED)은 학생 개인 차원의 교육 문제 해결을 위해 도입된 정책들이다. 프랑스의 학생 대상 교육복지정책은 기존의 지역·학교 중심의 ZEP 정책이 학생 개개인의 맞춤형 학업성취 제고에 어려움을 겪고, 2015년 ZEP 재활성화 정책에서 밝힌 바와 같이 지역이나 학교 차원의 ZEP 정책 집행 과정에서 나타날 수밖에 없는 비효율성에 대한 비판 속에서 그 필요성이 제기되었다. PRE, PPRE, RASED 등의 개인 단위 정책은 초기 단계에서 학생들의 기본학습능력, 특히 언어 및 수학 과목의 기초학습능력 함양에 중점을 둔다. 이는 해당 과목들에서의 기초학습능력 획득이 이후의 중등교육과정에서 발생하는 학업중단 및 이로 인한 사회적 비용을 최소화시킬 수 있다는 판단 때문이다. 프랑스의 학생 개인 단위 교육

---

8) 처음에는 시범적으로 17명에서 시작하여 2013년에는 150여 명으로 늘어났다. 선발 학생의 4분의 3은 장학금을 받으며, 3분의 2는 부모 가운데 적어도 한 명이 이민자인 것으로 보도되고 있다. 가정환경이 어려운 학생들이 석사과정까지 마치는 5년 동안 학비가 면제되는 것은 물론 대학 기숙사가 무상으로 제공되며, 이들이 학업에 전념토록 매년 6,200유로(800만 원 정도)의 장학금을 수여하고 있다(http://news.khan.co.kr/kh_news/khan_art_view.html?artid=201408312100345&code=94). 2016. 10. 21. 접속함.

복지정책은 학업 수행 및 지속에 어려움을 겪는 학생들을 대상으로 이들의 학업성취 수준을 높이고, 그들 스스로 학교 교육의 필요성을 인식하게 함으로써 긍정적 차별과 교육기회의 평등을 보다 적극적이며, 실질적으로 달성하기 위한 것으로 이해할 수 있다(김정원 외, 2008).

① 교육성공프로그램

교육성공프로그램(Programme de Réussite Éducative: PRE)은 학업에 어려움을 겪는 2~16세 사이의 취약계층 아동 및 청소년들의 언어 · 수학 기초학습능력 함양을 목적으로 사회연대부에서 2005년부터 시행 중인 정책이다. 이를 위해 각 지역에 교육성공프로그램 전담 부서(équipes locales de réussite éducative: ERE)를 설치하고, 지역사회기관 및 대학과의 긴밀한 연계 및 지원을 통해 다양한 교육 프로그램과 방과 후 프로그램을 개발하여 운영함으로써 이러한 아동 및 청소년의 진학을 위한 노력을 기울이고 있다(장덕호 외, 2015).

교육성공프로그램 전담부서(ERE)는 개인의 능력이 아닌 기타 사회적 · 환경적 요인으로 인해 학업을 지속하는 데 어려움을 겪는 아동 및 청소년들을 교육적으로 지원함으로써, 이들의 학업중단을 최소화하고 학업을 성공적으로 이어 나갈 수 있도록 지원한다. 지역 전담 부서는 교육부 및 지역사회 네트워크의 협력을 추진하여 특별지원연계망(RASED)을 비롯한 다양한 교육 장치를 활성화시키는 역할을 한다. 또한 프로그램 운영 측면에서는 복잡한 법적 · 제도적 절차를 간소화하고 파트너기관과의 연계를 강화하며 현장에서 교육기회의 평등이 이루어질 수 있도록 전반적인 교육 장치 및 각 프로그램들의 연계를 촉진하는 역할을 수행하고 있다(김정원 외, 2008).

② 개인교육성공프로그램

개인교육성공프로그램(Programmes personnalises de reussite éducative: PPRE)은 모든 학생의 인지적 학습 능력 획득을 목표로 2005년 사회연대부 주도로 시작되었다. 개인교육성공프로그램의 주요 목적은 초등학교 및 중학교 단계 학생들의 학업중단 및 실패를 최소화시켜 프랑스 의무교육 과정의 효과를 극대화하는 데 있다(김정원 외, 2008). 이를 위해 개인교육성공프로그램은 학생들이 기본 학습능력을 획득하도록 지원하고, 이를 달성하지 못하는 학생들에게는 학부모, 교원, 교육지원네트워크 등이 협력하여 학생 맞춤형 처방과 지원을 제공하는 것을 주요 내용으로 한다.

개인교육성공프로그램은 2005년에 초등학교 1, 2학년과 중학교 1학년 과정 학생들을 대상으로 시범적으로 실시되었으며, 이후 6세에서 15세의 모든 학생을 대상으로 학습과 관련된 기본적인 지식을 가르치며, 저성취 학생들을 지원한다(장덕호 외, 2015). 의무교육의 어느 시점이든 학생이 기초학습능력(Socle commun)을 습득하지 못하는 어려움에 처한 것으로 보이면, 학교장은 부모나 법적 책임자에게 교육성공개인프로그램을 제안할 수 있다. 교사들은 초등학교 3학년과 중학교 1학년이 치르는 전국 진단평가 시험과 함께 기초학습능력 습득 정도를 평가하기 위해 별도로 마련된 평가도구를 이용하여 대상 학생을 가늠하고 확정한다. 개인교육성공프로그램은 대상 학생이 정해지면 학교장의 책임 아래 해당 학생의 학부모와의 충분한 논의를 통해 가능한 적절한 조치들을 마련하고, 담임교사를 주축으로 부진학생 지원 전문교사, 외국인 학생의 경우 적응 담당교사, 우선교육 증원교사 등으로 구성된 팀이 프로그램의 목적, 계획 및 실행, 기간, 평가 방식 등의 내용을 담은 문서화된 프로그램을 개발하고 이에 따라 학생 맞춤형 지원 활동을 실시한다(김용채, 2011).

③ 특별지원연계망

특별지원연계망(Réseaux d'aides spécialisées aux élèves en difficulté: RASED)은 「오리엔테이션법(La loi d'orientation de)」에 근거하여 1990년부터 시행되었다. 특별지원연계망은 '아동을 교육시스템의 핵심'(김정원 외, 2008: 89)으로 삼으며, 어떠한 사회경제적 어려움에 처해 있는 아동일지라도 학업에 뒤처지지 않고 졸업까지의 이수 과정을 성공적으로 마치게끔 하는 데 목적이 있다. 이에 따라 특별지원연계망은 초등학교 준비 및 초등학교 재학기간 동안 기초학습능력 획득과 관련하여 지원이 필요한 학생들에게 재교육교사, 상담교사, 방과 후 활동 교사, 특수교사 등을 지원한다(장덕호 외, 2015).

만약 교원들이 제공하는 교육적 지원 방법이나 해결책이 대상 학생에게 적절하지 않거나 충분하지 않을 때, 학교장과 담임교사 및 학부모가 공동으로 합의하여 특별지원연계망에 도움을 요청할 수 있다. 이 요청에 따라 지원이 필요한 것으로 지정된 학생은 소속 학교 교원들의 지도와 함께 상담교사, 방과 후 활동 교사, 특수교사들로 구성된 RASED 담당팀의 지도를 받게 된다. RASED 담당팀은 지역 장학관의 책임 아래 임무를 수행하며, 이들이 제공하는 지원의 내용과 방법은 교육전문가들로 구성된 자문진의 의견에 따라 최종 결정된다. RASED의 담당자인 상담교사, 방과 후 활동 교사, 특수교사는 교육부 소속 교원이며, 이에 필요한 재정은 중앙 정부와 지방자치단체가 부담한다(김정원 외, 2008; 장덕호 외, 2015).

4) 핀란드의 교육복지

핀란드는 2015년 기준 인구 551만 명[9]의 작은 나라로서 선진화된 교육복지 시스템을 갖춘 북유럽 국가 중의 하나이다. 핀란드는 국민들의 높은 조세 부담을 토대로 보편주의와 사회적 권리의 비상업화 원리에 근거하여 최소 필요의 평등이 아닌 가장 높은 수준의 평등을 추구하며, 이에 따라 국가의 책임하에 모든 국민에게 복지 혜택을 제공하는 보편적 복지정책을 실시하는 북유럽 복지모델의 대표적인 국가 중 하나로 알려져 있다. 핀란드를 포함한 북유럽들은 19세기 말부터 사회복지체제를 구축해 왔으며, 이러한 북유럽 국가들의 교육복지정책은 크게 세 가지로 특징지을 수 있다(장덕호 외, 2015; Hilson, 2008).

첫째, GDP의 50%에 달하는 세금을 기반으로 국가 주도의 교육복지정책을 시행하고 있다. 이에 따라 핀란드의 경우 모든 국민의 교육권을 국가가 보장하며 취학 전 교육부터 대학원 박사학위 과정 단계까지 완전 무상교육을 실시하고 있다.

둘째, 국가가 모든 국민의 교육 성취를 위해 평등한 기회를 제공해야 하며, 소외계층만을 대상으로 한 선택적 복지가 아닌 모든 국민을 대상으로 한 보편적 교육복지 정책이 시행되고 있어 모든 국민은 언제나 원하는 때에 필요한 교육과 훈련을 받을 수 있다.

9) http://data.worldbank.org/country/finland?view=chart. 2018. 12. 12.에 접속함.

셋째, 이러한 특성들로 인해 교육이 국가 복지체제에 포함되어 있어 핀란드를 포함한 북유럽 국가들은 개별적인 교육복지정책이 수립 · 시행되지 않고 전체 국가 복지시스템 속에서 운영되고 있다.

이상에서 살펴본 바와 같이 핀란드를 위시한 북유럽 국가들의 교육복지체제는 복지국가 체제의 한 부분으로서 이루어졌고, 이는 철저히 북유럽 국가만의 정치 · 경제 · 사회 · 문화적 기반 위에서 조성된 것이다(김병찬, 2011). 특히 핀란드 교육은 성별, 나이, 지역, 경제력, 국적과 관계없이 모든 학생에게 양질의 교육을 동등하게 제공하는 데 목적을 둔다. 이에 따라 모든 국민은 차별 없이 질 높은 교육을 받을 권리가 있고, 정부와 지방자치단체는 그런 국민의 권리를 보장하기 위해서 최상의 교육서비스를 제공할 의무가 발생한다.

그 결과, 핀란드는 취학 전 교육부터 박사에 이르기까지 모든 교육을 원하는 학생들에게 무상으로 제공한다. 특히 의무교육인 7~16세까지의 종합학교에서는 학습자료 및 급식, 보건 진료, 상담 · 심리 서비스 등 학교교육에 필요한 대부분이 무상으로 제공된다. 이러한 교육복지는 지방자치단체 주도로 운영되고 있으며, 관리 또한 지역 수준에서 이루어진다.

이러한 토대 위에서 이루어지는 핀란드의 교육복지는 크게 세 가지 형태로 설명할 수 있다.[10]

(1) 계층 간 통합교육

핀란드는 사회적 상류층이 고등교육을 독점함에 따라 사회적 불평등이 심화되는 것으로 인식하였다. 이에 따라 복지 향상을 위한 자원 획득과 사회적 통합을 위해서는 소외계층에 대한 교육과 함께 숙련된 지식과 기술을 갖춘 인력 확보가 중요한 사회적 의제로 등장하였다. 이에 따라 사회적 시민을 양성함과 동시에 경제발전의 토대가 되는 인적자본 축적을 위한 장치로 교육의 중요성이 부각되었다. 즉, 핀란드의 복지적 동기과 경제적 동기 충족의 수단이자 과업으로서 교육이 작동한 것이다

10) 이하의 내용은 김병찬(2011)의 내용을 재구성하여 작성하였음.

(Houtsonen, Czaplicka, Lindblad, Sohlberg, & Sugrue, 2010).

이에 따라 1960년대 이후 핀란드는 9년간의 초 · 중등 기본교육을 제공하는 종합학교(Comprehensive School)를 설립하여 계층의 구분이 없는 통합교육을 실시하고 있다. 이러한 통합교육에 기반한 교육기회 확대는 이후의 후기 중등교육 및 고등교육의 확대로 이어져 숙련된 양질의 인적자본 축적에 기여하게 되었다.

(2) 낙오자 방지를 위한 중층교육 구조

핀란드 교육은 교육적으로 어려운 처지에 있는 아이들에 대한 교육을 중시하는 '바닥에 있는 아이들을 끌어올리는 교육'이라고 칭할 수 있다(김병찬, 2011: 94). 이에 따라 핀란드에서는 낙오자 방지를 위한 보완 교육이 철저히 이루어지고 있다. 특히 종합학교에서는 교사들이 일반 학생들뿐만 아니라 성취 수준이 낮은 학생들을 대상으로 이들의 어려움을 해결하기 위한 다양한 정규수업, 방과 후 활동 등을 제공하고 있다. 그리고 보조교사들은 정규교사들과 함께 일대일 혹은 소규모 학생들을 대상으로 학습부진학생들의 학업을 지원하는 역할을 수행한다. 일반교사와 보조교사만으로 적절한 교육을 제공하기 어려운, 특별한 교육적 도움이 필요한 특수학생들은 특수교사가 개입하여 일반교사 및 보조교사와 함께 교육을 실시한다. 그리고 학습부진학생들의 문제가 학업에만 있는 것이 아니라 이들의 가정, 사회, 정서적 문제에 기인한 경우 심리치료사, 의사, 사업가 등 다양한 분야의 전문 인력들이 학생지원팀을 꾸려 이러한 학생들에 대한 지원을 아끼지 않고 있다. 이와 같이 핀란드 교육은 낙오학생을 방지하기 위하여 교사, 보조교사, 특수교사 및 학생지원팀이 중층적으로 이러한 학생들의 교육적 수요와 어려움에 대한 지원을 제공하고 있다.

(3) 무상교육

핀란드 교육복지의 핵심은 학생들이 본인의 인종, 성별, 사회적 · 경제적 지위와 관계없이 초등에서 고등교육에 이르기까지 전 단계의 교육을 무상으로 받을 수 있다는 데 있다. 특히 단순히 학비만 무상으로 지원받는 것이 아니라 수업교재, 기자재, 교육서비스, 식사비, 원거리 학교를 다니는 학생의 경우 교통비까지 무상으로 제공되며, 학업지원금 및 보조금, 주거수당, 학생대출에 대한 국가보증 등의 지원도 받을 수 있다. 즉, 핀란드 교육은 교육과 관련된 모든 비용의 무상화를 통한 온전한 교육복지를 추구하고 있다. 이는 모든 학생에게 모든 단계의 교육에 필요한 비용을 지원한다는 보편적 복지 이념에 기반한 것으로 이해할 수 있다.

5) 일본의 교육복지

일본의 교육복지는 아동 · 청소년을 대상별로 구분하여 지원하는 형태로 이루어지고 있다. 이를 위해 중앙정부 차원에서 총리대신을 본부장으로 하고 전 각료를 구성원으로 하는 '청소년육성추진본부'가 주축이 되어 아동과 청소년들을 둘러싼 교육 환경과 생활 전반에 걸친 복지 지원 대책을 수립하여 실행하고 있다. 또한 지방정부는 각 지역의 특성과 실정을 고려하여 다양한 청소년 지원 사업을 운영하고 있다. 일본의 교육복지정책은 빈곤청소년, 비행청소년, 학교부적응청소년 등의 교육취약대상을 주 대상으로 하며, 대상별 지원 내용은 다음과 같다.[11)]

(1) 빈곤청소년

일본은 빈곤상태의 아이들이 건강하게 자랄 수 있는 환경을 조성하고, 교육기회의 균등한 제공을 위하여 2013년「빈곤아동 대책법」을 제정, 시행하였다.「빈곤아동 대책법」의 주요 내용으로는 ① 연 1회 아동빈곤과 대책의 실시 상황 공표, ② 아동빈곤 대책의 종합적 추진을 위해 교육지원, 생활지원, 경제지원, 보호자 취업 지원 등의 내용이 포함된 개요 작성 책임의 정부 부여, ③ 국가와 지방자치단체가 빈곤가정의 취학과 학자금 보조, 학습지원 등의 교육 지원 실시 등이 포함된다(안신숙, 2016).

일본의 빈곤청소년에 대한 교육지원은 생활보호대상 청소년, 요보호 청소년, 한부모 가정 청소년별로 서로 다른 지원이 이루어지고 있다.

일본의 생활보호제도는 경제적으로 어려움을 겪는 사람들이 최소한도의 건강한

11) 일본의 청소년 대상별 교육복지에 관련된 내용은 이혜숙 외(2013)의 내용을 참고하여 재구성하였음.

문화적 생활을 영위할 수 있도록 보장함과 동시에 이들의 자립을 지원하는 것을 목적으로 한다. 후생노동성과 문부과학성은 이러한 생활보호대상 청소년의 생활 및 취학 관련 지원을 제공하고 있다. 이에 따라 2005년 4월부터 생활보호대상 청소년들을 대상으로 한 고등학교 취학비용 보조금 지급, 시 · 군 · 읍 단위에서의 초 · 중등 취학연령 생활보호대상 청소년들을 위한 학용품 등 지급, 진학 희망 청소년에 대한 장학금 혜택 등의 지원이 이루어지고 있다.

보호자가 없거나 보호자로부터 적절한 보호를 받을 수 없는 요보호(要保護) 청소년들의 건강한 성장을 위해 청소년 보호를 위한 지원 단위의 소규모화 추진, 보호시설인 '아동양호시설' 등의 시설 개선 및 처우 개선, 양부모제도에 대한 지원체제 강화와 보급 등을 통한 지원이 이루어지고 있다.

그리고 2003년 개정된 「모자 및 과부복지법」과 「모자가정의 모의 취업지원에 관한 특별조치법」에 근거하여 한부모 모자(母子) 가정을 지원하고 있다. 그 내용으로는 육아 및 생활 지원, 모자 가정 등의 취업 · 자립 지원 센터 운영, 모자 가정 자립 지원 급부금 등의 취업 지원, 양육비 지원, 아동 부양 수당 지급, 대부금 확충 등의 종합 지원이 이루어지고 있다.

(2) 비행청소년

청소년 비행 문제가 심각한 사회문제로 대두됨에 따라 일본 정부는 청소년육성추진본부에 청소년 비행 대책 과장회의를 설치하고 관련 행정기관과의 연계하에 청소년 비행대책을 추진하고 있다. 법무성은 「소년법」 일부 개정 법률안을 통해 촉법 소년 및 우범 청소년 관련 사건에 대한 조사 절차, 가정법원이 필요성을 인정한 경우 14세 미만 청소년에 대한 소년원 송치 처분, 보호관찰대상자의 준수사항 미이수 시 처리 방식, 소년원 및 보호관찰소장의 보호처분 중 소년 보호자에 대한 지도 · 조언, 법원의 판단에 의한 국선 참석자 추가 등의 제도를 신설함으로써 날로 심각해져 가는 청소년 비행에 대해 보다 적극적이고 엄정하게 대처하고 있다.

이러한 법률적인 조치 외에도 법무성은 「사회를 밝게 하는 운동」을 주도하여 국민 개개인의 이해와 협력을 촉구하고 있으며, 지역 단체의 활동을 지원함과 동시에 연수를 통해 내실 있는 지역사회 연계를 추진하고 있다. 이 외에도 관계행정기관에서는 청소년비행 종합방안을 수립하기 위해 외국 사례에 대한 조사 · 연구 및 정보 제공 등의 역할을 수행하고 있다.

지역사회 차원에서도 청소년 비행을 막기 위해서는 청소년을 둘러싼 지역사회의 이해와 협력이 필요하다는 인식하에 비행방지교실 및 약물남용교실 운영, 가두선도 활동 강화, 서포트팀 조성과 추진, 민간 자원봉사 단체와의 연계 강화 등을 통해 비행방지 활동을 전개하고 있다. 이를 통해 청소년 비행방지를 위해 가정, 학교, 지역사회가 더욱 긴밀한 연계 체계를 구축해 나가고 있다. 이와 관련된 지역 단체 및 개인으로는 보호사[12], 갱생보호시설, 갱생보호여성회, BBS[13], 협력고용주 등이 있다.

이와 함께 청소년들을 청소년 인권 침해 관련 범죄로부터 보호하기 위하여 2004년부터 '인신매매 대책에 관한 관계 성 · 청 연락회의'를 내각에 설치하여 인신매매 대책을 수립 · 시행하고 있으며, 아동 매춘 및 유해 매체로부터의 청소년 보호를 위하여「아동 매춘, 아동 포르노법」「아동복지법」「청소년의 인터넷 이성만남주선 사업의 이용을 방지하기 위한 조치 등을 정한 법률」을 위반하는 범죄에 대해 적극적이고 엄중한 처벌을 내리고 있다.

그리고 청소년 관련 범죄 피해 청소년들을 위한 상담 · 보호 및 아동 · 청소년들의 기본적 권리를 구체적으로 보장하기 위하여 우리나라의 시 · 군 · 구에 해당하는 시정촌(市町村)에 아동상담소를 설치하고 있다. 아동상담소에서는 관할 구역 내 아동 · 청소년들의 심신 상태, 가정환경, 생활환경 등을 종합적으로 고려하여 상담 및 진단, 필요한 경우 일시 보호 또는 긴급 보호, 아동양호시설 · 정서치료시설 · 아동자립지원시설 등의 입소조치, 행동관찰, 의료기관 알선 등의 지원을 제공하고 있다(황옥경 외, 2013).

---

12) 1950년에 보호사법 법무장관으로부터 위촉된 비상근 · 무급의 국가공무원으로서 비행청소년에 대한 보호관찰, 환경 조정, 지역사회의 비행방지 활동을 수행한다. 보호사는 지역사회에서 신망이 두터운 사람으로서 법무장관이 정한 보호구마다 배속되어 지역 사정에 맞는 활동을 전개한다(이혜숙 외, 2013: 50).

13) Big Brothers and Sisters movement: 비행청소년이나 비행의 우려가 있는 청소년의 친구가 되어 갱생을 격려할 수 있도록 하는 '좋은 친구' 활동을 수행하며, 비행방지를 위한 다양한 활동에 종사하는 청년봉사단체(이혜숙 외, 2013: 50)

(3) 학교 부적응 청소년

일본 또한 우리나라와 마찬가지로 학교 내에서의 집단 따돌림, 학교폭력 등이 심각해짐에 따라 이에 대한 대책으로 학교 내의 생활지도 및 상담 체제 강화와 더불어 초 · 중등학교에서의 출석 정지 제도 등을 운영하고 있다. 이와 함께 위기청소년에 대해서는 학교와 관계기관이 연계하여 지원팀을 구성하는 등 지역사회 차원에서의 지원시스템 구축을 위한 노력을 기울이고 있다.

일본 정부는 집단 따돌림, 학교 폭력 등을 막기 위해 사전 예방 교육을 강조하고 있으며, 특히 문부과학성은 교육위원회를 통해 가해 학생에 대한 엄격한 지도와 더불어 피해 학생에 대한 밀착 지도를 제공하고 있다. 구체적으로 학생들의 윤리의식 고취, 가정 · 학교 · 지역의 연계 추진, 즐거운 학교 분위기 조성, 교사의 자질과 능력 향상, 교육상담체제의 충실화와 같은 대처 방안을 마련하고 있다. 특별히 피해 학생에 대해서는 성격, 환경, 사건의 원인, 피해의 정도, 보호자의 감호 능력 등을 판단하여 소년 서포트센터와 연계하면서 계속적인 상담 지원을 제공한다. 그리고 법무성은 해당 사건이 발생한 경우 교직원이나 학교에 대한 인권 교육을 통해 재발 방지를 도모하는 한편, 청소년 인권전문위원을 중심으로 법무국 · 지방 법무국의 직원이나 인권옹호위원이 지역의 학교를 방문하는 등 집단 따돌림과 학교폭력 해결을 위해 다양한 계몽활동을 펼치고 있다. 이와 함께 경찰은 학교와의 긴밀한 연계 속에서 소년 상담 및 학교와의 정보 교환 등을 통해 집단 따돌림과 학교폭력을 조기에 파악하고 적극적이며 정확한 사안처리를 위해 노력하고 있으며, 심각한 사안에 대해서는 엄정하게 대처하고 있다.

그리고 등교거부 · 은둔형 외톨이, 섭식 장애 등과 같이 심리적 문제 상황으로 인해 학교부적응 위기에 처해 있는 청소년들을 위해 정신보건복지센터, 보건소 · 아동상담소 등에서 의사, 보건사, 정신보건 사회복지사 등이 상담을 실시하고 있다. 보건소 등에서는 임신 · 출산 등에 관한 고민에 처한 청소년을 대상으로 개별적인 의학적 · 정신적, 사회적 상담을 지원하는 장소를 마련하는 방안도 모색하고 있다. 문부과학성은 교사나 교육지원센터 직원의 연수, 가정방문 지도 등 등교거부 대책에 대한 중심적인 기능을 수행하기 위해 학교 · 가정 · 기관이 연계하는 서포트시스템을 정비한 '스쿨링 · 서포트 · 네트워크 정비사업'을 지속적으로 추진하고 있다. 또한 등교거부 학생에 대한 다양한 지원책의 하나로 2005년부터 NPO, 민간시설, 공적 시설에 대하여 등교거부 학생의 실태에 따른 효과적인 학습교육과정, 활동 프로그램 등의 개발을 위탁하였다. 은둔형 외톨이 문제의 해결 방안으로는 외부 세계와의 관계를 잘 맺지 못하는 청소년들이 미래의 목표를 설정하고 사회에서 자립할 수 있도록 복지작업소 등의 사회체험 프로그램에 참가하는 것을 적극적으로 추진하고 있다. 이와 더불어 자연체험이나 생활체험 등의 체험활동에 몰두할 수 있는 기회를 제공하고 있다. 체험활동 외에도 지역에서는 정신보건복지 업무의 하나로 은둔형 외톨이 본인과 가족에 대한 상담을 지원하고 있는데 보다 효율적인 상담 활동을 위해 대응 가이드라인을 작성하여 관계 기관에 배포하는 등 업무의 충실성을 기하고 있다(이혜숙 외, 2013: 52).

3. 요약 및 시사점

1) 국가별 사례 분석 요약

서론에서 제시한 바와 같이 각국의 교육복지정책은 크게, ① 모든 학생이 반드시 달성해야 할 최소필요조건의 기초교육 수준 보장 정책, ② 사회경제적 요인으로 인해 발생하는 상대적인 교육불평등 해소 정책, ③ 교육능력 이외의 사유로 인해 교육기회를 얻지 못하거나 유의미한 학습경험을 갖지 못하는 부적응학생들을 위한 정책, ④ 교육이 복지체제로서 기능하는 교육복지국가 형태의 네 가지 유형으로 나누어 살펴볼 수 있다.

앞서 살펴본 각국의 교육복지정책 사례들 중, 첫째, 학업성취 측면에서 국가 내의 모든 학생 개개인이 이후의 직업세계에 성공적으로 안착하고, 온전한 사회구성원으로서 기능하기 위하여 필요한 기초교육 수준을 보장하기 위한 정책으로는 미국의

「낙오학생방지법(NCLB Act)」과 「모든 학생 성공법(ESS Act)」, 프랑스의 교육성공프로그램(PRE), 개인교육성공프로그램(PPRE), 특별지원연계망(RASED) 정책 등을 들 수 있다. 이러한 정책들은 국가 혹은 지역에서 설정한 최소 수준의 기초학습능력을 모든 학생들이 갖출 수 있도록 지원하기 위한 정책으로서 최근 들어 전 세계적인 확산 경향을 보이는 교육 책무성(accountability) 정책과도 맥락을 같이하는 것으로 이해할 수 있다.

둘째, 사회구조문화적인 요인으로 인하여 발생하는 상대적인 교육격차를 해소하기 위한 정책은 주로 지역 단위로 사업이 추진되는 경향을 보인다. 이는 우리나라에서 2003년부터 시행 중인 교육복지우선지원사업과 유사한 것으로 이에는 미국의 헤드 스타트 프로그램(Head Start Program)과 프라미스 네이버후드 프로그램(Promise Neighborhood Program), 영국의 교육우선투자지역(EAZ) 및 도심지역수월성사업(EiC), 슈어스타트 프로그램(Sure Start Program), 프랑스의 교육우선지구(ZEP), 교육우선연계망(REP) 정책 등이 포함된다.

셋째, 교육 외적인 사유인 신체적 · 언어적 · 정서적인 요인으로 인하여 교육기회 접근에 제한이 있거나, 교육기회 접근이 보장되더라도 유의미한 학습경험을 갖기 어려운 교육취약계층과 학교부적응 학생들의 학습기회를 보장하기 위한 정책으로는 미국의 「이중언어교육법(Bilingual Education Act)」, 헤드 스타트 프로그램 등에서 나타나는 「장애인교육법」, 영국의 학교 기능 확대 프로그램(Extended Schools Program), 일본의 교육취약대상별 교육복지 지원 정책 등이 포함된다.

마지막으로, 핀란드로 대표되는 북유럽 교육복지정책 모형은 보편주의와 평등주의 원리에 기반하여 국가 주도의 보편적 복지가 실현되어 교육이 전체 국가 복지체제의 일환으로 기능하는 교육복지체제로 이해할 수 있다. 이러한 국가 교육복지체제에서는 개별적이고 독립적인 교육복지정책 시행 혹은 관련 법령 제정이 이루어지는 것이 아니라 교육복지 자체가 전체 국가의 복지체제로서 기능하는 특징을 보인다. 이에 따라 이러한 교육복지정책의 추진 및 운영 또한 교육부가 아닌 사회복지 부서를 통해 이루어지는 경향을 보인다(장덕호 외, 2015).

2) 시사점

이상과 같은 교육복지 해외 사례를 통하여 한국형 교육복지정책 모형 제안과 관련하여 아래와 같은 시사점을 도출할 수 있을 것으로 보인다.

첫째, 교육복지정책의 성공적인 시행 및 현장 안착을 위해서는 교육복지정책을 위한 법적 기반이 충실히 갖추어져야 하고, 이에 기반을 둔 철저한 대책 마련이 이루어져야 한다. 외국 교육복지 선진국들은 모두 엄밀한 법적 근거하에 정책이 운영됨으로써 정책의 안정성 및 지속성이 보장되며, 이러한 속에서 정책의 수정 · 보완이 지속적으로 이루어지고 있음을 확인할 수 있다. 이를 고려할 때 향후 교육복지에 관한 각종 법률 및 규정을 보다 면밀히 검토하고, 이를 보다 구체적이고 체계적으로 견고히 할 필요가 있다.

둘째, 교육복지정책이 단순히 교육소외계층의 학생들에게만 국한될 것이 아니라 관계 행정기관 및 지역사회, 민간단체와 학교 간의 포괄적이면서도 긴밀한 연계 속에서 이루어질 필요가 있다. 미국, 영국, 프랑스, 일본, 핀란드는 법률적인 방안 이외에도 지역사회에서 그 지역사회의 실정에 맞게 프로그램을 개발 · 운영하고 있으며, 지역 내의 다양한 자원을 연계하여 긴밀한 지원 체계를 갖추고 있음을 알 수 있다. 이러한 점은 단순히 법률적인 기반 확보뿐만 아니라 가정, 학교, 지역사회가 보다 긴밀하게 연계되고 이 속에서 학생, 부모, 교사, 지역주민들을 위한 다양한 프로그램이 운영되어야 함을 의미한다. 이를 고려할 때 교육복지정책은 지역사회와 긴밀한 관계를 형성할 수 있도록 설계되고, 지원될 필요가 있다.

셋째, 교육복지정책 및 사업의 운영에 있어 자율성과 책무성 간의 적절한 조화와 균형이 이루어질 필요가 있다. 미국 및 프랑스의 사례와 같이 지역별로 해당 지역의 특성과 실정을 고려한 다양한 교육복지정책을 자율적으로 입안하여 시행하되, 이러한 교육복지정책이 학생들의 교육기회 접근, 학습기회 보장, 학업성취 획득으로까지 이어질 수 있도록 이를 점검하고 수정 · 보완할 수 있는 책무성 기제를 갖추려는 노력도 병행되어야만 할 것이다.

넷째, 교육복지는 교육으로서의 성격과 함께 복지로서의 성격도 함께 지니고 있는 만큼 이러한 정책이 효과적으로 현장에 적용되기 위해서는 교육복지 전문가 양성 및 배치, 이들의 전문성 신장을 위한 노력을 게을리해서는 안 된다. 해외사례에서 확인할 수 있는 바와 같이 대부분의 교육복지 선진국은 교육복지 전담인력들의 전문성에 기반하여 이들을 중심으로 아동과 청소년들의 교육문제를 해결하도록 하고 있으며, 관련 업무 및 권한 · 의무 등에 관한 사항을 규정함은 물론 이들의 처우개선을 위한 노력을 기울이고 있다. 이를 고려할 때 교육복지 전문가 양성 및 배치, 이들을 대상으로 한 연수프로그램 개발 및 제공 등을 통하여 이들이 지역사회 교육복지공동체 속에서 중추적인 역할을 할 수 있게끔 제도적인 노력을 기울일 필요가 있다.

마지막으로, 법률적 기반과 지역사회와의 연계 이외에도 학생들에게 보다 효과적인 교육복지 지원을 위한 조사와 연구를 병행될 필요가 있다. 이를 통해 현재 진행 중인 혹은 향후 운영 예정인 교육복지 프로그램과 관련된 다양한 문제에 선험적이면서도 다각적인 측면에서 대처할 수 있다. 이를 고려할 때 국내의 교육복지실태 및 현황 분석에 근거한 다양한 정책 설계 및 실험, 조사와 연구에 토대한 실질적인 증거기반(evidence-based) 교육복지정책 개발 및 운영이 필요하다.

참고문헌

강순원(2012). 영국와 프랑스의 교육복지사업 비교연구를 통해서 본 우리나라 교복투사업의 정치사회학적 성격. **비교교육연구**, 22(4), 1-24.

강호순(1989). 교육에서의 평등: 긍정적 차별화. **사회이론**, 7, 90-113.

김경애, 김숙이, 정수정, 이진희, 이병곤(2012). **해외교육복지정책 연구**. 한국교육개발원.

김남순, 박상희, 황정보, 김경신, 김양화, 김윤실, 강경희(2015). **특수교육정책론**. 교육과학사.

김미숙, 배화옥(2006). 빈곤아동을 위한 미국 Head Start와 영국 Sure Start 고찰. **Global Social Security Today**, 129-137.

김병찬(2011). 핀란드 교육복지제도의 특징과 시사점. **교육비평**, 30, 82-104.

김용채(2011). **사회적 불평등 해소를 위한 프랑스의 교육정책-성공신념 연계망**. 교육정책포럼. 서울: 한국교육개발원.

김정원, 이은미, 하봉운, 이광현(2008). 교육복지정책의 효과적 추진을 위한 법 · 제도 마련 연구. 교육과학기술부.

김정원, 최영태, 김경애, 김민, 양병찬, 이원희(2007). 교육복지투자우선지역 지원사업 운영모델 개발 연구. 한국교육개발원.

김정현(2013). 북유럽의 교육복지 법제에 관한 비교법적 연구: 핀란드. 서울: 한국법제연구원.

김지혜(2018). 2018년 교육예산을 통해 본 트럼프 정부의 신년 교육정책. 교육정책포럼 295호. 한국교육개발원.

모경환, 황혜원(2013). 미국의 이중 언어 교육 정책 현황과 시사점. 새국어생활, 23(4), 42-72.

박선영(2009). 21세기 교육복지와 영국의 아동 · 청소년 사업 고찰. 미래청소년학회지, 6(4), 119-138.

박주호 편저(2014). 교육복지의 논의: 쟁점, 과제 및 전망. 박영스토리.

박효원(2017. 5. 26.). 트럼프 교육의 교육정책, 어디로 가고 있나. 교육정책포럼 286호. 한국교육개발원.

안신숙(2016). 일본은 빈곤아동 문제에 어떻게 대처하고 있나. 희망제작소, 안신숙의 일본통신 #46(http://www.makehope.org).

염철현(2010). 미국 연방차원의 교육복지법 개관 및 시사점. 교육법학연구, 22(1), 71-90.

염철현(2012). 오바마 정부의 낙오학생방지법 수정안 고찰 및 시사점. 교육법학연구, 24(2), 43-66.

이영란(2013). 프랑스 우선교육정책의 새로운 방향과 모색: 2010년 우선교육개혁정책 Eclair를 중심으로. 교육사회학연구, 23(3), 169-199.

이영란(2015). 프랑스 교육복지안전망 연구: 2015년 우선교육정책재설립 시행을 중심으로. 순천향 인문과학논총, 35(1), 93-128.

이혜숙, 김귀영, 차성현, 최일선, 하봉운, 강은나, 서은정, 박수연(2013). 서울 교육복지 기본계획 수립 연구. 서울연구원.

장덕호, 김성기, 유기웅, 윤철수(2015). 교육복지론. 박영스토리.

정필운(2015). 교육영역에서 복지국가원리의 구현: 쟁점과 과제. 헌법학연구, 21(4), 71-100.

조발그니(2005). 프랑스 'ZEP '이 한국의 '교육복지투자우선지역'정책 보완에 주는 시사점. 교육사회학연구, 15(3), 239-262.

최봉섭(2004). 영국의 교육 특구 EIC와 EZA. **교육정책포럼 84**. 한국교육개발원.

한만길, 김인희, 류방란, 우명숙, 김숙이(2008). 교육안전망 추진체제 구축 방안 연구.

함승환, 김왕준(2013). 국제 교육복지 정책 동향파악 및 현황조사 연구(수탁연구 CR-2013-01). 서울: 한양대학교 교육복지정책중점연구소.

홍봉선(2004). 우리나라 교육복지 방향과 과제. **한국사회복지학**, 56(1), 253-282.

황옥경, 정선욱, 김진석, 김형모, 신혜령, 양순옥, 이은주, 한유미(2013). **아동통학서비스 지원 강화를 위한 사업체계 개선방안 연구**. 보건복지부, 서울신학대학교.

한국교육신문(2016. 12 . 1.). 트럼프 교육정책 "학교도 교사도 경쟁하라"

August, D., & Hakuta, K. (Eds.). (1997). *Improving schooling for language-minority children: A research agenda*. National Academies Press.

Crawford, J. (2002). Obituary: The Bilingual Education Act(196802002). Retrieved from http://ourworld.compuserve.com/homepages/JWCrawford/T7obit.htm.

Department for Children Schools and Families. (2009). *Childrens' plan*. London: Department for Children Schools and Families.

Departmetn of Education. (2013). Sure Start children's centres statutory guidance. Retrieved from https://www.gov.uk/government/publications/sure-start-childrens-centres.

Hilson, M. (2008). *The nordic model: Scandinavia since 1945*. London: Reaktion books.

Houtsonen, J., Czaplicka, M., Lindblad, S., Sohlberg, P., & Sugrue, C. (2010). Welfare state restructuring in education and its national refractions Finnish, Irish and Swedish teachers' perceptions of current changes. *Current Sociology, 58*(4), 597-622.

Klein, A. (2017. 5. 13.). Trump Education Dept. Releases New ESSA Guidelines. Education Week. http://blogs.edweek.org/edweek/campaign-k-12/2017/03/trump_education_dept_releases_new_essa_guidelines.html

U.S. Department of Health and Human Services/U.S. Department of Education (2015). Policy Statement on Inclusion of Children with Disabilities in Early Childhood P rograms. Retrieved from http://www2.ed.gov/policy/speced/guid/earlylearning/joint-statement-full-text.pdf.

Wright, W. (2005). Evolution of Federal Policy and Implications of No Child Left Behind For Language Minority Students(Policy Report), Arizona State University, Education Policy Studies Laboratory, January 2005.

제 14 장

사회적 약자를 위한 교육정책의 방향과 과제

1. 교육정책 패러다임의 변화와 교육복지

복지는 「헌법」에서 보장하는 인간존엄과 행복추구권을 보장하기 위한 행복한 삶의 조건을 보장하는 것이다. 모든 사회제도와 정책은 복지적 측면이 있다. 고용기회를 보장하는 경제정책과 제도는 매우 중요한 복지정책과 제도가 된다. 고용의 안정성을 보장하는 노동정책과 제도도 같은 의미에서 중요한 복지의 측면을 포함하고 있다. 보건정책과 제도도 중요한 사회복지를 보장하는 제도와 정책이 된다. 교육의 제도와 정책도 중요한 복지기능을 수행한다. 사회복지와 교육복지의 영역은 상호지원적 기능을 제공한다. 연관관계가 있기 때문에 긴밀한 협력과 지원이 필요하다. 가정의 안정을 지원하는 모든 제도와 정책은 매우 중요한 교육복지의 지원적 성격을 갖는다.

교육은 행복을 추구하기 위한 삶의 질적 양적 수준을 결정하는 주요한 요인이 된다. 교육은 '학업성취를 통하여 복지수준을 결정하는 요인을 구성한다. 한국교육은 이념적으로 교육의 기회균등을 중심으로 교육의 지평을 확대하여 왔다. 교육의 기회균등에 대하여 먼저 교육의 기회를 확대하고, 기회의 균등을 강조하여 왔다. 학생 선발에서도 객관적 기준에 의한 선발과 공정한 경쟁을 강조하여 왔다. 이 과정에서 경쟁에 불리한 여건에 있는 사회적 약자 계층에 대한 배려와 차등적 지원을 정당한 복지로 간주하여 왔다. 교육은 그 안에 내재하는 복지적 측면이 강하다. 교육은 독자적으로 복지의 기능을 수행하는 영역으로 인정받고 있다. 이 영역은 '교육에 내재하는 교육의 복지적 영역'과 '학습소외 계층에 대한 선별적 교육복지의 영역'으로 구분할 수 있다.

지난 70년 동안에 한국교육은 교육기회의 확대와 교육의 질적 변화를 추구해 왔다. 우리나라의 공교육은 세계에서 최빈국의 수준에서 이제 교육 선진국 수준으로 도약해 나가고 있다. 김병섭 등(2015)은 한국 정부의 발전단계를 구분하였는데, 1945년 해방 이후 1961년까지의 시기를 정초기로 보고, 1961년 이후 1987년까지를 권위주의적 발전국가 시대를 산업화기로 보고, 1987년 이후를 민주화기로 구분하였다.

한국교육은 정초기와 산업화기를 거쳐 민주화기를 지나면서 발전해 왔다. 이제 선진화기를 향하여 나아가고 있다. 이 장에서는 한국교육의 발전단계에 따라 교육정책 패러다임의 변화와 교육복지의 관계에 대하여 살펴본다. 이 장에서는 향후 교육 선진화를 지향하는 관점에서 사회적 약자에 대한 교육정책의 방향을 탐색하고자 한다.

정초기와 산업화시기에서는 초등교육의 보편화와 중등교육기회의 확대, 고등교육기회의 확대와 균등화를 통하여 교육의 보편적 복지기능을 제도화하였다. 초등의무교육기회의 보장을 통하여 모든 학생을 위한 교육기회를 보장하는 기반을 구축하였다. 콩나물교실, 과밀학급, 과대규모학교 등의 '저비용 학생수용정책'을 통하여 고통분담의 전형을 보였다. 중학교 의무교육을 점진적으로 시행하였고, 방송통신고등학교/방송통신중학교를 통하여 학력보충을 위한 학력 인증제도를 시행하였다.

정초기와 산업화시기에서는 초등교육의 보편화와 중등교육기회의 확대, 고등교육기회의 확대와 균등화를 통하여 교육의 보편적 복지기능을 제도화하였다. 초등의무교육기회의 보장을 통하여 모든 학생을 위한 교육기회를 보장하는 기반을 구축하였다. 콩나물교실, 과밀학급, 과대규모학교 등의 '저비용 학생수용정책'을 통하여 고통분담의 전형을 보였다. 중학교 의무교육을 점진적 시행하였고, 방송통신고등학교/방송통신중학교를 통하여 학력보충을 위한 학력 인증제도를 시행하였다.

민주화기에서부터 교육기회의 확대와 확충, 교육의 기회균등과 공정성 확보 그리고 모든 학생이 적합한 교육 성취를 할 수 있도록 지원할 수 있는 교육기회의 적합성을 제고함으로써 제도적으로 보편적 복지기능을 확대하여 왔다. 또한 교육약자를 대상으로 하는 교육복지정책과 제도의 틀을 세우기 시작하였다. 학업성취에서 소외되는 '교육소외자'와 교육의 기회를 획득하기 위한 경쟁에서 낙후하는 사회적 약자를 배려하고 지원하여 왔다. 이 과정에서 교육의 제도적으로 수행하는 보편적 교육복지와 선별적 지원을 병행하는 '병행접근(two track approach)'을 채택하여 왔다. 1990년대 이후부터 교육적 약자에 대한 '선별적 복지'를 중심으로 교육복지의 체계를 발전시켜 왔다.

민주화 전기에는 1995년의 '5 · 31 교육개혁'에서 교육복지종합대책의 틀이 등장하였다. 이 종합대책에서 장애학생, 학습부진학생, 학교학업중단학생, 학업위기학생을 '교육취약계층'으로 규정하였다. 교육복지차원에서 이 집단에 대하여 관심을 경주하였다.

IMF 외환위기 이후에 김대중 정부는 교육복지 차원에서 저소득계층에 대한 지원계획을 수립하였다. 노무현 정부에서는 '교육복지 5개년계획'을 수립하였다. 이 계획은 '교육격차 해소'에 중점을 두었다. 학업부적응학생, 저학력 성인, 장애학생, 새터민(탈북학생), 다문화가정의 자녀 등을 교육소외계층으로 규정하였다. 2003년 교육복지투자 우선지역 사업을 설정하고 추진하였다. 방과 후 학교 사업을 사교육 대책 차원에서 추진하였다.

이명박 정부와 박근혜 정부에서도 이 '교육복지계획'의 틀을 유지하여 왔다. 여기에 중점 추진사업을 추가하여 시행하는 형태였다. 저소득계층에 대한 중학교 무상교육의 확대와 기초학력의 보장 수준을 지속적으로 확대하여 왔다. 교육복지정책의 지속성을 유지하려고 노력하였다. 복지요구에 대한 재정부담을 정부가 책임지는 방향으로 대응하여 무상급식, 유아보육지원, 교육비 부담의 경감등과 같은 복지프로그램을 채택하였다. 교육복지에 들어가는 막대한 재정소요 등으로 인하여 재원배분의 우선순위의 문제와 복지서비스의 지속성에 대한 문제가 제기되었다.

다음 〈표 14-1〉은 시기별로 교육정책의 패러다임의 변화를 보여 준다. 이 패러다임별로 시대과제, 교육의 사회적 목표, 교육정책의 핵심이념, 기회균등에 대한 전략적 관점, 학생선발과 평준화에 대한 해법을 비교할 수 있다. 2017년 이후에는 전인적 인간계발을 추구하는 시기로 규정한다.

〈표 14-1〉 교육정책 패러다임의 변동: 핵심이념과 전략적 관점의 변화를 중심으로

시대구분 / 주요 측면	정초기 (1945~1960)	산업화기 (1961~1987)	민주화기 (1987~2017)	선진화기 (2017~)
교육정책의 패러다임	초등교육의 보편화	인력 개발	전문적 역량 개발	전인적 인간 계발
시대과제	초등교육 확대	중등교육 확대	고등교육 확대	• 평생학습사회 구현 • 유아보육과 교육
교육의 사회적 목표	문해역량	인력개발 (기능인력)	인적자원 (전문적 역량)	전인적 역량 개발(人性 · 역량, 창의성, 공공의식)
교육정책의 핵심적 이념	• 신교육제도의 정착 • 자유민주시민 육성	• 교육기회 확대 • 산업인력양성	• 교육기회의 확대 및 균등화 • 교육의 질 향상	• 인간계발 • 교육의 자율화 • 교육복지의 증진
전략적 관점: 기회균등	차별철폐	실력경쟁	공정경쟁	공동체적 배려
학생 선발	배경요인	시험선발	전형선발	인재유치 선발
평준화	서열화	획일적 평준화	수직적 서열화	수평적 다양화

2. 시대에 따른 교육복지정책의 변천

1) 정초기(1945~1960): 초등교육 보편화의 패러다임

우리나라에서 근대적 학교제도는 1883년에 민간에 의하여 세워진 원산학사부터 시작한다. 이후 정부가 학교를 세우기 시작하였다. 기독교 선교단체들이 학교를 세웠다. 근대적 학교제도는 대한제국 말기부터 시작되었다. 일본제국의 식민지 지배 아래(1910~1945) 한국인의 학교교육의 기회는 극히 제한되었다. 해방 이후 1940년대 후반부터 1950년대에 한글해독을 위한 문해(文解)교육으로 우리나라는 단기간에 문해를 달성하였다, 한글의 우수성과 성인들의 학습열에 기인하여 세계에서 최단기간에 우리나라는 문맹을 극복할 수 있었다.

정초기는 1945년 일본식민지 지배로부터 해방 이후 대한민국 정부 수립과 한국전쟁 직후 1960년까지의 자유당 정부 시기에 해당한다. 이 시기는 빈곤과 혼란의 시대였다. 정부의 재정은 상당부분 해외원조에 의존하고 있었다. 이 시기의 구호와 복지는 민간기관이 복지서비스를 운영하는 '해외원조 의존형 민간복지'라고 규정할 수 있다. 한국전쟁을 거치는 동안 전통적 상부상조의 조직이 해체된 상황에서 응급구호와 구제에서 '자조 자활형' 사회복지서비스를 시작한 시기이다. 기독교와 가톨릭 등의 종교기관에서 교육적 역할을 상당 부분 담당하였다. 정부는 민간의 복지서비스에 대한 방임적 규제의 역할을 수행하였다.

정초기의 교육정책은 '초등교육의 보편화'를 핵심과제로 설정하였다. 이때 교육부문에서는 초등교육의 의무화와 무상교육을 보장한 「헌법」의 규정으로 단기간에 초등교육의 완전 취학을 이루어 교육기회의 확대를 위한 저변을 확대하였다. 초등교육기회를 확대함으로써 교육기회의 복지적 기능을 보편적으로 보장하게 되었다. 정부는 초등교육의 의무교육과 무상화를 규정한 「헌법」 규정에 근거하여 학령기에 있는 모든 학생을 초등학교에 수용하는 전원수용정책을 추진하였다. 1953년 한국전쟁으로 인하여 학교시설이 파괴되어 학교교육 기회는 크게 부족하였다. 학교시설의 파괴와 정부의 재정능력의 부족으로 학교의 학생 수용능력은 매우 낮은 상황이었다. 인구가 밀집되어 있는 도시지역에서는 교실이 과밀화되었고 학교는 과대학교로 포화상태에 이르렀다. 당시 한 학급에 많은 학생을 수용하는 콩나물교실과 2부제, 3부제 수업은 보편적 현상이 되었다.

이러한 '저비용 학생수용 정책'으로 1959년에 초등학교 취학률은 96%에 이르렀다. 비록 학교교육의 질적 수준은 빈약하였으나 교육받아야 할 시기를 놓친 학생은 거의 없었다. 이 당시의 초등교육의 완전 취학으로 1960년대에 중등교육 기회를 확대할 수 있는 여건을 만들 수 있었으며 1960년대 이후에 산업인력개발을 위한 인력양성의 기초를 만들 수 있게 되었다. 초등교육의 보편화 기초 위에서 중등교육의 확대는 한국의 경제성장과 1980년대의 민주화를 이룩하는 토대를 구축하였다.

2) 산업화기(1961~1987): 인력개발 패러다임

산업화기는 1961~1987년의 25년 동안의 산업화를 추진하였던 시기이다. 이 시기는 경제성장을 통한 복지의 형성기였다. 소득증대가 가장 중요한 복지정책이었다. 정치, 경제, 사회의 각 분야별로 '영역의 복지적 기능'을 확충함으로써 간접적으로 복지서비스가 확대되었다. 가장 중요한 예가 경제적 취업기회가 확충되는 것과 교육의 기회를 확대한 것을 들 수 있다. 이 시기에는 사회보험형 복지제도를 구축하기 시작하였다. 또한 분야별로 사회복지사업의 기본법령을 정비하기 시작하였다.

이 시기의 중요한 특징을 들면 다음과 같다. 첫째, '선성장 후분배'의 정책기조에 의한 사회정책을 추진하였다. 외국의 원조기관이 철수하고, 사회보험, 공공부조, 각종 사회복지서비스가 도입된 시기이다. 이 시기는 복지를 경제성장의 수단으로 간주하고 산업화 과정에서 노동자의 복지요구를 억제하였던 시기이다. 복지서비스 공급의 수준과 유형을 정부가 결정하였다.

둘째, 복지제도 시행을 위한 국가의 재정 부담을 최소화하는 방향으로 복지제도를 구축하였다. 1970년대의 민간복지 중심의 복지공급체계를 지속하였다. 사회복지사업에서 공적의식은 부족하였다. 사회복지사업의 공공성과 공정성을 확보하기 위하여 정부는 규제자의 역할에 중점을 두었다. 이 시기에 사회복지법인이 탄생하였다. 권위주의 정부와 사회복지법인 간의 대행자 관계가 제도화되었다. 대리인의 책무성을 확보하기 위하여 정부 규제에 의한 외적 책무성 체제를 도입하기 시작하였다.

셋째, 사회보험형 복지제도를 구축하기 시작하였다. 전쟁고아를 돕기 위한 「아동복지법」을 제정하였고, 사회보험으로 「생활보호법」(1961), 군인연금(1963)과 공무원연금제도를 구축하였다. 「산업재해보장법」과 「의료보험법」(1977), 국민연금제도를 구축하였다. 국가재정이 외국원조의 감소분을 대체하기 시작하였다. 사회보험은 조세기반이 아닌 보험중심의 사회보장으로 방향을 정함으로써 보험료 부담을 하기 어려운 계층에서 복지사각지대가 발생하였다.

넷째, 제5공화국 시기(1980~1987)에는 취약계층을 위한 사회복지사업의 각 분야별로 기본법을 정비하기 시작하였다. 이때 국가의 복지이념이 '복지국가'가 아닌 실질적인 복지서비스의 확충을 목표로 하는 '복지사회 구현'으로 정의되었다. 1981년 「노인복지법」「아동복지법」「장애자복지법」 등을 제정하고, 1982년 「유아교육진흥법」을 제정하였다.

다섯째, 잔여적 개념에서 벗어나 전 국민을 대상으로 하는 보편주의적 사회복지사업의 개념을 도입하였다. 1986년 「국민연금법」을 개정하고, 1988년에 시행하였다. 이때 각종 사회보장에 관한 법과 제도를 갖추게 되었다. 「산업재해보상법」「공무원연금법」, 군인연금, 국민연금, 의료보험, 공공부조, 장애인복지 등에 관한 법제가 정비되었다. 이 이후 관련법들은 지속적으로 보완되어 제도운영의 내실을 기하는 방향으로 정비되었다. 공공부조와 사회복지서비스는 가족과 민간에게 맡겨졌다. 민간활동으로 기초생활보장제도를 도입하여 그 기반을 구축하였다.

이 시기에 우리 교육은 중등교육의 확대를 이룩하였다. 이때 사립학교의 역할이 컸다. 이것은 정초기와 발전국가 시기에 외국 원조에 의한 민간복지 시대에 민간기관의 역할이 컸던 것처럼 교육복지에서는 사립학교가 학교교육기회를 확대하는 데 주요한 공급자 역할을 수행하였다. 교육약자에 대한 지원이 제도화되기 시작하였다. 교육복지와 관련하여 장애학생을 위한 특수교육이 제도화되었다.

학교교육기회를 놓친 성인들을 위하여 방송통신고등학교를 설립 · 운영하였다. 이것은 2000년대에 이르러 중학교 과정으로 확대되었다. 우리나라와 같이 학력(學歷)을 중시하는 학력사회에서 각종 학습결과를 학력으로 인정하는 학력인증제도도 중요한 교육복지의 역할을 수행하였다. 산업체부설 학교 운영도 기능 인력의 학력취득을 위한 중요한 장치가 되었다.

3) 민주화 시기(1987~2017): 전문적 역량 개발 패러다임

(1) 민주화 초기(1987~1997): 교육의 기회균등

민주화 초기는 제6공화국과 문민정부 시기에 해당한다. 1980년대 후반은 노동권에 대한 요구가 등장하고, 노동쟁의가 빈발하는 '민주화 요구 시기'였다. 시민단체가 등장하고 이들의 역할이 부각된 시기였다. 제6공화국은 의료보험의 적용대상을 확대하고, 1988년에 「국민연금법」을 개정하고 그 적용 대상을 농촌까지 확대하였다. 발전국가형 복지서비스의 제도화의 기초위에서 복지제도의 점진적 보완을 이룩해 간 시기로 볼 수 있다.

이 시기의 복지제도의 주요 특징은 다음과 같다. 첫째, 산업재해, 의료, 국민연금, 고용보험 등의 '4대 사회보험'을 제도화하였다. 둘째, 복지서비스의 민간 수탁을 도입하여 민영화 전략을 택하였다. 이 과정에서 시민사회가 성장하고, 복지서비스의 확대에 추동력을 제공하게 되었다. 셋째, OECD 가입 등 세계화 추세 속에서 복지에 대한 태도의 변화가 이루어졌다. 생산적 복지, 공동체 복지의 관점하에 국민복지의 최저선을 고려하는 복지국가의 청사진을 그려 나갔다. 넷째, 「사회복지사업법」의 개정으로(1992, 1997년) 사회복지서비스의 확충을 기하였다. 복지공급주체를 다양화하였고, 복지서비스를 위한 종합사회복지관의 법적 근거를 마련하였다. 사회복지를 위한 전문가 집단의 역할을 규정하게 되었다. 다섯째, 지역빈민운동으로 시작한 자활공동체의 실험이 사회적 서비스 일자리 정책, 사회적 기업 육성정책으로 진화하였다. 여섯째, 모든 국민을 대상으로 하는 민주적 복지의 패러다임을 형성하였다. 이때 영역별 복지서비스로서의 교육 분야에서는 '교육복지 프로그램'이 만들어지기 시작하였다.

문민정부는 1995년에 5 · 31 교육개혁을 수립하였다. 1997년에 5 · 31 교육개혁 차원에서의 교육복지 종합대책을 수립하였다. 우리나라 최초의 교육복지 종합대책이었다. 이때 학업성취와 관련하여 교육복지의 개념이 등장하였다. 이 대책에서 교육복지 차원에서 '학업결손'에 유의하였다. 교육복지의 주요 수혜대상으로서 장애학생, 학습부진학생, 학교중도탈락자, 학교위기학생 등의 개념이 등장하였다. 또한 교육복지의 대상으로서 사회적 약자가 규정되었다.

(2) 외환위기 이후(1997~2017): 교육의 질적 개선

외환위기 이후의 민주화 시기는 국민의 정부와 참여정부를 거쳐 이명박 정부와 박근혜 정부까지 포함하는 시기이다. 이 시기의 초기에는 IMF(국제통화기금)로부터 금융위기 이후 신자유주의 경제개혁의 요구를 받았다. IMF에 의한 구조조정 이후 대규모 실업이 발생하고, 사회양극화 추세가 심화되었고, 사회안전망 확충과 사회적 복지제도의 발전을 추구하고 제도화하였던 시기이다. 이 시기의 중요한 특징을 살펴보면, 첫째, 복지국가를 처음으로 국정목표로 선정하였다. 둘째, 생산적 복지의 정책관점에서 기본권의 보장, 인적자원의 개발, 적극적 고용정책, 복지다원주의를 추구하였다. 이 연장선에서 교육복지 차원에서의 학업성취도 보장이라는 관점이 등장할 수 있었다. 셋째, 국민의 정부 시기에 국민기초생활보호제도는 국민의 권리와 정부의 책임을 규정하였다. 기초생활의 보호 수준이 가정의 교육기능을 보호한다는 차원에서 교육적 의의가 강조되었다.

이 시기에는 교육복지 종합계획의 수립과 '교육격차 해소'와 교육소외 계층의 '주체적 능력개발'에 중점을 두었다. IMF 이후 김대중 대통령의 국민의 정부에서 저소득층에 대한 실질적인 지원계획이 등장하였다. 노무현 대통령의 참여정부에서 교육복지 5개년 계획을 수립하였다. 복지와 교육복지에 대하여 중점적으로 대응하였던 시기로 평가된다. 참여정부의 교육복지 5개년 계획은 '교육격차 해소'에 중점을 두었다. 장애학생, 학교 부적응학생, 새터민, 다문화학생, 저학력 성인 등을 '교육소외계층'으로 규정하고 이들에 대한 지원방안을 마련하였다.

국민의 정부는 신자유주의 노선을 적용하는 한편, 노사정 합의를 통하여 사회적 약자를 위한 복지확충을 시도하였다. 생산적 복지를 추구하고 민주주의와 시장경제 통합의 기초 위에서 복지제도의 구축을 추구하였다. 사회정책의 틀로서 영국에서 제안되었던 '제3의 길'이 반영된 시기였다. 생산적 복지정책은 기본권의 보장, 인적자원의 개발, 적극적 고용정책, 복지다원주의를 추구하였다. 이 시기에 복지와 관련하여 두 가지 중요한 이정표가 만들어졌는데, 「국민기초생활 보장법」에 의하여 최저생활을 보장하고, 4대 보험제도의 개혁으로 국민연금의 확대, 국민건강보험의 통합 등의 사회보장을 위한 새로운 경로를 선택하게 되었다. 또한 시민사회의 성장과 사회복지 운동의 연장선에서 자활지원과 성평등을 추구하였다.

참여정부는 국민기초생활보장제도의 사각지대 해소에 역점을 두었다. 건강보험의 보장성을 강화하고, 국민연금재정의 지속가능성을 높이고, 동반성장을 위한 사회적 투자로서의 사회적 서비스 확대를 추진하였다. 저출산, 고령화, 양극화, 고용 없는 성장 등의 도전에 대응하기 위하여 노령연금과 보육서비스가 중요한 복지 의제로 제기되었다.

참여정부는 '비전 2030'에서 한국 복지국가의 대안적 모델을 제시하였다. '5대 국가전략'으로, ① 성장동력의 확충, ② 인적자본의 고도화, ③ 사회적 자본의 확충, ④ 사회복지의 선진화, ⑤ 적극적 세계화 추진을 제시하였다. 이 맥락에서 노동취약계층에 대한 인적자원 투자정책을 전개하였다. 한국복지국가의 대안적 모델로서 취약계층을 위한 교육복지의 필요성을 강조하였다. 참여정부는 이 맥락에서 교육 분야에서 교육복지기본계획을 수립하였다. 사회복지의 선진화와 관련하여, ① 보편주의의 적용, ② 사회적 일자리의 창출, ③ 사회적 기업의 확대, ④ 바우처 방식의 도입 등의 접근방법을 제시하였다.

참여정부에서 수립한 교육복지 종합계획은 교육복지의 방향과 목표, 원칙, 과제 등을 체계적으로 제시하고 있다. '모든 국민의 주체적 능력 개발을 최대화하고, 개인의 삶의 질 향상과 이를 통하여 사회통합과 국가발전을 실현에 기여함.'을 교육복지의 비전으로 설정하고 있다. 이 계획에서는 '주체적 능력개발'을 교육복지의 가장 중요한 요인으로 삼고 있다. 이것은 모든 국민의 교육적 성취를 통하여 능력의 개발과 인품의 형성을 통하여 인간교육의 목표를 달성하는 것이 가장 중요한 교육복지의 과제임을 지적한다. 이 과제는 '모든 사람에게 적용되어야 한다.'는 교육복지의 보편적 기준으로서 제시되었다. 이 계획의 주요 목표로서 국민기초교육수준의 보장, 교육부적응 및 불평등의 완화, 복지친화적 교육환경의 조성을 세우고 있다.

주요 정책과제로서, 첫째, 국민기초교육수준의 보장을 위하여 모든 국민의 교육기회 보장과 기초학력의 성취를 설정하였다. 우리나라는 이미 중학교까지 의무교육을 연장하였다. 고등학교까지 의무교육으로 하지는 않는다 하더라도 고등학교 수준의 학력수준(學歷水準)을 보장하는 것은 교육복지의 중요한 과제가 된다고 볼 수 있다. 기초학력(基礎學力)의 일정 수준을 보장하는 것은 인간역량개발의 질적 차원에서 중요한 과제가 된다. 이를 위하여 기초학력시험의 하위 일정 비율의 학생을 미달학생으로 규정하고 교육지원을 강화하고 있으나 기초학력에 대한 절대기준에 입각하여 학력수준을 보장하는 과제를 설정해야 할 것이다. 교육기회의 보장 차원에서 특수교육, 유아교육 기회의 확대, 저소득계층 교육비지원, 저학력성인 교육지원, 장애인 및 저소득계층의 고등교육기회 지원, 외국인근로자 자녀 교육지원 등의 과제를 열거하고 있다.

둘째, 교육부적응 및 불평등의 완화를 위하여 학교부적응의 치유와 교육여건의 불평등 완화를 주요 정책과제로 설정하였다. 학교부적응 대상 집단으로서 학업중단자, 북한이탈 청소년, 저소득가정 자녀학생, 농어촌 지역 등 교육낙후지역에 있는 학생 등을 열거하고 있다. 교육여건의 불평등 완화를 위하여 사교육으로 인한 불평등 완화를 주요 정책과제로 제시하고 있다. 셋째, 복지 친화적 교육환경의 조성을 위하여 밝고 즐겁고 쾌적하고 건강한 학교교육환경의 구축을 정책과제로 설정하고 있다. 학교환경의 개선을 교육체제의 중요한 복지적 측면으로 제시하였다.

교육복지정책의 추진체제로서 실효성 있는 교육복지 체계 구축, 관계기관 간의 연계 협력 강화, 민간의 참여 확대와 민간자원의 활용 극대화 그리고 단위학교의 복지역량 강화와 지역사회와의 협력체제 구축을 주요 방법론으로 제시하였다. 추진방법으로서 실효성, 연계협력, 민간참여, 단위학교 역량을 핵심주제로 제시하였다.

노무현 대통령의 참여정부는 두 가지 중요한 교육복지사업을 출범시켰다. 첫째, 2003년에 '교육복지투자우선지역지원사업'을 시작하였다. 저소득계층 취약 가정의 학생과 학교 부적응 학생이 보이는 복합적 교육소외 현상에 대응하고 이들을 지원하기 위하여 이들이 많이 모여 있는 지역을 '교육복지투자우선지역'으로 지정하여 지원하는 사업을 수립하였다. 교육복지사업으로서는 매우 성공적인 한국형 교육복지사업으로 인정받고 있다. 둘째, 사교육의 격차를 완화하기 위하여 국민의 정부 이후 추진하여 온 방과 후 교실을 '방과 후 학교'라는 명칭으로 확대하여 시행한 것이다. 돌봄과 교육 기능을 가정에 한정하지 않고 가정과 학교 그리고 지역사회가 연계하여 공동의 노력하는 계기를 만들었다는 의의가 있다.

이명박 정부는 국가가 복지서비스를 보장하는 복지국가를 지향하였다. 동반성장위원회를 통하여 '친서민 정책'을 추진하였고, 복지행정의 효율화를 기하였다. 생활보장형 복지국가를 지향하는 관점에서 주요과제로서, 2012년에 「사회보장기본법」을 제정하고, 인적자본투자를 확대하고, 일-가정의 양립하는 체제 구축을 지원하며, 생활보장에는 출산, 양육, 돌봄, 사회참여를 포함하였다. 2012년에 「협동조합기본법」을 제정하여, 협동조합 설립의 근거를 마련하고 소규모창업과 협동조합형 활동을 지원하는 법적 근거를 마련하였다. 사회복지 예산 규모를 확대하여 2009년에 GDP의 9.6%, 정부예산의 24.5%(2004)로 확대되었고, 복지가 정부예산 영역 중에서 최대 규모를 차지하는 부문으로 성장하였다. 이명박 정부에서는 무상급식, 무상보육, 반값등록금 의제가 등장하였다. 일부 지역을 중심으로 진보성향의 교육감 후보들이 교육감 선거에서 교육복지를 주요 정책 이슈로 제기함에 따라 2010년 이후 무상급식, 무상보육, 반값등록금 등이 대통령 선거에서 교육정책의 주요쟁점으로 제기되었다. 경기도에서부터 무상급식이 도입되어 전국으로 확대되었다.

이명박 정부는 저소득계층의 교육비 부담의 완화를 중요한 과제로 설정하였다. 첫째, 무상의무교육을 중학교까지 확대하였다. 둘째, 최저 수준의 기초학력을 보장하기 위하여 기초학력향상사업을 추진하였다. 수혜 대상을 다문화가정출신 학생, 탈북학생까지 확대하였다. 참여정부의 교육복지 프로그램을 지속적으로 유지하였고, 반값등록금을 추진하였다.

이명박 정부 이후 박근혜 정부는 생애주기별 복지서비스를 추구하였다. 박근혜 정부는 역대 정부의 교육복지정책과 과제를 계속 추진하였다. 특히 박근혜 정부는 교육비 부담 경감과 무상보육과 무상교육의 확대에 중점을 두었다. 하지만 고교무상교육과 무상보육은 교육예산 부족으로 원래 공약의 규모를 줄여서 무상보육은 맞춤형 보육으로 축소되었다.

4) 선진화기(2017~): 전인적 인간계발 패러다임과 복지제도의 과제

우리나라는 이제 결손국가에서 복지국가로의 길을 가고 있다(이혜경, 2002). 복지국가는 모든 시민에게 인간다운 삶의 보장을 국가의 책임으로 명시적으로 규정하는 국가를 의미한다. 우리나라의 복지제도의 제도화 수준, 국민복지의 최저선 등을 고려할 때, 우리나라는 복지국가로 진입하였다고 평가할 수 있다. 복지예산 규모는 2015년 수준으로 GDP 대비하여 10.1%를 차지하고 있다. 우리나라는 개발도상국가의 단계를 거쳐 선진국가로의 진입에 성공한 국가로서 시장경제와 민주주의 제도운영과의 균형발전을 추구하는 '민주적 복지국가 건설'의 과제를 앞에 두고 있다. 선진화 시기에서의 교육복지의 과제는 무엇이 되어야 하는가?

선진화 시기의 가장 중요한 교육복지의 과제는 무엇일까? 선진화 시기에는 새로운 도전의 과제를 안고 있다. 선진화 시기에 우리사회는 국가 안보, 경제 그리고 사회적 측면에서 다음과 같은 어려운 도전의 과제를 안고 있다. 첫째, 선진국형 창조경체체제로의 도약, 둘째, 사회제도의 운영에서 공정성과 기회의 균등에서 공평성의 확립, 셋째, 사회적 약자를 보호하고 배려하는 사회안전망 구축, 넷째, 남북통일의 완수 등이다.

한국형 교육복지제도의 틀에 대한 검토가 필요하다. 여기에서는 4개의 과제를 제시하고자 한다. 첫째, 지속가능한 복지서비스를 보장하는 복지국가의 건설이다. 우리나라는 1997년 외환위기로 인해 IMF에 의한 구조조정 이후 복지국가의 건설을 시작하였다. 지난 20여 년 동안 현대적 공공보조제도를 구축하였고, 5대 사회보험제도를 만들어 운영하고, 취약계층에 대한 보호를 확대하고 있다. 이제 보편적 복지로서의 아동보호와 노인 요양의 돌봄사회화를 지향하고 있다. 주요 선거에서 복지공약이 중요한 정책의 의제로 등장하고 있다. 이 과정에서 복지를 대상으로 하는 인기영합형 정책구호가 선거에 등장한다.

우리나라의 복지체제는 복지서비스에 시장의 기능을 반영하는 '자유주의형'을 따르고 있으나 혹은 남유럽국가의 복지유형으로 갈 가능성이 높다고 평가된다(김병섭 외, 2015). 관료적 팽창주의, 시민의 도덕적 해이 그리고 수혜자의 복지 의존성으로 인하여 복지비용은 계속하여 확대하는 경향을 보인다. 교육복지체제를 설계함에 있어서 가장 중요한 원칙은 '지속가능한 복지서비스를 보장하는 복지국가'로 가야 한다는 점이다. 복지제도는 재정적 지속가능성이 있어야 한다. 이를 위해서는 복지와 성장의 선순환 구조를 만들어야 한다. 복지체제가 '생산적' 혹은 '사회투자형 복지체제'로 가야 할 것이다.

둘째, 사회투자형 복지국가를 위한 정책의 설계가 필요하다. 국민복지 최저선을 최대한 보장하기 위하여 최소필수의 복지수준을 보장하고 복지지원의 토대 위에서 자활과 자립의 역량을 최대한 발휘할 수 있도록 복지서비스의 제도를 설계할 필요가 있다. 이를 위해서는 사회투자형 복지국가를 위한 정책의 설계가 필요하다. 고용참여 기회를 확대할 수 있고, 개인의 책임하에 생산적 투자적 활동을 확대하고, 이를 보장할 수 있는 기회의 평등이 강조되어야 할 것이다. 교육은 가장 중요한 생산적 사회투자형 복지체제를 구축할 수 있다. 이 맥락에서 인적자본의 형성, 평생학습사회의 구축 그리고 가정의 안정이 주요 정책과제로서 제기된다.

셋째, 국가 차원에서 우수한 인적자본을 형성해야 한다는 것이다. 우리나라는 21세기 세계화 추세에서 탈산업화 과정과 인공지능의 등장, IOT 등의 정보기술과 과학기술혁명이 주도하는 제4차 산업혁명이 등장하는 가운데 양극화의 심화, 저출산고령화 사회로의 진입, 저성장사회로의 진입 등의 도전에 직면하고 있다. 이에 대한 대응으로 인적자본에 대한 과감한 투자, 평생학습사회의 구축, 일과 가정의 양립시대의 준비, 노동시장 참여 확대, 민관의 협력체제의 중요성이 대두되는 시대로 진입하고 있다. 교육은 인간교육을 통하여 21세기형 일의 세계에 대응하는 역량과 인품을 육성하는 인간교육의 과제를 안고 있다. 교육은 선진사회를 준비할 뿐만 아니라 교육복지를 제공하는 매우 주요한 작용을 한다. 선진국가를 지향하는 우리나라의 복지체제를 설계함에 있어 교육의 중요성을 검토할 필요가 있다. 교육은 '생산적 복지의 기반'을 확충하는 데 크게 기여한다. 또한 복지의 보편주의와 선별적 복지를 통합하는 데 중요한 기능을 담당한다. 한국형 복지체제의 특성은 사회보험 중심의 복지지출형이다. 이러한 상황에서 복지보험을 지불하기 어려운 계층이 소외되는 복지사각지대가 발생할 가능성이 높다. 이러한 복지 사각지대에 있는 사회적 약자에게 조기에 개입의 전략으로 교육복지가 등장한다. 우리의 삶과 질적 수준의 향상을 위해서는 가정의 안정은 절대 필요하다. 가정의 안정과 교육기능을 지원하는 교육복지의 수준과 서비스가 요구된다.

넷째, 교육적 약자를 배려하고 보호하는 '교육안전망'의 구축이 필요하다. 선진화 시기에 약자를 배려하고 보호하는 '선별적 사회안전망'의 구축을 이룩해야 한다. 이 맥락에서 공교육은 사적 교육경쟁을 넘어 전인교육을 지향하는 학습공동체를 이룩하고 교육약자를 보살피고 지원하는 '교육안전망'의 구축이 필요하다. 교육안전망은 사회안전망과 비슷하게 사회적 안정을 위한 필수 조건을 보장하려 한다. 교육안전망은 학업성취에 어려움을 겪는 계층에게 최소 필수의 교육 성취를 보장하는 안전망이 될 것이다.

3. 사회적 약자를 위한 교육정책의 방향

1) 통합적 접근과 공동체 지향

정치는 생각을 이끌어 간다. 이 과정이 분열적일 수도 있고 통합적일 수도 있다. '정치의 통합적 접근'은 좁은 정치적 이해관계와 당리당략을 넘어서 개인과 공동체 간의 이해관계에서 균형과 조화를 추구하고, 대결과 갈등을 넘어서는 통합적 관점을 지향한다. 공동체의 중심 가치와 원칙을 유지하고 시대의 도전이 되는 과제를 전략적으로 포함한다. 소리(小利)에 입각한 해석은 구성원을 분리하나 대의(大義)에 입각한 소망은 구성원을 통합할 수 있다. 공동의 목표에 개인적 소망을 갖도록 하는 것이

정치작용의 구심력이다. 이 정치적 구심력 혹은 압력으로 공동체는 소통하게 되고 공동체를 유지하게 된다.

개인의 생존과 공동체의 존재 사이에서 발생하는 갈등과 긴장은 고통스러울지 몰라도 삶의 차원을 높이는 새로운 도전이 되기도 한다. 이 점에서 정치적 접근은 혐오의 대상이 되기보다는 우리가 누릴 수 있는 새로운 가능성을 창조하는 기회가 될 수도 있다. 정치적 접근은 갈등을 물리적 힘으로 해결하려 하기보다는 창조적 상상력으로 해결할 수 있는 길을 열어 주기 때문이다. 우리 사회의 극단적인 정책대립과 사회갈등, 민주화 이후의 반복적인 정부 실패, 사회경제적 양극화, 이념적 양극화, 북한과의 관계와 통일문제 등에서 정치적 통합기능에 대한 기대와 요구가 등장하고 있다. 정책에 대한 정치적 접근은 그 가능성을 열어 준다. 복지문제나 사회적 약자를 위해서는 특히 '정치적 통합적 접근'이 요구된다. 통합적 접근은 공동체 안에서 '소외된 자'와 '낙오된 자'에 대한 배려와 보살핌과 이들을 살리는 방향으로 관심과 지원을 베푸는 것을 추구하는 관점이다. 궁극적으로 이들을 인간존재로 세워 주는 일을 중시한다. 보살핌, 살림 그리고 세워줌이 공동체를 지향하는 관점의 핵심가치가 된다. 이들을 세워 주는 데 차등적 배려의 원칙을 존중한다.

2) 인간계발에 터한 인재육성

(1) 인재육성을 지향하는 '참된 학업성취'

교육은 보편적 복지의 개념을 포함하고 있다. 인재육성이 국가 수준에서 최고의 복지정책이다. 교육복지의 가장 중요한 보편적 기준은 모든 학생이 '학업의 성취'를 이룰 수 있도록 돕는 것이다. 학생들은 학업의 성취를 통하여 그들의 삶에서 삶의 질을 개선할 수 있는 주체적 역량을 계발하게 된다. 학업의 성취로서 자립 자활할 수 있는 역량과 성품을 계발하게 된다. 이러한 의미에서 학업성취를 지원하는 교육정책은 중요한 생산적 투자정책이면서 중요한 복지정책이 된다. 학업성취로서 인재육성은 가장 중요한 교육복지가 된다. 이제는 제4차 산업혁명이 진행되는 과정에서 사회의 변화에 적합한 학업성취를 이룰 수 있도록 지원해 주어야 한다.

사회적 약자를 위한 교육정책의 궁극적인 목표는 학업의 성취로서 자립 자활할 수 있는 역량과 성품을 계발하는 것이다. 이 점에서 사회적 약자를 위한 교육복지를 고려할 때 그 생각의 출발은 사회적 약자들의 학업성취가 되어야 한다. 이러한 참된 학업성취의 관점은 전인교육의 관점, 개성 신장의 관점, 인성교육 그리고 회복탄력성의 관점을 포함한다.

교육의 기회 균등은 이제 성과차원에 중점을 두어야 할 것이다. 학업성취를 돕는 교육은 기본권 차원에서 교육권을 보장하는 교육이 되며, 동시에 교육의 기회균등을 실현하는 길이기도 하다. 그동안 교육의 기회균등은 기회의 확대와 이 기회에 접근을 확대하는 차원과 교육의 과정을 평준화하는 데 중점을 두어 왔다. 이제 교육의 기회균등을 교육의 성과차원에서 두어야 할 것이다. 모든 학생이 합당한 성과를 낼 수 있도록 지원하고 최소 필수의 학업성취를 보장하는 것으로 교육의 기회균등을 규정하는 관점이다. Coleman(1968)은 이 관점을 1960년대에 제시하였다. '참된 학업성취'를 지원하는 인재육성의 길은 높은 차원에서 교육의 기회균등을 실현하는 길이기도 하다.

(2) 인재육성의 핵심요인

인재육성은 우리나라의 선진화 시기에 교육의 중요한 목표가 된다. 인재육성은 21세기를 살아가야 할 우리의 다음 세대들이 갖추어야 할 사람의 품격과 역량과 개성을 길러 주어야 한다. 이러한 품격과 역량을 갖춘 사람을 '글로벌 인재'라고 부를 수 있다. 인재를 구성하는 핵심 요인으로서 첫째, 인성, 둘째, 자기주도적 학습력을 포함하는 전문성과 전문적 역량, 셋째, 창의력 그리고 넷째, 공공의식을 들 수 있다. 정범모(2016)는 창의력과 공공의식을 발휘하는 것이 선진국으로 들어가는 요건이 된다고 지적하였다. 나를 넘어 남에게까지 가는 관심의 파문이 공의식(公意識)이 된다. 나와 남이 상호 의존적 관계에서 서로 떨어질 수 없는 불이(不二)의 개체라는 인식이 타인에 대한 배려, 존중, 감사의 토대가 된다. 이 공의식은 나로부터 시작하여 세계의 문제까지 생각하는 세계시민의식으로까지 전개된다. 공의식은 공동체적 배려와 지원을 지향한다. 공동체는 공동의 이익을 추구하고 이를 위한 공동의 노력을 발휘하는 사회체제이다. 공동체는 공익을 추구한다.

인성과 개성의 중요성을 강조할 필요가 있다. OECD는 21세기의 선진 미래사회에서 요구되는 핵심적인 역량을 3개의 범주로 구분하였다. 전문적 역량뿐 아니라 협력하는 '관계역량'과 '긍정적 자기인식'을 설정하였다(Rychen & Salganik, 2003). 자기에 대한 주체적 이해능력, 타인과 협동적으로 일할 수 있는 대인관계 능력 그리고 과제를 전문적으로 수행할 수 있는 전문적 지적역량을 설정하였다. OECD는 전인교육의 토대 위에서 형성되는 '성품'을 21세기를 준비하는 중요한 역량이라고 보았다.

Howard Gardner(1992)는 '다중지능이론(multiple intelligences)'을 제시하여 인간 역량에 관한 관점의 폭을 넓혔고 전인교육의 중요성을 강조하였다. 지능의 잠재능력은 개인마다 다양하다. 지능의 조합에 따른 인간의 잠재적 가능성은 무한대에 이를 것이다. 이것은 인간의 개인차와 개성의 가능성을 시사한다. 다중지능이론은 개성의 존재와 개성의 다양성을 말할 뿐만 아니라 인성지능으로 불릴 수 있는 대인지능, 자기이해 지능의 중요성을 드러낸다. 특히 '자기이해 지능'은 자신의 생각과 느낌, 감정을 파악하고 통제하는 역할을 한다. 자기이해 지능은 자기 인식과 자아정체성을 형성한다. 타인을 이해하고 배려하며 역지사지하는 대인지능과 자기인식과 자기통제를 할 수 있는 자기 이해 지능은 가히 인성지능이라고 할 만하다.

전인교육은 인성지능과 창의성, 공공의식의 계발하는 교육의 기초가 된다. 전인교육은 지적 영역, 정적 영역 그리고 의지영역의 성장과 발달을 추구한다. 이 과정에서 역량을 발휘하는 성품을 계발한다. 전인교육은 21세기 교육의 성취 목표를 달성하는 기초로서 그 중요성이 강조되고 있다. 전인 계발은 교육이 추구하는 학업성취의 이상(理想)이다. 우리의 인생길에서 수많은 역경과 시련을 만나게 된다. 역경과 시련은 삶의 조건이며 우리를 단련시키는 '인생학습과제'이기도 하다. 이 역경과 시련을 잘 감당하여 극복하는 사람이 있고, 작은 시련에도 좌절하는 사람이 있다. 민족에 따라서 이 시련과 역경을 이겨 내는 민족이 있고 시련을 만나 역사의 무대에서 사라지는 민족도 있다. 김주환(2011)은 '인생의 허들을 뛰어넘는 내면의 힘' 또는 '역경을 극복하는 마음의 근력'에 주목하고 이 성품을 회복탄력성으로 정의한다. 긍정적으로 자신을 이해하고 자기를 조절하는 능력이 회복탄력성의 첫 번째 요소가 된다. 회복탄력성의 두 번째 능력은 대인관계 능력이다. 자기조절 능력과 대인관계 능력의 중요성을 학습과제에 포함해야 한다. 인성교육은 개인의 회복탄력성을 결정하는 중요한 요인이라고 할 수 있다.

3) 교육생태계와 학습공동체의 형성

학교는 학습공동체이다. 교육은 학습공동체가 움직이는 생태계이기도 하다. 학습공동체에서는 학습에 소외된 자가 없어야 한다. 학습에서 낙오된 자가 없어야 한다. 낙오의 기준은 우리나라의 수준에 걸맞게 상대적으로 조정되어야 한다. 학습공동체는 학습자의 개성을 길러 주는 다양성이 있어야 한다. 우리나라의 상황을 고려할 때 지나친 교육 경쟁을 완화하고 교육기회의 불균등을 완화하기 위해서 사교육이 제도화되어 가는 경향을 완화하는 노력이 필요하다. 건강한 학습환경을 조성해야 한다.

(1) 모두의 학업성취를 지향하는 교육: 교육소외의 극복

학업성취를 통하여 글로벌 인재로 성장하는 것은 모든 학생이 누려야 할 교육의 기본권이자 교육을 통해 제공해야 할 '교육복지의 보편적 기준'이 된다. 모든 학생을 위한 학업성취는 기본적 인권차원에서 모든 아동과 학생의 교육받을 권리, 즉 교육권을 추구하고, 교육 약자의 교육의 기회균등을 적극적으로 추구해야 한다. 교육약자에 대한 차등적 지원 원칙을 적용할 필요가 있다.

모든 아동의 교육적 성장은 교육의 이상이다. 우리나라 「헌법」에서도 교육받을 권리를 기본권으로 인정한다. 교육권은 인간의 실존을 위한 가장 기본적인 권리로 인정된다. 국가는 이를 위한 정책과 제도를 마련하여야 한다(이종재, 이차영, 김용, 송경오, 2012). 이를 위한 정책과 제도가 교육의 기회균등 제도이다. UN은 기본적 인권차원에서 모든 학생이 학업성취를 위한 기본적 교육권을 가지고 있음을 인정한다. UNESCO는 '모두를 위한 교육(education for all)'을 세계 교육 발전의 목표로 설정하여 왔다.

모든 아동과 학생이 최고 수준 이상의 학업성취를 이룩하기는 어렵다. 선진사회 혹은 교육의 기회균등을 보장하려는 사회에서는 일정 수준 이상의 학업성취를 보장하는 것을 교육의 기회균등으로 규정한다. 학업성취를 이루는 과정에서 벗어난 현상을 '교육소외(教育疏外)'라고 규정할 때, 교육소외 현상이 높게 발생하는 집단 혹은 계층을 발견하게 된다. 이들을 '교육 약자' 혹은 '학업성취에 어려움을 겪는 사회적 약자'라고 규정한다. 교육복지정책은 학업성취에 어려움을 겪는 아동과 학생들의 '교육소외' 현상에 주목한다. '모든 아동과 학생을 위한 교육'과 이들의 학업성취를 추구하는 입장에서 사회적 약자와 뒤처진 아동과 학생들이 교육소외를 극복하고 학업성취를 이룰 수 있도록 특별한 관심을 베풀고 배려하는 것이 필요하다. 이 점에서 '최소 필수의 학업성취 수준'을 고려하고, 이 학업성취를 위하여 차등적 배려의 지원을 하는 '차등보상의 원칙(affirmative action policy)'을 적용할 필요가 있다(Rawls, 2009).

(2) 최소 필수의 학업성취를 보장하는 교육복지의 관점

글로벌 인재로서 육성하는 것은 교육의 중요한 사회적 목표가 되며 최고의 교육복지가 된다. 그러나 현실적으로 교육의 성취에는 개인차가 있기 때문에 최소 필수의 학업성취를 보장하려는 최저기준을 설정하여 이 수준의 학업성취를 보장하려 한다. 이 최소 필수의 학업성취에 대한 기준은 나라와 시대에 따라 다르다. 핀란드는 학업성취수준을 높게 잡고 있고, 미국은 성취수준의 격차를 줄이기 위하여 「낙오방지법(No Child Left Behind Act: NCLB)」을 만들고, 최근에는 이 법을 개정하여 「모든 학생의 성취지원법(Every Student Succeed Act: ESSA)」을 만들기도 하였다.

우리나라에서도 참여정부의 교육복지기본계획은 '모든 국민의 주체적 능력을 개발할 것'을 기본목적으로 삼고 있다. 모든 국민의 교육적 성취를 통하여 능력의 개발과 인품의 형성을 통하여 인간교육의 목표를 달성하는 것으로 삼고 있다. 이 맥락에서 21세기 글로벌 환경에서 삶의 질의 향상을 주체적으로 도모할 수 있는 최소 필수의 교육수준을 보장하는 것을 국가의 책임으로 규정한다. 이를 위하여 일정 수준의 학력의 취득을 보장하고, 절대기준에 입각한 최소필수의 기초학력의 성취를 보장하려고 노력한다. 세계 속에서 한국의 위상을 고려할 때 이제는 전 국민의 교육수준을 최소한 수준급의 고등학교 학력 수준과 이에 상응하는 역량수준으로 상향조정해야 할 것이다. 이를 위하여 교육에 공동체적 접근을 모색할 필요가 있다. 교육공동체적 관점을 고려할 필요가 있다.

(3) 교육복지형 교육체제의 운영

교육은 그 자체가 고도의 복지적 성격을 가지고 있다. 교육은 인간형성과 역량의 계발을 통하여 삶의 질과 수준을 결정한다는 의미에서 고도의 복지적 역할을 수행한다. 복지지향적으로 교육제도를 운영하는 것도 아주 중요한 교육복지정책이 된다. 이러한 관점에서 교육복지형 교육제도와 정책의 운영을 위해서는 다음 과제를 정책의 중요과제로 설정하여야 할 것이다. 첫째, 개성교육의 구현을 위한 교육의 수평적 다양화, 둘째, 사교육 격차의 축소를 위한 노력, 셋째, 비교육적 학교풍토의 쇄신, 넷째, 교육적 유아보육 지원 등이다.

개성교육을 위해서는 학교의 교육이 더욱 다양화 되어야 하고 이 다양화는 '수직적 계층화'가 아니라 '수평적 다양화'로 이루어져야 할 것이다. '수평적 다양화'는 교육선진화 시기의 과제이기도 하다. 학교교육의 다양화를 위해서 학교운영의 자율화와 책무성 체제가 발전하도록 지원할 필요가 있다. 이 맥락에서 학교 선택제와 공비에 의한 교육비 지불보증제(voucher system)를 검토할 필요가 있다. 학교교육체제에서 진로가 막힌 골목길이 아닌 진로를 개척하여 열어 주는 '열린 교육체제'를 설계할 필요가 있다.

사교육은 상대적 교육경쟁에서 파생된 딜레마이다. 마치 죄수의 딜레마처럼 사교육을 안 받을 수도 없고 그렇다고 적극적으로 사교육을 추구하기도 싫은 상황에서 파생된다. 사교육의 부담은 사회적 약자에게 더욱 크다. 학교교육 체계에서 사교육에 의존하는 '사교육 경로의존성'은 더욱 심화되는 경향을 보이고 있다. 죄수의 딜레마를 극복하기 위한 교육제도 운영에 대한 신뢰구축을 위한 조치가 필요하다. 그러한 교육제도를 설계할 가능성은 있다. 방과 후 학습지원의 형태로 보완적 사교육을 제공하고, 사회적 약자를 위한 대학입학전형 제도의 추진은 사교육의 격차를 축소할 수 있는 새로운 가능성을 보인다. 한 줄 세우기 경쟁교육으로부터 글로벌 시대에 인재를 육성하는 인재육성의 길로, 상대적 경쟁에서 절대기준에 대한 경쟁으로 나아가는 협력의 교육제도의 운영에서 그 가능성이 드러날 수 있을 것이다(이종재, 2017).

보편적 복지의 기준으로 밝고 건강한 교육환경 구축을 설정할 수 있다. 건강한 학교의 풍토, 건강한 환경적 기준의 충족 등이 보편적 복지에 해당하도록 복지의 영역을 확대할 필요가 있다. 초 · 중학교에서의 학교급식은 이제 보편적으로 제공된다. 학교폭력, 왕따현상 등을 예방할 수 있는 학교의 교육풍토와 문화의 형성과 학생보건을 위하여 비교육적 · 비위생적 학교 내 · 외 환경에 대한 지속적인 개선이 요구된다.

4. 사회적 약자를 위한 교육정책의 전략적 과제

1) 정책대상 집단의 명확한 설정

이 책에서는 학교에서 기대하는 수준의 학업성취를 달성하기 어려운 상황에 있는 집단과 계층을 사회적 약자로 규정하였다. 저소득가정과 취약가정, 특수교육대상자, 다문화가정 학생, 탈북학생, 기초학력미달학생, 학업중단 및 학교 밖 청소년을 사회적 약자로 보았다.

사회적 약자의 규모를 살펴보면, 저소득 취약가정에 속한 학생과 기초학력미달 학생의 규모가 가장 크다. 취약가정과 저소득가정은 보살핌의 사각지대에 속한다. 여기에 약 65만 명의 학생이 있는 것으로 추정된다. 기초학력 미달학생은 대략 전체학생의 4.6~5.5%에 이르는 40~50만 명 수준에 이르는 것으로 추계된다. 계층 간 학력격차를 고려할 때 이 두 집단은 겹칠 가능성이 높다. 이것은 65만 명 수준의 '소득취약계층'에 속한 학생에게 특별한 관심과 지원을 경주해야 함을 의미한다. 학교 부적응에 의한 학업중단 학생은 약 30만 명 수준으로 추정된다. 학업중단율은 전체학생의 약 1% 수준이다. 다문화가정에 속한 학생은 전체학생의 1% 이상으로 6만여 명

수준으로 파악된다. 장애학생은 9만여 명 수준으로 이들은 특수학교 167개교와 9,868개의 특수학급에 취학하고 있다. 탈북학생은 2,000명 이상의 규모로 파악된다.

앞으로의 사회에서 자활적 생활을 하기 위한 학업성취의 수준이 상향 조정될 것으로 예상되기 때문에 교육 약자의 규모는 증가할 것으로 전망된다. 외국 근로자 취업으로 인한 다문화가정의 자녀, 탈북자 자녀 및 탈북청소년의 규모도 증가하는 추세를 보여 왔다. 학업중단 위기의 청소년은 우리가 설정하는 학업성취에 대한 기대수준이 높아질수록 예방적 차원에서 적절한 지원을 해 주어야 할 잠재적 학업중단 위기의 청소년 학생의 규모는 증가할 것으로 예상된다.

교육복지와 관련된 정책환경을 고려할 때, 교육복지에 대한 수요는 계속 증가하고 사회 양극화 현상이 교육 양극화 현상으로 전이되는 경향이 심화될 것으로 예상된다. 이 맥락에서 사회적 약자의 교육소외 현상은 지속될 것으로 우려된다. 공교육에서 특별한 노력을 경주하지 않는 한 학교부적응 현상도 지속될 것으로 예상된다. 지역 간, 계층 간 학력격차는 확대되는 경향을 보여 왔으며, 여기에는 사교육의 영향도 작용한다. 새로운 취약계층으로 외국인 근로자 자녀의 다문화가정 학생, 북한이탈학생은 계속하여 증가할 것으로 예상된다. 또한 고령화와 저출산 사회의 추세에서, 영유아와 아동을 위한 복지 수요는 계속하여 증가할 것으로 예상된다.

사회적 약자에 대한 규정은 이들을 관리하는 법령과 행정 주체에 따라 사회적 약자집단을 달리 규정하고 있다. 교육 약자에 대한 지원을 위해서는 학교와 교육 현장에서 지원이 가능할 수 있도록 다시 한 번 명확하게 대상집단을 규정할 필요가 있다.

2) 교육복지사업의 자율성 및 책무성 확보

교육복지 지원사업은 중앙정부 차원에서 기획 · 운영된다. 교육부, 보건복지부 그리고 여성가족부가 관여한다. 교육부 내에서는 교육기회보장과, 학교생활문화과 등으로 업무를 나누어서 다양한 사업을 관장한다. 직제상 분장된 과제가 담당 과별로 20여 개가 넘는다. 종류가 다양한 업무가 현장으로 내려가는 과정에서 '깔때기 현상'

으로 사업수행 기관에서는 다양한 지원업무가 집중하는 현상이 발생한다. 이 과정에서 사업의 효과성과 책무성을 지켜 나가기가 어렵게 된다. 지원 현장의 역량을 향상하고 교육복지 지원사업의 집행을 효율, 효과적으로 수행할 수 있도록 지원사업의 통합과 조정이 필요하다.

교육복지 지원사업을 통합 조정하기 위하여, 사회적 약자를 위한 교육지원을 '교육복지를 위한 우선지원사업'으로 설정하고, 사회적 약자의 교육소외를 극복하고 이들의 학업성취를 지원하는 지원사업의 체계를 세워 갈 필요가 있다. 통합형으로 사업을 설계하여, 이 지원사업의 법적 근거, 재원확보, 사업목표, 운영 주체, 운영방법, 책무성 확보방안 등을 설정할 필요가 있다. 정책을 기획하고 사업을 설계하는 중앙부서와 사업을 운영하는 현장 사이에 교육복지 지원사업을 지원하는 '교육복지사업지원센터'를 책임행정기관으로 운영할 것을 제안한다. 교육복지 지원사업을 운영하는 단위기관과 학교에 운영의 자율성을 주어야 한다.

교육 지원정책과 프로그램이 장기적으로 그 소기의 성과를 내기 위해서는 정책과 프로그램의 안정성과 지속성이 보장될 필요가 있다. 이를 위해서는 법적 기반, 예산 지원조치, 지원행정조직이 갖추어져야 한다. 법, 예산, 행정조직 등 3가지 요소를 구비해야 한다. 여기에 이를 지원하는 지원센터를 운영하면 그 효과를 더 높일 수 있을 것이다. 지원센터를 통하여 정책과 프로그램의 수행상황을 점검하고 관련된 연구개발 활동을 하고 연계활동(networking)을 담당하게 할 수 있다. 이 지원센터는 책임행정기관으로 지정되어 자율적 책무성을 발휘할 수 있도록 육성할 필요가 있다.

사회적 약자를 위한 지원정책과 프로그램의 책무성 체제를 구비해야 한다. 책무성은 책임수행을 요구하는 측에게 책임을 이행해야 하는 측이 그 성과를 제시하고 설명하는 체제를 의미한다. 대개의 경우에 주인-대리인의 관계에서 책임을 이행하는 측이 책임을 요구하는 측에게 그들이 제시하는 지표에 따라서 그 성과를 제시하고 이에 대한 상벌을 받는 형식으로 책무성을 수행한다.

하지만 문제의 발생은 이러한 책무성 체제가 진정한 소기의 성과에 대한 책무를 반영하지 못한다는 데 있다. 외부의 감독과 평가 점검에 앞서 내부의 자발적인 책임의식이 선행되어야 한다. 이러한 이유로 내적 책무성 체제의 발전을 추구해야 한다.

사회적 약자를 위한 정책과 지원 프로그램의 책무성 체제를 발전시키기 위해서는 주인-대리인 관계에서 동반자 관계 형성과 '내적 자율적 책무성 원칙'을 반영하는 책무성 체제를 발전시킬 필요가 있다. 주인과 대리인의 동반자관계의 형성과 운영, 상호신뢰와 존중, 프로그램의 진실성, 책임수행자의 헌신성, 책임의식, 그리고 주인의식이 필요하다. 또한 정부정책과 지원 프로그램에 대한 주기적 점검이 필요하다.

3) 지원조건의 확보

교육복지를 위한 지원사업의 지속성은 지원사업의 효과성과 효율성을 높이기 위하여 매우 중요한 속성이 된다. 지속성이 유지될 때 장기적 전망 아래 계획적으로 접근할 수 있고 필요한 과제를 조사 · 연구하며 필요한 역량을 개발할 수 있다. 지원사업의 지속성을 보장하기 위하여 두 가지 핵심과제를 설정하여 검토할 필요가 있다.

첫째, 교육복지 지원을 위한 법제를 조정할 필요가 있다. 법적 근거 없이 운영되는 사업도 많다. 이러한 사업들은 사업의 일관성, 지속성 그리고 안정성에서 문제를 안고 있다. 개별 사업별로 구성되어 있는 지원법의 체계를 통합하여 단일화된 특별법으로 통합 · 정리하여, 필요한 법적 근거를 마련하여 법적 근거가 없는 지원의 사각지대를 해소하고, 법체계상의 충돌과 중복을 방지할 필요가 있다.

둘째, 교육복지 예산의 체계를 세우고 예산규모의 목표를 세워 예산지원을 안정화할 필요가 있다. 이를 위해서는 교육복지 지원사업의 체계를 세우고 정책의 우선순위에 따라서 사업의 체계를 '사회적 약자를 위한 우선지원 사업' '보편적 교육복지사업' 등으로 구분하고 재정지출의 추이를 고려하여 목표를 설정할 필요가 있다. 이 목표는 GDP의 일정 비율을 확보하는 방식으로 규정되어야 할 것이다. 학생 수 감소에 따르는 지방교육재정교부금의 규모의 적합성에 대한 대응논리는 '사회적 약자를 위한 우선지원 사업' '보편적 교육복지사업'의 단계적 확대, 그리고 교육의 질적 수준의 향상과 영유아교육과 평생학습사회의 구현에서 설정될 수 있을 것이다.

교육복지사업은 재원확보방안을 분명하게 설정하지 않은 체 사업을 설정하는 경향이 있다. 무상급식, 반값등록금, 누리과정의 등장으로 기존의 교육복지 지원 사업

규모가 축소되고 핵심 교육서비스 지원이 축소되는 결과를 초래하였다. 우선순위에 따라 교육복지 지원사업에 대한 재원배분을 조정할 필요가 있다.

Neuman(2009)은 미국의 연방정부가 지원하는 빈곤으로 인한 악순환을 깨고 어린이와 학생이 자립 자활할 수 있는 인재로 성장할 수 있도록 돕는 교육지원프로그램을 총체적으로 역사적으로 추적하여 성공적 프로그램이 갖추어야 할 7가지 원칙을 제시하였다. 이 원칙은 우리에게도 타산지석이 된다. 첫째, 목표대상 집단을 명료하게 제한하여 설정할 것(targeting), 둘째, 개입 시기에 대해서는 조기 개입의 원칙(developmental timing)을 적용할 것, 셋째, 성과를 낼 수 있는 지원조건을 충분하게 갖출 것(intensity), 넷째, 지원프로그램 운영자들의 전문적 역량을 갖출 것(professional training), 다섯째, 관련된 프로그램과의 협동적 조정을 할 것(coordinated services), 여섯째, 보상적 교수학습활동을 제공할 것(compensatory instructional benefits), 일곱째, 책무성 체제를 갖출 것(accountability) 등이다. 특히 다음의 원칙은 우리가 소홀하게 여겼던 사항들이기 때문에 더욱 강화할 필요가 있다.

조기개입의 원칙(developmental timing)이 적용되어야 한다. 사회적 약자를 지원하기 위한 교육지원프로그램의 개입 시점을 결정하는 것은 매우 중요한 전략적 결정사항이 된다. 가장 도움이 필요한 시기에 도움을 제공해야 한다. 이 문제는 사회적 약자의 집단의 특성에 따라 전략적 개입 시점은 다를 수 있다. 그러나 원칙적으로 조기에 개입할수록 그 개입과 지원의 효과는 증가한다. 조기개입의 원칙을 적용함으로써 개입의 투자효율을 높일 수 있다.

전문적 역량(professional training)을 갖추어야 한다. 교육지원 프로그램을 운영하는 담당자들의 전문성을 높여야 한다. 서비스의 전문성이 지원 프로그램의 효과를 결정하는 중요한 요인이 된다. 요원의 전문성을 높이기 위한 노력이 매우 중요하다.

담당자의 지식과 역량을 개발하여 전문성을 높이는 일도 중요하고 일에 대한 헌신도(commitment)와 책임의식도 매우 중요하다. 담당자들의 헌신도와 책임의식은 내적 책무성을 구성하는 핵심적 요소가 된다.

관련된 프로그램과의 협동적 조정(coordinated services)이 이루어져야 한다. 사회적 약자가 직면하게 되는 교육소외는 복합적 요인에 의하여 유발된다. 한 측면만을 강조하는 접근으로는 실효를 거두기가 어렵다. 또한 학교만의 노력으로 효과를 보기 어렵다. 다문화가정의 경우를 볼 때 다문화가정의 자녀학습 문제와 다문화가정의 소득수준은 깊이 관련되어 있다. 이 점에서 다문화가정의 교육문제와 이들 가정의 소득을 보장하는 취업기회의 제공은 연계될 필요가 있다. 관련된 기관과 프로그램 간의 유기적 협조와 통합적 접근을 요구하는 이유가 된다. 사회적 약자의 교육문제에서 가장 중요한 문제요인은 가정의 취약성이다. 가정이 안정되면 어려운 상황을 극복하기가 쉬워진다. 이 점에서 가정의 중요성이 강조된다. 사회적 약자에 대한 교육지원 프로그램은 가정의 보호기능, 가정의 교육기능을 지원하는 정책과 프로그램들과의 유기적 협조체제를 갖추는 것이 매우 중요하다.

보충적 교수학습 활동의 중요성(compensatory instructional benefits)이 강조되어야 한다. 사회적 약자의 교육소외를 완화하거나 극복하기 위해서 보충적 교수와 학습의 영향에 대해서 주목할 필요가 있다. 보충학습은 학교에서는 방과 후 학습으로, 개인적으로는 학교 밖 학원 등의 사교육에 의한 학습의 형태를 갖게 된다. 사회적 약자들은 사교육에 적극적으로 참여하기 어렵기 때문에 학교에서의 방과 후 학습의 중요성은 더욱 커진다. 방과 후 학습활동(after school program)은 보충학습뿐만 아니라 활동중심의 체험학습활동 기회를 제공하여야 한다. 사회적 약자를 위하는 방과 후 학습활동은 매우 중요한 작용을 한다. 방과 후 학습은 상실한 학습기회를 보충하는 보충학습의 역할을 한다. 사회적 약자들은 여러 가지 이유로 학습기회를 상실한 경험을 가지고 있다. 효과적인 학습보충 프로그램의 필요성이 제기된다. 특히 언어발달 프로그램의 중요성이 강조된다. 언어발달은 다른 종류의 교육과 학습활동의 기초를 형성한다. 방과 후 학습할동은 대체적으로 주지적 학습보다는 활동중심의 교육과 학습을 하게 함으로써 지식과 활동 간의 관계가 긴밀하게 된다. 이 과정에서 이들은 다양한 학습활동을 선택할 가능성을 갖게 되고, 실천지향적 학습공동체의 일원이 되게 한다. 실천지향적 학습공동체는 이들 사회적 약자들이 사회적 관계망을 형성하는 데에도 도움을 줄 수 있다.

재정의 집중도, 제도적 지원 그리고 책무성이 강조되어야 한다. 사회적 약자를 위한 지원정책과 프로그램은 효과를 낼 수 있는 정도의 집중적인 지원의 규모와 강도를 지녀야 할 것이다. 시간, 재정지원, 인력투입 면에서 처치의 적절한 강도를 지녀야 하며 이를 위한 조건이 마련되어야 할 것이다. 지원조건의 충분성을 강조할 필요가 있는데, 이것을 '적정강도(適正强度, intensity)의 원칙'이라고 부를 수 있다.

4) 연구 개발형 접근

전반적인 교육복지 수요에 비하면 사회적 약자를 위한 교육복지 소요는 크지 않다. 사회적 약자의 교육문제는 그 규모에 있기보다는 지원기관의 역량에 있다. 이들에 대하여 학업성취를 이룩할 수 있도록 돕는 지원사업의 역량 강화를 조성할 필요가 있다. 이들 지원사업의 역량강화를 위하여 지역별로 전문화된 지원센터를 육성할 필요가 있다. 보다 전문화된 '다문화가정 학습지원센터' '학교부적응학생지원센터' '학습장애 지원 클리닉' 등으로 전문화된 학습지원센터를 설치할 필요가 있다. 교육복지와 관련된 지원문제는 모두 학습과 학업성취에 관한 문제이다. 이를 지원하는 전문적인 지원센터를 장기적으로 육성할 필요가 있다.

이를 위하여 교육복지 프로그램은 연구기반, 증거기반형으로 설계 · 운영하여 장기적 전망하에 성과중심으로 접근할 필요가 있다. 복지지향적 교육정책과 지원프로그램은 그 비용이 증가하는 경향을 보이기 때문에 실적에 근거하여 그 성과를 점검할 필요가 있다. 이를 위하여 성과중심 접근, 증거기반 실증적 접근, 연구기반 프로그램의 설계와 주기적 평가가 필요하다.

사회적 약자를 위한 교육정책과 지원 프로그램은 아무리 그 취지가 좋다 하더라도 성과가 없으면 지속할 수 없다. 인기영합형 지원정책이 등장하는 것을 예방하기 위해서도 결과에 근거하여 성과중심으로 운영하는 원칙을 세워야 할 필요가 있다. 과거의 접근이 투입과 과정차원에 운영의 중심을 두었다면 이제는 성과중심으로 정책과 제도와 프로그램을 점검하여야 한다. 성과중심으로 책임을 묻는 책무성 체제가 작동해야 한다.

성과의 근거를 파악하기 위하여 다양한 조사연구방법을 적용할 필요가 있다. 미국의 '헤드 스타트 프로그램(Head Start Program)'의 효과를 검증하는 데 '실험설계 방법

(the randomized controlled trial)'이 결정적으로 기여하였다(Neuman, 2009). 성과의 근거를 파악하는 것은 실험설계를 구성하는 기술상의 난점도 있고 비용상의 문제도 발생한다. 실험설계에 의한 증거의 수집은 가능하지 않을 때도 있고 비용문제로 처리하지 못할 경우도 있다. 실험설계 방법은 의학 분야 연구에서는 많이 사용하지만 기술적 비용적 어려움이 많다. 이러한 이유로 지원프로그램을 적용하는 초기의 시범단계를 설정하여 소규모의 실험설계의 상황에서 시범적으로 그 성과에 대한 실증자료를 확보한 이후에 대규모 시행에 들어가는 방법을 검토하기도 한다.

교육소외 현상과 유발요인의 작용에 관한 시계열상의 추이(longitudinal monitoring)를 점검하고 분석한 연구결과를 활용할 필요가 있다. 사회적 약자의 문제는 다면적 현상이 복합적으로 얽혀 있는 특징이 있다. 빈곤, 가정의 해체 현상, 스스로 극복하기 어려운 문제 상황 등이 얽혀 있다. 지원 프로그램을 설계할 때, 상황을 정합적으로 정리하고, 미래 지향적 관점에서 발전적으로 지원 프로그램을 설계하고 개입전략을 형성할 필요가 있다.

참고문헌

김경애(2014). 학교 밖 청소년을 위한 교육복지방안 연구: 생애진로개발을 중심으로. 한국교육개발원 연구보고 RR 2014-05.

김병섭 외(2015). **우리 복지국가의 역사적 변화와 전망**. 서울대학교출판문화원.

김병찬, 박남기, 박선형, 변기용, 송경오, 정동욱, 최정윤(2014). **한국 교육책무성 탐구**. 서울: 교육과학사.

김인희(2006), 교육복지 개념에 관한 고찰: 교육소외 해소를 위한 교육복지의 이론적 기초 정립에 관하여. **교육행정학연구**, 24(3), 289-314.

김주환(2011). **회복탄력성**. 위즈덤하우스.

박주호 외(2014), **교육복지의 논의: 쟁점, 과제 및 전망**. 박영스토리.

이근영 외(2014). 경기도 교육복지정책 분석 및 발전방안: 경기도 교육청 12대 교육복지과제를 중심으로. 경기도 교육연구원.

이종재(2017). '세계 속의 한국교육', 참사람의 인성교육. 홍성사.

이종재, 이차영, 김용, 송경오(2012). 한국교육행정론. 교육과학사.

이종재, 이차영, 김용, 송경오(2015). 교육정책론. 학지사.

이혜경(2002). 한국 복지국가 성격 논쟁의 함의와 연구방향. 비판사회정책, 11, 13-49.

장덕호, 김성기, 유기웅, 윤철수(2015). 교육복지론. 박영스토리.

정범모(2016). 창의력과 공의식: 선진국의 요건. 학지사.

Coleman, J. S. (1968). Equality of educational opportunity. *Integrated Education*, *6*(5),19-28.

Gardner, H. (1992). Multiple intelligences (Vol. 5, p. 56). *Minnesota Center for Arts Education*.

Lindblom, C. E., & Woodhouse, E. J. (1993). *The policy—making process* (3rd ed.). Englewood Cliffs, N.J.: Prentice Hall.

Neuman, S. B. (2009). *Changing the odds for children at risk: Seven essential principles of educational programs that break the cycle of poverty*. Teachers College Press.

Rawls, J. (2009). *A theory of justice*. Harvard university press.

Rychen, D. S., & Salganik, L. H. (Eds.). (2003). *Key competencies for a successful life and well—functioning society*. Hogrefe Publishing.

Stone, D. (1997). *Policy paradox: The art of political decision making*. New York: W. W. Norton & Company, Inc.

찾아보기

저자 소개

이종재(Lee, Chong-jae) / 9장, 14장

서울대학교 교육학과(학사)

미국 플로리다 주립대학교(박사)

전 서울대학교 교수

한국교육개발원 원장

한국교육행정학회 회장

현 서울예술대학교 학교법인 동랑예술원 이사장

서울대학교 명예교수

〈저서〉

한국교육 60년(공편, 서울대학교출판문화원, 2010)

한국교육행정론(공저, 교육과학사, 2012)

교육정책론(공저, 학지사, 2015)

교육정책의 역사적 변동과 전망(공저, 서울대학교출판문화원, 2017)

〈학술논문〉

The history of policy responses to shadow education in South Korea: Implications for the next cycle of policy responses(2010)

Shadow education systems. In Handbook of education policy research(2012)

The rise of Korean education from the ashes of the Korean War(2012)

김성기(Kim, Sung Ki) / 2장, 6장, 9장, 10장

고려대학교 교육학과(학사)

서울대학교 대학원 교육학과(석 · 박사)

전 한국대학교육협의회 연구원

현 협성대학교 교수

〈저서〉

교육복지론(2판, 공저, 박영스토리, 2020)

〈학술논문〉

학교폭력 관련 정책에 대한 학생의 요구도 분석(2016)

학업중단 예방 및 대안교육 관련 법제 개선방안(2017)

김왕준(Kim, Wang Jun) / 1장, 3장, 4장

서울대학교 교육학과(학사)

미국 미시간 주립대학교(박사)

전 서울대학교 교육연구소 선임연구원

현 경인교육대학교 교수

〈저서〉

한국교육 60년(공편, 서울대학교출판문화원, 2010)
학급경영과 교직실무(공저, 학지사, 2014)

〈학술논문〉

학교선택론 기본 가정의 재검토: 제도행동주의 경제학의 관점(2012)

The impact of competition associated with charter schools and inter-district school choice policies on educators and schools (2013)

정제영(Chung, Jae Young) / 8장, 9장, 14장

서울대학교 교육학과(학사)

서울대학교 대학원 교육학과(석 · 박사)

전 교육부 서기관

한국교육개발원 전문연구원

현 이화여자대학교 교수 및 호크마교양대학 학장

〈저서〉

교육행정 및 교육경영(공저, 학지사, 2018)
디지털 시대와 4차 산업혁명에 대비한 교육의 시대 (박영스토리, 2018)
한국 교사교육(공저, 학지사, 2019)

〈학술논문〉

Dropout early warning systems for high school students using machine learning(2019)

The machine learning-based dropout early warning system for improving the performance of dropout prediction(2019)

Are bully-victims homogeneous?: latent class analysis on school bullying(2020)

박주형(Park, Juhyoung) / 7장, 9장, 11장, 12장

서울대학교 교육학과(학사)

미국 플로리다 주립대학교(박사)

전 한국교육개발원 부연구위원

현 경인교육대학교 부교수

〈저서〉

초등교육행정의 이론과 실제(공저, 양성원, 2016)

〈학술논문〉

다문화학생 밀집학교의 교육현실과 과제: 서울 서남부 지역 초등학교를 중심으로(2016)

다문화가정 대상국가와의 교사교류사업 성과 연구: 파견교사의 글로벌 역량 변화를 중심으로(2018)

김영식(Kim, Young-sik) / 5장, 13장

서울대학교 국어교육과(학사)

서울대학교 대학원 교육학과(석 · 박사)

전 한국직업능력개발원 부연구위원

서울대학교 강사

현 경남대학교 조교수

〈저서〉

한국교육 60년(공편, 서울대학교출판문화원, 2010)

〈학술논문〉

School factors related to high school dropout (2018)

초과학기 이수가 4년제 대학 졸업생의 취업 및 임금에 미치는 영향 분석(2018)

머신러닝 기법을 활용한 사교육 참여 예측 모형 탐색(2019)

사회적 약자를 위한 교육정책론

Education Policy for Disadvantaged Learners

2020년 11월 25일 1판 1쇄 인쇄
2020년 12월 1일 1판 1쇄 발행

지은이 • 이종재 · 김성기 · 김왕준 · 정제영 · 박주형 · 김영식
펴낸이 • 김진환
펴낸곳 • (주) 학지사
04031 서울특별시 마포구 양화로 15길 20 마인드월드빌딩
대표전화 • 02)330-5114 팩스 • 02)324-2345
등록번호 • 제313-2006-000265호

홈페이지 • http://www.hakjisa.co.kr
페이스북 • https://www.facebook.com/hakjisa

ISBN 978-89-997-2259-2 93370

정가 22,000원

이 도서의 국립중앙도서관 출판시도서목록(CIP)은 서지정보유통지원시스템 홈페이지(http://seoji.nl.go.kr)와 국가자료공동목록시스템(http://www.nl.go.kr/kolisnet)에서 이용하실 수 있습니다.
(CIP 제어번호: CIP2020050476)